KARL MAY'S
GESAMMELTE WERKE

BAND 18
IM LANDE DES MAHDI

III. BAND
IM SUDAN

KARL-MAY-VERLAG BAMBERG

IM SUDAN

REISEERZÄHLUNG
VON
KARL MAY

837. TAUSEND

KARL-MAY-VERLAG BAMBERG

INHALT

Die vorliegende Erzählung spielt Ende
der siebziger Jahre des vorigen Jahrhunderts

Herausgegeben von Dr. E. A. Schmid

© 1952 Karl-May-Verlag, Bamberg

Satz und Druck: Pfälzische Verlagsanstalt GmbH & Co. KG, Landau-Pf.
ISBN 3-7802-0018-X

1. EINE NILPFERDJAGD

Unser nächstes Ziel war der Maijeh Semkat, zu deutsch der Sumpf der Fische. Dieser Name sagte uns, daß wir dort auf reichliche Nahrung rechnen konnten. Drei Tage brauchten wir bis dorthin. Dann mußten wir das Schiff verlassen und den Landweg antreten. Aber wie? Marschieren? Durch diese sumpfige Gegend! Das wäre eine böse Anstrengung gewesen, wobei wir nur langsam vorwärtsgekommen wären. Also reiten? Ja. Aber auf welcher Art von Tieren? Pferde und Kamele gibt es in diesen Gegenden nicht. Sie sind da völlig unnütz und gehen überhaupt schnell zugrunde. Man bedient sich dort eines anderen Reittiers, das freilich nicht so edel ist wie das arabische Roß und nicht so oft besungen wie das ‚Schiff der Wüste‘, nämlich des Ochsen.

Diese Tiere gedeihen am sümpfereichen Obernil vortrefflich. Sie sind stark, schnell, gelehrig und dabei recht gutmütig. Die Reitochsen scheinen sich durch Zucht entwickelt zu haben und eine Rasse für sich zu sein. Sie werden auch zum Tragen von Lasten verwendet.

Konnten wir solche Tiere bekommen, so hatten wir voraussichtlich gewonnenes Spiel. Ibn Asl wollte im ganzen zwanzig Tage brauchen, fünf war er erst fort und gelangte also wahrscheinlich nach zwei Wochen an sein Ziel. Wir aber konnten in neun Tagen Wagunda erreichen, und so bekamen wir einen Vorsprung von sechs Tagen, der mehr als ausreichte, ihm dort den beabsichtigten Empfang zu bereiten. Nur fragte es sich, woher für uns alle Reit- und für unser Gepäck Lastochsen bekommen. Wir mußten sie uns eben in der Gegend unseres nächsten Ziels, des Maijeh Semkat, suchen.

Da oben hausen die Bor, die ungefähr zehntausend Köpfe zählen, vierzig Dörfer bewohnen und große Rinderherden besitzen. Als ein Glück für uns konnten wir es betrachten, daß diese Bor ein Zweig des großen Dinka-Volkes sind. Da es die Rettung der ihnen stammverwandten Gohk galt, glaubten wir, bei ihnen die notwendige Unterstützung zu finden.

Außerdem handelte es sich auch um die Zeit. Wir wollten nicht gern einen Tag versäumen und mochten also die Unterhandlung mit diesen Leuten nicht bis zur Ankunft unseres Schiffes aufschieben. Darum wurde beschlossen, das große Boot vorauszusenden, das acht Ruderer und einen Steuerer mit dem notwendigen Mundvorrat faßte. Acht Ruderer gaben ihm eine weit größere Geschwindigkeit, als der ‚Falke‘ selbst beim besten Wind entwickeln konnte. Ich sollte die Leitung übernehmen und erhielt vom Reïs Effendina die Vollmacht, nach Gutdünken mit den Schwarzen zu verhandeln. Als Ruderer wurden acht der kräftigsten Männer ausgewählt, unter denen sich der Dinka Agadi befand, der den Dolmetscher machen sollte, weil keiner von uns der Dinkasprache genügend mächtig war. Daß wir alle auch wohlbewaffnet waren, versteht sich von selbst. Einige Asaker wollten wissen, daß der Maijeh Semkat von Nilpferden wimmle, und daß an seinen Ufern Herden von Elefanten zu finden seien. Das ließ mich ein besonderes Jagdvergnügen erhoffen.

Dieser Plan wurde kurz nach unserer Abfahrt von der zerstörten Seribah besprochen und auch sofort ausgeführt. Wenige Zeit später waren wir neun Männer dem ‚Falken‘ schon weit voran.

Die Ufer des Flusses waren dicht bewaldet. Auf dem Wasser gab es oft reichlich Schilf, was uns aber nicht aufhielt, da wir überall leicht durchkamen. Um die Kräfte meiner Leute zu schonen, ließ ich abwechselnd je vier rudern, ich selber saß am Steuer. Obendrein führten wir auch ein Segel, um jede uns günstige Luftströmung auszunützen.

Am Abend legten wir an, um den Aufgang des Mondes zu erwarten und dann weiterzufahren. Ich mußte wenigstens kurze Zeit schlafen, da ich während der letzten Nacht kein Auge geschlossen hatte. Agadi ging es genauso. Die anderen aber hatten auf dem Schiff ihre volle Ruhe gehabt. Ein Feuer schützte uns gegen Stechfliegen, die hier höchst lästig werden. Die Breite, in der wir uns befanden, gehört schon zum Gebiet der berüchtigten Baudah.

Der Nordländer hat keine Vorstellung davon, was die Mückenplage dort bedeutet. Unsere Stubenfliege, ja selbst unsere zudringliche Wasserschnake sind Engel gegen die höllischen Lebewesen, die dort in Mückengestalt die anderen Geschöpfe peinigen. Der Neger brennt ihretwegen große Haufen von Holz, Mist und nassem Stroh an, um seine Herde dabei lagern zu lassen. Er selber gräbt sich bis ans Kinn in die heiße, stinkende Asche ein, um die Mücken und Fliegen von seinem Körper abzuhalten. Die greulichen *Puppiparen* (Lausfliegler) bedecken die Rinder und Schafe oft in solcher Menge, daß die Haut nicht zu sehen ist. Dieser Plage, wenn sie sich tage-, wochen- und monatelang fortsetzt, muß selbst das stärkste Rind erliegen. Darum ist in diesen Gegenden auch der letzte Matrose mit einer Nâmûsîje (Mückennetz) versehen, und auf den Sklavenzügen hüllt sich sogar der ärmste Askari in sein Netz, während die bedauernswerten Schwarzen der entsetzlichen Plage völlig schutzlos preisgegeben sind.

Als der Mond über dem Wald stand, wurde ich geweckt, und es ging weiter. Der Schnabel des Bootes war mit einer Lehmdecke versehen, auf der wir ein Feuer brannten. Es schützte uns gegen die Fliegen und gewährte uns zugleich den Vorteil, Fische stechen und braten zu können. Der Rohl[1] ist sehr fischreich. Besonders

1 Nach den Ergebnissen neuerer Forschung kann es sich hier nicht um den Rohl handeln, der viel weiter nördlich mündet, sondern es muß ein anderer Zufluß gemeint sein, etwa der Jei. Der Irrtum Karl Mays wird verständlich, wenn man bedenkt, daß gerade die Quellgebiete samt dem Oberlauf des Nil erst in allerjüngster Zeit endgültig wissenschaftlich ermittelt worden sind.   Der Herausgeber.

reichlich wurde eine kleinere wohlschmeckende Welsart gefangen.

Wir ruderten die Nacht durch. Als am Morgen der Wind erwachte, wurde das Segel gerichtet und einem Matrosen übergeben, während sich die anderen, so gut es gehen wollte, im Boot niederlegten, um ein wenig zu schlafen. Dann wurde wieder gerudert, zur heißesten Mittagszeit abermals nur gesegelt, später wieder zu den Rudern gegriffen und dabei eine so bedeutende Strecke zurückgelegt, daß ich nach meiner Karte den gesuchten Maijeh Semkat bereits ganz in der Nähe vermuten mußte. Einer der begnadigten Asaker Ibn Asls war schon hier gewesen und hatte mir gesagt, der Eingang zum Maijeh könne nicht verfehlt werden, weil kurz vorher der gewöhnliche Baumwuchs aufhöre und von einem ansehnlichen Delebwald abgelöst werde.

Die Delebpalme ist neben der Dattelpalme die schönste Palme Nordostafrikas. Sie hat einen hohen, schlanken Stamm, der in der Mitte bauchig anschwillt und dann allmählich wieder dünner wird. Er erinnert dadurch an die Säulen mancher altägyptischer Bauwerke. Die dichte Krone besteht aus vielen dunkelgrünen Blattwedeln, die denen der Dompalme sehr ähnlich sind. Die Früchte besitzen in reifem Zustand eine orange Farbe und erreichen die Größe eines Kinderkopfes. Das Holz wird vorzugsweise zur Anfertigung leichter Boote und als Reibstock für das Getreide verwendet.

Der Abend war schon nahe, als zu unserer Rechten das satte Grün eines Delebwaldes erschien. Wir ruderten eine halbe Stunde daran hin, dann schien ein Arm des Flusses rechts abzuzweigen. Als wir ihm folgten, zeigte es sich, daß er sich bald zu einem weiten, seeartigen Becken erweiterte. Das war der Maijeh Semkat, unser Ziel.

Wir hatten während der Fahrt keinen Menschen gesehen, und auch hier schien keine Begegnung auf uns zu warten. Wir ruderten in den Maijeh hinein, dessen beide

Ufer wir zunächst überschauen konnten. Dann traten sie so weit auseinander, daß wir uns, um nötigenfalls schneller landen zu können, an das rechte hielten. Während wir nahe am Land dahinglitten, suchte ich das Ufer nach Spuren ab, die auf die Anwesenheit menschlicher Wesen schließen ließen, lange Zeit ohne Erfolg. Die Zeit der kurzen Dämmerung näherte sich rasch, und schon glaubte ich, wir würden die kommende Nacht für unseren Zweck verlieren, als ich ein eigentümliches, fallbeilartiges Gestell bemerkte, das einige Schritte vom Ufer entfernt errichtet war. Vom Wasser aus führte ein tief ausgetretener Pfad zwischen den beiden Seitenpfosten und unter dem Querholz hindurch. An diesem hing an einem schweren Stein eine kurze, eiserne Lanze, die mit einer langen Leine in Verbindung stand. Deren anderes Ende war an einem leichten Schilfbündel befestigt. Die Spitze der Lanze war mit einem scharfen Widerhaken versehen.

Dieses Gestell war eine Nilpferdfalle. Das Nilpferd ist nämlich keineswegs das friedliche Tier, als das es manchmal beschrieben wird. Es greift den Menschen im Wasser sogar oft ungereizt an. Verwundet ist es doppelt gefährlich. Es taucht unter und stößt dann wieder empor, um den Kahn des Feindes umzuwerfen und seinen Gegner zwischen den weitspannenden Kiefern zu zermalmen. Darum weicht ihm der Neger auf dem Wasser, wenn möglich, aus, stellt ihm aber desto eifriger an Land nach, da das Fleisch und besonders der Speck dieses Tieres gesuchte Nahrungsmittel sind. Selbst Weiße halten den Speck für wohlschmeckend und loben die Zunge.

Das Nilpferd hält sich tagsüber im Wasser auf und steigt am Abend an Land, um saftige Pflanzen zu äsen. Besonders gern geht es in die Zuckerrohrfelder und andere Pflanzungen, in denen es große Verheerungen anrichtet, da es wenigstens ebensoviel niedertritt, wie es abweidet. Es hat da, wie fast jedes Wild, seinen bestimmten Wechsel, den es täglich benutzt, bis es ihn aus irgendeinem

Grund aufzugeben gezwungen ist. Auf diesem Wechsel nun stellen die Neger ihre Fallen auf, schwebende Spieße oder Harpunen, die mit Steinen beschwert sind, um einen kräftigen, tiefgehenden Stoß zu erzielen. Die Fallen sind so eingerichtet, daß das Tier die Harpune durch die bloße Berührung von ihrem Halt löst. Sie fällt und bohrt sich tief in den Nacken oder Rücken des Tieres und kann wegen des Widerhakens nicht abgeschüttelt werden. Das verwundete Tier stürzt sich ins Wasser und verblutet nach und nach. Die Leiche kommt nicht sofort an die Oberfläche, sondern bleibt oft tagelang unten. Da in jenen Gegenden die Fäulnis schnell eintritt, würde das Fleisch verloren sein, aber die Harpune ist, wie schon bemerkt, mit einer langen Leine versehen, woran ein Schilfbündel hängt. Dieses Bündel kann nicht untergehen. Es schwimmt auf der Oberfläche des Wassers und zeigt den Suchenden an, wo das erlegte Wild zu finden ist.

Eine solche Falle hatten wir vor uns. Der darunter hindurchführende Pfad war der Wechsel eines Nilpferdes. Ich schloß: Wo man eine Falle aufgestellt hat, muß es Menschen geben! und richtete das Steuer zum Ufer. Aber ich hütete mich, an dem Wechsel zu landen, und zwar nicht etwa aus Furcht vor dem Tier, sondern aus Vorsicht vor den Menschen, die wir aufsuchen wollten.

Noch wußten wir nicht, ob wir bei ihnen eine freundliche Aufnahme finden würden. Sie kamen jedenfalls zur Falle, um nachzusehen und mußten, wenn wir dort landeten, unser Boot finden, das, wenn wir angegriffen wurden, unsere Rettung bedeutete. Es mußte uns auf jeden Fall erhalten bleiben. Darum steuerte ich es noch eine Strecke am Ufer hin und legte erst dann an, als wir an einen schmalen Einschnitt kamen, den das Wasser bildete, und dessen Seiten so mit hohem, dichtem Schilf bewachsen waren, daß man ihn kaum bemerken konnte. Dahinein lenkte ich das Boot. Es wurde, nachdem wir ausgestiegen waren, so in das Schilf gezogen und geschoben, daß es von einem Fremden kaum entdeckt werden konnte.

Jetzt mußten meine Begleiter warten, und ich ging zu der Falle, um sie und ihre Umgebung auf Spuren zu untersuchen. Es galt zu entdecken, in welche Richtung wir uns wenden sollten, um die Leute zu finden, von denen die Falle errichtet worden war. Das wollte ich allein tun, um unsererseits Spuren, die uns verraten konnten, zu vermeiden.

Das war freilich nicht leicht, denn das Ufer war sumpfig, und die Füße sanken ein. Diese Vertiefungen füllten sich rasch mit dicker, trüber Flüssigkeit, so daß mir die Stapfen keine Sorge machen konnten. Um ganz sicher zu sein, band ich mir trotzdem Schilf um die Füße, so daß die Löcher, die ich trat, den großen, runden Stapfen eines Nilpferdes glichen, das auf Nahrungssuche ging.

Bei der Falle fand ich die Eindrücke nackter Menschenfüße. Als ich sie genau betrachtete, sah ich, daß die Leute, von denen sie herrührten, im Lauf des Nachmittags hier gewesen sein mußten. Um die beiden Pfähle war der weiche Boden aufgewühlt und hatte sich noch nicht wieder geglättet. Ich schloß daraus, daß die Falle erst heute aufgebaut worden war.

Die Leute, die diese Arbeit verrichtet hatten, waren in den Wald zurückgekehrt, wie die Fährte zeigte, die sie gar nicht deutlicher hätten zurücklassen können. Ich beschloß, ihr eine Strecke weit zu folgen.

Der Wald bestand auch hier aus Delebpalmen, deren Kronen beinahe ein geschlossenes Dach bildeten. An den Stämmen rankten sich Schlingpflanzen empor, die ihre Ausläufer nach allen Seiten sandten und zwischen den Palmen ein so dichtes Gewebe bildeten, daß ein Vordringen nur mit Hilfe des Messers möglich war. Darum waren die Neger gezwungen gewesen, sich einen Pfad durch dieses Geflecht zu hauen. Ich folgte ihm, immer bereit, schnell zur Seite abzuweichen, um mich zu verstecken.

Nach ungefähr fünf Minuten öffnete sich vor mir eine lichte Stelle des Waldes, die wohl durch Windbruch entstanden war. Darauf sah ich sechs Tukul von so leichter Bauart, wie sie der Neger nur für einen kurzen Aufenthalt errichtet. Die Größe der Hütten ließ vermuten, daß trotz ihrer geringen Anzahl nicht wenige Menschen unter den sechs trichterartigen Schilfdächern wohnten.

Vor den Türen lagen, saßen und standen die Schwarzen, lauter Männer, wie ich sah. Einige von ihnen waren beschäftigt, Brennholz zusammenzutragen, denn in wenigen Minuten mußte es dunkel werden. Wachen waren nicht ausgestellt. Die Leute schienen sich hier sicher zu fühlen. An den Tätowierungen erkannte ich, daß ich Dinka vor mir hatte, wohl Dinka von der Abteilung der Bor, die wir suchten.

Ich kehrte auf dem Weg, den ich gekommen war, erst bis zu der Falle und dann zum Boot zurück. Dort erzählte ich, was ich beobachtet hatte. Agadi, unser Dolmetscher, meinte dazu:

„Das sind Krieger der Bor, Effendi. Sie befinden sich auf einem Jagdzug und haben darum keine Frauen bei sich. Laß uns sofort zu ihnen gehen!"

„Meinst du, daß sie uns freundlich aufnehmen werden?"

„Ja. Warum sollten sie es nicht tun? Wir kommen in freundlicher Absicht, und ich als ein Dolmetscher bin ihr Stammesgenosse. Komm, wir wollen gehen!"

Agadi schlug die Richtung zur Falle ein.

„Halt!" gebot ich ihm. „Laß uns vorsichtig sein! Es ist noch nicht so gewiß, wie du denkst, daß wir ihnen willkommen sind. Sollten wir uns zum Rückzug gezwungen sehen, so bliebe uns nur der eine Weg zur Falle. Der aber ist ihnen bekannt, und sie können uns leicht verfolgen."

„Wir haben doch gute Gewehre! Wir sind ihnen überlegen."

„Ich fürchte mich nicht vor ihnen, aber wenn wir Verluste vermeiden können, warum sollen wir es nicht tun? Bahnen wir uns einen zweiten Weg, der von hier zu den Tukul führt!"

„Wirst du die Richtung treffen?"

„Gewiß. Falls wir fliehen müssen, ist den Bor dieser Weg unbekannt, und sie können uns nicht folgen. Dadurch gewinnen wir Zeit, unser Boot flottzumachen."

„Wie du willst, o Kara Ben Nemsi Effendi. Aber notwendig ist diese Arbeit nicht."

Mochte er sich irren oder nicht, ich hielt es für besser, eine gesicherte Rückzugslinie zu haben. Wir zogen die Messer, hängten die Gewehre um und begannen, uns einen Weg durch die Schlingpflanzen zu bahnen. Ich gab die Richtung an. Unsere Messer waren scharf, und wir rückten ziemlich rasch vor. Dennoch wurde es dunkel, ehe wir die Lichtung erreichten. Da zündeten die Bor ihre Feuer an, so daß wir uns nach ihrem Schein richten konnten.

Je weiter wir uns vom Ufer entfernten, desto trockner und fester wurde der Boden, was uns sehr willkommen war. Endlich hatten wir die Lichtung erreicht und sahen die Hütten vor uns liegen. Die erste war von dem Ort aus, an dem wir uns befanden, mit dreißig Schritten zu erreichen.

Vor jeder brannte ein Feuer, an dem die Insassen beschäftigt waren, Fleisch zu braten. Der Duft drang zu uns herüber. Agadi sog die Luft durch die Nase und schnalzte leise mit der Zunge.

„Das ist Mischwî Husân el Bahr[1]. Die Bor müssen heute früh ein Nilpferd erlegt haben. Effendi, wir werden mit ihnen essen. Gehen wir gleich zusammen, oder soll ich erst mit ihnen sprechen?"

[1] Nilpferdbraten

„Keins von beiden! Wir wählen den Mittelweg. Wir gehen zusammen bis an die erste Hütte. Dann trittst du vor, die Bor zu begrüßen und mit ihnen zu sprechen. Sobald du bemerkst, daß sie uns nicht wohlwollen, eilst du zu uns zurück, und das weitere wird sich finden."

Agadi war einverstanden, und so schritten wir vorwärts. Da auch jetzt kein Wächter ausgestellt war, sah man uns nicht eher, als bis der Schein der Feuer auf uns fiel. Der erste, der uns erblickte, stieß einen lauten Schrei aus, sprang auf und zeigte herüber. Aller Augen richteten sich auf uns und ein vielstimmiges Geheul brach los. Dann verschwanden die Schwarzen mit unglaublicher Schnelligkeit im Innern ihrer Hütten.

Am liebsten wäre ich jetzt gleich mit allen vorgerückt, aber ich sagte mir, das sei nicht geraten. Ich sah aus den Eingängen Gewehrläufe auf uns gerichtet. Darum ging Agadi allein zu der Hütte, in der wir den Anführer vermuteten. Er schwenkte einen Palmzweig in der Hand, überall, wo es Palmen gibt, ein Zeichen friedlicher Absicht.

Beim Feuer angekommen, blieb unser Dolmetscher stehen. Er sprach gegen den Tukul. Die Worte gingen eine Zeitlang herüber und hinüber, dann kamen zwei Schwarze aus der Hütte. Sie waren nicht bewaffnet, traten zu Agadi und redeten mit ihm. Ihre Mienen und ihre Bewegungen ließen auf keine feindlichen Absichten schließen. Endlich deuteten sie auf die Hütte, in der auch ein Feuer brannte, denn wir sahen den Rauch aus der oberen Öffnung steigen. Sie luden Agadi ein, mit ihnen hineinzugehen. Ich wollte ihm zurufen, um ihn zu warnen, unterließ es aber, um die Bor nicht mißtrauisch zu machen. Er folgte ihrer Aufforderung.

Nun vergingen zehn Minuten, eine Viertelstunde, ohne daß Agadi wiederkam. Aus der Viertel- wurde eine halbe Stunde, und noch immer ließ sich niemand blicken. Die Neger steckten in ihren Tukul und kamen nicht heraus. Die Feuer, die nicht mehr genährt wurden, brannten immer niedriger. Das mußte Bedenken erregen. Warum kam Agadi nicht wenigstens auf einen Augenblick heraus, um uns zur Geduld zu mahnen? Wenn wir warteten, bis die Feuer verlöschten, gaben wir den einzigen Trumpf, den wir jetzt hatten, aus der Hand. Ich rief den Namen Agadi einigemal, doch vergeblich. Ich bat ihn zu antworten. Da erklang seine Stimme aus der Hütte:

„Effendi, ich bin gefangen, weil man dich für Ibn Asl hält. Man glaubt mir nicht."

„Ist der Anführer im Tukul bei dir?"

„Ja."

„Er mag mit dir herauskommen. Ich will mit ihm reden!"

Agadi antwortete nicht. Es vergingen einige Minuten, dann sah ich ihn aus der Tür treten. Die Hände waren ihm auf den Rücken gebunden, und außerdem hing er an einem Strick, der in das Innere der Hütte reichte. Man konnte ihn daran augenblicklich hineinziehen.

„Nun?" fragte ich. „Wo ist der Anführer der Bor?"

„Im Tukul. Woat kommt nicht heraus. Ich soll dich auffordern, dich augenblicklich zu entfernen."

„Und wenn ich es nicht tue?"

„So wird man uns erschießen. Und wenn du nicht gehst, zieht man mich an dem Strick zurück und ermordet mich."

„Und wenn wir abziehen, was wird dann?"

„Darüber soll beraten werden."

„Wann sollen wir das Ergebnis der Beratung hören?"

„Morgen."

„Warum erst morgen? Du weißt, wie kostbar unsere Zeit ist. Wie und wo sollen wir es erfahren? Hast du etwa gesagt, wo unser Boot steckt?"

„Nein. Ich sagte, ich könnte die Stelle nicht so genau beschreiben. Vielleicht überzeuge ich diese Leute doch, daß du nicht Ibn Asl bist. Geh zurück, und warte ruhig bis morgen. Versuche jetzt nicht, mich zu befreien. Es würde mein augenblicklicher Tod sein."

„Ich werde überlegen, was zu tun ist. Aber sage Woat folgendes: Ich werde schon bei Tagesanbruch kommen und mir Antwort holen. Erzähle ihm, was du von mir weißt, und teile ihm mit, daß er es mit seinem Leben bezahlen muß, wenn dir nur ein einziges Haar gekrümmt wird."

Ich drehte mich um und entfernte mich mit meinen Asakern, doch nicht weit. Sobald der Schein der Feuer uns nicht mehr traf, blieben wir stehen. Als ich zurückblickte, sah ich Agadi im Eingang des Tukul verschwinden.

„Er ist verloren", meinte einer der Asaker. „Diese Schwarzen halten ihn für einen Verräter, für den Verbündeten von Ibn Asl. Da sie denken, du seist der Sklavenjäger, werden sie bemüht sein, uns zu entkommen. Sie werden heimlich davonschleichen und Agadi vorher umbringen."

„Daß die Leute die Absicht haben, sich davonzumachen, glaube ich auch. Aber wir werden sie daran hindern. Wir umzingeln das Lager."

„Das hilft uns nichts. Wir könnten zwar einige erschießen, aber doch nicht alle."

„Wenn die Bor fortwollen, müssen sie uns alle vor die Flinten kommen. Denke nur nach! Sie wohnen am Fluß und lagern jetzt am Maijeh. Der Wald ist undurchdringlich. Auf welchem Weg werden sie hierhergekommen sein? Etwa durch den Wald?"

„Schwerlich. Die Neger wollen Nilpferde jagen und wohl auch fischen. Sie sind auf dem Wasser gekommen."

„Ganz recht! Also wissen wir, was wir zu tun haben. Wir sahen ihre Boote nicht. Die Bor haben die Fahrzeuge versteckt, jedenfalls nicht weit von hier, und zwar in der Nähe des Nilpferdpfades, da man auf ihm am leichtesten zum Wasser kommt. Wenn wir ihnen diesen Weg abschneiden, können sie nicht fort. Wir sind acht Mann. Das gibt vier Doppelposten, je einen im Norden, Süden, Osten und Westen des Lagers. Wir stellen uns am Rand der Lichtung auf, um später, wenn der Mond kommt, im Schatten zu sein. Wollen die Neger auf einer Seite durchbrechen, so ruft der betreffende Posten. Wir anderen hören es und eilen herzu. Das ist alles, was wir tun müssen. Die schlechten Gewehre der Neger brauchen wir nicht zu fürchten. Kommt! Ich werde euch eure Plätze anweisen."

Indem wir langsam um das Lager schritten, ließ ich in der angedeuteten Weise drei Doppelposten zurück. Der vierte bestand aus dem siebenten Askari und mir. Ich hatte die Stellung im Süden gewählt, weil da der Nilpferdpfad zum Maijeh führte und dies die Richtung war, in der wir einen Durchbruchsversuch der Neger erwarten konnten.

Wir legten uns auf die weiche Erde. Es war unter den Palmen so dunkel, daß man uns nur dann gewahren konnte, wenn man über uns hinwegstolperte. Die Lagerfeuer verloschen eins nach dem anderen. Als das letzte verglimmt war, lagen auch die Tukul in tiefer Finsternis. Es herrschte völlige Stille. Auch die Tierwelt schlief, und kein Lüftchen regte sich. Die Tierwelt, ja, aber nicht die ganze. Tausende von Leuchtkäferchen zuckten unter den Wedeln der Palmen hin, und Millionen von Stechmücken fielen über uns her. Die lieben Tierchen sollten aber heute abend bei uns nicht auf ihre Rechnung kommen. Es gibt nämlich in den Zuflüssen des oberen Nil eine kleine, linsenblättrige Wasserpflanze, die keinen Geruch zu haben scheint, die aber, wenn man sie zerreibt, einen wahrhaft höllischen Duft entwickelt. Wir waren am Nachmittag durch eine schwimmende Siedlung solcher Wasserpflanzen gerudert und hatten einige Handvoll davon ins Boot geschöpft. Als wir dann ausgestiegen waren, hatten wir uns alle die Hände und die Gesichter damit eingerieben. Das scheuchte jede Mücke, jede Fliege von uns fort.

Ich kenne keinen Gestank, der dem dieser Sitt dschami el minchâr gleicht. Wenn trotzdem ein Mensch, zumal ein Europäer, diese Qual der Stechfliegenplage vorzieht, so kann man sich eine Vorstellung von der Pein machen, die die Mücken bereiten. Wird das Gesicht nicht durch ein Netz geschützt, so kann man es nach kurzer Zeit schon fast nicht mehr für ein menschliches Antlitz halten. Es schwillt vom Mückengift an, die Augen verschwinden unter der Geschwulst, die Lippen werden zu Wülsten, und die Nase verwandelt sich in einen blauroten Klumpen. Und wehe nun gar der Zunge, wenn es einer oder einigen Mücken gelingt, in den Mund zu kommen! Sie schwillt so an, daß sie fast die ganze Mundhöhle füllt, und wird unbeweglich. Das Sprechen wird zum unbeholfenen Lallen. Ebenso ist es auch mit den Ohren, deren Eingänge sich schließen, so daß man für lange Stunden taub wird. Da läßt sich der Geruch der erwähnten Wasserpflanze doch noch leichter ertragen. Und dazu waren wir gezwungen, weil wir die Mückennetze im Boot zurückgelassen hatten. Sie wären uns bei dem, was wir vorhatten, hinderlich gewesen.

So lagen wir wohl eine halbe Stunde lang auf der Lauer. Da wurden die Sterne bleicher, der Himmel im allgemeinen heller, denn der Mond ging auf. Er warf da, wo die Palmenkronen Lücken ließen, silberne, zitternde Lichter durch das Dunkel des Waldes, die eine Menge der flimmernden Glühwürmchen anlockten.

Da bemerkte ich rechts von uns ein leises Geräusch von knickenden Ästchen.

„Hörst du, Effendi?" raunte mir mein Gefährte zu. „Was mag das sein?"

„Es kommen zwei Menschen geschlichen, jedenfalls sind es Neger."

Sie kamen näher. Wir lagen seitlich an dem Pfad unter den Schlinggewächsen, so daß sie uns nicht gewahrten. Es war hier unter den Palmen dunkel, dennoch erkannte ich die Umrisse ihrer schwarzen Gestalten, und es war mir, als trügen sie Ruder in den Händen. Als sie vorüber waren, wiederholte sich das Geräusch.

„Es kommen abermals einige", flüsterte der Askari. „Wollen wir sie vorbeilassen?"

„Ja. Die Bor gehen zu den Booten. Wenn wir sie nicht stören, können wir erfahren, wo die Fahrzeuge liegen. Andernfalls müßten wir sie mühsam suchen. Die nächsten aber, die kommen, weisen wir zurück."

Während ich das dem Soldaten zuraunte, kamen die zwei Schwarzen an uns vorüber. Die Bor wollten fort, und diese vier sollten voraus, die Boote klarmachen. Ich horchte zum Lager, hörte aber nichts.

„Ich schleiche ihnen nach", wisperte ich dem Askari zu. „Bleib liegen! Kommen wieder einige, so rufst du sie an. Weichen sie nicht zurück, so schießt du den vordersten ins Bein. Das wird wirken, wenigstens bis ich zurückkomme."

Ich kroch aus unserem Versteck hervor und wandte mich dem Maijeh zu. Der Pfad hatte keine Biegungen, sondern führte schnurgerade zum Wasser und bildete, als ich eine Strecke gegangen war, gleichsam ein Fernrohr, durch das ich hinaus auf den Maijeh blicken konnte. Er glänzte im Mondschein wie flüssiges Metall. Kein Lüftchen bewegte seine Oberfläche. Das Ufer wurde zunächst durch einen breiten Schilfrand gebildet, der zwischen dem Wasser und dem Wald lag. Aus diesem Schilf erhob sich die Falle. Zwischen ihr und dem Wald sah ich die vier Neger stehen, mit dem Rücken zu mir. Sie hatten Ruder in den Händen und schienen etwas, was ich aber nicht unterscheiden konnte, auf dem Maijeh zu beobachten. Ich ging schnell weiter, bis ich den Ausgang des Waldes erreichte. Da gewahrte ich, im Schatten der letzten Palmen stehend, den Gegenstand, den sie betrachteten.

Es war eine Nilpferdkuh, ein riesiges Tier, nach der Größe des Kopfes zu schließen. Sie spielte im Wasser, tauchte auf und nieder, ließ aber, wenn sie emporkam, nicht den ganzen Körper sehen, sondern nur Kopf und Nacken. Ihr im Genick hockte ein Junges, das die Höhe eines Neufundländerhundes hatte, aber dicker war.

Die alten Ägypter nannten das Nilpferd Rer, das ist Wasserschwein, und der Körper dieses Riesentieres hat auch wirklich eine große Ähnlichkeit mit dem des Schweines, nur alle Maße fast ins Ungeheuerliche übertragen. Der Kopf läßt sich mit nichts vergleichen, denn es gibt kein Tier, das einen ähnlichen Kopf besitzt. Das Gesicht des *Hippopotamus* ist unverhältnismäßig breit und glatt. Die kleinen, schweinsartigen Augen stehen hoch oben. Der Rachen, der mit starken Hauern bewaffnet ist, kann einen starken Menschen in der Leibesmitte umfassen. Da Augen, Ohren und Nasenlöcher in der gleichen Ebene liegen, kann das Tier den Leib im Wasser verborgen halten und allein das Gesicht über die Oberfläche heben, um zu atmen oder nach Feinden auszuschauen. Unter der starken Haut befindet sich eine dicke, halbflüssige Fettschicht, wodurch dem Tier das Schwimmen ungemein erleichtert wird. Die plumpen Beine sind so kurz, daß der Leib beim Laufen beinahe auf der Erde schleift.

Jetzt tauchte das Tier von neuem auf und ließ das Wasser zu beiden Seiten aus dem Rachen laufen. Dann wieder stieß es dichten Wasserstaub durch die Nasenlöcher, wälzte sich hin und her, schüttelte das Kleine ab, nahm es wieder auf und näherte sich endlich dem Ufer. Dort wurde das Junge wieder abgeworfen. Es platschte ziemlich unbeholfen durch das Wasser, erreichte das Land und trollte langsam den Pfad herauf, lief unter der

Falle weg und blieb dann stehen, um sich zur Alten umzusehen.

Das Muttertier hatte den Kopf über Wasser gehalten, um das Kleine zu beobachten und ihm nötigenfalls beizustehen. Jetzt, da es sich auf festem, sicherem Boden befand, kam auch die Alte ans Ufer, eine gewaltige, unförmliche Körpermasse, die sich wassertriefend und schnaubend an das sumpfige Ufer arbeitete. Das Junge sah die Mutter kommen und trollte gemütlich weiter und näherte sich den Negern, die sich vorsichtig niederbückten. Es beachtete sie nicht, denn es hatte noch keine Ahnung von den Gefahren, denen sogar ein anmutvolles Nilpferdkind ausgesetzt ist.

Meine Aufmerksamkeit war nur auf die beiden Tiere gerichtet. Alles andere war mir nebensächlich. So schien es auch den vier Negern zu gehen. Sie dachten nicht an die Boote, zu denen sie geschickt worden waren. Sie sahen den köstlichen Braten, wenn auch vorläufig in ungeröstetem Zustand, vor sich, und durch ihre Seelen ging ein tiefes Rühren, dem sich alles andere unterordnen mußte.

Jeder Europäer kennt den gewaltigen Unterschied zwischen dem köstlichen Geschmack eines zarten Spanferkels und dem schon gewöhnlicheren Genuß, den ein Schweinsbraten bietet. Ebenso weiß jeder leidlich erfahrene Sudanese zwischen dem Braten eines Nilpferd-Küchleins und dem eines alten Flußpferdungetüms zu unterscheiden. Hier nun kam das zarte Küchlein den Schwarzen sogar bequem entgegengetrollt, so daß sie der Versuchung unmöglich widerstehen konnten. Sie sprangen auf, fielen mit den Rudern über das ahnungslose Tierchen her und schlugen es nieder. Es kreischte zwei- oder dreimal auf und erlag dann den kräftigen Hieben. Ich sah kommen, was nun kommen mußte, nämlich die Rache des alten Tieres.

Dieses hörte kaum die Schmerzenslaute seines Jungen,

so schnaubte es grimmig auf und stürzte vorwärts. Mit einer Schnelligkeit, die man dieser unförmlichen Fleischmasse gar nicht zutrauen sollte, schoß es durch die Falle. Dabei berührte es die Auslösung. Die Harpune fiel — aber erst hinter dem Tier, weil seine Bewegung zu schnell war. Das Nilpferd blieb unverletzt und jagte weiter, bis dahin, wo das Junge lag. Dort hielt es an und wendete es mit der Schnauze einige Male von einer Seite auf die andere.

Hatten die vier Neger geglaubt, vor der Alten sicher zu sein? Hatten sie gemeint, daß sie nicht weiter als bis unter die Falle kommen könnte? Wenn das so war, sahen sie sich jetzt schrecklich enttäuscht. Sie standen erst starr vor Entsetzen. Da die Alte bei dem Jungen anhielt, gewannen sie doch noch Zeit zur Flucht. Sie warfen die Ruder weg und rannten zurück, an mir vorüber, in den Wald hinein, dem Lager zu. Im gleichen Augenblick hörte ich meines Gefährten laute, befehlende Stimme:

„Halt, bleib stehen, sonst bist du eine Leiche!"

Dieser Drohung war zu entnehmen, daß die anderen Neger oder wenigstens wieder einige von ihnen kamen. Die vier Ausreißer brüllten ihnen mehrere Worte entgegen, die ich nicht verstand, jedenfalls eine Warnung. Zehn oder noch mehr Stimmen schrien. Die Tierwelt erwachte aus dem Schlaf, Affen kreischten, Vögel erhoben ihre Stimmen, der Schuß eines Gefährten krachte, im Lager heulten die Schwarzen, der ganze Wald war lebendig geworden. Meine drei anderen Doppelposten ließen ihre Rufe ertönen. Ich hörte ihre Schüsse fallen. Und das alte Nilpferd? Und ich?

Nun, wir waren hart hintereinander her, aber nicht etwa das Nilpferd hinter mir, sondern ich hinter ihm. Ich hatte mich tief in die Schlingpflanzen gedrückt, um die vier Neger an mir vorüber zu lassen, und den Blick nicht von dem Tier gewendet. Als es sich überzeugt hatte, daß das Junge tot war, stürzte es wieder vorwärts, sah die Bor unter den Palmen verschwinden und raste ihnen nach. Die Schnelligkeit, mit der es geschah, war einfach unglaublich. Dabei ließ es Töne hören, die gar nicht zu beschreiben sind. Das war kein Schnaufen mehr, kein Schnauben, kein Grunzen, kein Brüllen, und doch war es das alles und noch viel mehr dazu.

Als das wütende Tier mir nahe kam, blieb es stehen, nicht vor Schreck, sondern aus Berechnung. Die beiden Läufe des Bärentöters waren geladen. Ich hätte schießen können, war aber vorsichtig genug, es zu unterlassen. Das Riesentier mußte so getroffen werden, daß es sofort fiel. Hier unter den Bäumen aber hatte ich kein sicheres Ziel, und ein Nilpferd besitzt keineswegs viele Stellen, an denen es tödlich verwundbar ist. Von vorn durfte ich es auf keinen Fall nehmen.

Im Vorüberrasen streifte es mich, ganz leicht nur, aber ich flog doch seitwärts ins Dickicht, raffte mich jedoch sofort wieder auf und rannte hinterdrein. Was nun folgte, läßt sich leichter erleben als beschreiben.

Man denke sich einen von einem Nilpferd ausgetretenen Pfad, der buchstäblich aus tiefen, runden Löchern zusammengesetzt ist, in denen das Wasser steht. Rechts und links Dickicht. Oben die Palmenwipfel, die den Pfad verdunkeln, und bricht ein einzelner Mondstrahl durch, so bewirkt er nur, daß die Ungewißheit des Lichtes vergrößert wird. Vorn Schüsse, Rufe, das Geschrei der erschrockenen Menschen, von allen Seiten das Geplärr, Gekrächz, Gestöhn, Gebrumm, Gebrüll und Gekreisch der Tiere des Urwaldes! Hart vor der Hand ein wütendes Tier, dem man den Garaus machen will, machen muß, um zehn und noch mehr Menschenleben zu retten!

Wie ich mit solcher Schnelligkeit vorwärtsgekommen bin, wußte ich damals nicht und kann es noch viel weniger sagen. Das Nilpferd raste, und ich raste auch, über die Löcher und Pfützen hinweg, zwischen den Schlingpflanzenwänden hin. Ich stolperte über menschliche Körper, die von dem Untier niedergerannt worden waren, und kam doch selber nicht zu Fall. Meine Füße berührten kaum den Boden, und doch blieb ich gut bei Atem. Da lichtete sich das Dunkel über mir. Der Pfad war zu Ende, und die Bäume traten zurück. Die Lichtung begann und war vom Mondschein überflutet. Rechts, links, vorn hasteten, rannten, stürzten, purzelten, wälzten sich schwarze Gestalten. Fünf, sechs weite Sprünge links vorwärts, dann blieb ich stehen und legte an. Die Mündung handtief hinter das linke Ohr des Nilpferdes gerichtet und dann losgedrückt. Der Schuß dröhnte durch den Wald, die zweite Kugel folgte sofort. Ich schnellte mich weiter links bis in den Schatten der nächsten Hütte, fuhr mit der Linken in den Gürtel, wo ich die Patronen hatte, und wendete mich nun erst zurück, um schnell wieder zu laden und dabei zu beobachten, welchen Erfolg meine Schüsse gehabt hatten.

Das Tier stand, ohne sich zu bewegen. Es hatte den Rachen weit geöffnet und ließ die starken, stumpfen Hauer sehen. Es schien, als wolle es in grimmiger Wut aufbrüllen, aber der Rachen blieb stumm. Die Quelle der Stimme, die Lunge, war gelähmt. Ein schweres Zittern lief langsam über den Körper. Er neigte sich rechts, links, vor, wieder rechts und fiel dann schwer, wie aus Holzklötzen geschnitten, auf diese Seite. Da lag er starr und steif, ohne daß sich auch nur ein einziges Glied bewegte.

Unterdessen hatte ich wieder geladen und näherte mich vorsichtig dem Kopf, bereit, ihm nötigenfalls noch zwei Kugeln zu geben. Es war nicht nötig. Wie sich später zeigte, waren die beiden ersten ins Gehirn gedrungen und hatten das Ungeheuer augenblicklich gelähmt. Nun war es tot.

Jetzt sah ich mich um. Mehrere Tote und Gequetschte lagen hier und dort auf der Erde, sonst war niemand zu erblicken, aber im Innern der Tukul hörte ich Stimmen

Ich begab mich zum größten, trat in den Eingang und fragte:

„Agadi, bist du noch hier?"

„Ja, Effendi", antwortete er. „O Allah, welch ein Schreck kommt über die Erde!"

„Bist du noch gebunden?"

„Ja. Ich hänge hier am Pfosten."

„Sind noch andere hier?"

„Viele."

„Ich werde dich losschneiden."

Seine Stimme sagte mir, wohin ich mich wenden sollte.

Ich stieg zwischen, auf und über Menschen hinweg, die ich nicht sah, und die sich meine Tritte ruhig gefallen ließen, schnitt Agadi los, machte auch seine Hände frei und zog ihn dann hinaus auf den Platz. Wir waren, außer den Toten und Verwundeten, die einzigen Menschen draußen. Die anderen waren von der Angst in die Hütten getrieben worden. Als Agadi das Tier liegen sah, schlug er die Hände zusammen.

„Da liegt das Ungetüm, bei Allah, da liegt es! Ist es denn wirklich tot?"

„Ja, ich habe es erschossen."

Ehe er antworten konnte, ertönte hinter der Tierleiche der laute Ruf:

„Allah akbar! Da liegt der vierfüßige Teufel, der uns alle verschlingen wollte! Er ist tot, er hat sein Leben lassen müssen und ist in seinen Sünden dahingestorben. Nicht wahr, du bist es, der ihn erschossen hat, Effendi? Ich lag versteckt am Weg, und obgleich es dunkel war, sah ich dich hinter ihm herrennen."

Der Sprecher war der Askari, mit dem ich am Weg gelauert hatte.

„Jetzt haben wir gewonnenes Spiel", rief Agadi. „Du hast das ganze Lager gerettet, hast den Kriegern der Bor das Leben erhalten, denn dieses Ungetüm hätte die Hütten und mit ihnen alle, die sich darin befanden, niedergestampft. Nun kann uns niemand mehr als Feinde betrachten, und man wird mir glauben, wenn ich wiederhole, daß du nicht Ibn Asl bist. Komm mit! Ich will dem Anführer Woat sagen, daß du sein Retter bist!"

„Dazu bedarf es meiner Gegenwart nicht. Geh allein zu Woat! Er mag die Feuer wieder anbrennen lassen. Wenn wir das Tier zerlegen, soll jeder Bor ebenso wie jeder Askari sein Teil bekommen. Sag ihm das! Inzwischen will ich nach meinen Asakern sehen."

Agadi trat wieder in den Tukul. Der Askari, der sich mit mir auf Posten befunden hatte, begleitete mich, als ich zu den sechs anderen Asakern ging. Sie hatten sich wacker gehalten. Keiner war von seinem Platz gewichen. Sie hatten das Geschrei, die Warnungsrufe gehört und die Verwirrung bemerkt, ohne jedoch zu wissen, was das alles bedeutete, da sie die Sprache der Bor nicht verstanden. Die Schwarzen hatten vor dem Nilpferd fliehen und aus dem Lager brechen wollen, waren aber durch die Schüsse der Asaker zurückgetrieben worden und hatten sich dann vor Angst in die Tukul verkrochen. Freilich durfte ich meinen Posten ihr ruhiges Ausharren nicht allzuhoch anrechnen. Hätten sie gewußt, daß ein Nilpferd vor ihnen wütete, so wären sie, obgleich sie den Schwarzen so wacker standgehalten hatten, wahrscheinlich auch davongelaufen.

Ich führte sie ins Lager, ohne zu fragen, ob ich das auch wagen dürfe, denn ich dachte nicht mehr daran, daß uns eine Gefahr drohen könne. Darum befahl ich meinen Soldaten, zwei große Feuer in der Nähe des Nilpferdes anzubrennen, damit es bei ihrem Schein ausgewirkt werden könnte.

Während sie diesen Befehl ausführten, beobachtete ich die Bor. Sie brannten ihre Feuer wieder an und holten ihre Angehörigen herbei, die von dem Nilpferd getötet oder verletzt worden waren. Auch alle, die schon auf dem Pfad zu Fall gekommen waren, wurden gebracht.

Im ganzen waren vier Mann tot und acht verwundet, und zwar meist schwer. Das alles geschah in einer Weise, als wäre unsere Anwesenheit selbstverständlich. Als dann die Toten beiseitegeschafft und die Verletzten in einem Tukul untergebracht worden waren, kam der Dolmetscher in Begleitung eines Schwarzen, den er mir als Scheik Woat bezeichnete, zu mir. Ich konnte mir den Mann beim Schein der brennenden Feuer betrachten. Er stand im mittleren Lebensalter. Sein Gesicht war beinahe völlig schwarz, doch zeigten seine Züge nicht das bekannte Negergepräge. Wie fast alle Angehörigen des Dinkavolkes hatte er das Haar geschoren und nur auf der Mitte des Scheitels eine Art Skalplocke stehen lassen. Auch die schon bei der Beschreibung des Dolmetschers erwähnte Tätowierung war vorhanden. Sein Anzug bestand aus einem blauleinenen Hemd, das ihm fast bis an die Füße reichte. Es wurde von einem Riemen zusammengehalten, in dem eine alte Pistole und ein Messer steckten. In der Hand trug Woat eine lange, einläufige, arabische Steinschloßflinte. Er machte mir eine tiefe Verbeugung und betrachtete mich mit neugierigen Augen, wobei sein Gesicht merklich freundlicher wurde.

„Nein, du bist nicht Ibn Asl. Ich sehe es jetzt."

Er bediente sich der Sprache seines Stammes, so daß Agadi mir die Worte verdolmetschen mußte. Hierbei sei erwähnt, daß auch fernerhin jede Unterredung mit ihm oder einem seiner Leute nur mit Agadis Hilfe stattfand.

„Kennst du diesen Mann persönlich?" fragte ich ihn.

„Ja. Ich habe ihn einmal unten am Mokren el Bohur[1] gesehen."

„So kannst du allerdings unterscheiden, ob ich dieser Halunke bin oder nicht."

„Vorhin, als du an unserem Lager standest, konnte ich dein Gesicht nicht deutlich erkennen, und da ich weiß,

1 See No

daß Ibn Asl einen Sklavenzug zu unternehmen beabsichtigt, mußte ich vorsichtig sein. Nun ich dich aber so nahe vor mir habe, glaube ich den Worten Agadis. Sag mir, wie ich dir dankbar sein kann!"

„Was ich getan habe, bedarf keines Dankes, höchstens gibt es eine Gefälligkeit, um die ich dich bitten möchte. Wir brauchen Ochsen zum Reiten und zum Tragen unseres Gepäcks."

„So ist es also wahr, daß Ibn Asl gegen die Gohk ziehen will?"

„Er ist bereits unterwegs. Ich weiß, daß sie zu deinem Stamm gehören, und hoffe deshalb, daß du uns deine Hilfe nicht verweigern wirst."

„Sie sind unsere Freunde und Verwandten, und es ist unsere Pflicht, ihnen beizustehen. Wieviel Ochsen brauchst du?"

„Ungefähr zweihundert. Wirst du so viele auftreiben können, und zwar schnell?"

„Wenn du willst, kannst du schon morgen um die Zeit des Mittags tausend haben, denn wir sind sehr reich an Rindern, reicher als andere Stämme, die in dieser Gegend ihre Dörfer haben. Zweihundert werden zu wenig sein."

Bei diesen Worten betrachtete mich Woat mit einem Lächeln, als hätte er dabei einen freundlichen Hintergedanken.

„Warum?" fragte ich erwartungsvoll.

„Weil zweihundert Ochsen alle die Krieger, die ausziehen werden, nicht fortbringen können. Wenn fremde Krieger sich solchen Entbehrungen und Gefahren unterwerfen, um den Gohk beizustehen, so dürfen wir doch unmöglich zurückbleiben. Ich werde zweihundert meiner besten Leute versammeln und mit euch ziehen."

Nichts konnte mir lieber sein als dieses Anerbieten. Das war weit mehr, als ich hatte erwarten können. Darum erwiderte ich erfreut:

„Ihr werdet uns sehr willkommen sein! Wir fürchten

Ibn Asl zwar keineswegs, aber man kann niemals zuviel Kräfte haben. Nur fragt es sich, wie lang es dauert, bis du die zweihundert Krieger zusammenbringst."

„Wann kommt der Reïs Effendina mit seinen Leuten hier an?"

„Ich denke, daß er morgen gegen Abend hier sein wird."

„Und ich meine, daß er dann nicht sofort aufbrechen kann, sondern bis zum anderen Morgen warten muß. Da braucht er unseretwegen keine Zeit zu verlieren, denn ich werde jetzt gleich Boten aussenden, um meine Krieger bis zum Mittag zu versammeln. Damit wir uns unterwegs nicht der Nahrung wegen mit der Jagd aufhalten müssen, werden wir uns einen genügenden Vorrat von Speisen backen. Damit werden unsere Frauen und Mädchen bis zum Morgen fertig sein. Erlaube mir, mich zu entfernen, um den Boten meinen Auftrag zu erteilen!"

Er rief seine Leute zusammen. Dann eilten sechs von ihnen fort, um seine Weisungen zu befolgen. Sie gingen zum Ufer, um den Weg im Kahn zurückzulegen, die übrigen begleiteten sie, um das junge Nilpferd zu holen. Da ich auch mitging, sah ich, daß die Schwarzen ihre Boote tatsächlich in der Nähe der Nilpferdfalle versteckt hatten.

Als wir zum Lager zurückgekehrt waren, wurde auch das Junge zerlegt. Dann begann das Braten. Ich saß mit meinen Asakern an einem der Feuer, und der Anführer der Bor nahm bei uns Platz. Er freute sich auf den beabsichtigten Kriegszug, und ich erkannte aus jedem seiner Worte, daß wir an ihm einen wackeren Verbündeten haben würden.

Die Bor hatten schon zu Abend gegessen, dennoch machten sie sich mit einem Eifer über den Nilpferdbraten her, als wären sie völlig ausgehungert. Welche Fleischmengen so ein Neger verschlingen kann, davon hat man keine Ahnung. Ich aß doch auch tüchtig, und das große

Stück Zunge, das ich für mich genommen hatte, und von dem ich nichts übrigließ, schmeckte mir vortrefflich, aber was und wie diese Leute aßen, das brachte mich in Erstaunen. Sie schnitten sich lange, handförmige Stücke ab, hielten sie, den Kopf weit nach hinten gebeugt, mit der Linken über den geöffneten Mund, ungefähr so, wie die neapolitanischen Lazzaroni ihre Makkaroni essen, schnappten zu und schnitten die einzelnen Bissen dann mit der Rechten hart an den Zähnen ab. Auf diese Weise aßen sie, bis sie endlich nicht mehr konnten und ihre Bäuche so dick angeschwollen waren, daß es mir fast angst und bange um sie wurde. Dann krochen sie in die Tukul, um zu schlafen. Auch die Verwundeten waren mit Fleisch förmlich vollgestopft worden, wozu die europäische Ärztewelt gewiß sämtliche Köpfe geschüttelt hätte. Ich zog es vor, unter freiem Himmel zu schlafen, und ließ die Mückennetze von unserem Boot holen. Wir hüllten uns hinein und gaben uns der Ruhe hin, ohne es für nötig zu halten, zu unserer Sicherheit einen Wächter auszustellen. So groß war das Vertrauen, das mir der Anführer der Bor eingeflößt hatte.

Am Morgen wurden wir durch das Geschrei der Vögel geweckt, die den Wald belebten. Die Schwarzen waren schon munter und saßen bereits bei den Feuern, um — wieder zu essen. Wenn die Krieger gegen den Feind ebenso tapfer waren wie hier beim Essen, dann war Ibn Asl rettungslos verloren.

Der Vormittag wurde damit zugebracht, einen Vorrat von Fleisch so anzubraten, daß es nicht so schnell wie in frischem Zustand in Fäulnis geriet. Unterdessen kamen die Boten, die in sechs verschiedene Dörfer geschickt worden waren, zurück und meldeten, daß die Krieger zu Mittag da sein und die Ochsen zu einer kleinen Steppe in der Nähe bringen würden. Dorthin würden später auch die Frauen mit den Speisevorräten kommen.

Um die Mittagszeit stellte sich ein Schwarzer ein, der

die Nachricht brachte, daß die Krieger mit den Ochsen eingetroffen seien. Woat wollte zu ihnen, und ich sollte mit. Möglicherweise konnte der Reïs Effendina früher ankommen, als ich berechnet hatte. In diesem Fall galt es, dafür zu sorgen, daß er uns fand. Darum schickte ich unser Boot mit vier Ruderern und einem Steuerer fort, um sich draußen vor dem Maijeh ans Nilufer zu legen und den Reïs, wenn er kam, zu führen. Dann begleitete ich den Häuptling zu der Steppe. Agadi ging mit, da ich ihn als Dolmetscher brauchte.

Nachdem wir ungefähr eine Viertelstunde lang durch den Wald geschritten waren, gelangten wir an die Steppe, die infolge der Nähe des Wassers dicht mit saftigem Gras bestanden war. Dort hielten die zweihundert Krieger mit ihren Reitochsen und den Treibern, die die übrigen Rinder gebracht hatten. Die Bor waren schwarze, kräftige, nur mit einem Lendentuch bekleidete Gestalten. Ihre Waffen bestanden ausnahmslos in Messern, kräftig genug, um damit einen Weg durch die Schinggewächse des Waldes zu bahnen, und in alten, langen Flinten, mit denen diese Leute aber, wie ich später erkannte, leidlich umzugehen verstanden. Die Ochsen waren stark und gut genährt, von feineren Formen und Linien als die unsrigen. Ihre Augen blickten klug und verständig, und es kam während unseres Zuges kein einziger Fall von Starrsinnigkeit vor, wie man sie bei uns so oft beobachtet. Ich fand ihren Gang leicht und gewandt. Der, den ich später ritt, gehorchte dem leisesten Druck, ertrug alle Anstrengung ohne zu ermüden, und war mir nicht ein einziges Mal ungehorsam.

Es waren weit über vierhundert solcher Tiere da. Die Lastochsen trugen an jeder Seite entweder einen Bastkorb oder einen großen, tönernen Krug. Die Körbe waren zur Aufnahme der festen Gegenstände bestimmt, während in den Krügen das Trinkwasser befördert werden sollte, da das Wasser der Sümpfe, an denen unser

Weg vorüberführen sollte, nicht zu genießen war. Die für die Anführer bestimmten Reitochsen trugen eine Art Sattel und, wie auch alle übrigen, in der Nase zwei Ringe, an denen die Zügel befestigt waren.

Der Gebieter der Bor hielt seinen Leuten eine Rede, die ich leider nicht verstand. Wie mir der Dolmetscher Agadi sagte, hatte er ihnen die Gründe, die Richtung und den Zweck unseres Zuges mitgeteilt und sie zur Tapferkeit ermahnt. Sie antworteten mit einem Geschrei, das jedenfalls den Sinn unseres Hoch oder Hurra haben sollte. Dann ließ Woat sie an mir erst vorüberziehen und nachher vorüberreiten. Das sollte eine Truppenschau sein. Sie machte auf mich einen recht guten Eindruck, nur warteten diese Neger noch auf einen ‚alten Dessauer‘, von dem sie den Gleichschritt lernen konnten. Was ihnen in dieser Beziehung mangelte, das ersetzten sie vollständig durch die grimmigen Gesichter, die sie schnitten. Wenn es danach ging, so hatte ich jetzt, wie Selim sich ausdrücken würde, die tapfersten Helden des Weltalls vor mir.

Als der Vorbeimarsch beendet war, kehrten wir zum Lager zurück. Die Krieger blieben auf der Steppe, da bei uns unter den Bäumen kein Platz für sie war. Doch mußte uns eine Anzahl von ihnen begleiten, um Fleisch zu holen. Daß davon genug vorhanden war, kann man sich denken, wenn ich sage, daß das erlegte Nilpferd eine Länge von fast vier Metern hatte.

2. DURCH DEN STRANG GERICHTET

Wir befanden uns noch nicht lange im Lager, so kehrte das Boot der Asaker zurück, und seine Insassen zeigten mir an, der Reïs Effendina sei schon im Ansegeln. Ich begab mich zur Nilpferdfalle, um ihn dort zu erwarten, da sich diese Stelle am besten zum Anlegen eignete. Von dort aus sah ich bald darauf das Schiff im Eingang des Maijeh erscheinen, und nach wenigen Minuten kam der Offizier allein ans Ufer.

Ich berichtete ihm vom Erfolg, den meine Sendung gehabt hatte. Auch er fand es vorteilhaft für uns, daß die Bor entschlossen waren, in solcher Zahl an unserem Zug teilzunehmen, und gab den Befehl, die Besatzung des Schiffes solle ans Land kommen.

Während das geschah, führte ich Reïs Achmed zum Anführer der Bor, der ihn durch den Dolmetscher mit ehrerbietigen Worten begrüßte. Dann lud der Neger den Reïs ein, sich mit zur Steppe zu begeben, um dort die Bor-Krieger ebenfalls zu besichtigen. Da ich sie schon gesehen hatte, verzichtete ich darauf, mitzugehen. Der Reïs Effendina konnte die Leitung der notwendigen Marschvorbereitungen selber in die Hand nehmen. Ich hatte also nichts zu tun, und weil es noch mehrere Stunden bis zum Abend waren und ich nicht müßig bleiben wollte, so gedachte ich, mich mit einer Jagd auf eßbare Vögel zu beschäftigen. Da Woat die Gegend kennen mußte, fragte ich ihn, wohin ich mich wohl wenden müßte, um zum Schuß zu kommen.

„Hier wirst du nichts finden, Effendi", ließ mir Woat durch Agadi antworten. „Unsere Anwesenheit hat das Wild verscheucht. Aber wenn du zum jenseitigen Ufer ruderst, wirst du gewiß finden, was du suchst."

„Weißt du, ob ich da drüben vor feindlichen Begegnungen sicher sein werde?"

„Ich weiß, daß du gar nichts zu befürchten hast. Du wirst auf keinen Menschen stoßen, da die Gegend nur von uns bewohnt wird."

Diese Versicherung mußte jedes Bedenken zerstreuen. Ich forderte Ben Nil auf, mich im Boot zu begleiten. Das hörte einer, den ich früher oft mitgenommen hatte, in letzter Zeit aber nicht mehr, da er sich seit langem beim Reïs Effendina an Bord befand, nämlich Selim, der ‚Schleuderer der Knochen'. Er trat schnell zu mir heran und bat:

„Effendi, nimm mich mit! Ich will auch Vögel schießen."

„Ich kann dich nicht brauchen", wehrte ich in Erinnerung an frühere Schwierigkeiten ab, in die er mich gebracht hatte.

„Warum?" fragte er mit erstauntem Gesicht.

„Weil du jedenfalls doch nur wieder Dummheiten begehen würdest."

Da warf Selim die langen Arme in die Luft und schlug die Hände über dem Kopf zusammen.

„Dummheiten! Ich, der berühmteste Krieger und Jäger des Weltalls, Dummheiten! Du beleidigst die Tiefen meiner Seele und betrübst die Gefühle meines Herzens. Vor mir kann der tapferste Held der Erde nicht bestehen. Laß fünfzig Nilpferde und hundert Elefanten über mich herfallen, sie werden mir nichts anhaben können. Ich erlege sie vielmehr in fünf Minuten. Und du willst doch nur Vögel schießen!"

Selbst diese beredte Vorstellung hätte mich wohl kaum vermocht, ihm seinen Wunsch zu erfüllen, aber Ben Nil schien Lust zu haben, den alten Prahlhans wieder einmal mitzunehmen, denn er bat für ihn.

„Versage es ihm doch nicht, Effendi! Du hast gehört, daß wir da drüben völlig sicher sind. Es kann uns also nichts zustoßen."

„So wird Selim uns wenigstens die Vögel verscheuchen, denn eine Dummheit macht er ganz gewiß. Nun, wir wollen sehen, ob er sich einmal verständig halten kann."

Wir nahmen das kleine Boot unseres Schiffes, das sehr leicht war und Platz für mehr als zwei Ruderer und einen Steuerer bot. Ben Nil und Selim ruderten. Wir fuhren quer über den Maijeh hinüber und legten am jenseitigen Ufer an, wo wir ausstiegen und in den Wald eindrangen. Wir schritten wohl über eine Viertelstunde hindurch, kamen aber nicht zum Schuß. Es gab Vögel genug, aber sie waren zu scheu.

„Wir sind noch nicht weit genug vom Lager entfernt", meinte Ben Nil. „Wir müssen viel tiefer in den Maijeh hinein."

Da ich die Bemerkung Ben Nils für ríchtig hielt, kehrten wir zum Boot zurück und fuhren eine bedeutende Strecke am Ufer hin, bis wir an eine schmale Bucht kamen, die sich links ins Land zog. Ich steuerte hinein. Selim blickte umher und sagte:

„Hier werden wir finden, was wir suchen. Steigen wir aus!"

Er zog das Ruder ein, ohne auf meinen Befehl zu warten. Wir waren noch mehrere Meter vom Ufer entfernt, an dem sich eine Art Halbinsel von grünem Sumpfgras angesammelt hatte. Dadurch, daß Selim sein Ruder einzog, bekam das Boot eine Wendung, die ich mit dem Steuer unmöglich sofort ausgleichen konnte. Wir gerieten mit der Spitze des Fahrzeugs in das Sumpfgras. Selim hielt die schwimmende Halbinsel für festes Land und — —

„Halt!" rief ich ihm zu. „Bleib, du brichst durch!"

Aber noch schneller, als ich warnen konnte, hatte der lange Schlingel sich aufgerichtet und den Sprung getan. Meine Worte erfüllten sich buchstäblich — er brach durch und verschwand unter dem verräterischen Grün des Sumpfgrases. Unser leichtes Boot geriet durch den Sprung des Unvorsichtigen in gefährliches Schwanken, es wollte mit der Backbordseite Wasser fassen, darum neigte ich mich rasch auf die rechte Seite, um die linke emporzubringen. In diesem Augenblick tauchte Selim gerade an dieser Seite wieder auf, hielt sich am tief geneigten Bootsrand krampfhaft fest und brüllte:

„Ich ertrinke! Hilfe, Hilfe!"

„Nimm die Beine hoch, schwimme!" rief ich ihm zu. „Du kippst sonst das Boot um!"

„Ich will hinein, hinein!" zeterte er. „Die Krokodile kommen, die Krokodile! Hebt mich hinein! Schnell, schnell, sonst fressen sie mich!"

Es war kein Krokodil zu sehen, dennoch blieb der Feigling vor Entsetzen steif und schwer am Boot hängen, so daß ich es nicht aufzurichten vermochte.

„Ben Nil, schnell auf die andere Seite, sonst kentern wir!" gebot ich.

Mein junger Gefährte wollte gehorchen und rückte von Selim ab. Das vergrößerte die Angst Selims noch mehr.

„Nicht fortrücken!" schrie er. „Bleib da! Nimm mich hinein! Sie kommen, sie kommen!"

Selim zog sich aus Furcht vor den Krokodilen, die es hier doch gar nicht gab, am Bootsrand in die Höhe und langte zu Ben Nil. Die seitliche Last war für das leichte Fahrzeug zu schwer. Es faßte Wasser und kippte, da Selim trotzdem nicht losließ, um. Der alte Pechvogel verschwand wieder in der Tiefe; auch Ben Nil ging unter, mit ihm unsere Gewehre, die auf dem Boden des Fahrzeugs gelegen hatten. Nur ich blieb an der Oberfläche, da ich so vorsichtig gewesen war, die Arme und Beine sofort zum Schwimmen auszubreiten. Ben Nil kam rasch wieder empor.

„Wo ist Selim?" fragte er, als er den Langen nicht sah.

„Unten. Tauchen wir, sonst ertrinkt er uns."

Dabei ließ ich mich sinken und wurde augenblicklich an einem Bein gepackt. Ich arbeitete mich empor und schwamm, Selim ziehend, dem Ufer zu. Er hing so fest an meinen Beinen, daß er selbst dann, als ich mich auf dem Trockenen befand, nicht losließ. Halb im Wasser und halb am Land liegend, hatte er die Augen fest geschlossen und bewegte sich nicht. Ich mußte Kraft anwenden, um mich von seinem krampfhaften Griff zu befreien.

„Er ist doch nicht tot?" fragte Ben Nil, der auch ans Ufer kam.

„Nein. So schnell ertrinkt niemand."

„Aber ohne Besinnung. Ich will versuchen, ob er mich hört. Selim, Selim! Mach doch die Augen auf!"

Selim folgte dieser Aufforderung, sah uns an, kam sofort vollends ans Land, sah voll Angst zum Wasser zurück und schrie:

„Wo sind die Krokodile, wo? Schnell, fort von hier!" Er wollte wirklich fort. Ich aber hielt ihn fest.

„Bleib, Feigling! Kein Krokodil wird so dumm sein, dich für einen guten Bissen zu halten. Du bist hier völlig sicher. Es gibt kein Krokodil in der Nähe, aber mit unserer Jagd ist es nun zu Ende. Das kommt davon, daß wir dich mitgenommen haben. Ich wußte doch, daß es ohne irgendeine Dummheit nicht abgehen würde."

Dieses Wort brachte Selim wieder zu sich. Er sah, daß keine Gefahr vorhanden war, Grund genug für ihn, eine möglichst würdevolle Haltung einzunehmen und mir beleidigt zu antworten:

„Sprich nicht so, Effendi! Wer hat eine Dummheit gemacht, du oder ich? Wer hat uns an dieses Gras gesteuert, das ich für das feste Ufer halten mußte? Doch du?"

„Nein. Ich wollte daran vorüber. Da du aber ohne meinen Befehl das Ruder einzogst, bekam das Boot eine falsche Wendung. Eigentlich hätten wir dich ertrinken lassen sollen, dann brauchten wir uns nicht mehr über einen solchen Dummkopf zu ärgern."

„Dummkopf? Etwa ich? Nein, du kannst mich unmöglich meinen, Effendi. Und ich ertrinken? Ich sage dir, ich bin in allen Meeren und Flüssen so zu Haus, daß ich am Land viel leichter ertrinken würde als im Wasser!"

„Wenn das wahr ist, so gehe da hinein und hole das Boot, vor allen Dingen aber zunächst unsere Gewehre heraus!"

Da kratzte er sich die bekannten Stellen hinter den Ohren und schwieg. Meine Aufforderung war übrigens nicht ernstlich gemeint gewesen. Selim war nicht der Mann, uns wieder zu unseren Gewehren zu verhelfen. Ich mußte das selber tun. Darum leerte ich meine Taschen, um ihren Inhalt zum Trocknen in die Sonne zu legen, und gab auch den Gürtel mit allem, was sich darin befand, dazu. Nachdem ich mich der Stiefel entledigt hatte, ging ich ins Wasser. Es war leicht, die Flinten zu finden, da sie gerade an der Stelle lagen, an der Unfall geschehen war. Während ich sie durch Tauchen heraufholte, legte auch Ben Nil alles Überflüssige ab, um dem Boot nachzuschwimmen, das kieloben trieb, und es zum Ufer zu schaffen.

Dann saßen wir am Land, damit beschäftigt, die Schlösser und Läufe der Gewehre zu reinigen und zu trocknen. Dabei hielten wir die Augen dem Wasser zugekehrt und sprachen laut miteinander, da wir keinen Grund zu haben glaubten, leise zu reden und dem Wald hinter uns eine besondere Aufmerksamkeit zuzuwenden. Leider aber hatte uns der Anführer der Bor, allerdings ohne Absicht, falsch berichtet. Seine Meinung, daß wir hier an diesem Ufer keinen Menschen treffen würden, erwies sich als falsch. Wir sollten gar wohl Leute sehen, und zwar was für Leute!

Ich war eben mit meinem Henrystutzen fertig geworden und wollte nun zu den Revolvern langen, um nachzusehen, wie stark sie durch das Wasser gelitten hatten, da erklang hinter uns eine befehlende Stimme:

„Drauf! Haltet sie nieder und bindet sie!"

Ich wurde so schnell hinten gepackt und niedergerissen, daß ich keine Zeit fand, mich umzudrehen, viel weniger noch aufzuspringen. Drei oder vier dunkelfarbige Kerle knieten auf mir, ein anderer bemühte sich, mir mit seinem Kopftuch die Arme an den Leib zu binden. Ich versuchte, die Feinde abzuwerfen und mich aufzurichten. Ich kam auch einigemal halb auf, wurde aber immer wieder niedergerungen, bis ich endlich gebunden und wehrlos war. Drei ebenso verwegen aussehende Menschen hatten Ben Nil überwältigt. Neben ihm lag Selim. Er, der ‚größte Held des Weltalls‘, wurde von einem einzigen in Schach gehalten.

Jetzt, da wir unschädlich waren, ließ sich der Mann sehen, dessen Befehlswort wir gehört hatten. Er war im Gebüsch geblieben, um nicht etwa von uns verletzt zu werden. Jetzt, da er sich sicher fühlte, kam er hervor und redete uns an.

„Ihr seid hier am Maijeh Semkat, ihr Hundesöhne? Das hat Allah gefügt! Er hat euch in meine Hand gegeben, und nun sollt ihr uns gewiß keinen Schaden mehr tun.“

Wir sahen zu unserem Erstaunen Nubar, den Muza’bir, vor uns stehen, den Menschen, dem ich schon einigemal glücklich entronnen war. Ich war der Meinung gewesen, er sei mit Ibn Asl gezogen. Warum war er hier am Maijeh zurückgeblieben, und was für Leute waren es, die er befehligte?

Sein Gesicht drückte die größte Freude aus, als er hart an mich herantrat.

„Der Teufel ist dir wiederholt behilflich gewesen, uns zu entgehen, wenn wir dich ganz sicher zu haben glaubten. Diesmal aber wird dir seine Hilfe nichts nützen, denn wir werden dir keine Zeit zum Entkommen geben. Sobald wir mit dir das Lager erreichen, wirst du gehenkt. Leider ist dieser Tod viel zu schnell für dich. Du solltest langsam totgemartert werden. Und das kann immer noch geschehen, wenn du dich weigerst, mir die Wahrheit zu sagen. Also willst du dir Schmerzen ersparen, so sprich aufrichtig! Woher kommt ihr?“

Nubar sprach von einem Lager. Sollte Ibn Asl noch hier sein? Schwerlich! Mich aufs Schweigen zu verlegen, wäre albern gewesen. Freilich konnte es mir auch nicht einfallen, ihm die Wahrheit zu sagen.

„Wir drei kommen den Fluß herauf", erwiderte ich.

„Weiter niemand?"

„Nein."

„Lüge nicht, Giaur!"

„Ich sage die Wahrheit."

„Nein, du lügst! Dein Boot verrät dich. Solche Boote gibt es hier nicht, es kommt von weit her und gehört zu einem Schiff. Und das Schiff wird das des Reïs Effendina sein. Gestehe es! Von wem hast du das Boot, du Hundesohn?"

Ich beschloß, diesmal die Wahrheit zu sagen, damit Nubar das weitere nicht bezweifeln sollte.

„Vom Reïs Effendina", gestand ich.

„Dachte es mir! Wo liegt sein Schiff?"

„Unten am Fluß, anderthalb Bootstagereisen von hier."

„Das soll ich glauben? Warum seid ihr nicht auch dort?"

„Weil uns Reïs Achmed vorausgesandt hat, um hier im Maijeh Nilpferdfallen zu stellen. Unsere Asaker sollten übermorgen bei der Ankunft gleich Fleisch vorfinden."

„Was wollt ihr überhaupt hier oben?"

„Wir suchen Ibn Asl."

„Ah! Kennt ihr denn seine Seribah nicht?"

„Nein. Wir werden sie aber noch erkunden."

„Ihr werdet nichts weiter erkunden, als wie es in der Hölle aussieht, denn ehe die Sonne gesunken ist, seid ihr tot. Seid ihr während eurer Fahrt auf keiner Seribah eingekehrt?"

„Wir hielten bei der Seribah Aliab an."

„Wem gehört sie?"

„Einem alten, lahmen Mann, der mit den Anwohnern des Flusses Handel treibt."

„Vielleicht Sklavenhandel?"

„Nein. Ibrahim ist ein ehrlicher Mann und verkauft nur erlaubte Waren."

Da lachte Nubar laut und höhnisch auf.

„So dumm kann doch nur ein Christ, ein verdammter Giaur sein! Fremder, um dein Gehirn muß es traurig stehen! Du hast dich von diesem ‚ehrlichen Mann' fürchterlich betrügen lassen. Wisse, diese Seribah Aliab gehört Ibn Asl, und der alte, lahme Mann, der sich für einen Händler ausgegeben hat, ist der Feldwebel des Sklavenjägers!"

„Alle Wetter!" stellte ich mich überrascht.

„Ja, so ist es! Ihr wollt Ibn Asl fangen. Lächerlich! Er ist längst nicht mehr da, wo ihr ihn sucht."

„Wo ist er denn?" fragte ich in beabsichtigter Einfalt.

„Wo er ist? Meinst du, daß ich dir das sagen werde?" lachte er, fügte aber, schnell wieder ernst werdend, hinzu: „Doch ja, ich will es dir sagen, um dir zu beweisen, daß wir dich nicht mehr zu fürchten brauchen, daß du verloren bist. Ibn Asl ist mit über zweihundert Kriegern nach Wagunda, um die Gohk-Neger, die dort wohnen, zu Sklaven zu machen."

„Warum gingst du nicht mit? Fürchtest du dich?"

„Fürchten? Ich? Ich sollte dir eigentlich die Antwort auf diese Frage ins Gesicht schreiben! Ich bin mit dem Mokkadem hier zurückgeblieben, weil Ibn Asl, sobald er Sklaven gemacht hat, den Weg hierher einschlagen wird. Wir bauen hier eine neue Seribah, nur leichte Hütten einstweilen, in denen die Sklaven, sobald sie kommen, untergebracht werden sollen, bis wir Gelegenheit finden, sie sicher an den Mann zu bringen. Du sollst diese neue Seribah sehen, denn wir werden jetzt dorthin aufbrechen."

Nubar hatte neun Männer bei sich. Je zwei nahmen

Ben Nil und Selim zwischen sich, die anderen fünf mußten mich bewachen, und er gebot ihnen, sehr aufmerksam zu sein. Das Boot blieb am Ufer liegen, wo es mit dem Strick an einem Baum befestigt war. Es sollte, wie ich hörte, später abgeholt werden.

Wir wurden längs des Ufers fortgeführt. Nach kurzem hörte der Wald auf, und ich sah eine ziemlich weite, offene Grasfläche vor mir, die bis ans Wasser trat. Dort wurde der Maijeh nur von einem schmalen Saum von Büschen eingefaßt. Diese Grasebene war jedenfalls infolge eines Waldbrandes entstanden. Wir schritten über sie hinweg, wohl eine halbe Stunde lang. Dann sahen wir, indem wir den Maijeh immer rechts behielten, wieder Wald vor uns, an dessen Rand mehrere Hütten errichtet waren. Ihr kreisrundes Gemäuer bestand aus Schlamm und Schilf. Die trichterförmig sich verjüngenden runden Dächer waren nur aus Schilf gefertigt. Diese Tukul bildeten jedenfalls die neue, noch im Werden begriffene Seribah des Sklavenjägers.

Als wir uns ihr näherten, kamen uns vier Männer entgegen. Drei hatten afrikanische Gesichtszüge, in dem vierten erkannte ich den Mokkadem der heiligen Kadirine. Wie staunte da Abd el Barak, als er mich erblickte! Nachdem er seiner Freude, mich als Gefangenen wieder bei sich zu sehen, reichlich Ausdruck gegeben hatte, fragte er, wo und auf welche Weise wir ergriffen worden seien. Der Gaukler teilte ihm alles mit, was ich gesagt hatte, und beide glaubten es, was freilich kein Beweis von großer Klugheit ihrerseits war.

Da Nubar mir gesagt hatte, ich sollte schleunigst gehenkt werden, war ich auf eine schnelle Flucht bedacht gewesen. Das Kopftuch, mit dem man mir die Arme platt an den Leib gebunden hatte, mußte entfernt werden. Es war nicht neu, aber noch fest. Ich mußte versuchen, es so weit zu bringen, daß man es für einen Augenblick öffnete. Auf der Seribah befanden sich unsere beiden Todfeinde und die zwölf Asaker, die Ibn Asl bei ihnen gelassen hatte. Alle waren bewaffnet, legten aber, als wir die Hütten erreichten, ihre langen Gewehre ab. Die Pistolen und Messer, die sie noch bei sich hatten, konnten mir nicht viel schaden. Etwas seitwärts weideten zwei Ochsen, Reittiere, wie es schien. Die an den Nasenriemen befestigten Zügel waren ihnen um den Hals geschlungen. Es versteht sich, wie ich kaum zu bemerken brauche, von selbst, daß man uns alle unsere Habseligkeiten abgenommen hatte.

Abd el Barak war damit einverstanden, daß wir durch den Strick sterben sollten, doch stellte er den Antrag, wenigstens mich vorher ein klein wenig zu martern. Während man darüber verhandelte, flüsterte ich meinen beiden Gefährten, die nahe bei mir standen, zu:

„Ich schneide euch los. Dann rennt ihr geradewegs, ohne euch umzusehen, zu unserem Boot und steigt ein, um sofort rudern zu können, wenn ich euch nachkomme."

„Wie willst du schneiden können!" antwortete Ben Nil, für unsere Feinde unhörbar. „Du bist doch gebunden und hast kein Messer."

„Ich mache mich frei."

„Werden wir entkommen? Sie werden alle hinter uns her sein."

„Hinter euch nicht. Ich schlage zunächst eine andere Richtung ein, und da sie es doch hauptsächlich auf mich abgesehen haben, werden sie mir nachrennen und nicht euch. Wartet dann aber bis ich komme, sonst werde ich doch noch erwischt!"

Ich bewegte die Oberarme, um das Tuch zu lockern. Das tat ich nicht etwa heimlich, sondern man sollte es bemerken. Der Muza'bir sah es zuerst und trat auf mich zu.

„Hundesohn, willst du dich etwa losmachen? Das soll dir nicht gelingen. Ah, das Tuch ist wahrhaftig schon gelockert. Ich werde es wieder fester binden."

Nubar bedachte nicht, daß er dabei den Knoten aufmachen mußte. Dieser wurde allerdings nur für einen kurzen Augenblick gelöst, aber jetzt stieß ich die Ellbogen von mir ab, bekam die Arme frei, drehte mich zu dem Muza'bir, riß ihm mit der Rechten das Messer aus dem Gürtel, schlug ihm die Linke ins Gesicht, daß er hintenüber stürzte, dann zwei rasche Schnitte — Ben Nils und Selims Fesseln waren entzwei, und die beiden rannten, was sie nur laufen konnten, davon. Diese Bewegungen waren mit größter Schnelligkeit geschehen, aber doch nicht zu schnell für den Mokkadem, der herbeisprang und mich beim linken Arm ergriff, um mich festzuhalten. Ich hatte das Messer in der Rechten, mußte von ihm los, wollte ihn aber doch nicht erstechen. Darum warf ich es fort und schlug Abd el Barak mit der geballten Faust nieder, so daß er meine Linke fahren lassen mußte, und rannte dann auch fort, aber nicht geradeaus, wie meine Gefährten, sondern rechts in die Steppe hinein. Dabei mußte ich an den beiden Ochsen vorüber. Es kam mir ein Gedanke. Ich sprang auf den Rücken des einen und schlug ihm die Fersen so kräftig gegen die Weichen, daß er augenblicklich mit mir davonstürmte. Schon nach den ersten Sprüngen, die er tat, spürte ich, daß er den Zügeln gehorchte.

Hinter mir schrien die Sklavenjäger und setzten mir nach. Ich sah mich um und bemerkte, daß der Muza'bir sich schnell wieder aufgerafft hatte und soeben den zweiten Ochsen bestieg, um mir auf ihm nachzujagen. Das war mir lieb. Man kümmerte sich nicht um Ben Nil und Selim, und ich hatte einen so großen Vorsprung, daß ich nicht zu befürchten brauchte, eingeholt zu werden.

Leider aber erwies sich diese Zuversicht als unbegründet. Mein Ochse trat mit einem Vorderbein in ein Loch, das ich nicht hatte bemerken können, da es mit Gras überwachsen war, blieb hängen und überschlug sich. Ich wurde abgeschleudert und flog in einem weiten Bogen mit solcher Gewalt zur Erde, daß ich eine kleine Weile liegenblieb. Dann raffte ich mich auf. Ich war unverletzt, aber der ganze Körper ,brummte' mir, wie man dieses sonst schwer zu beschreibende Gefühl mit einem volkstümlichen Ausdruck bezeichnet.

Der Ochse konnte nicht auf. Er hatte den Fuß gebrochen, und ich war auf die Schnelligkeit meiner eigenen Beine angewiesen. Der Muza'bir war mir bis auf zweihundert Schritt nahe. Er stieß ein Jubelgeschrei aus und schwang die Pistole in der rechten Hand. Weit hinter ihm kam der Mokkadem mit den anderen gelaufen. Diese Gruppe brauchte ich nicht zu fürchten, desto gefährlicher aber war mir der Gaukler. Er holte mich auf alle Fälle ein. War es da nicht besser, ihn stehenden Fußes zu erwarten? Zwar war Nubar bewaffnet und ich nicht, doch glaubte ich, mich auf meinen scharfen Blick und mein gutes Glück verlassen zu können. Ich blieb also stehen. Er kam herangejagt, richtete die Pistole auf mich und rief, wohl noch hundert Schritt von mir entfernt:

„Stirb, Hundesohn! Willst du dem Strick entgehen, so trifft dich meine Kugel!"

Nubar drückte ab und — traf mich nicht, wie zu erwarten gewesen war. Wer aus solcher Entfernung, auf einem Ochsen galoppierend, treffen wollte, mußte ein besserer Schütze sein und jedenfalls auch eine bessere Waffe haben. Die Pistole hatte nur einen Lauf. Nubar steckte sie in den Gürtel und zog die andere. Noch einmal schoß er und fehlte wieder. Jetzt gehörte der Mann mir.

Der Gaukler steckte auch die zweite Pistole ein und riß das Messer aus dem Gürtel. Aus Wut über die beiden Fehlschüsse und im grimmigen Verlangen, meiner habhaft zu werden, verlor er das Augenmaß und vergaß, sein Tier im rechten Augenblick zu zügeln. Es blieb nicht bei mir halten, sondern schoß eine kleine Strecke über mich hinaus. Nubar riß in die Zügel und versäumte dabei, sich nach mir umzusehen. Es waren nur wenige

Augenblicke, die er verlor, doch genügten sie mir, seine Unvorsichtigkeit zu benutzen. Ich sprang ihm nach, und noch hatte er den Ochsen nicht völlig zum Stehen gebracht, so sprang ich hinter Nubar auf und preßte ihm die Arme fest an den Leib. Das Tier erschrak und rannte in erneutem Anlauf weiter.

„Hundesohn!" brüllte der Muza'bir, „laß mich los, sonst brechen wir beide Hals und Beine!"

„Ich breche nichts", lachte ich, „aber ich zerknicke dir die Knochen. Laß das Messer fallen, sonst drücke ich dir die Rippen ein!"

Nubar hielt mit beiden Händen die Zügel und nebenbei das Messer in der Rechten. Er ließ es fallen, als ich bei meinen Worten die Arme fester um ihn schlang.

„Halt ein!" stöhnte er, „du zermalmst mir die Brust!"

„Falls du gehorchst, geschieht dir nichts. Beim ersten Widerstand aber zerquetsche ich dich wie eine faule Frucht. Du hast die Zügel. Lenke den Ochsen mehr links!"

Seine Leute waren immer noch so weit zurück, daß ich sie nicht zu beachten brauchte. Meine beiden Begleiter hatten die Steppe durchquert. Sie näherten sich, wie ich sah, dem jenseitigen Wald und waren außer Gefahr. Es handelte sich nur noch darum, ihnen zu folgen, und zwar nicht allein: der Muza'bir mußte mit. Darum zwang ich ihn, links einzubiegen, in die Richtung, die mich zu unserem Boot führte. Ich preßte ihm die Rippen so zusammen, daß er gezwungen war, meinen Befehl auszuführen. Er stöhnte laut unter meinem Griff, gehorchte aber, ohne ein Wort zu sagen.

Der Ochse stürmte in vollem Lauf über die Steppe dahin und dem Wald zu. Die Sklavenjäger hinter uns schlugen unter der Leitung des Mokkadem die gleiche Richtung ein. Sie schrien wie besessen, machten mir aber nun nicht die geringste Sorge mehr. Wir hatten den Wald beinahe erreicht, da hob Nubar das eine Bein, um es auf die andere Seite des Ochsen zu bringen und dadurch vielleicht meiner Umarmung zu entschlüpfen. Ich aber war keineswegs gewillt, mich damit zu begnügen, daß ich meinen Feinden entkommen war. Hatte ich diesen Menschen einmal in meinen Händen, so sollte er auch darin bleiben. Darum ließ ich ihn für einen Augenblick los, faßte ihn mit der Linken am Hals und schlug ihm die Faust gegen die rechte Schläfe. Nubar ließ das schon erhobene Bein wieder sinken und wollte mit dem Oberkörper vornüber fallen. Ich riß die Zügel aus seinen erschlafften Händen und zog mit der anderen Hand seinen zusammensinkenden Körper wieder an mich.

In diesem Augenblick hatte ich den Wald erreicht und mußte den Ochsen zügeln. Er gehorchte und schritt langsamer vorwärts. Dennoch war es nicht leicht, mich auf seinem Rücken zu halten, ohne den Muza'bir fallen oder mich von dem Gezweig abstreifen zu lassen. Später, als die Bäume dichter zusammentraten, sah ich mich gezwungen, abzusteigen. Ich ließ den Ochsen laufen, nahm den Gaukler auf die Schulter und eilte der Stelle zu, an der ich das Boot wußte.

Es lag noch da. Meine Gefährten saßen darin, ängstlich wartend.

„Hamdulillah!" rief mir Ben Nil entgegen. „Wie gut, daß du kommst! Wir hatten große Sorge um dich, Effendi. Aber wen bringst du da getragen? Das ist — bei Allah, das ist ja der Muza'bir!"

„Allerdings! Nubar wollte uns haben, und nun haben wir ihn!"

„Welch ein Glück! Welch ein Streich von dir! Wie hast du das fertiggebracht, Effendi?"

„Davon später. Jetzt müssen wir rasch fort, denn die Verfolger werden bald da sein."

„Sie haben unsere Waffen und die anderen Habseligkeiten. Wollen wir ihnen das lassen?"

„Nur einstweilen. Jetzt gilt es, von hier fortzukommen."

„Gerade über den Maijeh?"

„Nein. Dabei würden die Sklavenjäger uns sehen und erfahren, wohin wir uns wenden. Wir rudern immer nahe am Ufer zurück, wo sie uns nicht entdecken können. Sind wir dann der Nilpferdfalle gegenüber angelangt, so ist es inzwischen so dunkel geworden, daß die Feinde unser Boot nicht mehr bemerken, wenn es quer über den Maijeh geht."

Ich war während dieses kurzen Gesprächs ins Boot gestiegen, hatte den besinnungslosen Muza'bir niedergelegt und mich dann ans Steuer gesetzt. Die beiden ergriffen die Ruder, und wir glitten, so nahe wie möglich am Ufer, unter den Bäumen dahin. Die Sonne stand schon tief hinter dem jenseitigen Wald und mußte in einigen Minuten verschwinden. Wir beeilten uns, bis dahin die Stelle zu erreichen, an der wir vorhin, der Nilpferdfalle gegenüber, gelandet waren und vergeblich nach Federwild gesucht hatten. Während die beiden fleißig ruderten, erzählte ich ihnen, auf welche Weise es mir gelungen war, mich des Muza'bir zu bemächtigen. Ich hatte diese Mitteilung eben beendet, als wir an der geplanten Stelle ankamen und Nubar sich zu regen begann. Wir legten an und fesselten ihn mit seinem eigenen Gürtel. Er ließ es lautlos und ohne Widerstand geschehen.

Die Schatten des Waldes lagen schon längst auf dem Wasser. Jetzt begann es zu dunkeln, und wir stießen nun wieder ab, um den Kiel zur Nilpferdfalle zu richten, wo das Schiff lag. Wegen der Feinde, denen wir entkommen waren, war es mir lieb, daß drüben kein Licht brannte. Sie hätten es vielleicht doch sehen können.

Der Reïs Effendina hatte Posten ausgestellt und befand sich bei den Tukul der Bor. Wir begaben uns dorthin, indem wir den Muza'bir so fest zwischen uns nahmen, daß er unmöglich entkommen konnte. Wie staunte der Reïs Effendina, als er ihn sah und von mir hörte, was geschehen war. Man hatte schon ein Feuer angezündet.

Er nahm den Gefangenen beim Arm, schob ihn näher zu der Flamme, warf einen finster forschenden Blick auf ihn und fuhr ihn an:

„Kennst du mich?"

Als Nubar nicht antwortete, wiederholte Achmed seine Frage.

„Weißt du, wer ich bin? Antworte, sonst laß ich dich hauen, daß dir das Fleisch von den Knochen fällt!"

„Du bist der Reïs Effendina", erklang es trotzig.

„Ja, der Reïs Effendina, der bin ich. Weißt du auch, was das für dich bedeutet? Als Reïs Effendina bin ich dein Richter, und du wirst von mir gehört haben, daß ich nicht zu fackeln pflege."

„Ich brauche dich nicht zu fürchten!"

„Ob du dich vor mir fürchtest oder nicht, ist deine Sache, die meinige aber ist, den Stab der Gerechtigkeit zu schwingen."

„Falls du gerecht bist, mußt du mich entlassen. Ich habe dir nichts getan."

„Du bist Sklavenjäger!"

„Beweise es mir! Bringe mir einen Sklaven, den ich gefangen habe!"

„Belle nur, Hund, bald wirst du winseln! Hast du nicht Kara Ben Nemsi Effendi nach dem Leben getrachtet?"

„Er lügt. Und selbst wenn es wahr wäre, müßte er sich nicht an dich, sondern an seinen Konsul wenden."

„Du irrst. Du bist Untertan des Vizekönigs, an dessen Stelle ich hier vor dir stehe. Deine Missetaten sind mir alle bekannt. Der Effendi hatte mehrfach Nachsicht mit euch. Ich aber wußte, daß du in dem Augenblick, in dem ich dich fassen würde, verloren wärst. Jetzt habe ich dich, folglich ist es aus mit dir."

„Bring mir Beweise! Was andere sagen, geht mich nichts an. Ich kann Zeugen dafür bringen, daß ich nichts begangen habe und fälschlicherweise angeschuldigt werde."

„Deine Zeugen gelten nichts. Ich glaube denen, die deine Ankläger sind. Mein Gesetz ist das der Wüste: Gleiches mit Gleichem. Wehe dem, der wehe tut! Asis, einen Strick!"

Asis war bekanntlich der Liebling und Urteilsvollstrecker des Reïs Effendina. Er eilte in einen Tukul, um den verlangten Strick zu holen. Als er ihn brachte, rief der Muza'bir:

„Reïs Effendina, willst du etwa Ernst machen? Bedenke die Verantwortung! Der Mokkadem der heiligen Kadirine ist mein Freund. Er weiß, daß ich unschuldig bin, und würde dich wegen meines Todes vor den Vizekönig fordern!"

„Dieser Mokkadem ist auch mein Freund und wird, noch ehe es graut, zu seinem Vergnügen hier neben dir hängen. Hinauf mit ihm an den Ast!"

Drei Asaker hielten den Muza'bir fest. Asis legte ihm die Schlinge um den Hals und warf das andere Ende des Strickes zwei weiteren Asakern zu, die auf den nächsten Baum kletterten. Der Verurteilte versuchte sich zu wehren. Er schrie und heulte, in einem fort seine Unschuld beteuernd. Ich konnte es nicht unterlassen, den strengen Richter um Gnade zu bitten, erhielt aber, wie zu erwarten, eine zornige Antwort.

„Schweig! Du weißt, wie oft ich dir zuliebe Milde walten ließ. Hätte ich das nicht getan, so wären wir längst mit diesen Hundesöhnen fertig. Kommst du mir nun, da wir fast am Schluß stehen, wieder mit solchen Bitten der Schwachheit und des Unverstandes, so begibst du dich in die Gefahr, mich so zu erzürnen, daß ich nichts mehr von dir wissen mag. Halte also den Mund und entferne dich, wenn du es nicht ertragen kannst, einen solchen Halunken hängen zu sehen!"

Das war deutlich genug. In dieser Weise hatte noch kein ‚Freund' zu mir gesprochen! Ich verzichtete auf jedes weitere Wort und wendete mich schweigend ab. Es widerstrebte mir zwar, Augenzeuge der Hinrichtung zu sein, doch war es keineswegs Schwäche, die mir meine Bitte vorgeschrieben hatte.

Als es vorbei war, kam Achmed zu mir. Sein Zorn war so schnell verraucht, wie er gekommen war.

„Effendi, die Gerechtigkeit ist befriedigt, doch nicht vollständig", sagte er. „Wir müssen auch den Mokkadem noch haben. Hoffentlich wirst du mir dabei deine Hilfe nicht versagen?"

„Wie kommst du zu dieser Frage?"

„Infolge deiner sogenannten ‚Humanität'. Du wolltest vorhin den Muza'bir freibitten, und ich muß dir aufrichtig sagen, daß ich den Mokkadem, sobald wir ihn haben, am gleichen Baum henken lasse. Ist dir das nicht recht, so mag Ben Nil uns zur neuen Seribah führen, und du bleibst hier, damit dir dein zartes Gewissen später keine Vorwürfe machen kann."

„Mein Gewissen ist ebenso kräftig wie das deinige. Wenn ich es bin, an dem ein Mensch sich versündigte, so halte ich es für meine Pflicht, wenigstens ein gutes Wort für ihn einzulegen. Fruchtet das nichts, so habe ich meine Schuldigkeit getan und brauche mir nichts vorzuwerfen."

„So bist du einverstanden, daß ich Abd el Barak auch henken lasse, und wirst mitgehen?"

„Ja."

„Das ist mir lieb, denn du bist ein besserer Führer und Berater als Ben Nil. Ich muß dich sogar schon jetzt um deinen Rat bitten. Denkst du, daß wir die Schufte ergreifen werden?"

„Ich bin überzeugt davon."

„Und ich befürchte, daß sie entflohen sind. Sie können sich doch denken, daß du zurückkommst!"

„Wenn die Sklavenjäger es denken, so glauben sie doch jedenfalls nicht, daß ich so bald komme. Ich habe dafür gesorgt, daß sie sich heute noch sicher fühlen. Sie glauben, du seist anderthalb Tagereisen von hier entfernt. Ich muß, da man uns die Waffen abgenommen hat, auf deine Ankunft warten, ehe ich etwas gegen sie unternehmen kann. Ich bin ihnen entflohen, jedenfalls weit fort, um von ihnen nicht gefunden zu werden. Das ist ihre Ansicht, und darum werden sie sich auf ihrer neuangelegten Seribah so sicher fühlen, als wäre heute gar nichts geschehen."

„Wenn du dich nicht irrst, so sind wir allerdings gewiß, ihrer habhaft zu werden. Wann brechen wir auf?"

„Möglichst bald. Ich bin schon jetzt dazu bereit. Wir haben zwei Boote und brauchen uns nur eins noch von den Bor zu borgen, so fassen sie mehr Leute, als wir nötig haben, um die wenigen Gegner zu überwältigen."

„Wir müssen aber einen anderen Weg nehmen, daß die Sklavenjäger unser Kommen nicht bemerken."

„Gewiß! Sie wissen, daß wir in westlicher Richtung geflohen sind, und werden, falls sie überhaupt aufpassen, ihre Aufmerksamkeit dieser Richtung zuwenden. Wir müssen von Osten kommen. Zu diesem Zweck rudern wir im Schatten der Bäume immer nahe am diesseitigen Ufer hin, bis wir über die jenseits liegende neue Seribah hinaus sind. Dann fahren wir quer über den Maijeh, landen, lassen die Boote zurück und schleichen uns zu Fuß an."

„Können wir uns nicht verirren?"

„Nein. Der Mond geht bald auf. Dann ist der dunkle Wald am jenseitigen Ufer leicht von der Grasflur zu unterscheiden, an deren Rand die Seribah liegt. Nimm außer mir und Ben Nil zwanzig Mann mit. Das genügt."

„Ich denke auch, daß wir nicht mehr brauchen. Die nötigen Waffen kannst du von jedem zurückbleibenden Askari erhalten. Laß dir sie geben!"

„Ich mag keine. Ich hole mir die meinigen. Nähme ich jetzt andere mit, so müßte ich sie später unnütz zurücktragen."

„So will ich mit Woat wegen des Bootes sprechen."

Der Anführer der Bor war nicht nur bereit, uns eins seiner Boote zu leihen, sondern bat uns obendrein, ihn mitzunehmen, was ihm auch gern gestattet wurde. Ich stieg mit dem Reïs Effendina und Ben Nil in das kleine Boot, das wir am Nachmittag gehabt hatten, um voranzurudern, während die Asaker in den beiden größeren Fahrzeugen folgen sollten.

Noch war der Mond nicht aufgegangen, als unsere Fahrt begann, doch leuchteten die Sterne hell genug, um uns in das Wasser ragende Wurzeln und andere Hindernisse vermeiden zu lassen. Wir folgten dem Ufer, das an dieser Seite einige größere Buchten hatte. Dadurch wurde unsere Fahrt verlangsamt, was mir aber gar nicht unlieb war, da ich, um dann später nicht zu irren, auf den Mond warten wollte.

Als er aufging, sahen wir ihn tief am Himmelsrand stehen, denn es gab da drüben keine Bäume, die ihn verdeckten. Daran erkannte ich, daß wir uns schon in der gleichen Höhe mit der baumlosen Steppe befanden, an deren anderem Rand die Seribah lag.

Jetzt legten wir uns kräftiger in die Ruder als bisher. Der Mond stieg langsam höher, verschwand aber doch nach einiger Zeit hinter einer dunklen Wand. Das war der Wald, der drüben wieder begann. Wir waren also an der Grasflur vorüber, ruderten noch eine kleine Strecke weiter und hielten dann quer über den Maijeh hinüber.

Am jenseitigen Ufer stiegen wir aus und banden die Boote fest. Es galt zunächst zu erfahren, ob unsere Annäherung bemerkt worden sei. Wir verhielten uns zu diesem Zweck völlig ruhig, um zu lauschen, aber es war nichts zu hören. Dann suchte ich, während die anderen noch immer haltenblieben, die Umgebung ab. Die Bäume standen nicht dicht, und der Mond schien zwischen den Kronen hindurch, so daß ich leidlich sehen konnte. Es war kein Mensch in der Nähe. Also konnte nun der kurze

Marsch beginnen. Wir befanden uns nicht mehr als sechshundert Schritt hinter der Seribah.

Ich ging voran, vielleicht zwanzig Schritt von den anderen entfernt, die hinter mir eine lange Einzelreihe bildeten. Noch hatte ich den Rand des Waldes nicht erreicht, als ich den Schein eines Feuers vor mir gewahrte und laute Stimmen hörte. Ich ließ die Asaker halten und schlich allein weiter. Ich hatte die Gewißheit, daß wir die Feinde überwältigen würden, ohne daß wir einen Tropfen Blut zu vergießen brauchten.

Wie schon erwähnt, standen die Tukul der neuen Seribah am Waldrand unter den ersten Bäumen. Zwischen zweien von ihnen hatte man das Feuer angebrannt, jedenfalls um die Stechfliegen zu vertreiben. Daran saß der Mokkadem mit seinen Asakern, von denen keiner fehlte. Man hatte es nicht für nötig gefunden, eine Wache auszustellen, und hielt sich für sicher. Das ging auch daraus hervor, daß ich kein Gewehr erblickte. Man hatte die Flinten in den Tukul liegenlassen. Das freute mich unseretwegen und auch um der Gegner willen, denn wenn auch Abd el Barak nicht zu retten war, so hoffte ich doch, daß der Reïs Effendina die anderen begnadigen würde, falls kein Blut vergossen wurde.

Ich kehrte um und holte unsere Leute herbei. Sie konnten die Feinde deutlich erkennen, denn das Feuer brannte so, daß der Schatten einer Hütte die Stelle, an der wir hielten, verdunkelte. Ich wollte dem Reïs Effendina meine Ansicht über die Art unseres Vorgehens mitteilen, da nahm er mich beim Arm und sagte:

„Komm hier zur Seite, sonst wirst du getroffen!"

Achmed zog mich bei diesen Worten fort. Ich folgte ihm ahnungslos und fragte:

„Getroffen? Die Sklavenjäger können doch gar nicht zum Schuß kommen. Wir fallen plötzlich über sie her und —"

„Effendi", unterbrach mich Ben Nil, der uns nachgehuscht war, „die Feinde sollen erschossen werden, alle außer dem Mokkadem. Als du vorhin vorangingst, hat der Reïs Effendina befohlen, daß —"

„Schweig!" fiel ihm Achmed zornig in die Rede. Dann deutete er auf das Feuer und rief, ehe ich es zu hindern vermochte, seinen Leuten zu: „Gebt Feuer!"

Zwanzig Schüsse krachten. Alle, die ahnungslos am Feuer saßen, brachen zusammen, nur der Mokkadem ausgenommen. Er sprang auf und starrte entsetzt zu uns herüber.

Ich ahnte, was nun folgen würde, und lief nicht etwa auf das Feuer zu, um ihn zu ergreifen, sondern links zum Ufer, das, so weit die Steppe reichte, mit Büschen eingefaßt war.

„Was fällt dir ein!" rief mir der Reïs Effendina nach. „Dort am Feuer steht der Halunke. Drauf!"

Achmed rannte, gefolgt von allen seinen Leuten, zum Feuer. Das gab Abd el Barak seine Geistesgegenwart zurück. Er wendete sich, um zu fliehen. Wohin? In den Wald, aus dem er die Feinde kommen sah, konnte er nicht. Hinaus in die Steppe, wo der Mond so hell schien? Das war auch gefährlich. Es gab für ihn nur einen Ausweg, zum Wasser hin. Nur im Schutz des Ufergesträuchs war Rettung zu finden. Er sprang dorthin. Das war es, was ich vorhergesehen hatte, und weshalb ich diese Richtung eingeschlagen hatte. Ich war ihm unbemerkt zuvorgekommen. Eben als er sich zur Flucht wendete, hatte ich schon das Gebüsch erreicht und mich dort niedergeduckt. Jetzt kam er gerade auf mich zugerannt. Ich richtete mich auf. Er sah mich und prallte zurück.

„O Allah! Der Effendi! Die Hölle verschlinge ihn!"

Abd el Barak war so erschrocken, daß er gar nicht auf den Gedanken kam, sich einer Waffe zu bedienen. Er sah sein Heil nur in der Flucht und machte eine neue Wendung, um in die Steppe hinauszueilen. Da faßte ich den Mokkadem hüben und drüben bei den Oberarmen und warf ihn den Asakern zu, die hinter ihm her gesprungen kamen und ihn niederrissen. Was sie dann noch mit ihm machten, war mir gleichgültig. Ich eilte an das Feuer, um nach den Überfallenen zu sehen. Neun waren tot, einige von ihnen von mehreren Kugeln getroffen, die übrigen schwer verwundet. Das hatte ich nicht gewollt.

Der Reïs Effendina stand abseits und beobachtete mich. Ich ging auf ihn zu und fragte ihn heftig erregt:

„War das notwendig? Warum hast du es mir nicht vorher gesagt? Mußten sie denn ermordet werden?"

„Ermordet?" gab der Ägypter erbost zurück. „Ich verzeihe dir diese Frage, weil du aufgeregt bist. Konnte ich diese Menschen etwa laufen lassen und ihnen Gelegenheit geben, ihr Handwerk fortzutreiben?"

„Das hätte ich nicht von dir verlangt. Du konntest sie begnadigen und in deinen Dienst nehmen. Du hast das doch schon mit ihren Kameraden getan, die wir in der Seribah Aliab gefangennahmen!"

„Ich tat das nur auf deine Bitte hin. Wollte ich mich stets nach deinen Wünschen richten, so müßte ich alle Sklavenjäger des Sudan zu meinen Asakern machen, und die Folge davon wäre, daß sie mich schließlich zwängen, selber Sklavenjäger zu werden."

„Davon ist keine Rede. Es handelt sich nur um die zwölf Männer hier."

„Nur um die zwölf?! Nur? Nimm die dazu, die ich in der Seribah Aliab begnadigte, so sind ihrer, denen ich nie trauen könnte, genug, mir meine bisher so zuverlässigen Soldaten nach und nach zu verführen und gänzlich zu verderben. Nein. Wehe dem, der wehe tut! Diese Schurken haben den Tod verdient, und ich kenne meine Pflicht. Du hast die Gerichteten gesehen. Leben noch welche?"

„Noch drei, sie sind aber so schwer verwundet, daß sie unmöglich aufkommen können."

„Man wird sie erlösen. Komm mit zum Mokkadem!

Er wird entzückt darüber sein, dich so bald wiedergesehen zu haben."

Während ich sehr verstimmt dieser Aufforderung folgte, winkte Achmed drei seiner Leute zu sich und erteilte ihnen einen Befehl, den ich nicht verstehen konnte. Sie gingen zum Feuer. Ich sah nicht hin, aber drei rasch hintereinander fallende Schüsse sagten mir, daß sie den Auftrag erhalten hatten, die drei Verwundeten zu erschießen.

Abd el Barak war an Händen und Füßen gebunden und an das Feuer geschafft worden. Der Reïs Effendina nahm einen Feuerbrand und forderte mich auf, mit ihm das Innere der Tukul zu untersuchen. Wir fanden in der ersten Hütte einige Fettlampen, die wir anzündeten, da der brennende Ast gefährlich war, denn es stand zu erwarten, daß ein Vorrat von Pulver vorhanden sei. Die Hütte gehörte, wie wir später von ihm selber erfuhren, dem Mokkadem. Da lagen meine, Ben Nils und Selims Waffen. Es fanden sich auch die anderen Gegenstände vor, die uns abgenommen worden waren. Wir erhielten alles zurück. Alles, was wir außerdem in diesem Tukul und in den anderen Hütten fanden, erklärten wir für gute Beute, und zwar sollte diese unter die Bor verteilt werden. Als das deren Anführer hörte, geriet er vor Freude beinahe außer sich und floß von Versicherungen seiner Treue und Ergebenheit über.

Unser Zweck war erreicht, und wir beschlossen umzukehren. Einige Asaker wurden zurückgelassen, um die Hütten während der Nacht zu bewachen. Am Morgen sollten die Bor die Beute abholen und die Tukul in Brand stecken.

Die Heimkehr geschah in gerader Fahrt quer über den Maijeh hinüber, so daß wir in kurzer Zeit das Lager erreichten. Dort wurde der Mokkadem so niedergelegt, daß er die noch an dem Baum hängende Leiche seines Spießgesellen nicht sehen konnte. Sein vom Feuer beleuchtetes

Gesicht hatte einen ruhigen Ausdruck. Entweder besaß er Selbstbeherrschung genug, seine Angst zu verbergen, oder er gab sich der Überzeugung hin, daß selbst unter den gegenwärtigen Verhältnissen einem Mann von seiner Stellung nichts Schlimmes widerfahren könne. Diese Annahme wurde noch dadurch bestätigt, daß Abd el Barak, als man sich eine Zeitlang nicht um ihn zu kümmern schien, mir fast befehlend zurief:

„Soll ich etwa so liegenbleiben? Ich will losgebunden sein!"

Da trat der Reïs Effendina zu ihm.

„Du bist wohl mißmutig? Wohl weil du Langeweile hast? Gut, du sollst Unterhaltung haben. Willst du vielleicht die Gnade haben, mir deine Wünsche mitzuteilen?"

„Spotte nicht, sondern bedenke, wer und was ich bin!" fuhr der Gefangene auf. „Gib mich frei!"

„Was wirst du tun, wenn ich deinem Befehl Gehorsam leiste?"

„In diesem Fall bin ich bereit, euch die Mißhandlungen, die ich erduldet habe, zu verzeihen."

„Wenn ich dir aber den Willen nicht tue?"

„So erinnere dich daran, daß ich Mokkadem der heiligen Kadirine bin, und daß es mich nur ein Wort kostet, dich und euch alle zu verderben."

„So! Laß uns dieses große Wort doch hören!"

„Reïs Effendina, verhöhne nicht den Mann, der so hoch über dir steht! Hunderttausende, die zur Kadirine gehören, sind mir untertan!"

„Aber ich gehöre nicht zu ihr!"

„Dennoch besitze ich die Macht, dir zu beweisen, wie tief du unter mir stehst!"

„Du brauchst dich nicht zu bemühen, o großer Mokkadem, denn ich besitze auch diese Macht und bin gern bereit, zu zeigen, daß du recht hast. In wenigen Augenblicken werden wir alle tief unter dir stehen, und du wirst über uns erhaben sein. Du sollst schon jetzt den Vorgeschmack davon haben. Sieh da hinauf!"

Achmed deutete auf den Baum und gab dem Mokkadem eine andere Lage, so daß dieser in die Höhe schauen konnte. Als der Gefangene den Gehenkten erblickte, war er eine ganze Minute still, doch schienen seine Augen aus ihren Höhlen treten zu wollen. Dann schrie er voll Entsetzen auf:

„Wer ist das? Täuschen mich meine Augen? O Allah, Allah! Das ist ja — das ist Nubar, der Muza'bir!"

„Ja, der Muza'bir", bestätigte der Reïs Effendina grimmig. „Er dünkte sich so erhaben über uns, daß wir ihn so hoch erhoben, um uns in Demut vor ihm neigen zu können. Da wir wissen, daß du noch über ihm stehst, werden wir dir einen noch höheren Platz anweisen."

„Mir? Wollt ihr — mich — mich etwa — ?"

Abd el Barak brachte die Frage nur stammelnd heraus, und das letzte Wort blieb ihm gar im Mund stecken.

„Hängen?" ergänzte der unerbittliche ‚Diener der Gerechtigkeit'. „Ja, gehenkt wirst du. Was soll sonst mit dir geschehen?"

„Un — un — unmöglich!"

„Wir werden das Unmögliche möglich machen müssen, denn ich habe dem Muza'bir, deinem Freund, versprochen, daß du, noch ehe der Morgen graut, mit ihm am gleichen Baum hängen sollst."

„Welch ein Mord! Welch ein Verbrechen! Was hat Nubar euch getan? Sein Tod wird gerächt werden. Ich selber werde zum Khedive gehen, und wehe, dreifach wehe dann den Mördern! Ich werde von jetzt an weder ruhen noch rasten, bis ich euch vernichtet habe. Ihr habt eure verruchten Hände erhoben, um —"

„Schweig, du Hundesohn!" donnerte ihn da der Richter an, der bis jetzt ruhig gesprochen hatte. „Wie darfst du von Verruchtheit sprechen! Du selber bist ja der Verruchteste unter den Verruchten! Du weißt, daß wir alle deine Missetaten kennen, und wagst es dennoch, mir zu drohen? Wenn du von so hoch oben herab mit mir reden willst, werde ich dir sogleich den geeignetsten Platz dazu anweisen. Hinauf mit ihm, hinauf, und zwar um zwei Äste höher als der Muza'bir! Dann mag ihn seine heilige Kadirine, mit der er prahlt, vom Baum schneiden. Allah ist gerecht, und ich sage: Wehe dem, der wehe tut!«

3. IM DORF DER GOHK

Am sechsten Tag nach diesem Abend der gnadenlosen Vergeltung wand sich unser Zug wie eine endlose Schlange durch einen weiten Wald. Seine Riesenbäume bildeten ein Laubdach, durch das selbst die Sonne des Sudan nicht einen Strahl zu senden vermochte. Wir befanden uns in immerwährender Dämmerung. Diese war uns an sich sehr willkommen, denn sie schützte uns vor der glühenden Hitze, die draußen auf dem offenen, wasserlosen Gelände alles Leben vernichtete, aber sie war wenigstens ebenso gefährlich wie der Sonnenbrand, denn unter den dichten Blätterhallen lag ein Boden, der unmöglich als Erde bezeichnet werden konnte. Sumpf, bodenlos tiefer Sumpf war es, in den die Riesen der Baumwelt ihre Wurzeln schlugen, ohne, was mir fast unerklärlich schien, darin zu versinken.

Ich hatte in den Vereinigten Staaten den Dismal-, Alligator-, Catfish-, Green- und Gum-Swamp kennengelernt und seit jener Zeit geglaubt, kein Sumpf der Erde könne sich mit diesen Swamps messen, mußte aber jetzt einsehen, daß diese, verglichen mit der Gegend des oberen Nil, die wir jetzt durchzogen, den Namen Sumpf nicht verdienen.

Der Waldboden, auf dem wir uns bewegten, war ein mit Wassermoos und anderen Sumpfpflanzen bedeckter, dicker Brei, der bei jedem Schritt den Reiter und sein Tier zu verschlingen drohte. Das schwappte und schnappte, klitschte und klatschte, schob sich vor und schlickerte wieder zurück. Ich kam aus der Sorge, in diesen Schlamm hinabgezogen zu werden, nicht heraus und glaubte jeden Augenblick, meinen Vordermann in dem klebrigen Teig verschwinden zu sehen, und doch verschwand er nicht und ich nicht und keiner von uns allen.

Wie war das zu erklären? Ich konnte auf diese Frage keine Antwort finden.

Wir alle ritten, und zwar auf den schon erwähnten Ochsen. Voran eine Abteilung der Borkrieger, dann ein Trupp Asaker, weiter folgten Lastochsen, dann wieder Soldaten und Lasttiere, worauf die andere Hälfte der Bor den Zug beschloß. Es war ein Glück für uns, daß sich die Schwarzen mit uns verbündet hatten, denn ohne sie hätten wir niemals unser Ziel erreicht, sondern wären in diesem unendlichen Sumpf umgekommen. Sie aber kannten ihn wie jeder Mensch die Pfade seiner Heimat. Ihre geübten Augen unterschieden mit Leichtigkeit die Stellen, denen man sich anvertrauen konnte. Nur durften das nicht zwei zugleich wagen, und darum ritten wir immer einer hinter dem anderen. Ich bewunderte den Scharfblick und die Umsicht dieser Leute mehr und mehr und lernte hier auch Ochsen achten, denn ohne ihre Tiere hätten auch die Bor nicht fortkommen können. Die Ochsen versanken fast bei jedem Schritt bis an das halbe Bein und zeigten doch keine Ermüdung. Sie schienen sich hier auf vertrautem Boden zu befinden. Keiner wich zur Rechten oder Linken ab. Jeder wußte, daß er dem Vorgänger genau folgen müsse. Das geschah nicht etwa in schnurgerader Richtung, sondern Woat, der Anführer der Bor, der den Zug leitete, mußte sich nach der Tragfähigkeit des Bodens richten, und so kam es, daß wir zuweilen Windungen beschrieben, durch die die letzten im Zug den ersten nahe kamen, während die in der Mitte reitenden sich fern von Kopf und Schwanz befanden.

So war es nun schon drei Tage lang gegangen, und wir hatten es redlich satt. Die Stechmücken machten uns entsetzlich zu schaffen. Es gab kein festes Nachtlager, das Wasser ging aus, und was wir einatmeten, war nicht Luft, sondern geradezu Fieberdunst.

Da ertönte vorn, wo der Anführer ritt, in höchster Tonlage ein langgezogener Schrei, der augenblicklich von allen Bor wiederholt wurde. Agadi, der Dolmetscher, hielt sich zwischen dem Reïs Effendina und mir in der Mitte des Zuges. Ich fragte ihn, was dieser Schrei zu bedeuten habe, und erhielt zur Antwort, er sei die Ankündigung eines freudigen Ereignisses. Welches Ereignis gemeint war, erkannte ich schon nach wenigen Minuten, als ich einen Sonnenstrahl durch die lichter werdenden Wipfel fallen sah und die Luft mir plötzlich leicht und belebend in die Lunge drang. Der Boden wurde fester und begann zwischen den riesigen Stämmen zierliche Sträucher zu tragen. Meine Vorderleute ritten zu zweien, dreien und vieren nebeneinander. Alles deutete darauf hin, daß der Sumpf zu Ende sei, und hinter uns ertönte Selims schnarrende Stimme:

„Hamdulillah! Der große Brei ist überwunden. Er sperrte seinen Rachen auf, uns zu verschlingen. Aber wir sind über ihn hinweggegangen wie die Helden, die sich vor keinem Drachen fürchten. Nun klappt er hinter uns sein großes Maul zusammen und verschwindet vor Ärger und Scham darüber, daß es ihm nicht gelungen ist, zu fressen Selim, den tapferen Überwinder aller Sümpfe und Moräste des Weltalls!"

Der alte Maulheld konnte eben keine Gelegenheit, sich ‚in Wichs' zu werfen, vorübergehen lassen, doch ‚Überwinder aller Moräste des Weltalls', das übertraf alles, was ich bisher aus seinem Mund gehört hatte.

Woat war haltengeblieben, um uns herankommen zu lassen, und sagte uns durch den Mund des Dolmetschers:

„Der Sumpf ist hinter uns, und nun beginnt guter Weg. Bald werden wir Wasser trinken und Felder sehen, die den Gohk gehören. Gegen Abend ziehen wir in Wagunda ein."

Es läßt sich denken, daß diese Botschaft uns hoch erfreute. Die bisher so stillen, mißmutigen Menschen wurden lebhaft und gesprächig, und auch die Tiere schienen zu wissen, daß das Ziel nahe war. Sie ließen ihre Stimmen hören und drängten vorwärts, so daß unsere alte Ordnung nicht mehr einzuhalten war. Nach einiger Zeit drang uns plötzlich der helle Sonnenschein entgegen. Nach der langen Dämmerung schien es, als überflute uns ein Lichtmeer. Es war Mittag, aber wir fühlten seine Glut nur als Wärme, die unsere Körper wohltuend durchdrang und alle unsere Sinne neu belebte.

Der Urwald hörte auf. Er stieß an den Fluß Tondsch, an dessen anderem Ufer nur Schilf stand, untermischt mit Büschen. Der Fluß war zwar breit, aber nicht tief. Die Bor fanden nach kurzem Suchen eine Stelle, an der wir den Tondsch durchqueren konnten. Dann ging es in der alten Richtung weiter, immer nach Westen. Das Schilf verschwand, die Büsche aber blieben. Sie bildeten Inseln in dem grünen Meer von Gras, das an Saftigkeit nichts zu wünschen übrigließ. Ich bat den Anführer der Bor, hier wenigstens eine kurze Zeit halten zu lassen, damit unsere Ochsen fressen könnten. Woat aber ließ mir antworten, daß wir bald einen Ort erreichen würden, der noch viel geeigneter zum Halten sei.

Bald darauf begann das Gelände sanft anzusteigen, und wir gewahrten in der Ferne Höhen, die mit Wald gekrönt waren. Dort entsprang, wie wir erfuhren, ein Nebenfluß des Tondsch, an dem die größeren Dörfer der Gohk liegen. Indem wir dieses Gelände emporritten, gelangten wir in ein muldenförmiges Tal, auf dessen Grund eine Art Weiher auftauchte. Er fand seinen Abfluß nach Nordosten durch ein Wasser, das ich fast einen Bach nennen möchte. Das war der Bach Jau. Im Nu sprangen die Schwarzen von ihren Reittieren, und ebenso rasch nahmen sie den anderen Tieren die Lasten ab, damit diese nicht beschädigt werden sollten, denn die Tiere waren nicht zu halten. Sie rannten zum Weiher und liefen so weit wie möglich hinein, um sich nach langer Wanderung durch den Sumpf, dessen Wasser ungenießbar gewesen war, satt zu trinken. Die Menschen hatten vollauf zu tun, den Bach für sich freizuhalten.

Den Bach? Das klingt so heimatlich! Freilich mache ich mich, indem ich dieses Wort anwende, einer Ungerechtigkeit schuldig. Was wir Weiher und Bäche nennen, gibt es in jenen Gegenden nicht. Und die Höhen, von denen ich sprach, waren noch lange keine Berge. Aber nach einer dreitägigen Wanderung durch fieberstinkenden Sumpf kommt man leicht in die Gefahr, eine Bodenanschwellung als Höhe und ein Wasser, das nicht ganz still steht, und das leidlich durchsichtig ist, als Bach zu bezeichnen.

Nach ungefähr einer Stunde brachen wir wieder auf. Wir ritten nach Westen, folgten dann einem anderen Wasser abwärts, wo es sehr bald in einen schmalen Fluß lief, dessen Ufer unser Führer wurde. Er brachte uns an hohe Felder von Zuckerrohr und Negerhirse[1], aus denen wir die runden Dächer einzelner Hütten ragen sahen. Wir näherten uns einem kleinen Dorf der Gohk und blieben halten, um einen Boten voranzuschicken, damit die Bewohner bei unserem Anblick nicht erschrecken und fliehen möchten.

Als er zurückkehrte, kam hinter ihm alles, was im Dorf ‚leibte und lebte‘, dreingelaufen, Väterlein und Mütterlein, Männlein und Weiblein, Bürschlein und Mägdelein, jeder und jede im besten Staat und Schmuck, der in aller Schnelligkeit zusammengerafft und angelegt war.

Ein alter, grauköpfiger Mann, der uns als Dorfgebieter bezeichnet wurde, trug nur den Lendenschurz, hatte aber auf seinem Haupt ein walzenförmiges Flechtwerk sitzen, das wohl einen Meter hoch und mit bunten Federn besteckt war. Eine junge Dorfschöne hatte ihr Haar in Löckchen gedreht und sie mit Fett und Ocker so steif gemacht, daß es aussah, als seien ihr ein paar Dutzend roter Korkzieher von innen heraus durch den Schädel gebohrt wor-

[1] Durra

den. Ein Bursche, jedenfalls der Stutzer des Dorfes, hatte sein Haupt mit einer abgerissenen Hutkrempe geschmückt. Wie mochte sie hierher ins tiefe Afrika gekommen sein! Sein rechter Fuß steckte in einem sohlenlosen Lederschuh, während am linken eine Sandale befestigt war. Sein bester Schmuck aber, vielleicht die größte Kostbarkeit im ganzen Dorf, bestand aus einem gläserlosen, verbogenen, uralten Brillengestell aus Messing, das er mit Hilfe eines dünnen Riemens um den Hals befestigt hatte.

Gern hätte ich diese Betrachtungen fortgesetzt, aber der erwähnte Alte nahm den jungen Inhaber des Brillengestells bei der Hand, zog ihn hin zum Reïs Effendina, der ihm als unser Anführer bezeichnet worden war, und hielt unter lebhaften Gebärden eine Rede, von der ich zwar kein Wort verstand, deren Inhalt ich aber dennoch erriet. Der Alte deutete nämlich wiederholt auf die Brille und dann gegen Westen, ein Gebärdenspiel, das ich mir folgendermaßen ins Deutsche übersetzte:

„Ihr seid fremde, sehr hohe Herren und wollt nach Wagunda. Der junge Adonis hier ist der Besitzer dieser Brilleneinfassung und darum allein würdig, euch den Weg zu zeigen."

Es stellte sich heraus, daß ich richtig geraten hatte. Agadi übersetzte uns die Rede. Wir beschenkten den Alten mit einigen kleinen, für ihn höchst wertvollen Gegenständen und ritten dann weiter. Der Besitzer der mangelnden Brillengläser schritt als unser Führer stolz voran. Man glaube aber ja nicht, daß er der einzige war, der uns voranging. Der Dorfälteste hatte nach Empfang unseres Boten, und ehe er dann zu uns kam, einen Mann nach Wagunda gesandt, um dort die bevorstehende Ankunft so vieler Fremder pflichtschuldigst zu melden. Den Erfolg davon bemerkten wir später.

Unser Führer war ein guter Läufer, obwohl seine Füße so ungleich ausgerüstet waren. Er hielt mit unseren Ochsen, die doch sehr rasch liefen, gleichen Schritt. Es ging immer abwärts an dem erwähnten Fluß hin, dann in einer Furt quer hindurch und eine Stunde lang über sonnendurchglühtes, ödes Land. Hierauf sahen wir in der Ferne einen langgestreckten Belutwald liegen, der auf die Nähe von Wasser schließen ließ.

Während wir ihm zuritten, sprach der Führer unausgesetzt auf uns ein. Wir erfuhren von Agadi, daß er uns eine Beschreibung von Wagunda lieferte, die ich freilich lieber in einer anderen, mir geläufigen Sprache gehört hätte. Um zu erproben, ob er wüßte, was für ein Ding er eigentlich um seinen Hals hängen hatte, winkte ich ihn zu mir und gab ihm zu verstehen, er möchte mir das Brillengestell geben. Darüber erschrak er außerordentlich und weigerte sich durch Gebärden ganz entschieden, meinem ebenso ungesitteten wie räuberischen Verlangen Folge zu leisten. Der Dolmetscher Agadi machte ihm sanfte Vorstellungen und wurde dann, als das nichts fruchtete, grob, wie ich aus seinem Ton hörte. Das wirkte, denn der mißtrauische Gentleman band seinen unbezahlbaren Schatz los und gab ihn mir in die Hand, wendete aber kein Auge davon, bis er ihn wieder hatte. Ich setzte die Brille auf, nachdem ich ihre Knillen und Kniffe geradegebogen hatte, zog mein Notizbuch aus der Tasche und machte die Gebärde des Lesens und Schreibens. Der schwarze Jüngling hatte keine Ahnung davon, was ich meinte. Aber als ich verschiedene Male erst ohne und dann durch die Brille auf den vor uns liegenden Wald schaute und ihm durch die Veränderungen meines Gesichtsausdruckes zu erkennen gab, daß es etwas ganz anderes sei, ob man einen Gegenstand durch dieses Gestell ansehe oder nicht, schien er mich zu begreifen. Als ich ihm nun die Brille zurückgab, setzte er sie sogleich auf und blickte hindurch. Sein Gesicht strahlte vor Vergnügen. Er schien die Gegend tausendmal schöner zu finden als vorher. Von jetzt an verzichtete er auf jede fernere Beschreibung von Wagunda und schaute unausgesetzt durch das Gestell. Meine Unterweisung, daß es nicht am Hals, sondern auf der Nase zu tragen sei, hatte mir sein ganzes Herz gewonnen, wofür er mir später die überzeugendsten Beweise lieferte.

Wir erreichten den Wald, ritten quer hindurch und kamen an das Ufer eines langgestreckten, seeartigen Wasserbeckens. Ein Blick belehrte uns, daß wir uns in der Nähe des Zieles befanden. Die Ufer des Sees waren von Fruchtfeldern umgeben, von denen sich Weideplätze bis hin zum äußersten Sehkreis zogen. Am Rand des Wassers hingen Kähne. Rechts von uns gab es einen Berg, ja wirklich, eine Anhöhe, die im Verhältnis zu der sonst ganz platten Gegend recht gut als Berg bezeichnet werden konnte. Er stieg ziemlich steil an, und seine Kuppe war von einer hohen, dichten Dornenhecke umgeben, hinter die wir nicht sehen konnten.

Diese Hecke hatte jetzt eine schmale Öffnung, aus der zahlreiche Menschen strömten und uns, paarweise hintereinander, entgegenkamen. Nun erst erfuhren wir durch den Dolmetscher, daß die Einwohner von Wagunda von unserer Annäherung durch einen Boten unterrichtet worden seien. Auch hatte dieser Bote erzählt, aus welchem Grund wir unseren Ritt überhaupt unternommen hatten. Aus Freude darüber kam man jetzt, uns feierlich willkommen zu heißen.

Woat, der Anführer der Bor, der die Sitten des Landes kannte, gab uns an, wie sich unser Zug ordnen sollte. Wir mußten uns in zwei Treffen aufstellen, im ersten die Reiter und im zweiten die Lasttiere mit ihren Treibern. Vor die Front kamen die Anführer, also der Reïs Effendina, Woat und ich. In dieser Ordnung sollten wir stetig vorrücken und soviel schießen und Lärm machen wie nur irgend möglich. Das übrige konnten wir den Gohk überlassen.

Glücklicherweise war das Gelände einer solchen Aufstellung günstig, denn zwischen uns und dem Berg lag ein freier Plan, der, wie wir später hörten, nach Art unserer Jahrmarktplätze der Belustigungsort der Bevölkerung von Wagunda war. Wir fanden Zeit, uns da in der beschriebenen Weise aufzustellen, voran der Reïs Effendina, links von ihm Woat und rechts ich. Neben dem Reïs hielt der Dolmetscher Agadi, um nötigenfalls sofort bei der Hand zu sein. Ich bekam auch einen Adjutanten, denn der Brillenjüngling trieb seinen Ochsen an die Seite des meinigen und lächelte mir so verheißungsvoll zu, daß ich erriet, er habe neben mir eines wichtigen und vorteilhaften Amtes zu walten. Er war eigentlich unberitten, hatte sich aber eines ledigen Packochsen bemächtigt, um seiner neuen Würde gemäß auftreten zu können.

Als die Gohk den erwähnten Plan erreichten, stellten sie sich auch in zwei Treffen auf und kamen dann, voran ihr Häuptling, waffenschwingend und schreiend auf uns zugerannt. Sie waren zu Fuß. Ihre Waffen bestanden in Spießen, Säbeln, Messern, Keulen, Bogen und Pfeilen. Einige von ihnen, selbstverständlich auch der Häuptling, hatten Flinten. Sobald sie gegen uns vorrückten, taten wir das gleiche gegen sie. Die nun folgenden Bewegungen bestanden darin, daß die Gohk zwischen unseren Gliedern durchrannten, und wir zwischen den ihrigen hindurchritten. Die Hauptsache war dabei der Lärm. Wer ein Gewehr hatte, schoß es möglichst oft ab. Die anderen schwangen unter entsetzlichen Gebärden ihre Waffen, alle aber riefen, schrien und heulten, als seien sie verrückt geworden. Ich trug zu diesem schönen Konzert mein Teil erheblich bei, so daß ich dann einige Tage lang an einer rauhen Kehle kränkelte. Wer so reist wie ich, muß mit den Nachtigallen singen und mit den Wölfen heulen können, sonst erregt er Anstoß allerorten.

Als wir uns diesen Bewegungen und dieser stimmlichen Kunstleistung eine Viertelstunde lang mit edler Begeisterung hingegeben hatten, blieben beide Parteien auf einen Befehl einander gegenüber halten. Dann kam der Häuptling der Gohk mit vielen Verbeugungen auf den Reïs Effendina zu, wand den Leib bald rechts und bald links, als litte er an einer recht heftigen Pferdekolik, verdrehte die Augen, rang die Hände, sprang einige Schritte vor, dann wieder zurück, bewegte den Hals schraubenmäßig wie eine Henne, die mit dem Schnabel Eier legen will, drückte und schluckte, als wollte er an einem mithinuntergefahrenen Knochen schier ersticken, und brachte endlich zum Vorschein, was zum Vorschein kommen sollte, nämlich eine Rede, die wohl über eine Viertelstunde dauerte und mich besonders dadurch entzückte, daß sie uns ihrer Länge wegen nicht übersetzt werden konnte. Als das letzte Wort verklungen war, brachen seine Gohk in ein tolles Jubelgeschrei aus, in das wir aus Leibeskräften einstimmten.

Nun kam der bedeutungsvolle Augenblick, in dem unser Obergeneral antworten sollte. Er schickte sich dazu mit einem wohltuenden Räuspern an, ließ seinem Mund einen kurzen, edel klingenden Satz entfahren und schaltete darauf eine weise Pause ein, um Agadi Zeit zur Übersetzung zu lassen. Daran schloß er, immer in lieblicher Abwechslung, einige andere Sätze und Pausen, bis er zu der wohlbedachten Überzeugung gelangte, daß es mit seiner Beredsamkeit zu Ende sei. Er gab mit der erhobenen Hand ein Zeichen, uns zu höchster Anstrengung unserer Stimmwerkzeuge aufzufordern. Leider aber hatte der gute Reïs Effendina weder sich noch eine andere Person zu begeistern vermocht, weshalb das Ergebnis dieser Aufforderung eine ebenso allgemeine wie auffällige Stille war.

Wir sahen uns dadurch von den Gohk übertroffen. Ihr Anführer hatte den unsrigen um unzählige Pferdelängen geschlagen. Wie war dem abzuhelfen? Sollte der peinliche Eindruck, den das Schweigen hervorbrachte, verwischt werden, so mußte schnell etwas geschehen. Das sagte mir mein Feingefühl, und das gleiche Empfinden hatte auch mein schwarzer Adjutant, denn er trieb sein Packtier, noch ehe ich zu einem Entschluß gekommen war, vor, hielt vor dem Häuptling der Gohk an, deutete auf mich und rief ihm zwei- oder dreimal einen langen Satz zu, von dem ich allerdings nichts verstand. Glücklicherweise klärte mich Agadi rasch auf. Der Satz besagte, daß ich jetzt auch sprechen solle.

Ich, eine Rede! Dieser Gedanke war vortrefflich. Ja, die Gohk sollten eine Rede hören! Je toller, desto besser, denn je unsinniger ich mich gebärdete, desto tieferen Eindruck mußte ich hervorbringen. Ich trieb also meinen Ochsen, ohne lange zu überlegen, zu raschestem Lauf an, jagte zehn-, zwanzigmal um den Anführer der Gohk herum und stieß dabei das wilde, schrille Kriegsgeschrei der Apatschen aus, das ich so oft gehört hatte, sprang aus dem Sattel, ließ dann den Ochsen laufen, wohin er wollte, und blieb vor dem entzückt beobachtenden Anführer der Schwarzen stehen, warf den Bärentöter zu Boden und die Arme empor und begann mit weithin schallender Donnerstimme:

> *„Festgemauert in der Erden*
> *steht die Form aus Lehm gebrannt.*
> *Heute muß die Glocke werden;*
> *frisch, Gesellen, seid zur Hand!"*

So trug ich vor oder vielmehr schrie ich weiter, das ganze, lange „Lied von der Glocke", bis zum Schluß. O Schiller, du begeisterndster unter den Sängern, wäre es dir vergönnt gewesen, mich zu hören, so wärst du zur Überzeugung gekommen, daß ich der einzige Sterbliche bin, der dich richtig verstanden und deine herrliche Dichtung durch die nötigen Kehl- und Gaumentöne richtig wiederzugeben vermag!

Ich blieb während des Vortrags keineswegs stehen, sondern ich sprang dabei hin und her, warf bald das eine, bald das andere Bein in die Luft, kauerte mich nieder, schnellte wieder auf, drehte mich wie ein Kreisel um mich selber, raffte, als ich die letzten Zeilen ‚Freude dieser Stadt bedeute; Friede sei ihr erst Geläute!‘ in das Weltall hineingeschrien hatte, meinen Bärentöter wieder auf, rannte zu meinem Ochsen, der unfern stehengeblieben war, sprang auf seinen Rücken und jagte ihn, das Kriegsgeheul wieder ausstoßend, in wildem Lauf zwischen den beiden Parteien einigemal hin und her, worauf ich endlich wieder an meinen Platz zurückkehrte.

Was nun folgte, ist einfach unbeschreiblich. Erst tiefe, lautlose Stille, dann heulte mein geistesgegenwärtiger schwarzer Adjutant mir zu. Das brachte die Stimmen aller gegenwärtigen Schwarzen, Braunen, Gelben und Weißen in Aufruhr. Und was für Stimmen waren das! Was ist der Föhn, der Scirocco, der Samum, der nordamerikanische Blizzard, ja was ist selbst die rasende, hochasiatische Wjuga gegen den Sturm, der sich nun erhob! Wer eine Stimme hatte, und die hatte doch ein jeder, ließ sie hören, als hätte er hundert Stimmen. Wäre die ganze Hölle losgewesen, vor diesem Lärm hätte sie sich augenblicklich wieder verkrochen. Die schöne Ordnung war mit einemmal aufgelöst. Das Entzücken trieb jeden von seinem Platz. Unsere Reiter warfen sich von ihren Tieren. Alles, alles, Körper, Arme, Beine, Köpfe schwebten, glitten, tanzten, sprangen und flogen in tollem Wirrwarr auf dem Platz herum, hin und her. Unsere sonst so einsichtsvollen Ochsen erschraken darüber und kniffen brüllend aus. Kurz und gut, ich hatte einen so unbeschreiblichen Erfolg, daß es mir selbst heute noch, wenn ich daran denke, angst und bange wird. Denn hatte ich mich vorhin wie wahnsinnig gebärdet, so taten es meine Zuhörer jetzt noch viel mehr. Sie glichen wirklich Tollen. Selbst die verständigsten unserer Asaker wurden angesteckt, und auch Ben Nil tanzte und jubelte mit, als bekäme er es bezahlt.

Ein einziger nur außer mir blieb ruhig, nämlich der Reïs Effendina. Er kam herbei, um mir zu erklären:

„Glaubst du, Effendi, daß ich beinahe dachte, du seist übergeschnappt? Was fiel dir ein? Du, der bedächtigste und ruhigste von uns allen, gebärdet sich plötzlich wie einer, der den Verstand verloren hat! Was sollte ich dabei denken? Ich wäre am liebsten gleich davongerannt!"

„So hat meine Leistung nicht deinen Beifall?" lachte ich.

„Nein, ganz und gar nicht! Du hast unsere Würde geschädigt. Was müssen die Schwarzen von uns denken!"

„Sie halten uns für tüchtige Leute, darauf kannst du dich verlassen! Wenn man die Menschen nimmt, wie sie sind, wird man nie bei ihnen anstoßen, sondern nur Anerkennung finden. Ich denke, daß du dich für mein Auftreten noch bei mir bedanken wirst."

„Schwerlich! Ich bin der Vertreter des Vizekönigs, dessen Ansehen durch solche Tollheiten leiden muß."

„Ich habe freilich nicht an das Ansehen des Vizekönigs, sondern zunächst daran gedacht, uns selber hier ein Ansehen zu verschaffen. Die Folge wird zeigen, ob der Khedive durch mein Verhalten seinen Thron verliert oder nicht. Willst du tadeln, so prüfe erst!"

„Aber du mußt doch unbedingt zugeben, daß meine Rede viel würdiger war als dein Verhalten!"

„In meinen Augen, ja. Aber hast du deine Ansprache etwa mir gehalten?"

„Doch den Gohk."

„So sind sie es, die entscheiden sollen. Es steht zur Frage, wessen Rede nicht uns beiden, sondern ihnen besser gefallen hat. Eigentlich haben sie durch ihren Beifall die Antwort schon gegeben."

Diese Antwort sollte gleich auch in noch anderer Weise kommen. Der Häuptling der Gohk war ebenso wie jeder

seiner Untergebenen mit herumgesprungen. Jetzt löste er
sich aus dem Gewühl und hielt eine Art Banner empor.
Es bestand aus einer Stange, an der ein graues Affenfell
befestigt war. Das war das Zeichen zum Sammeln. Der
Wirrwarr löste sich, und jeder begab sich an seinen Platz.
Der Anführer der Gohk hielt eine kurze Beratung mit
einigen Männern, die nach unseren Begriffen wohl als Ge-
meinderäte zu bezeichnen waren. Dann schritt er mit
ihnen auf den Anführer der Bor zu, der sich auch wieder
auf seinem Platz befand, denn auch unsere Leute hatten
ihre frühere Stellung wieder eingenommen. Er sprach
längere Zeit mit Woat, jedenfalls vom Reïs Effendina
und mir, da sein Auge uns immer wieder suchte. Darauf
kam er auf uns beide zu, verneigte sich vor dem Reïs
Effendina und sagte zu ihm durch den Dolmetscher:

„Herr, ich habe vernommen, was euch zu uns führt.
Ihr seid gekommen, uns aus einer großen Gefahr zu erretten. Wir werden noch weiter darüber sprechen und
über die Art und Weise, wie sie abzuwenden ist. Vor
allen Dingen heißen wir euch willkommen. Ich höre, daß
du ein Liebling des Vizekönigs bist. Zwar sind wir diesem nicht untertan, denn wir sind freie Gohk vom großen
Volk der Dschangeh, aber du wirst bei uns geachtet sein,
wie du daheim geachtet wirst. Sei unser Gast und bleibe,
so lang es dir bei uns gefällt!"

Dann wendete er sich mit folgenden Worten an mich:
„Effendi, der Anführer der Bor, die unsere Brüder sind,
erfuhr von deinen Taten und hat mir einige davon in
Kürze mitgeteilt. Du kommst aus einem Land, in dem
lauter berühmte Männer wohnen. Du bläst deine Feinde
von dir wie Staub, und niemand kann dich besiegen.
Auch hörte und sah ich dich sprechen, wie ich noch keinen reden sah und hörte. Wer deine Stimme vernimmt,
wird wie von Merissah[1] begeistert, und die Bewegungen
deiner Arme und Beine zeugen von der Wahrheit deiner

1 Gegorenes Getränk aus Hirse

74

Worte. Sollte je ein Mensch deinem Messer widerstehen, so wirst du ihn durch deine Rede besiegen. Darum bist nur du der Mann, der uns zu retten vermag. Ich werde meine Leute unter deinen Befehl stellen. Sag mir, ob du ihr Anführer sein willst!«

Das war nun freilich im Überschwang gesprochen. Nach den Worten dieses guten Schwarzen zu urteilen, hätte ich ja wirklich die Bezeichnung, die Selim so oft unrechtmäßigerweise für sich in Anspruch nahm, mit vollem Recht verdient und wäre der ‚größte Held des Weltalls‘ gewesen. Also Obergeneral sollte ich werden! Nun, ich hatte keinen Grund, diese Würde von mir zu weisen. Wenn ich sie annahm, so war ich wenigstens sicher, daß in der Leitung keine großen Fehler gemacht wurden, und so erklärte ich dem Häuptling, daß ich bereit sei, auf seinen Vorschlag einzugehen.

Als er seinen Leuten diese Antwort verkündete, erhob sich ringsum ein lautes Jubelgeschrei, und es wurde abermals ein Schauspiel ins Werk gesetzt, das darin bestand, daß alles, was Beine hatte, im Kreis um mich zu tanzen begann. Sodann wurden wir eingeladen, mit hinauf ins Dorf zu kommen. Die Schwarzen stellten sich in Reih und Glied und nahmen uns in die Mitte, worauf sich der Zug in Bewegung setzte und sich auf dem gleichen Weg bergaufwärts bewegte, auf dem die Schwarzen uns vorher entgegengekommen waren. Ich ritt dabei neben dem Reïs Effendina, aber nur wenige Schritte. Dann machte sich mein Brillenträger an meine andere Seite, und es war geradezu spaßhaft, die stolze Haltung zu beobachten, deren er sich dabei befleißigte. Der ganze Abglanz der Hoheit, die er mir beilegte, schimmerte auf seinem Gesicht.

Oben sahen wir erst, welchen Umfang der Berg hatte. Wir befanden uns auf einer Hochebene, die auf den anderen drei Seiten so steil abfiel, daß sie nur in der Richtung, aus der wir gekommen waren, erstiegen werden konnte. Die Verteidigungsmöglichkeiten dieses Ortes waren also sehr gut. Das Dorf nahm ungefähr die Hälfte der Platte ein und bestand aus runden Hütten von der Art, wie ich sie schon wiederholt beschrieben habe. Es war von einem hohen, sehr dichten Dorngestrüpp umgeben. Die Fläche außerhalb des Dorfes war mit kurzem Gras bewachsen. Es gab da mehrere Einzäunungen, um darin die Herden des Nachts und zur Zeit eines Überfalls in Sicherheit zu bringen.

Der Eingang der Dornenmauer war geöffnet. Wir stiegen hier von unseren Tieren, die auf die Grasweide getrieben wurden, und zogen in das Dorf ein, festlich empfangen von allen den Bewohnern, die vorher aus irgendeinem Grund hatten zurückbleiben müssen. Die größte der Hütten wurde für den Reïs Effendina und mich bestimmt, alle anderen wurden bei den Dorfbewohnern untergebracht. Dann schlachtete man mehrere Ochsen und brannte Feuer an, um das Fleisch zu braten. Ich hatte nicht die Absicht, in der Hütte zu wohnen. Die ‚wibbelnde‘ und ‚kribbelnde‘, stechende und beißende Bevölkerung solcher Unterkünfte pflegt so zutraulich zu sein, daß ich es für geratener hielt, selbst des Nachts im Freien zu bleiben.

Zunächst unternahm ich mit dem Reïs Achmed, Woat und Agadi einen Gang durch und um das Dorf, um die Örtlichkeiten auf ihre Eignung als Festung zu prüfen. Ich fand, daß ein rascher Angriff leicht abzuschlagen war. Anders aber stand es im Fall einer Belagerung. Es gab nämlich hier oben kein Wasser. Dieses mußte vielmehr aus dem kleinen Flüßchen, das unten den See speiste, heraufgeholt werden. Ein Vorrat für längere Zeit konnte unmöglich im Dorf aufbewahrt werden, denn erstens mangelte es dazu an den nötigen Gefäßen, und zweitens war bei der hier herrschenden Hitze die Verdunstung so bedeutend, daß gar nicht daran gedacht werden konnte, uns von Ibn Asl auf dem Berg einschließen zu lassen. Er hätte unten am Fluß Wasser in Hülle und Fülle gehabt und sicher darauf rechnen können, daß der Durst uns bald zur Übergabe zwingen würde. Um Ibn Asl nicht in diesen Vorteil und uns in den Nachteil zu bringen, war es notwendig, unsere Stellung weiter vorzuschieben, ihn gar nicht an den See, an den Fluß zu lassen. Es galt, ihn an einem Ort zu empfangen, der uns die Aussicht bot, ihn ohne große Verluste schnell zu überwältigen. Da wir den Feind aus Südost erwarteten, mußte der geeignete Ort in dieser Richtung vom Dorf liegen. Es war also nötig, auf Kundschaft zu gehen, um ein passendes Gelände aufzuspüren. Dazu aber hatten wir heute keine Zeit, denn es wäre eine Beleidigung für die Gohk gewesen, wenn ich mich ihrer Gastlichkeit entzogen hätte.

Diese Angelegenheit war übrigens nicht dringlich, da wir Ibn Asl jetzt noch nicht zu erwarten brauchten. Wir waren, seit wir seinen Boten ergriffen hatten, neun Tage unterwegs gewesen, während er bis Aguda acht und dann bis Wagunda zwölf, im ganzen also zwanzig Tage unterwegs zuzubringen gedacht hatte. Aus diesem Grund stand zu vermuten, daß er von heute an in zehn oder elf Tagen ankommen würde, eine genügend lange Zeit, ihm einen niederschmetternden Empfang und seinem Treiben ein für allemal ein Ende zu bereiten. Die Pflichten eines Oberbefehlshabers hinderten mich also nicht, die Freundschaftsbeweise der Gohk heute über mich ergehen zu lassen.

Über mich ergehen zu lassen! Ja, das ist der richtige Ausdruck für das, was ich bezeichnen will, denn ich war bei dieser Sache der wahrhaft Leidende, nicht aber der Handelnde. Meine einzige Tätigkeit bestand im Kauen, im immerwährenden Verschlingen des Fleisches und der säuerlichen Merissah, die mir fast buchstäblich immer und immer wieder hineingezwungen wurden. O Allah, wieviel so ein Neger zu essen und zu trinken vermag! Und da er wohl weiß, daß der Weiße hoch über ihm steht, so erwartet er von ihm auch eine überlegene Magenweite und Verdauungsfähigkeit. Ich mußte aus Höflichkeit bis an die äußerste Grenze meines Leistungsvermögens gehen und hatte infolgedessen, als ich mich nach Mitternacht vor dem Dorf ins Gras streckte, das Gefühl, ich brauchte im Leben niemals wieder zu essen. Ich fiel trotz des Lärms, der im Dorf noch herrschte, sofort in tiefen Schlaf und erwachte erst, als die Sonne so hoch stand, daß ihre stechenden Strahlen mich weckten. Als ich durch die Umzäunung das Dorf betrat, fand ich — die Neger und auch unsere Asaker schon wieder beim Essen. Der Leistungsfähigste von allen schien mein langer Selim zu sein. Als er mich erblickte, rief er mir zu:

„Effendi, wie schön ist es hier! Hier bleibe ich für alle meine Tage. Ich habe gar nicht geschlafen, sondern immerfort gegessen und erzählt. Und diese lieben, guten Leute, denen Allah tausend Jahre schenken möge, haben auch fortwährend gegessen und mir zugehört. Setz dich hier zu uns und iß mit! Ich habe hier ein Rippenstück, dessen Saftigkeit alle Genüsse der Erde überstrahlt."

Er hielt mir das Stück mit beiden Händen entgegen und drückte es, um mir die Wahrheit seiner Worte zu beweisen, so, daß ihm der Saft von den Fingern tropfte. Ich dankte und ging weiter, um den Reïs Effendina aufzusuchen, der in der uns zugewiesenen Hütte saß und den Häuptling der Gohk als lieben Besuch vor sich hokken hatte. Soll ich verraten, was der Häuptling tat? Er aß! Als ich eintrat, hatte er eben einen Wirbelknochen, von dem er mit seinem elfenbeinernen Gebiß das Fleisch abschabte, vor dem Mund. In ehrerbietiger Entfernung von den beiden standen zwei junge Neger, die zu meinem Erstaunen nicht aßen, obgleich der Häuptling soviel Braten vor sich liegen hatte, daß sich zehn Männer meiner Leibesbeschaffenheit davon vollständig hätten sättigen können. Reïs Achmed deutete, nachdem ich ihn begrüßt hatte, auf diese beiden.

„Diese Jünglinge werden uns von großem Nutzen sein. Sie stammen aus dem Dorf und kehren zufälligerweise gerade jetzt von einem zweijährigen Aufenthalt drüben in Hasab-Allah am Bahr el Dschur zurück. Sie sind als Asaker dort gewesen und haben das Arabische soweit gelernt, daß sie uns als Dolmetscher dienen können."

Diese Mitteilung erfreute mich, da es mir nun möglich war, mich freier zu bewegen. Ich bat den Häuptling, mir einen dieser Dolmetscher zur ständigen Hilfe zuzuweisen, was er auch sofort tat. Dann erklärte ich dem Reïs Effendina, daß es nötig sei, schon heute einen Ritt zu unternehmen, um die südöstliche Gegend kennenzulernen, und fragte ihn, ob er mich begleiten wolle. Er lehnte kurz ab. Wie ich wohl bemerkte, geschah das aus Eifersucht. Er fühlte sich dadurch zurückgesetzt, daß gestern nicht ihm, sondern mir der Befehl über die Krieger der Gohk übertragen worden war. Verletztes Ehrgefühl kann leicht die beste Freundschaft in das Gegenteil verwandeln.

Nur der Dolmetscher und mein treuer Ben Nil sollten mich begleiten. Der Brillenjüngling wollte mit. Ich gestattete es ihm nicht. Auch Selim meldete sich. Er hatte soviel gegessen, daß er nicht gerade stehen, viel weniger noch auf einem Ochsen reiten konnte. Außerdem hätte ich ihn sowieso nicht mitgenommen, denn dieser Unglücksvogel wäre mir noch hinderlicher gewesen als jeder andere und hätte mich durch seine Dummheiten nur in Schaden bringen können.

Mein junger Dolmetscher war sehr brauchbar. Er sprach zwar nur das sogenannte Bahr-Arabisch, doch verstanden wir uns leidlich, da ich mich bemühte, meine Ausdrücke dem anzupassen. Vor allen Dingen war ihm die Gegend, um die es sich handelte, genau bekannt. Er war früher mit seinem Vater einigemal drüben in Aguda gewesen, woher wir Ibn Asl erwarteten, und konnte meine Fragen zur Zufriedenheit beantworten. Er beschrieb mir genau den Weg, den Ibn Asl von Aguda nach

Wagunda einschlagen mußte. Auf Grund seiner Erklärungen und meiner Erkundung, von der wir erst am Abend zurückkehrten, entwarf ich einen Plan, von dem ich mit Sicherheit erwartete, daß er Ibn Asl und alle seine Asaker ohne großes Blutvergießen in unsere Hände liefern würde.

Wagunda liegt in der Nähe des mittleren Tondsch. Der Fluß bietet nur eine einzige Stelle, an der der Boden so fest ist, daß man sich ihm nähern und ihn überschreiten oder, je nach der Jahreszeit, durchschwimmen kann. Auf diese Stelle mußte Ibn Asl, um nach Wagunda zu kommen, seinen Marsch richten. Mein Plan war nun folgender:

Die Furt mußte auf beiden Seiten des Flusses mit genügender Mannschaft besetzt werden. Die Abteilung jenseits des Flusses sollte sich verstecken, bis Ibn Asl vorübergezogen war und den Fluß erreicht hatte. Folgte sie ihm dann, so hatte er sie im Rücken, rechts und links den Sumpf und vor sich die Furt. Von der jenseitigen Abteilung ins Wasser getrieben, mußte er das diesseitige Ufer zu erreichen versuchen, an dem ihn die andere Abteilung erwarten sollte. So steckte Ibn Asl im Wasser, hatte vor und hinter sich Sumpf und Feinde und war aller Voraussicht nach gezwungen, sich ohne Gegenwehr zu ergeben. Dabei rechnete ich auf die Dschangeh-Krieger, die bei ihm waren, und deren Anführer sich bei uns befand. Rief Agadi ihnen von weitem zu, sie seien von Ibn Asl betrogen worden und sollten zu uns übergehen, so taten sie es sicher, und der Gegner war dann mit seinen wenigen Asakern so ohnmächtig, daß es Wahnsinn von ihm gewesen wäre, sich zur Wehr zu setzen. Um des Gelingens völlig sicher zu sein, nahm ich mir vor, an der Furt einige Gräben und Verhaue anzulegen, hinter denen wir sicheren Schutz vor feindlichen Kugeln finden würden.

Mit diesem Plan kehrte ich heim und rief sofort nach meiner Ankunft eine Art Kriegsrat zusammen, der aus dem Reïs Effendina, den Anführern der Dschangeh, der Bor und der Gohk und mir bestand. Als ich mit Hilfe des Dolmetschers meine Absicht vorgetragen und begründet hatte, trat zu meinem Erstaunen ein Schweigen ein, das mich stutzig machte. Die drei Neger sahen sich untereinander an, richteten ihre Augen auf den Reïs Effendina und senkten dann die Blicke. Es war klar, sie wagten nicht, mir beizustimmen. Hatte der Reïs Effendina ihnen Grund gegeben, sich so zögernd zu verhalten? Ich bat ihn also, sein Gutachten abzugeben.

„Das sollst du hören", antwortete er hochmütig. „Bist du Offizier, Effendi?"

„Nein."

„Nun, ich bin einer, und zwar als Reïs Effendina einer von hohem Rang, das weißt du. Daraus magst du ermessen, wer von uns beiden, du oder ich, befähigt ist, einen Kriegsplan zu entwerfen. Zwar hat der Häuptling der Gohk dir den Befehl übergeben. Das kann er in Beziehung auf seine Leute tun, aber meinst du, daß ich dem Oberbefehl über die anderen alle, die mit uns gekommen sind, entsage?"

Achmed sprach geradezu unfreundlich. Er war eifersüchtig auf mich geworden und fühlte sich beleidigt. Ich hatte ihm manchen Dienst erwiesen und durfte wohl auf seine Dankbarkeit rechnen. Also war eigentlich ich es, der jetzt Grund hatte, sich gekränkt zu zeigen. Ich tat es aber nicht, sondern antwortete in meiner gewöhnlichen ruhigen Weise:

„Wie kommst du zu dieser Frage? Habe ich dich aufgefordert, deinen Rechten zu entsagen? Als der Anführer der Gohk mich bat, auch ihr Anführer zu sein, hast du zu meiner Antwort geschwiegen, und ich durfte also annehmen, du seist einverstanden. Da ich jetzt höre, daß es nicht der Fall ist, bin ich gern bereit, mein Versprechen zurückzunehmen. Ich bin ein Abendländer, und es kann mir sehr gleichgültig sein, was hier im Sudan geschieht.

Gefällt euch mein Plan nicht, nun, so habt ihr ja das Recht, ihn zurückzuweisen. Sinnt euch einen anderen, besseren aus! Wollt ihr dann mein Urteil darüber hören, so sollt ihr es haben. Wollt ihr aber ohne den Einfluß eines Fremden handeln, so wird es mir nicht einfallen, mich beleidigt zu fühlen, aber aus Liebe zur Sache und aus Freundschaft für dich bitte ich, in euern Reihen kämpfen zu dürfen, falls es zum Kampf kommen sollte."

Ich erwartete, daß diese Worte den Ägypter umstimmen würden, hatte mich aber getäuscht, denn er meinte noch immer gereizt:

„Du hast sehr richtig gesprochen. Du bist ein Fremdling, und unsere Angelegenheiten gehen dich eigentlich nichts an. Du hast durch deinen gestrigen Tanz diese guten Leute verwirrt. Heute aber sind sie zu der Ansicht gekommen, daß mein Verhalten würdiger war, und der Häuptling der Gohk hat dir den Oberbefehl über seine Krieger entzogen und mir übergeben. Dagegen, daß du mit uns kämpfst, wird kein Mensch etwas haben."

„Gut, so mag es sein. Wie aber steht es mit deinem Plan? Darf ich ihn hören?"

„Hören? Ja. Aber etwaige Einwendungen werden daran nichts ändern. Er ist ebenso einfach, wie er untrüglich zum Ziel führt."

„So sprich!"

„Er gleicht dem deinigen. Du willst Ibn Asl in den Fluß, ich hingegen will ihn in den See werfen."

„In den See da unten am Berg?"

„Ja. Mein Plan ist viel bequemer als der deinige. Nach deinem Plan müßten wir einen weiten Marsch zum Fluß machen und dort in den Sümpfen lagern. Mein Vorschlag erlaubt uns, hierzubleiben. Wir verstecken uns hier oben. Ibn Asl hat keine Ahnung davon, daß wir uns hier befinden, daß die Gohk gewarnt worden sind. Er wird kommen und sich zwischen dem Berg und dem See aufstellen.

Sobald er das getan hat, stürmen wir hinab und drängen ihn ins Wasser."

„Das klingt allerdings verlockend, will aber dennoch überlegt sein. Draußen an der Furt ist der Feind so von uns, dem Sumpf und dem Wasser umzingelt, daß er auf keiner Seite ausbrechen kann und Rettung nur darin findet, daß er sich ergibt. Hier aber hat er euch vor sich, den See hinter sich und zu beiden Seiten offenes Land. Er kann also entweichen, selbst wenn es euch gelingt, ihn zu schlagen. Dein Trachten muß darnach stehen, vor allen Dingen Ibn Asl persönlich in die Hände zu bekommen. Ich möchte aber, daß —"

„Gib dir keine Mühe!" unterbrach er mich. „Du bist stark, tapfer und listig, aber doch kein Offizier. Deine Kugel fehlt nie ihr Ziel, aber von der Kriegskunst verstehst du nichts, das habe ich wiederholt erfahren. Mein Plan ist gut und wird ausgeführt. Die Erlaubnis, mitzukämpfen, sollst du haben, doch unter der Voraussetzung, daß du zu gehorchen weißt!"

Das war kurz im Ton eines Vorgesetzten gesprochen. Wie oft hatte ich die Fehler seiner Leute, sogar seine eigenen, gutgemacht, und jetzt wollte er wiederholt erfahren haben, daß ich nichts von Kriegskunst verstand! Ja gewiß, Feldherr war und bin ich nicht, aber Ibn Asl zu fangen, dazu glaubte ich ebensoviel Geschick zu haben wie er. Seine letzten Worte waren geradezu grob. Darum stand ich auf und sagte ruhig:

„Es gibt keinen Menschen, dem ich gehorchen muß, und es wird wahrscheinlich auch nie einen geben. Allah behüte dich!"

Damit wendete ich mich ab und verließ die Hütte, in der diese eigenartige Beratung stattgefunden hatte. Draußen stand Ben Nil. Er sah mir besorgt ins Gesicht.

„Hamdulillah, es ist besser verlaufen, als ich dachte! Ich glaubte, du würdest hocherzürnt herauskommen.

Dein ruhiges Gesicht aber sagt mir, daß man doch nicht so dumm gewesen ist, dir zu widersprechen."

„Woher weißt du, daß man das beabsichtigt hat?"

„Von dem zweiten Dolmetscher. Er sagte mir, der Reïs Effendina habe während unserer Abwesenheit gedroht, Wagunda seinem Schicksal zu überlassen, falls nicht er allein hier zu gebieten habe."

„Und du hast geglaubt, daß ich ein grimmiges Gesicht dazu machen würde?"

„Gewiß! Eine solche Undankbarkeit muß doch erzürnen!"

„Sie kränkt mich zwar, aber sie erzürnt mich nicht."

„Kränkt? Also hat man es doch getan?"

„Ja. Man hat meinen Rat zurückgewiesen, doch ist man so gnädig gewesen, mir zu erlauben, mitzukämpfen, aber unter der Bedingung, daß ich gehorche."

„Gehorchen? Du?" staunte er. „Effendi, bleib hier stehen, bis ich wiederkomme. Ich muß hinein zu ihnen, um ihnen zu sagen, was sie gegen dich sind!"

Ben Nil wollte fort. Ich hielt ihn am Arm zurück.

„Bleib! Du machst es nicht anders. Sie hören nicht auf dich, nachdem sie nicht auf mich gehört haben. Sie werden nur von den Ereignissen eines anderen belehrt werden."

„Aber was willst du tun?" fragte er eifrig. „Dir alles ruhig gefallen und dich als gewöhnlicher Askari neben die anderen stellen, dich einem dieser Neger gleichachten lassen?"

„O nein. Geh in deine Hütte, hole deine Sachen und komm dann zur meinigen!"

Er eilte fort. Ich begab mich in die mir und dem Reïs Effendina zugewiesene Hütte, um mein Eigentum an mich zu nehmen. Bald kam Ben Nil. Wir verließen das Dorf und stiegen den Berg hinab, um uns jenseits des Sees am Waldrand schlafen zu legen.

4. IN DER GEWALT DES TODFEINDES

Ben Nil sprach kein Wort, denn er war feinfühlig. Er hatte sich über mein ruhiges Gesicht gewundert. Ich war auch ruhig, aber diese Ruhe war erzwungen. Ich ärgerte mich nicht und grämte mich nicht. Es war mir nur eine arge Kränkung widerfahren, und doch konnte ich während dieser Nacht nicht schlafen. Die Sorge um das Schicksal derer, die ich in eine Gefahr hineinlaufen sah, ließ mir keine Ruhe. Ich sann und sann, wie ihnen zu helfen sei, und kam endlich auf einen Gedanken, der mir zwar nicht den Schlaf, aber doch innere Beruhigung brachte. Es gab zwar mancherlei Bedenken dagegen, aber nach reiflicher Überlegung kam ich, gerade als es Tag wurde, zur Überzeugung, daß ich nichts Besseres tun könne, als diesem Vorsatz treu zu bleiben. Da erwachte Ben Nil aus seinem Schlaf, der auch ziemlich unruhig gewesen war. Wir wuschen uns im See, und nachdem wir uns abgetrocknet hatten, fragte er mich:

„Was nun, Effendi? Steigen wir wieder hinauf in das Dorf?"

„Nein. Wir wenden uns nach Foguda."

„Nach Foguda? Das ist das Dorf der Gohk, von dem uns der Dolmetscher gestern erzählte, als er uns die Umgegend erklärte. Was wollen wir dort?"

„Hilfe für Wagunda holen."

„So willst du diese Undankbaren nicht ihrem Schicksal überlassen?"

„Nein. Ich weiß, daß sie in ihr Unglück rennen, wenn ich ihnen nicht helfe, und da sie meine Hilfe von sich weisen, muß ich sie zwingen, sie anzunehmen."

„Sie sind es nicht wert, Effendi! Und bedenke die Gefahren des Weges, den wir zurückzulegen haben!"

„Warum diese Mahnung? Ich weiß, daß du dich nicht fürchtest."

„Aus Sorge für dich, nicht für mich. Ich gehe mit dir bis ans Ende der Welt, aber es ist meine Pflicht, dich zu warnen. Der Dolmetscher sagte, Foguda sei drei volle Tagereisen von hier entfernt. Bedenke, daß wir keine Reittiere haben und gehen müssen, durch Urwald und Sumpf, den wir nicht kennen."

„Der Dolmetscher hat uns die Richtung angegeben und den Weg kurz beschrieben. Das genügt mir."

„Du willst die Bewohner von Foguda auffordern, mit uns hierherzuziehen?"

„Ja. Foguda liegt seitwärts des Weges, auf dem Ibn Asl hierherkommen wird. Wir legen uns mit den Gohk von Foguda auf die Lauer, lassen ihn vorüber und folgen ihm. Hier stellen wir uns hinter ihm auf und fallen, wenn er das Dorf angreift, über ihn her."

„Diesen Plan willst du den Leuten in Foguda erklären? Aber du kennst ja ihre Sprache ebensowenig wie ich. Und einen Dolmetscher haben wir nicht mit."

„Ich rechne auf mein gutes Glück. Vielleicht gibt es einen unter ihnen, der ein wenig Arabisch versteht, und wenn nicht, so hoffe ich, mit der Zeichensprache und einigen Worten, die mir doch bekannt sind, auszukommen."

„Und du glaubst, daß die Fogudakrieger uns hierherbegleiten werden?"

„Ich bin überzeugt davon, da sie zum gleichen Stamm gehören wie die Bewohner von Wagunda."

„Nun wohl! Du hast stets die besten Gedanken, und so wird der jetzige wohl auch richtig sein. Laß uns aufbrechen, denn wir müssen drei Tage lang tüchtig marschieren. Aber wovon leben wir unterwegs?"

„Von Früchten, die wir finden werden, und von dem, was wir schießen. Übrigens haben wir gestern so viel gegessen, daß ich für heute und morgen wohl nichts brauchen werde."

Wir verließen den See und schritten in der Richtung fort, in der wir gestern geritten waren, ohne noch einen

Blick hinauf zum Dorf zu richten, wo alles noch zu schlafen schien. Wir waren ungefähr zehn Minuten gegangen und durchquerten gerade ein lichtes Gebüsch, als ich hinter uns ein Schnaufen hörte, ähnlich dem eines Hundes, der seinen Herrn verloren hat und nun ängstlich seine Spur sucht. Ich drehte mich um und hielt den Stutzen zum Schuß bereit. Wir wurden verfolgt, hatten aber, wie ich bald sah, nichts zu fürchten, denn unser Verfolger war kein anderer als der lange Selim, der uns mit Riesenschritten nachgeeilt kam, so daß sein langes Gewand hinter ihm herwehte.

„Halt, Effendi, halt!" rief er, als er mich erblickte. „Wohin wollt ihr?"

„Sag erst, wohin du selber willst?"

„Mit euch!" antwortete er, indem er keuchend bei uns stehenblieb.

„Bleib in Allahs Namen hier. Wir können dich nicht brauchen!"

„Nicht? Mich, den tapfersten der Helden?"

„Dich, den Unglücksbringer! So oft ich dich mit mir nahm, hast du mir Unheil gebracht."

„Allah, Allah! Sprich doch nicht so, Effendi! Allen meinen Schritten folgt Heil und Segen. Warum wollt ihr nicht bleiben? Warum habt ihr gestern abend das Dorf verlassen?"

„Weil ich Undank fand."

„Ich habe es gehört, und die Asaker bedauern es, weil sie dich liebgewonnen haben. Sie hofften, du würdest heute zurückkehren. Ich erhob mich früh vom Lager, um dich zu suchen, weil ich dein natürlicher Beschützer und Behüter bin. Ich nahm mein Messer und mein Gewehr, um das Dorf zu verlassen. Eben als ich ins Freie trat, sah ich euch. Ich rief, aber ihr konntet es nicht hören, so bin ich euch nachgerannt."

„Um gleich wieder umzukehren!"

„Nein, Effendi. Ich gehe mit euch."

„Und ich befehle dir, zum Reïs Effendina zurückzukehren! Wir gehen Gefahren entgegen und haben dich nicht nötig."

„Das denkst du nur. Und wenn du mich wirklich fortjagst, laufe ich euch von weitem nach!"

Da stellte sich Ben Nil auf Selims Seite und bat für ihn. Was wollte ich machen! Treu war der alte Kerl, aber Pech und wieder Pech hatte er mir überall gebracht. Sollte ich hier unnütz mit ihm herumstreiten? Ich wußte, daß er uns doch nachlaufen würde. Darum entschied ich, freilich höchst ungern:

„Nun wohl, so geh mit! Ich weiß, daß du uns Unglück bringst, will es aber trotzdem noch einmal mit dir versuchen, falls du mir versprichst, allen meinen Anordnungen genau nachzukommen."

„Allen, allen, Effendi!" beteuerte er, indem er die Hand aufs Herz legte. „Verlange von mir, was du willst, ich tue es. Nur verlange nicht, daß ich dich verlasse."

Wir setzten zu dreien unseren Weg fort, der uns zunächst zur Furt führte. Selim blieb, da er die längsten Beine hatte, nicht hinter uns zurück, obgleich er bald über heftiges Leibweh und Magendrücken klagte. Nach dem, was er im Essen geleistet hatte, war dieses Unwohlsein leicht zu erklären.

Gestern waren wir durch die Furt geritten, heute mußten wir sie durchwaten, wobei uns das Wasser bis an die Brust ging. Nun bogen wir von der Linie, auf der Ibn Asl zu erwarten war, ein wenig südlich ab. Ich richtete mich dabei weniger nach der Beschreibung des Weges, die mir der Dolmetscher geliefert hatte, als nach meinem Kompaß, auf den ich mich lieber verließ. Auch ist der Ortssinn eines erfahrenen Reisenden stets ein besserer Führer als das Wort eines jungen Negers, dem es schwer wird, verwandte Begriffe nicht zu verwechseln. Ich wußte, in welcher Richtung Foguda lag, und wenn ich diese Richtung einhielt, mußten wir unser Ziel erreichen.

Das, was ich soeben Ortssinn genannt habe, bewährte sich, wenigstens am ersten Tag. Wir kamen durch keine der Sumpflandschaften, die wir gefürchtet hatten, sondern durch einen Wald, der ohne Ende zu sein schien. Die Bäume standen so weit auseinander, daß der Boden ziemlich trocken war und wir leichtes Wandern hatten, und doch auch wieder so dicht, daß die Kronen uns wohltuenden Schatten gewährten.

An einer großen Wasserlache, an der wir vorüberkamen, gab es allerlei Vögel, und es gelang mir, einige zu schießen, die wir am Abend braten konnten. Als sich die Sonne dem Himmelsrand näherte, war der Wald zu Ende, und wir kamen auf eine völlig verdorrte Steppe, durch die wir in gleicher Richtung weiterwanderten. Sie konnte hier in dieser flußreichen Gegend nicht groß sein, und wirklich tauchten, als die Sonne ihre letzten Strahlen über den Himmel sandte, gerade vor uns die Umrisse eines zweiten Waldes auf.

Wir waren müde, hielten aber nicht am Rand dieses Waldes an, weil von da aus unser Feuer weit in die Steppe hinaus geleuchtet hätte, sondern drangen trotz der Dunkelheit tiefer ins Dickicht ein und machten erst nach angemessener Zeit den ersehnten Halt. Dürres Holz gab es hier genug. Bald brannte das Feuer, und wir waren eifrig mit dem Rupfen und Ausnehmen unserer Jagdbeute beschäftigt. Der Braten geriet ganz nach Maßgabe unserer nicht sehr verschwenderisch eingerichteten Küche. Auch schien er etwas bejahrt zu sein, da wir aber Hunger hatten, verzehrten wir ihn für jung und legten uns dann schlafen. Aber wir schliefen nicht alle drei zugleich. Einer mußte wachen, um nach zwei Stunden den nächsten zu wecken. Das gab im ganzen sechs Stunden, die wir für die Ruhe bestimmt hatten.

Nach dieser Zeit verzehrten wir den Rest der zähen Poularden, die eigentlich Ibisse waren, und machten uns dann wieder auf den Weg, gerade als der Tag zu grauen begann. Er war nicht so glücklich für uns wie der vorhergehende. Wir kamen durch sumpfige Gegenden und mußten sehr vorsichtig sein und oft von der Richtung abweichen, um gefährliche Stellen zu umgehen. Hier schien alles Leben erstorben zu sein. Es war jedenfalls doch vorhanden, floh uns aber, und so kam es, daß der Abend hereinbrach, ohne daß wir irgendein jagdbares Tier zu Gesicht bekommen hatten. Darum mußten wir uns ‚ungespeist‘ niederlegen, was dem hungrigen Selim einige sehr gewichtige Seufzer entlockte. Als ich ihm versicherte, daß wir jedenfalls morgen mehr Glück haben würden, schlief er beruhigt ein.

Ich hatte diesen Ausspruch im besten Glauben getan, konnte aber mein Versprechen leider nicht halten. Es gab auch am nächsten Vormittag nur Sumpf und wieder Sumpf. Von unschädlichen oder eßbaren Früchten war da keine Rede, und von irgendeinem Wild war, wie sich der Jäger auszudrücken pflegt, auch nicht ein Schwanz zu sehen. Hatte gestern nur Selims Magen geknurrt, so begann er heute selber zu murren und zu klagen, und das in einer Weise, die es sehr geraten erscheinen ließ, diesem ungesättigten Zustand möglichst schnell ein Ende zu machen.

Hätte ich den Unglückseligen doch nur murren lassen: es wäre uns viel Unheil erspart geblieben! Aber er war ein starker Esser, Hunger tut weh, und darum dauerte er mich. Es war schon Mittag, und nach meinem Vermuten mußten wir Foguda noch vor Abend erreichen. Das sagte ich ihm, aber der Erfolg war nur das Wort: Hunger, Hunger und Hunger! Auch Ben Nil sah erschöpft aus. Auch er hatte seit gestern früh nichts genossen, und dabei war unsere Wanderung durch die Sümpfe sehr anstrengend gewesen. Er sagte nichts, sehnte sich aber jedenfalls gleich Selim nach der notwendigen Stärkung. Was machen, hier mitten im Urwald, wo es gewiß ge-

eine Antwort auf diese stille Frage erklang da von links nug Tiere gab, von denen sich aber keins sehen ließ? Wie der Ruf zu uns herüber: „Karnuk, Karnuk, Karnuk!" Das war Hilfe.

„Ihr sollt sofort zu essen haben!" sagte ich.

„Was und woher?" fragte Selim.

„Von dorther", entgegnete ich, indem ich in die angegebene Richtung deutete. „Habt ihr nicht den Vogelruf gehört? Es ist ein Karnuk, und wo es einen Karnuk gibt, da sind auch noch andere Vögel. Kommt mit, aber so leise wie möglich!"

Karnuk ist der Kronenkranich. Sein Ruf klingt wie ‚Karnuk, Karnuk — nuk — nuk‘, daher sein arabischer Name. Ich vermutete, daß da, wo er sich befand, Wasser sein müsse, und nahm daher an, dort auch noch andere Sumpf- und Wasservögel zu finden. Wir schwenkten also links ab und schlichen unter den Bäumen hin, bis sich dazwischen ein dichtes Oschergebüsch zeigte. Als wir hindurchgeschlüpft waren, befanden wir uns im Freien. Der Wald lag an dieser Stelle hinter uns. Zu unserer Linken bildete er einen rechten Winkel. Der Rand, an dem wir standen, lief von Süd nach Nord. Der andere Winkelschenkel wies nach Ost. Rechts, ungefähr hundert Schritt von uns, gab es einen Sumpf, dessen mit hohem dichtem Schilf bestandene Ufer bis nahe an den Wald reichten. Dort war der Ruf erklungen, und dorthin wendete ich mich, indem ich den Stutzen vom Rücken nahm.

„Darf ich mit?" fragte Ben Nil. „Du weißt, Effendi, daß ich dir die Jagd nicht verderbe."

„Ja, komm!" meinte ich, um ihm seinen Wunsch zu erfüllen. Er wollte gern auch etwas schießen.

„Ich möchte auch mit", meldete sich Selim. „Vor meiner Kugel erzittert jedes Wild."

„Und fliegt dann unverletzt davon", fügte ich hinzu. „Du Unglückskind würdest uns alles verscheuchen. Du bleibst hier am Rand des Gebüsches, damit wir dich dann nicht zu suchen brauchen. Lauf nicht etwa davon! Verstanden?"

„Ja, ich bleibe hier, Effendi. Ich habe ja versprochen, alles zu tun, was du verlangst. Nur schaffe recht bald etwas zu essen!"

Selim setzte sich nieder. Wir entfernten uns und huschten am Waldrand zur Spitze des Sumpfes. Ich drang vorsichtig in das Schilf ein und sah zwei Kronenkraniche im Wasser stehen. Die schönen schwarzen Vögel nahmen sich mit ihren hohen Kopfbüschen prächtig aus, waren aber alt, also nicht genießbar. Dagegen bemerkte ich weiter oben eine Gesellschaft von Sporengänsen, nämlich am jenseitigen Ufer, während diesseits ein Sporenkiebitzpaar im Wasser hockte. Der Sudanese nennt diese wachsamen Vögel nach ihrer Stimme Sik-sak. Da eine Gans einen besseren Braten gibt als ein Kiebitz und man auf sie auch leichter zum Schuß kommt, wandten wir uns um die Spitze des Maijeh herum dem anderen Ufer zu und schlichen dort gebückt hinter dem Schilf entlang. Da klang plötzlich ein ängstlicher Ruf: „Sik-sak, sik-sak!" Die Kiebitze hatten sich drüben erhoben, kamen über den Maijeh herüber und flogen über uns hinweg.

„Was ist das?" fragte ich leise, während ich stehenblieb. „Die Kiebitze sind drüben aufgescheucht worden. Von wem?"

„Von uns", meinte Ben Nil. „Sie haben uns gesehen."

„O nein. Das Schilf deckt uns. Wären wir es gewesen vor denen sie flohen, so wären sie doch nicht herübergekommen."

„Sie werden Selim bemerkt haben."

„Das ist möglich. Komm also weiter!"

Als wir die Stelle erreichten, wo ich jenseits des Schilfes die Gänse gesehen hatte, drangen wir langsam und leise in das Röhricht ein. Es gelang uns, die Tiere zu sehen, ohne selber bemerkt zu werden.

„Nimm die junge, fette links!" flüsterte ich Ben Nil

zu, während ich meinen Lauf auf eine andere richtete. Die beiden Schüsse krachten fast zu gleicher Zeit. Die Schar stob schnatternd auseinander. Die beiden Opfer waren so gut getroffen, daß sie sich kaum noch bewegten. Wir drangen vollends durch das Schilf und langten die Beute mit unseren Gewehren aus dem Wasser.

„So, jetzt gibt's zu essen", lachte Ben Nil befriedigt. „Nun wird Selim nicht mehr wimmern."

Jeder seine Gans in der Hand, kehrten wir um den Maijeh auf die andere Seite zurück. Es war, seit wir Selim verlassen hatten, doch über eine Viertelstunde vergangen. Als wir den Sumpf umschritten hatten und ich am schnurgeraden Waldrand hinblickte, sah ich Selim nicht. Auch Ben Nil vermißte ihn, denn er sagte:

„Dieser Mensch ist doch nicht da geblieben, wo er bleiben sollte! Er wird auch zum Maijeh gegangen sein. Jedenfalls war er es, der die Kiebitze vertrieben hat."

Das war leicht möglich, ja sogar wahrscheinlich. Darum fühlte ich, der ich sonst so vorsichtig bin, mich nicht beunruhigt, und so schritten wir langsam der Stelle zu, an der Selim gesessen hatte. Dort sah ich zunächst, daß keine Spur von hier aus zum Sumpf führte. Er war also nicht dort, aber mehrere Zweige im Gebüsch waren abgebrochen.

„Er ist wieder in den Wald gegangen", meinte ich. „Warum, wozu?"

Kaum hatte ich diese Frage ausgesprochen, so bekam ich die Antwort, aber auf eine ganz unerwartete Weise. Es richteten sich nämlich jenseits des Strauches mehrere Gestalten auf und holten mit den Kolben ihrer Gewehre zum Schlag gegen mich aus. Ich wollte zurückspringen, aber es war zu spät. Ein Hieb streckte mich nieder, ich versuchte, mich aufzurichten, bekam aber einen zweiten Hieb, der mir die Besinnung raubte.

Als ich später erwachte, war es mir ganz eigentümlich vor den Augen. Ich sah wie durch einen dichten Nebel, hinter dem Gestalten saßen. Mein Kopf tat entsetzlich weh. Ich wollte ihn angreifen, konnte aber nicht, denn meine Arme waren fest an den Leib gebunden.

„Der Hundesohn hat die Augen offen", ertönte es vor mir. „Er lebt also noch. Welche Freude für uns!"

Auch diese Stimme klang wie durch einen Nebel, wie aus der Ferne oder wie durch eine Wand an mein Ohr. Dennoch kam sie mir bekannt vor. Ich sann und sann, wo ich sie schon gehört haben mochte — vergeblich. Meine Sinne waren noch halb gelähmt von den zwei Kolbenhieben.

„Hättet ihr ihn gegen meinen Befehl tödlich getroffen", hörte ich die Stimme wieder, „so wäre uns ein großer Genuß entgangen. Nun er aber lebt, wird er endlich, endlich die Qualen kosten, die ich ihm schon oft vergeblich angedroht habe. Dieses Mal entkommt er uns nicht wieder!"

Jetzt wußte ich, wer der Sprecher war. Ibn Asl, mein Todfeind! In seiner Hand befand ich mich! Ich schloß die Augen, nicht etwa vor Entsetzen, o nein! Es gibt keine Lage, in der der Mensch zu verzweifeln braucht. Aber mir war vor allen Dingen Ruhe nötig, Ruhe, damit meine Sinne vollständig erwachen konnten. Und kaum hatte ich die Augen zu, so wußte ich nichts mehr von mir. War es tiefer Schlaf, in den ich verfiel, oder eine abermalige Bewußtlosigkeit, die mich erfaßte, ich weiß es nicht. Als ich dann zum zweitenmal erwachte, schmerzte mich mein Kopf zwar noch ebenso, im übrigen jedoch fühlte ich mich äußerlich so kräftig und innerlich so klar, als wäre vorher nichts geschehen.

Ich öffnete die Wimpern ein klein wenig, um verstohlen hindurchzublicken. Was ich sah, war keineswegs tröstlich. Es war noch Tag. Ich lag am Waldrand an der Stelle, wo ich niedergeschlagen worden war. Neben mir bemerkte ich rechts Ben Nil und links Selim, beide mit offenen Augen, und beide ebenso an Händen und Füßen gebunden wie ich. Gerade vor mir saß Ibn Asl, der den Blick haßerfüllt auf mich gerichtet hielt. Um ihn hockten die ihm näherstehenden seiner Untergebenen, etwas entfernter die weißen Sklavenjäger. Weiter draußen folgten die Dschangeh, die teils auch ruhten, teils beschäftigt waren. Diese Beschäftigung bestand im Zäumen und Satteln der Ochsen, die zwischen dem Wald und dem Sumpf geweidet hatten. Eine Anzahl dieser Tiere war dazu bestimmt, die Stricke, Ketten und Halsbäume zu tragen, mit denen die erhofften Sklaven gefesselt werden sollten. Von diesen Werkzeugen war eine große Menge vorhanden.

„Mach die Augen weiter auf, du Hundesohn!" fuhr mich Ibn Asl an. „Meinst du, ich sei blind, um nicht zu sehen, daß du durch deine Wimpern blickst?"

Um ihn nicht zwecklos zu reizen, hielt ich es für geraten, die Augen vollends zu öffnen. Er hatte eine Nilpferdpeitsche in der Hand und versetzte mir einen Hieb damit.

„Allah hat endlich mein Flehen erhört und dich in meine Hand gegeben, wo ich es nicht mehr für möglich hielt. Weißt du, was dich erwartet?"

„Ja", erklärte ich ruhig. „Die Freiheit."

„Hundesohn, wagst du es, mich zu verhöhnen?" fuhr der Sklavenjäger auf, wobei er mir einige weitere Hiebe gab. Ich fühlte infolge der leichten, dünnen Kleidung die Schwielen dann längere Zeit. „Die Qualen, die dich erwarten, habe ich dir schon einigemal aufgezählt. Es glückte dir aber, zu entkommen. Dieses Mal sollst du mir nicht entfliehen. Das erste wird sein, daß ich dir die Augenlider abschneiden lasse, damit du die Segnungen des Schlafes entbehrst und unter der Folter der Ruhelosigkeit langsam dahinstirbst!"

„Du wirst eher sterben als ich, und Allah wird deine Seele unter die Martern stellen, die du für mich bestimmt hast und doch nicht an mir ausführen kannst."

Ich sagte das, weil eine innere Stimme mir versicherte, daß ich auch dieses Mal entkommen würde. Ich verzweifelte keineswegs, sondern vertraute auf Gott, auf mein so oft erprobtes Glück, auf meinen Scharfsinn und meine Körperkraft. Übrigens wußte ich, daß sich der Sklavenjäger hüten würde, schon jetzt meinen Körper zu verletzen. Eine Erkrankung meinerseits hätte seinen Marsch aufgehalten, und es lag doch jedenfalls in seiner Absicht, mich für längere Martern aufzubewahren.

„Nicht ausführen?" schrie er mich an. „Es bedarf nur eines Wortes von mir, so wird mein Befehl ausgeführt, aber ich habe jetzt weder Zeit noch Lust dazu. Zu allererst werde ich dich mit dem Anblick derer peinigen, die du retten wolltest. Ihre Schmerzen werden auch dich elend machen. Du meinst, ich werde eher sterben als du? Hüte dich, zu glauben, daß man dich befreien wird! Ich weiß, auf wen du rechnest, aber deine Hoffnungen werden zuschanden gemacht."

„Nichts, gar nichts weißt du!" behauptete ich, um Ibn Asl zu reizen, mir das zu sagen, was er wußte.

„Alles, alles weiß ich", höhnte er. „Du hast meinen Boten, den Anführer der Dschangeh, abgefangen und von ihm meinen Plan erfahren. Ihr habt meine Seribah genommen und seid dann mit den Bor, die ihr am Maijeh Semkat traft, aufgebrochen, um die Gohk in Wagunda zu warnen."

„Du träumst!" lachte ich, um ihn zu weiteren Mitteilungen zu verführen.

„Ich träume nicht, sondern mein Gewährsmann ist sicher. Dein kluger Selim hier hat mir alles ausführlich gestanden. Du hast dich mit dem Reïs Effendina entzweit und infolgedessen Wagunda verlassen, um auf eigene Faust die Leute von Foguda zu Hilfe zu holen. Glücklicherweise habe ich meinen Marsch abgekürzt, indem ich nicht ganz bis Aguda gegangen bin, und bin daher um mehrere Tage eher hier, als du erwartetest. Ich kam auf den klugen Gedanken, nicht nur Wagunda zu nehmen, sondern vorher auch Foguda zu überfallen. In der Nähe dieses Ortes mußten wir haltmachen und uns verbergen, um die Nacht abzuwarten. Ich ritt mit einigen Asakern voran, einen passenden Ort zu suchen, und kam hierher, gerade als Selim am Waldrand stand und ihr euch jenseits des Schilfes befandet. Dieser Selim ist ein solcher Ausbund von Schlauheit, daß es ihm gar nicht einfiel, zu entfliehen. Er hatte uns gesehen, mußte auch bemerken, daß wir unsere Tiere schnell unter die Bäume zogen und dann durch die Büsche schlichen, um an ihn zu kommen. Er brachte sich trotzdem nicht in Sicherheit. Wenn die Krieger, die ihr bei euch habt, alle so klug sind wie er, werde ich leichtes Spiel mit ihnen haben. Wir ergriffen Selim, und als ich ihm mit dem Tod drohte, erzählte er mir alles, was ich wissen wollte. Dann kamt ihr zurück und wurdet von uns niedergeschlagen. Du siehst, daß ich alles weiß. Du bist verloren. Jetzt werden wir nach Foguda aufbrechen, um dir den Anblick einer Sklavenjagd zu verschaffen. Das, was du da siehst, mag dir einen kleinen Vorgeschmack davon geben, was ihr zu erwarten habt."

Ibn Asl stand auf und gab mit der Hand ein Zeichen, worauf sich alle anderen auch erhoben, um zum Aufbruch zu rüsten. Da in diesem Augenblick niemand scharf auf uns achtete, benutzte ich die Gelegenheit, mich an Selim zu wenden.

„Du hast Ibn Asl wirklich kommen sehen?"

„Ja, Effendi", gestand er. „Es waren fünf weiße Asaker bei ihm."

„Und bist doch sitzen geblieben?"

„Gewiß! Hast du vergessen, daß du mir befahlst zu bleiben! Und hast du vergessen, daß ich versprach, allen deinen Befehlen zu gehorchen?"

Da übermannte mich denn doch der Zorn.

„O du Heupferd aller Heupferde! So eine Dummheit ist noch nie dagewesen! Konnte ich wissen, daß Ibn Asl kommen würde? Ich ahnte es wohl, daß du uns ins Unglück bringen würdest! Wärst du beim Anblick Ibn Asls schnell ins Gebüsch gesprungen, uns zu warnen, so wäre er jetzt unser Gefangener, anstatt daß wir uns in seinen Händen befinden. Und wie kommst du dazu, ihm ein so ausführliches Geständnis über alles zu machen?"

„Du hast ja von ihm gehört, daß er mich mit dem Tod bedrohte!"

„Dummkopf! Wenn ich dich nicht rette, wirst du trotz deines Geständnisses ermordet."

„Meinst du, daß du uns zu retten vermagst, lieber Effendi?" fragte er kleinlaut.

„Ich habe die Hoffnung noch nicht verloren. Bete zu Allah, daß er dich und uns in —"

Ich wurde unterbrochen, denn es traten mehrere weiße Asaker zu uns, um uns zum Marsch fertigzumachen. Ibn Asl schien es überhaupt zu vermeiden, uns mit schwarzen Asakern oder gar mit den Dschangeh in Berührung zu bringen. Er befürchtete, wir würden verraten, daß ihr Anführer Freundschaft mit uns geschlossen hatte. Ich mußte aufstehen und bekam eine schwere Schebah angelegt. Unter Schebah versteht man einen starken Gabelast, in dessen Verzweigung der Hals des Sklaven oder des Gefangenen gesteckt wird. Darin wird er durch ein Querholz festgehalten. Hierdurch behält der Gefangene den freien Gebrauch der Hände und Füße, während er durch den langen Ast, den er vor sich hertragen muß, am Entrinnen und an jedem Mißbrauch der Hände verhindert wird. Man hatte, wie es schien, den schwersten aller Äste für mich ausgesucht. Aber das genügte noch nicht, denn es wurden mir noch zwei eiserne Handschellen angelegt, die durch eine kurze Kette miteinander verbunden waren. Dann erst nahm man mir die bisherigen Fesseln ab. Ben Nil und Selim wurden nur durch je eine Schebah unschädlich gemacht.

Beim Anlegen der Handschellen war ich darauf bedacht, keine sehr engen zu bekommen. Ich drückte die Ellbogen an den Leib und ballte die Finger fest zusammen, wodurch das Handgelenk sich verkürzte und einen größeren Umfang bekam. Die zwei Halunken, die mir die beiden Schellen anlegten, ließen sich dadurch wirklich täuschen. Infolge meines Kunstgriffes brachten sie die Schlösser nicht zusammen, und so suchten sie ein Paar weite aus. Das gab mir die Hoffnung, mich von den Fesseln befreien zu können. Von der Schebah hoffte ich, dann auch bald loszukommen.

Der Aufbruch begann. Eine Anzahl guter Läufer wurde vorgeschickt, um die schon vorausgegangenen Kundschafter zu verstärken. Dann kam eine Abteilung der Dschangeh, denen Ibn Asl mit seinen weißen Sklavenjägern folgte. Den Beschluß machten die übrigen Dschangeh. Die meisten dieser Leute ritten auf Ochsen. Zwei von den Lasttieren trugen das Zelt, das, wie ich erfuhr, allabendlich für Ibn Asl aufgerichtet wurde. An der Spitze meiner Schebah wurde ein mehrfach geflochtener Riemen befestigt, dessen anderes Ende Ibn Asl an seinen Sattel band. Mein Hals steckte in der Gabel der Schebah, deren Ast ich vor mir hertragen mußte. So trollte ich wie ein Sklave seitwärts neben oder hinter meinem Todfeind her. Die Gabeläste von Selim und Ben Nil waren mit den Sätteln zweier anderer Reiter verbunden.

Ich sagte mir, daß die Dschangeh, falls sie den wirklichen Sachverhalt gekannt hätten, ihrem jetzigen Anführer nicht so bereitwillig gefolgt wären. Es stand vielmehr mit Gewißheit zu erwarten, daß sie sich in diesem Fall gesträubt hätten, ihm zu gehorchen. Ich war sogar überzeugt, daß sie dann wenigstens den Versuch gemacht hätten, uns zu befreien. Darum war ich entschlossen, sie zu warnen, trotz der Gefahr, die mir dabei drohte. Aber wie das fertigbringen, da ich mich ihnen nicht verständlich machen konnte! Ich suchte in Gedanken meinen geringen Wortvorrat ihrer Sprache zusammen und fand auch bald Gelegenheit, ihn in Anwendung zu bringen.

Wir waren über eine Stunde lang über offenes Land gezogen und sahen draußen am äußersten Gesichtskreis nun wieder Wald vor uns liegen. Von dort kehrte einer der Kundschafter zurück, um dem Anführer der ersten Dschangeh-Truppe eine Meldung zu machen. Dieser kam zu Ibn Asl, um sie ihm mitzuteilen. Das geschah in der Dschangeh-Sprache, die Ibn Asl, wie ich jetzt hörte, gut verstand. Sie sprachen eine kleine Weile miteinander. Als der Dschangeh dann zu seiner Abteilung zurückkehren wollte, rief ich ihm zu:

„Ibn Asl anadsch rehm, badd ginu Scheik kador, Scheik and wirt, afod rahn — —"

Diese der Dschangeh- und Nuehrsprache entnommenen Worte bedeuteten soviel wie: Ibn Asl ist ein schlechter Kerl, er wollte deinen Scheik ermorden, der Scheik ist jetzt als unser Freund bei uns. — Weiter kam ich nicht, denn Ibn Asl ergriff meine Schebah, riß daran, daß ich zu Boden stürzte, und schrie mich grimmig an:

„Schweig, du Hundesohn, du armseligster aller Lügner! Soll ich dein Maul mit der Peitsche verstopfen?"

Er zog die Nilpferdpeitsche aus dem Gürtel und schlug mich, gerade als ich mich wieder aufrichten wollte, mit dem Stiel so auf den Kopf, daß ich fast wieder niedergesunken wäre. Dann erteilte er dem Dschangeh den Befehl, sich zu entfernen. Der Mann gehorchte, und zwar in einer Weise, daß ich wohl merkte, er lege meinen Worten nicht die gewünschte Bedeutung bei.

„Wenn du nur noch ein einziges Mal mit einem Dschangeh redest", drohte Ibn Asl weiter, „so gebe ich dir einen Knebel!"

Diese Drohung machte er gewiß wahr, und da es kein Vergnügen ist, einen Tag oder gar noch länger einen

Knebel im Mund zu haben, so nahm ich mir vor, ihn nicht wieder auf diese Weise zu reizen.

Bald erreichten wir den Wald. Es war ziemlich düster darin, denn die Bäume standen dicht, und der Nachmittag ging schon zu Ende. Es dauerte eine halbe Stunde, bis wir ihn durchquert hatten. Dann kamen wir wieder auf offenes Land. Nach einer Viertelstunde brach der Abend herein, trotzdem blieb unser Zug in Bewegung, bis es vielleicht acht Uhr geworden war. Da hielten wir an, weil wir auf die Kundschafter gestoßen waren, die uns hier erwartet hatten. Ich schloß daraus, daß wir in der Nähe des Dorfes Foguda angelangt waren. Noch leuchteten die Sterne nicht hell genug, um mich die Gegend, in der wir uns befanden, genau erkennen zu lassen. Doch bemerkte ich wenigstens soviel, daß wir zwischen Büschen lagerten, die den Sklavenjägern ein gutes Versteck gewährten.

Wir drei Gefangenen wurden von den Sätteln losgebunden. Dafür fesselte man uns die Füße wieder. Wir waren also gezwungen, uns zu legen, was uns große Unbequemlichkeiten verursachte, da es niemand einfiel, uns die Schebah abzunehmen. Außerdem ließen sich drei Männer bei uns nieder, um uns zu bewachen. Das Treiben rundum war sehr rege und doch beinahe geräuschlos. Feuer wurden nicht angezündet, doch sagte mir der Klang der Waffen und das Klirren der Ketten, daß man sich auf den Überfall des Dorfes vorbereitete.

Ich zermarterte mir das Gehirn mit der Frage, ob es nicht möglich sei, die armen Schwarzen zu retten, sie wenigstens zu warnen. Vielleicht war das Dorf so nahe, daß die Bewohner einen Warnungsruf zu hören vermochten. Ich wollte schreien, sagte mir dabei freilich, daß ich mein Leben aufs Spiel setzen würde. Aber der Preis schien mir den Einsatz zu lohnen: Ein Menschenleben gegen das so vieler. Hätte ich nur gewußt, daß ich auch wirklich den beabsichtigten Erfolg erzielen würde, dann hätte ich mein Leben gern in die Schanze geschlagen. Freilich hing daran noch viel mehr. Ich wollte doch die Gohk in Wagunda retten und damit den Reïs Effendina und seine Leute. Das war mir aber nicht möglich, wenn ich hier ermordet wurde. Was also tun?

Diese Gedanken und Erwägungen peinigten mich. Ich bemerkte, daß die Dschangeh abzogen. Ihnen folgten kurze Zeit später die weißen Asaker. Nur einige von diesen blieben neben unseren drei Wächtern zur Beaufsichtigung der Ochsen zurück. Die Zeit drängte. Meine Angst um das bedrohte Dorf wuchs von Minute zu Minute. Hätte ich nur eine Hand, eine einzige, frei gehabt! Ich versuchte in der Dunkelheit, die Schellen abzustreifen, aber es gelang mir nicht. Meine Hände waren infolge der Tageshitze und des beschwerlichen Marsches so schweißig, so geschwollen, daß alle meine Bemühungen vergeblich waren.

Ungefähr eine Viertelstunde nach dem Abmarsch der Sklavenjäger hatte meine innere Unruhe einen solchen Grad erreicht, daß ich es nicht länger aushalten konnte. Ich mußte warnen, mochte darnach mit mir geschehen, was da wollte. Ich legte die Hände hohl an den Mund, holte tief Atem, um meinem Ruf die nötige Stärke zu geben, und stieß jenes Geheul aus, womit wilde Völkerschaften ihre kriegerischen Angriffe begleiten. Ich tat das zwei-, dreimal hintereinander, ohne daß unsere Wächter mich daran hinderten. Einer von ihnen lachte.

„Dummkopf! Meinst du, Ibn Asl hätte sich nicht vorgesehen? Er kennt dich. Er rechnete damit, daß du so albern sein würdest, die schwarzen Hunde warnen zu wollen. Darum hat er hier halten lassen. Von hier bis zum Dorf ist fast eine Stunde zu gehen. Also schrei in Allahs Namen, wenn es dir Vergnügen macht! Ich gönne es dir, denn es ist das letzte Vergnügen, das du erlebst."

Beinahe schämte ich mich. Und doch war ich froh, daß mein Beginnen keine schlimmeren Folgen hatte. Zu retten war Foguda also nicht. Ich hatte meine Pflicht getan und konnte in dieser Beziehung ruhig sein. Nicht so in bezug auf die armen Menschen, denen jetzt heimlich das Verderben nahte. Ich lag wie im Fieber. Eine Viertelstunde nach der anderen verging. Nach dem Stand der Sterne, die jetzt heller leuchteten, mochte es zwischen zehn und elf Uhr sein, da begann der Himmel im Süden sich zu röten.

„Hamdulillah, es geht los!" meinte der vorige Sprecher freudig. „Die Ratten werden ausgeräuchert."

„Wollt ihr sie verbrennen?" fragte ich entsetzt.

„Verbrennen?" lachte er. „Du weißt wohl gar nicht, wie es bei einer Sklavenjagd zugeht?"

„Ich bin kein Menschenjäger."

„So werde ich es dir beschreiben."

„Schweig! Ich mag nichts hören."

„Du mußt es hören. Du hast mir nicht zu gebieten. Wenn ich sprechen will, spreche ich, und dabei ist es meine Sache, wovon ich rede. Gerade weil ich weiß, daß es dich quält, werde ich dir sagen, wie man es macht, wenn man Sklaven fangen will."

Ich gab keine Antwort. Der Wächter aber fuhr fort: „Du weißt, daß alle Negerdörfer von hohen Stachelzäunen umgeben sind. Die Dornenhecken sind meist vertrocknet und brennen sehr gut. Sobald man am Abend das Dorf umzingelt hat, zündet man den Zaun an verschiedenen Stellen an. In einigen Minuten brennt er überall. Die Funken fallen auf die Negerhütten, deren Dächer aus Schilf bestehen und sofort auch in Brand geraten. Die Schwarzen erwachen und wollen sich retten. Die kleinen Kinder und die Alten sind zu schwach dazu. Sie müssen verbrennen. Den Starken aber, und gerade diese sind es, die man haben will, gelingt es, in kräftigen Sprüngen durch den brennenden Zaun zu brechen. Draußen ist es dunkel, sie sind geblendet und sehen nicht, wen und was sie vor sich haben. Sie werden ergriffen und gefesselt.

Wer von ihnen sich wehrt, wird niedergestochen, erschossen oder erschlagen!"

„Schweig mit deiner Beschreibung!" grollte Ben Nil. „Ihr seid keine Menschen, sondern wahre Teufel!"

„Da hast du recht!" lachte der andere. „Daß wir Teufel sind, werdet auch ihr bald erfahren. Euch wird es noch viel schlimmer ergehen als den Negern, die wir soeben fangen. Sie können nicht klagen. Wird einer erschossen, erschlagen oder ins Feuer geworfen, so ist er schnell tot. Und wer Sklave wird, der braucht sich nicht mehr zu sorgen, denn sein Herr sorgt für ihn."

„Ins Feuer geworfen?" fragte Ben Nil entsetzt. „Kommt das auch vor?"

„Sehr häufig! Alte Weiber mit kleinen Kindern, denen es gelungen ist, sich aus dem Brand zu retten, treibt man einfach ins Feuer zurück. Indem man solche unbrauchbaren Schwarzen ins Feuer zurücktreibt, erspart man das Pulver."

In dieser Weise sprach der Schurke weiter und weiter. Ich konnte ihn nicht zum Schweigen bringen. Im Süden wurde es immer heller — der Himmel glühte — das Dorf brannte. Das Feuer warf seine Helle sogar bis her zu uns, woraus ich schloß, daß Foguda ein ungewöhnlich großes Dorf sei.

Wieder vergingen einige Stunden. Es war nach Mitternacht. Da kamen zwei weiße Asaker und meldeten unseren Wächtern:

„Ibn Asl will diesen gefangenen Hunden zeigen, welchen Fang wir gemacht haben. Folgt uns mit ihnen nach Foguda!"

Man nahm uns den Riemen von den Füßen. Wir mußten gehorchen und mußten mit fort. Der Feuerschein war jetzt nicht mehr so hell wie vorher, erleuchtete die Gegend aber doch noch so, daß wir gut sehen konnten. Wir gingen erst zwischen Büschen hin, dann über offenes Land. Nach einer halben Stunde kamen wir an Feldern vorüber, deren Besitzer die kommende Ernte nun nicht einzuheimsen vermochten. Dann erreichten wir das Dorf. Es brannte nicht mehr, es bildete nur noch einen rauchenden Aschehaufen. Außerhalb des früheren Dornenzaunes hatten die Sklavenjäger einige große Feuer angebrannt, in deren Nähe sie ihre Beute umzingelt hielten. Diese bestand aus Menschen und Tieren.

Die Neger haben nämlich ihre Herden stets außerhalb der Dörfer auf einem zwar eingefriedeten, sonst aber freien Platz. Daher kommt es, daß bei einem Überfall die Rinder, Schafe usw. niemals mitverbrennen, sondern dem Sieger in die Hände fallen. Diese Herden sind dem Sklavenjäger noch weit lieber als die erbeuteten Schwarzen, da hier im Land eine Kuh wenigstens doppelt so viel wert ist wie selbst ein junger und kräftiger Sklave.

Ibn Asl hatte reiche Beute gemacht. Ich sah über hundert Rinder beisammenstehen, und die Zahl der Schafe schätzte ich wenigstens auf das vierfache, soweit ich nämlich in dem Helldunkel eine flüchtige Schätzung vornehmen konnte.

Und Menschen, Gefangene? Nun, ich sage, wenn ich meine Hände freigehabt hätte, so wäre es jetzt um Ibn Asl geschehen gewesen. Es ist verboten, Menschenblut zu vergießen. Hier aber wäre es mir eine Wonne gewesen, dem Sklavenjäger eine gute Klinge ins Leben zu stoßen.

Zwischen zwei der größten Feuer lagen die unglücklichen Menschen, die vor kurzer Zeit noch ruhig und ahnungslos geschlafen hatten. Sie lagen lang ausgestreckt, in Reihen eng nebeneinander. Die Männer waren von den Frauen und Mädchen, diese wieder von den Kindern getrennt. Zwischen diesen Reihen gingen Wächter auf und ab, mit Peitschen in den Händen. Die Gefangenen waren alle gebunden. Wenn sich trotzdem einer von ihnen nur ein wenig bewegte, bekam er Hiebe, daß sofort die Haut aufsprang. Ich wendete mich von diesem Schreckensbild ab, Ben Nil und Selim ebenso.

Ibn Asl stand bei den Kindern. Er befühlte ihre Gliedmaßen, um ihre Beschaffenheit zu untersuchen. Er hatte uns kommen sehen und bemerkte auch, daß wir uns abwendeten. Da kam er herbei und deutete auf einige starke Pfähle, die den Negern zum Anbinden der Schlachtochsen gedient hatten.

„Die Hundesöhne wollen nicht sehen, was sie sehen sollen! Bindet sie an die Pfähle, so daß ihre Blicke auf die Neger gerichtet sein müssen, und wenn sie etwa die Augen schließen, so gebt ihnen die Peitsche!"

Dieser Befehl wurde ausgeführt. Man band uns so an, daß wir das grauenhafte Bild vor uns hatten. Zu meiner Rechten lag das niedergebrannte Dorf. Ich sah zwischen den glimmenden und qualmenden Trümmern zahlreiche Überreste halbverkohlter Menschen liegen. Links hielten die Herden, von einer Anzahl Dschangeh zusammengehalten und bewacht. Und gerade vor mir lagen die Gohk, zwischen denen sich die Wächter mit ihren Peitschen bewegten.

Ibn Asl war zu den Kindern zurückgekehrt und setzte seine Untersuchung fort. Alle die, die er kräftig genug fand, den weiten Weg auszuhalten, blieben liegen. Die anderen, die er mit einem verächtlichen Wink seiner Hand bezeichnete, wurden beiseite getragen. Noch ahnte ich nicht, was er mit diesen Unglücklichen vorhatte. Da sie ihm unbrauchbar erschienen, so war ich überzeugt, er würde ihnen die Fesseln abnehmen und sie einfach laufen lassen. Aber wie hatte ich mich da geirrt!

Als seine Untersuchung zu Ende war, hörte ich ihn einen Befehl aussprechen, und sogleich eilten mehrere seiner Leute zu den ausgeschiedenen Kindern. Die Messer dieser Unmenschen blitzten. Ich schrie laut auf und schloß die Augen. Mehrere Peitschenhiebe zwangen mich, sie wieder zu öffnen. Als ich hinübersah, lebte keines von den Kindern mehr.

Die Mütter und Väter der Ermordeten schrien und

heulten vor Schmerz. Sie bäumten sich in ihren Fesseln. Sie wollten auf, um den Tod ihrer Kinder zu rächen. Die Armen! Man brachte sie durch Peitschenhiebe zum Schweigen, und einige, bei denen dieses Mittel nicht fruchten wollte, wurden einfach erschossen.

Ich fühlte eine Wut in mir, die nicht zu beschreiben ist. Meine Glieder zitterten förmlich, nicht aus Schwäche, sondern infolge des inneren Grimms. Wie oft hatte ich Ibn Asl und mehrere, ja alle seiner Mitschuldigen geschont! In diesem Augenblick bereute ich es bitter. Ich machte mir die schwersten Vorwürfe und nahm mir fest vor, nun nicht wieder schwach und nachsichtig zu sein, falls ich in die Lage kommen sollte, diesen Massenkindermord zu rächen.

Leider hatte ich noch nicht alles gesehen. Es sollte, wenn auch nicht noch schlimmer, so doch auch nicht besser kommen. Jetzt ging es an die Untersuchung der Erwachsenen. Dabei wurden die Untauglichen nicht erst entfernt, sondern gleich an Ort und Stelle getötet. Um nicht aufzubrüllen, preßte ich die Zähne zusammen, aber ich behielt die Augen offen, jetzt nicht aus Furcht vor der Peitsche, sondern ich wollte nun Augenzeuge dieser Schlächterei bis zum letzten Ende sein.

Als sie vorüber war, wurden die Schebah und Eisenketten gebracht. Die Gefangenen waren bis jetzt nur mit Stricken und Riemen gebunden gewesen. Nun aber bekamen sie die Handschellen und Gabeläste angelegt, und es wurde einer immer so an den anderen gefesselt, daß sie alle nur auf der einen Seite liegen konnten und, wenn sie dessen müde waren, sich alle zugleich auf die andere Seite legen mußten. Sie verhielten sich jetzt still, denn sie sahen ein, daß Widerstand ihr Schicksal nur verschlimmern konnte.

Als Ibn Asl diese Arbeit vollbracht hatte, kam er wieder zu mir und grinste mir höhnisch ins Gesicht.

„Nun, wie gefällt dir das? Meinst du nicht, daß wir

einen guten Fang getan haben und ausgezeichnete Geschäfte machen werden?"

Ich rang meine Empörung nieder und antwortete ruhig:

„Der Fang ist sehr reichlich. Ich schätze die überlebenden Schwarzen auf wenigstens zweihundert. Laß unterwegs auch den vierten Teil zugrunde gehen, so sind es doch hundertfünfzig, für die du Bezahlung bekommst. Dazu die Herden. Ich beneide dich!"

Wäre der ganze Auftritt ein anderer gewesen, so hätte ich im stillen über das Gesicht lachen müssen, das der Schurke mir bei diesen Worten zeigte. Er fuhr förmlich einige Schritte zurück und staunte mich an.

„Du beneidest mich? Allah tut Wunder über Wunder! Es muß plötzlich ein anderer Geist in dich gefahren sein."

„Das ist allerdings der Fall, und ich denke, daß du diesen Geist bald kennenlernen wirst."

„Willst du etwa auch Sklavenjäger werden?"

„Nein, das nicht. Sklaven suche ich nicht. Es sind nur einige besondere Menschen, die ich fangen will und hoffentlich auch fangen werde."

„Wer ist das?"

„Ich könnte es verschweigen, will es dir aber doch sagen, damit du mich nicht für feig oder verzweifelt hältst. Wen ich fangen will? Vor allen Dingen dich, und sodann deine weißen Asaker."

Da schlug er ein schallendes Gelächter auf.

„Mich und meine weißen Asaker! Warum nicht auch meine schwarzen Soldaten?"

„Weil sie getäuscht, belogen und verführt worden sind. Darum wird die Strafe, die dich und deine Weißen erwartet, nicht auch sie mittreffen."

Ibn Asl starrte mir eine Minute lang ins Gesicht, trat dann näher zu mir heran, untersuchte meine Schebah und die Handschellen sehr sorgfältig und sagte, als er alles in Ordnung fand:

„Fast glaubte ich, du hättest dich deiner Fesseln schon halb entledigt und hegtest die Hoffnung, wieder freizukommen. Da ich aber sehe, daß es nicht der Fall ist, kann ich nur annehmen, daß du plötzlich verrückt geworden bist."

„Ich bin völlig bei Sinnen und weiß genau, was ich sage."

„So? Nun, ich werde dir zeigen, wie ich solche —"

Er hielt inne und betrachtete mich abermals mit stechendem Blick, den ich ruhig aushielt. Er hatte die letzten Worte zornig gesprochen und dabei das Messer aus dem Gürtel gerissen, als wollte er es mir in die Brust stoßen. Aber er besann sich eines anderen, fletschte mir mit überlegenem Lachen seine Zähne entgegen und schob das Messer wieder zurück.

„Nein! Mich überrumpelst du nicht! Ich bin klug genug zu wissen, was du beabsichtigst. Du gibst dich verloren, denn du weißt, daß dich Martern erwarten, die noch niemand bisher erlitten hat. Um diesen Qualen zu entgehen, um leicht und schnell zu sterben, willst du mich reizen. Du meinst, ich würde dich im Zorn rasch töten, aber damit hast du dich verrechnet. Ich werde dich schonen, bis ich Wagunda überfallen und verbrannt habe. Dann befindet sich dein geliebter Freund, der Reïs Effendina auch in meinen Händen, und ich werde euch die Freude bereiten, euch gegenseitig in Schmerzensschreien und Jammertönen überbieten zu können."

Dann legte er mir in höhnischer Freundlichkeit die Hand auf die Achsel.

„Du siehst, wie überlegen ich dir bin. Dich kann weder Allah noch der Scheïtan aus meiner Hand retten. Du bist verloren. Und solltest du vielleicht vom Reïs Effendina Hilfe erwarten und der Ansicht sein, ich würde diesen nicht ergreifen, so will ich dir hiermit sagen, daß ich noch in dieser Nacht nach Wagunda aufbrechen werde. Er kann mich jetzt noch nicht erwarten, und je mehr ich mich beeile, desto sicherer überrasche ich ihn. Ihr drei werdet jetzt zu essen und zu trinken bekommen, nicht etwa aus Mitleid, o nein, sondern damit ihr stark genug seid, die schnelle Reise auszuhalten."

Ibn Asl wendete sich von mir ab und erteilte einige Befehle. Ich hatte meine Absicht erreicht und war von dem, was er mir mitgeteilt hatte, sehr befriedigt. Daß er annahm, ich wollte ihn reizen, gab mir die Gewißheit, daß er sich wenigstens zunächst hüten würde, etwas gegen unser Leben zu unternehmen.

5. DAS ENDE DER SKLAVENJÄGER

Wir bekamen diesen Abend Fleisch zu essen und Wasser zu trinken. Das Fleisch wurde uns in Bissen in den Mund gesteckt, und zwar so reichlich, daß ich mich gesättigt fühlte. Dann wurden wir von den Pfählen gebunden und unter Bedeckung der drei Wächter seitwärts geschafft, wo wir uns niederlegen durften.

Ich legte mich so, daß ich die Feuer und den Schauplatz der heutigen Untaten im Rücken hatte und nichts davon sehen konnte. Mit meinen beiden Gefährten zu sprechen, hütete ich mich, denn ich wußte, daß schon der Versuch mit Peitschenhieben zurückgewiesen worden wäre. Sie schienen, da sie sich ebenso still verhielten, gleicher Ansicht zu sein.

Obgleich ich mit dem Gesicht abgewendet lag, bemerkte ich bald, daß hinter mir die Vorbereitungen zum Aufbruch getroffen wurden. Die neugefangenen Sklaven mußten sich erheben, um in Einzelreihen fortgeschafft zu werden. Die geraubten Herden trieb man hinter ihnen her. Wir drei wurden von Ibn Asl und fünf weißen Asakern besonders vorgenommen und fortgeführt. Der Zug ging nordwärts zurück zu den Sträuchern, zwischen denen wir vor dem Überfall gelagert hatten. Dort wurden einige Feuer angebrannt. Nach dem, was Ibn Asl zu mir gesagt hatte, war ich überzeugt, daß wir nur kurze Zeit hier verweilen würden, und es zeigte sich, daß diese Vermutung stimmte.

Man hatte uns so gelegt, daß wir auf drei Seiten von Büschen umgeben waren und das, was auf dem Lagerplatz vorging, nicht sehen konnten. Man brachte gesattelte Ochsen herbei. Dann kam Ibn Asl und erklärte:

„Ben Nil und Selim sind keine Reiter. Wenn ich ihnen die Schebah ließe, würden sie mir unterwegs zugrunde gehen. Da ich sie mir zu erhalten wünsche, werde ich ihnen den Ritt dadurch erleichtern, daß ich ihnen den Gabelast abnehme. Du aber bist im Sattel zu Haus, Effendi, und wirst also mit der Schebah reiten. Ich hoffe, daß du mir für diese Auszeichnung dankbar bist!"

Diese spöttischen Worte stellten mir einen sehr schweren Ritt in Aussicht, doch nahm ich sie ruhig hin, da ich jetzt zu meiner Rettung ohnedies nichts zu tun vermochte. Meine Hoffnung konnte ich nur auf Wasser gründen. Auf Wasser? Wieso?

Als mir die Handschellen zum erstenmal angelegt wurden, war ich bestrebt gewesen, sie so weit wie möglich zu bekommen. Ich hatte geglaubt, herausschlüpfen zu können. Es wäre mir auf einige Haut- oder Fleischfetzen, die ich dabei verloren hätte, nicht angekommen. Aber ich hatte die Hitze nicht in Betracht gezogen. Ich schwitzte, die Hände waren ständig feucht und so angeschwollen, daß es unmöglich war, sie selbst mit größter Anstrengung aus den Fesseln zu ziehen. Wollte ich das erreichen, so mußte die Anschwellung beseitigt werden, und das konnte nur durch kaltes Wasser geschehen. Also Wasser, nur Wasser!

Ben Nil und Selim wurden von ihren Gabelästen befreit und auf Reitochsen gebunden. Auch ich mußte aufsteigen, was ich ohne Weigern tat, und wurde sorgfältig festgeschnürt. Dann leitete man unsere Tiere zwischen den Büschen hin, bis wir die freie Ebene erreichten, wo ich schon eine größere Anzahl Reiter erblickte.

Man ordnete sich zum Zug. Voran ritten zwei Führer, die, wie ich später bemerkte, ausgezeichnete Ortskenntnisse besaßen. Dann kam ein Trupp von vielleicht zehn weißen Asakern, hinter ihnen Ibn Asl, an dessen Sattel hinten zwei Riemen befestigt waren. Der eine wurde an die Spitze meiner Schebah gebunden und der andere Ben Nil um den Leib geschlungen, so daß wir beide gezwungen waren, nebeneinander hinter unserem Peiniger zu reiten. Von meinem Sattel aus lief wieder ein Riemen, von dem hinter mir der Ochse Selims geleitet wurde, eine Anordnung, die kaum durchtriebener erdacht werden könnte.

Ich war auf meinem Ochsen festgebunden, ohne die Zügel fassen zu können, und hatte um den Hals die schwere Schebah, die ich mit erhobenen Händen halten mußte, wenn ich von ihr nicht erwürgt sein wollte. Jeder Ruck von Ibn Asls Ochsen, jeder Fehltritt seines Tieres mußte meine Schebah aus der Lage bringen und mußte mir Schmerzen bereiten. Selim war kein Reiter, war zudem auch gefesselt und leistete auf einem Ochsen sicherlich noch weniger als auf einem Pferd. Da sein Tier mit mir zusammenhing, war die ganze Einrichtung für mich eine Folter, deren Erfindung einem Teufel Ehre gemacht hätte. Es gab nur ein Mittel, sie erträglicher zu machen, nämlich äußerst fester Schluß und Schenkeldruck. Wer aber kann einen ganzen Tag, ja nur eine Stunde lang, noch dazu gefesselt, mit einem Ochsen Schluß behalten!

Hinter Selim ritten wieder mehrere weiße Asaker, worauf die übrigen folgten. Auf einen Ruf des Anführers setzte man sich in Bewegung, erst langsam, dann in schnellerem Schritt.

Schon nach den ersten fünf Minuten merkte ich, daß ich nicht auf einem Reitochsen saß, und daß man mir unter den Lastochsen sogar den allerschlechtesten und steifsten ‚Werfer‘ ausgesucht hatte. Nun, ich tat mein möglichstes, seinen Schritten etwas mehr Biegsamkeit und Stetigkeit zu geben. Aber was half das bei der Schlechtigkeit Ibn Asls, der von Zeit zu Zeit hinter sich zum Riemen griff, um an meiner Schebah zu reißen! Dann schlugen die hinter Selim Reitenden auf dessen Ochsen ein, so daß dieser störrisch wurde, zur Seite fuhr und mich von hinten zerrte. Es war ein Ritt, wie ich noch keinen gemacht hatte und mir auch keinen wieder wünsche.

Es mochte ungefähr drei Uhr nachts sein. Die Sterne leuchteten noch unvermindert hell, und es ging immer über offenes Land. Das einzige Recht, das man mir gelassen hatte, war, daß ich ungehindert mit Ben Nil sprechen konnte. Oder war auch das Berechnung? Sollten wir Pläne zu unserer Rettung schmieden, um dann desto schwerer zu empfinden, daß ein Entrinnen unmöglich sei?

Wieviel Reiter ich hinter mir hatte, konnte ich nicht sehen, da die Schebah mich hinderte, den Kopf zu drehen. Später, als wir anhielten, um die Ochsen ruhen, trinken und grasen zu lassen, zählte ich dreißig Asaker und ungefähr hundert Dschangeh. Es waren also wohl zwanzig Weiße und fünfzig Schwarze zurückgeblieben, um die erbeuteten Ochsen und Sklaven nachzutreiben, während Ibn Asl beschleunigt voraneilte, um Wagunda zu überraschen.

Ben Nil tat alles mögliche, mir die Qualen dieses Rittes zu erleichtern. Da auch er an Händen und Füßen gefesselt war, hatte er sein Tier nicht so, wie er wollte, in der Gewalt.

„Effendi, dieses Mal ist es wohl zu Ende mit uns", seufzte er halblaut. „Oder sollte in deinem Herzen noch ein wenig Hoffnung vorhanden sein?"

„Ein wenig?" erwiderte ich leise. „Ich habe nicht das kleinste Fünkchen meiner Hoffnung verloren."

„Hoffnung! Das ist ein schönes Wort, aber es steht zu befürchten, daß es so etwas für uns nicht mehr gibt."

„So etwas gibt es für mich, solange ich lebe, und da ich jetzt noch lebe, hoffe ich eben noch."

„Trotz der Fesseln und auch trotz dieser Schebah, die zu den Erfindungen der Hölle gehört?"

„Trotzdem. Fesseln kann man sprengen, und eine Schebah ist zwar ein festes, aber immerhin überwindbares Hindernis."

„Glaubst du, Effendi, die Kette, die deine Handschellen verbindet, sprengen zu können?"

„Solange ich die Schebah halten muß, nein."

„Und solange du die Schellen an den Händen hast, kannst du dir die Schebah nicht selber vom Hals nehmen."

„Das ist richtig. Aber ich hoffe, diese Schellen nicht mehr lange tragen zu müssen."

„Wie willst du sie herunterbringen?"

„Das wirst du später erfahren. Ich will nicht davon sprechen, weil man meine Worte doch vielleicht hören könnte. Schweigen wir jetzt! Ich muß meine Gedanken anderweit zusammennehmen, wenn ich nicht erwürgt sein oder mit dem Ochsen stürzen und den Hals brechen will."

Die Bemerkung vom Halsbruch war von mir ernst gemeint. Ich befand mich in der größten Gefahr, einen bösen Unfall zu erleiden. Ich wurde von vorn und von hinten gezogen und gezerrt. Jeden Ruck, den ich bekam, mußte mein Ochse auch fühlen. Wenn er die Geduld verlor, konnte er leicht zum Sturz kommen. Ich war auf seinem Rücken festgebunden und trug die schwere, lange Schebah am Hals. Dieser war also von meinen Körperteilen am meisten gefährdet.

Als der Tag anbrach, fühlte ich meine Arme nicht mehr. Sie waren mir eingeschlafen infolge der Stellung, die sie beim Halten des Gabelastes einnehmen mußten. Von den anderen Gliedern will ich nur die Beine erwähnen. Ich fühlte, daß sie blutrünstig waren. Und doch sollte sich die Qual nicht vermindern, sondern noch steigern.

Die Führer hatten wegen der nächtlichen Dunkelheit nur offene Gegenden aufgesucht. Jetzt, da es hell geworden war, konnten sie die gerade Richtung einhalten, und diese führte durch Wald und immer wieder Wald. Mit meinem Tier und in meiner Lage war der Ritt unter den Bäumen hin und durch den Morast, den es da stellenweise gab, noch weit beschwerlicher als über die Lichtungen. Und doch hielt ich es bis zum Mittag aus, bis gerastet wurde, da die Ochsen der Erholung bedurften. Das geschah auf einer Blöße, über die ein kleines Wasser langsam floß.

Wir drei wurden von den Tieren gebunden. Als meine Füße den Boden berührten, vermochten sie mich nicht zu tragen, und ich brach zusammen.

„Steht es schon so mit dir?" lachte Ibn Asl höhnisch auf. „Willst du dich auch jetzt noch deiner Stärke rühmen?"

„Wann habe ich mich ihrer gerühmt?" erwiderte ich. „Meinst du etwa, daß ich leide? Ich freue mich vielmehr, denn ich weiß, daß du Wagunda nicht zur rechten Zeit erreichen wirst."

„Nicht? Warum?"

„Weil ich dich hindern werde!"

Ibn Asl sah nachdenklich vor sich nieder und wendete sich dann schweigend ab. Ich hoffte, erreicht zu haben, was ich erreichen wollte, nämlich eine weniger grausame Behandlung.

Meine Beinkleider waren steif vom Blut, doch erkannte ich bald, daß meine Schwäche vorhin nur eine schnell vorübergehende Erscheinung gewesen war. Die unnatürliche, erzwungene Lage meiner gefesselten Glieder hatte sie, als sie in die gewöhnliche Lage zurückkehren durften, nur für eine Minute unbrauchbar gemacht. Doch ließ ich das nicht merken, sondern stellte mich schwächer, als ich in Wirklichkeit war. Dieses Verfahren sollte nicht ohne Erfolg bleiben.

Wir bekamen auch jetzt Fleisch und Wasser. Da ich mich freier bewegen konnte, sah ich, aus welchen und wie vielen Leuten unser Zug bestand. Man hatte Ersatzochsen mitgenommen. Zwei von ihnen trugen das Zelt des Anführers. Auf dem Packsattel eines dritten sah ich ein langes Bündel, aus dem die Kolben und Läufe unserer Gewehre blickten. Daß man uns nicht nur die Waffen, sondern überhaupt alles abgenommen hatte, bedarf eigentlich keiner besonderen Erwähnung.

Zwei Stunden mochten wir geruht haben, als wir wieder aufbrachen. Wie war ich erfreut, als man mir, bevor ich aufsteigen mußte, die Schebah vom Hals nahm! Ich bekam sogar einen besseren Ochsen. Meine Bemerkung hatte also die beabsichtigten Früchte getragen. Zwar wurde ich wieder durch Riemen mit Ibn Asl und Selim verbunden, aber die Gabel hinderte und drückte mich nicht mehr, und ich konnte trotz der gefesselten Hände die Zügel halten und führen. Das hatte zur Folge, daß ich während des Nachmittags wenig Belästigung fühlte, und daß am Abend, als wir wieder haltmachten, nur noch eine gewisse Steifheit zu bemerken war.

Wir befanden uns am Rand einer Steppe. Die Ochsen sollten einige Stunden grasen und dann wiederkäuen, unter Aufsicht von Wächtern, die sich während der Nacht ablösen mußten. Für Ibn Asl wurde das Zelt aufgeschlagen, und mir wurde die Schebah wieder angelegt. Als Abendessen bekamen wir einen Brei von Durramehl, in kaltem Wasser angerührt.

Es war ein Feuer angebrannt worden, das die ganze Nacht unterhalten werden sollte, um die Stechmücken abzuwehren. Dort mußten sich Ben Nil und Selim niederlegen, weil sie im Licht der Flammen besser bewacht werden konnten. Zu mir aber sagte Ibn Asl, nachdem er meine Handschellen und die Schebah sorgfältig untersucht hatte:

„Dich lasse ich nicht im Freien. Du mußt mit ins Zelt hinein, damit ich deiner völlig sicher bin."

Ich wurde also ins Zelt geschafft und im Hintergrund niedergelegt, nachdem man mir mit einem Riemen beide Fußgelenke zusammengebunden hatte. Die Spitze der Schebah wurde an eine Zeltstange geschnürt, so daß ich den Kopf und den Oberkörper nicht zu bewegen vermochte, eine mehr als unbequeme Lage. Nahe dem Eingang wurde für Ibn Asl ein Lager aus weichen Decken zurechtgemacht und für die Nacht ein Gefäß voll Trinkwasser daneben gestellt. Dieses Wasser hätte mich retten können, leider aber stand es nicht in meinem Bereich. Als der Sklavenjäger sich auf sein Lager hingestreckt hatte, machte er mir die Bemerkung:

„Denke nicht etwa an Flucht! Ich würde jede deiner Bewegungen hören. Wolltest du dich erheben, so würdest du das Zelt erschüttern oder gar niederreißen, da die Schebah damit verbunden ist. Auch sitzen die Wächter draußen am Feuer. Sie werden das Zelt nicht aus den Augen lassen."

Der Mann hatte recht, aber wenn mir das Wassergefäß zugänglich gewesen wäre, hätte ich ihm doch getrotzt. Er verschloß den Eingang des Zeltes, indem er den Vorhang vorzog, und verhielt sich von jetzt an ruhig. Ich war ebenso still wie er, aber nur äußerlich. In meinem Innern stritten zwei Stimmen miteinander, von denen aber keine zur Geltung kam. So wie ich jetzt hier im Zelt lag, war Flucht unmöglich. Ich mußte mich heute noch in Geduld fügen. Aber Schlaf fand ich nicht. Erstens war meine Lage zu unbequem, und zweitens galt es nachzudenken, ob es nicht auf eine andere Weise möglich sei loszukommen. Aber all mein Sinnen führte zu keinem Ziel. Der Kopf wurde mir schwer, und ich fiel zuweilen in eine Art Halbschlummer, aus dem ich immer schnell wieder erwachte. Als die Wächter draußen mit lauter Stimme die Schläfer weckten, war ich viel müder als am Abend.

Der Tag brach an. Man gab mir die Füße frei, löste die Schebah von der Zeltstange und führte mich hinaus, wo ich wieder Durrabrei zu essen bekam. Dann wurde ich, nachdem man mir die Schebah abgenommen hatte, wieder auf den Ochsen gebunden, Ben Nil und Selim ebenso, worauf der heutige Ritt begann. Einer der Führer fehlte. Wie ich später erfuhr, war er schon während der Nacht aufgebrochen, um uns als Kundschafter voranzureiten.

Während ich über mein Befinden im Sattel jetzt nicht mehr zu klagen hatte und auch Ben Nil sich nicht beschwerte, begann Selim hinter uns zu wimmern. Es war klar, daß der Mann solchen Anstrengungen nicht gewachsen sein konnte. Ich bedauerte ihn, obgleich er allein unsere schlimme Lage verschuldet hatte, und warf ihm einige Bemerkungen zu, die ihn trösten sollten. Das war mir heute möglich, da ich die Schebah nicht tragen mußte und mich umdrehen konnte.

Selim zeigte sich aber wenig dankbar und fuhr mich an:

„Schweig, Effendi! Du bist schuld an allem, was ich zu leiden habe."

„Ich? Wieso?" fragte ich verwundert.

„Wärst du in Wagunda geblieben, so wäre ich dir nicht nachgelaufen. Meine Glieder sind wie von Papier, und meine Seele weint mehr Tropfen, als es in einem Jahr regnen kann. Dieser Ochse ist mein Tod."

„Ich habe immer geglaubt, du seist ein guter Reiter!"

„Der bin ich auch. Ich bin der kühnste und gewandteste Reiter des Weltalls. Ich bändige selbst das wildeste Roß. Aber welcher wahrhaft Gläubige ist jemals auf einem Ochsen gesessen?"

Selim konnte selbst in unserer jetzigen Lage das Aufschneiden nicht lassen. Übrigens verdenke ich es auch heute noch keinem gläubigen Muslim, wenn er es vorzieht, lieber auf einem samtenen Diwan, als auf einem sudanesischen Ochsen zu sitzen. Es soll sogar Christen geben, die gleicher Meinung sind.

Als wir die Steppe hinter uns hatten, ritten wir durch einen Wald, am Rand eines Sumpfes hin. Die Gegend kam mir bekannt vor. Bald darauf ging es wieder über eine Lichtung, die ich auch schon gesehen zu haben glaubte. Als ich infolgedessen schärfer auf alle Seiten blickte, meinte Ben Nil:

„Weißt du, Effendi, daß wir schon hier gewesen sind? Über diesen Platz sind wir am frühen Morgen des zweiten Tages gekommen."

„Ah, du hast recht. Ich besinne mich."

„Denke dir, wie schnell wir geritten sind!"

„Wir haben gestern allerdings eine weite Strecke zurückgelegt. Aber das ist nicht die einzige Ursache, daß wir uns schon hier befinden. Wir haben ausgezeichnete Führer bei uns."

„Das ist schlimm, weil wir die Strecke, zu der wir zu Fuß drei Tage brauchten, jetzt in zwei zurücklegen werden. Wann meinst du, werden wir Wagunda erreichen?"

„Wahrscheinlich schon heute."

„So sind unsere Freunde verloren und wir mit ihnen."

„Noch nicht. Bis dahin kann noch viel geschehen. Sei nur getrost!"

Es war genügend Grund vorhanden, unsere Hoffnungen herabzustimmen. Wenn wir uns jetzt nicht in der Gegend geirrt hatten, so war anzunehmen, daß wir am Abend in die Nähe von Wagunda gelangen würden. Und der Umstand, daß ein Kundschafter vorausgegangen war, bewies, daß wir uns diesem Ziel näherten. Kamen wir nicht zu spät dort an, so durften wir vermuten, daß Ibn Asl den Angriff noch heute unternahm, falls er nämlich finden sollte, daß die Verteidiger unvorbereitet seien. Das Dorf war ja gut besetzt, aber wenn die Leute schliefen und wie bei Foguda ringsum Feuer angelegt wurde, so waren unsere Freunde vermutlich doch verloren.

Kurz und gut, die Entscheidung nahte mit schnellen Schritten. Wenn mir bis zum Abend kein rettender

Gedanke kam, so brauchte mir später überhaupt keiner mehr zu kommen.

„Meinst du, daß der Reïs Effendina auf seiner Hut sein wird?" fuhr Ben Nil fort.

„Ich möchte es fast bezweifeln."

„Ich auch, denn Reïs Achmed erwartet Ibn Asl jetzt noch nicht."

„Und wenn er vorsichtig wäre, so würde das doch uns dreien nichts nützen. Sobald Ibn Asl einsähe, daß er unterliegen muß, würde er uns ermorden."

„Allah! Das ist wahr!"

„Wir müssen frei sein, ehe es zum Kampf kommt."

„Das ist aber unmöglich, und darum sind wir verloren. Ich werde die Meinen nie wiedersehen, aber ich habe doch den Trost, daß es mir vergönnt sein wird, an deiner Seite zu sterben, mein lieber, guter Effendi."

„Du wirst hoffentlich noch lange und glücklich leben, denn du verdienst es. Ich bitte dich, an der Hilfe Allahs noch nicht zu zweifeln!"

Ben Nil antwortete nicht, und auch mir war es nicht ganz so zuversichtlich ums Herz, wie ich mir den Anschein gab. Ich versuchte heimlich, die Kette an meinen Händen zu zerdrehen, vergeblich. Aber selbst wenn mir das gelungen wäre, so hätte ich doch keine Waffen gehabt. Obendrein war ich noch mit starken Riemen gebunden.

Der Vormittag verging. Als die Sonne am höchsten stand, machten wir für heute den ersten Halt, um unseren angegriffenen Tieren Ruhe und Nahrung zu gönnen. Es war ihnen anzumerken, daß sie diese Schnelligkeit höchstens noch bis zum Abend entwickeln könnten.

Wir bekamen Dörrfleisch zu essen, womit Ibn Asl zur Genüge versehen war. Wie gestern brachen wir nach zwei Stunden wieder auf. Später wurde mir die Gegend noch bekannter. Gegen vier Uhr nachmittags erreichten wir die Stelle, wo wir vor fünf Tagen vom Weg, auf dem wir damals Ibn Asl erwarteten, rechts abgewichen waren. Wir näherten uns der Furt.

Hier kam der Kundschafter, der sich in der vorigen Nacht von uns getrennt hatte, zwischen den Büschen hervor, hinter denen er sich versteckt gehalten hatte, und trat zu Ibn Asl, um seine Meldung zu machen. Da ich hinter dem Sklavenjäger ritt, konnte ich jedes Wort hören, das gesprochen wurde.

„Nun", fragte Ibn Asl, „bist du glücklich gewesen?"

„Ja, o Herr", lautete die Antwort, „glücklicher als ich hoffen konnte."

„Wie weit liegt das Dorf von hier?"

„Man geht bis dahin über eine Stunde, reitend aber erreicht man es noch eher. Ich habe jenseits der Furt im Wald zwei Männer belauscht."

„Schwarze aus Wagunda?"

„Nein, weiße Asaker des Reïs Effendina. Sie waren in den Wald gegangen, ein Wild zu schießen, und da sie keins fanden, saßen sie da, um sich zu unterhalten."

„Wovon sprachen sie?" forschte Ibn Asl.

„Von dir. Es war ein glücklicher Umstand, daß ich sie traf. Die Sache hätte, wenn sie aufmerksamer gewesen wären, schlimm für mich ausgehen können. Ich war über die Furt geritten, um meinen Ochsen in dem Wald zu verstecken, und dann in die Nähe des Dorfes zu schleichen. Eben hatte ich die ersten Bäume hinter mir, da kamen sie. Wären sie um einige Herzschläge eher gekommen, so hätten sie mich bemerkt."

„Was geschah weiter?"

„Ich wich zur Seite, um zunächst den Ochsen anzubinden, und ging ihnen dann leise nach. Sie setzten sich und sprachen so laut miteinander, daß ich sie verstehen konnte, ohne mich zu weit vorwagen zu müssen."

„Was hast du da gehört?"

„Daß man dich erst in vier oder wohl gar fünf Tagen erwartet."

„So hat man wohl noch gar keine Vorbereitungen zur Gegenwehr getroffen?"

„Nein. Man will dir Späher entgegensenden und dich bis an den See kommen lassen, der unterhalb des Dorfes liegt. Dahinein sollen wir dann von der Übermacht getrieben werden."

„Das ist nichts Neues für mich, das habe ich schon von unserem Gefangenen, von Selim, gehört. Wer ist denn der Anführer? Der Reïs Effendina?"

„Ja, aber man hat kein großes Vertrauen zu ihm. Die beiden Männer sagten, Kara Ben Nemsi Effendi sei ihnen lieber gewesen, und auch die Bor, die sich hier befinden, sollen mehr Vertrauen zu diesem gehabt haben."

Da drehte sich Ibn Asl zu mir um.

„Hörst du dein Lob, Effendi? Ich hoffe, daß du das Vertrauen, das man in dich setzt, nicht zuschanden machst."

„Sei überzeugt, daß ich mein möglichstes tun werde", entgegnete ich gelassen.

„Mit deinen Möglichkeiten ist es zu Ende", lachte er hämisch und wandte sich dann dem Kundschafter wieder zu: „Was hast du noch gehört?"

„Weiter nichts, als daß man glaubt, die drei Männer, die jetzt unsere Gefangenen sind, hätten den Weg eingeschlagen, auf dem sie in diese Gegend gekommen sind."

„So ahnt man nicht, daß sie nach Foguda wollten?"

„Nein. Man denkt, Kara Ben Nemsi habe sich beleidigt und zurückgesetzt gefühlt und sich infolgedessen ganz vom Reïs Effendina zurückgezogen."

„Ich bin zufrieden mit dem, was du erfahren hast. Wie tief ist die Furt?"

„Ein Reiter wird nur bis zu den Knien naß."

„Wir müssen uns dem Dorf so weit wie möglich nähern. Kennst du einen Ort, an dem wir lagern können, ohne entdeckt zu werden?"

„Ich habe mich danach umgesehen und einen gefunden,

der auf halbem Weg von hier liegt. Wenn wir kein Feuer brennen, ist es unmöglich, uns von Wagunda aus zu bemerken."

„So führe uns! Wir werden nur kurze Zeit dort liegenbleiben, da der Überfall noch vor Mitternacht geschehen soll."

„Herr, erlaube mir, dich aufmerksam zu machen, daß die Bewohner des Dorfes Gäste haben. Die Bor und die Asaker des Reïs Effendina sind bei ihnen, und wo Gäste eingekehrt sind, da geht man spät zur Ruhe."

„Das ist freilich wahr. Übrigens schläft man zwischen Mitternacht und Sonnenaufgang am festesten. Vielleicht greifen wir erst um diese Zeit an. Ich werde nachher noch einen Späher senden. Jetzt vorwärts!"

Wir ritten ins Wasser und jenseits der Furt wieder heraus, dem Dorf entgegen. Nach beinahe einer halben Stunde bogen wir, vom Kundschafter geführt, zum Wald ab, in dem er seinen Ochsen versteckt hatte. Die Bäume waren stark und hoch und standen weit auseinander. Im Unterholz zwischen zwei Gebüschen angelangt, erklärte der Führer, hier sei der beste Platz zum Lagern.

Man stieg ab, und wir drei bekamen sofort die Schebah wieder angelegt. Man war zur richtigen Zeit eingetroffen, da der Abend jetzt zu dunkeln begann. Die Ochsen wurden angebunden. Einige Männer schlugen das Zelt des Anführers auf. Da wir außer der Schebah auch die Handschellen trugen und außerdem an den Füßen gebunden waren, glaubte man jedenfalls, nicht allzusehr auf uns achten zu müssen. Wir konnten also ungestört miteinander sprechen.

„Es steht sehr schlimm, Effendi", sagte Ben Nil. „Erst trugen Selim und ich nur Riemen. Jetzt hat man uns auch Eisen angelegt. Das ist ein böses Zeichen. Wir sind verloren."

„O nein! Es muß und wird etwas zu unserer Rettung geschehen."

„Was denn? Ich kann nichts tun, Selim auch nicht. Und dich wird man wieder ans Zelt binden. Was soll da geschehen?"

„Nun, wenn nichts anderes geschieht, so ereignet sich wenigstens das eine, daß ich mich über Ibn Asl hermache."

„Unmöglich! Du wirst ja angebunden sein!"

„Mit der Schebah an die Zeltstange, ja. Aber wenn ich mich erhebe, reiße ich die Stange mit hoch und das Zelt stürzt ein. Es soll mich wundern, wenn es mir da nicht gelänge, Ibn Asl zu fassen."

„Was hilft uns das?"

„Sehr viel. Habe ich ihn einmal zwischen meinen Händen, so gebe ich ihn gewiß nicht wieder los."

„Aber man tötet uns!"

„Vielleicht auch nicht. In meiner Hand ist dieser Mensch ein Geisel, gegen den wir uns freihandeln können."

„Du bist gebunden und waffenlos, während er selbst im Schlafen sein Messer bei sich hat. Wenn du ihn trotz deiner Handschellen packst, wird er dich erstechen."

„Ich packe ihn gleich so, daß er gar nicht an sein Messer denken kann."

„Könnten wir doch mit diesen Dschangeh sprechen! Aber auch das würde uns nichts nützen. Sie sind zwar mit den Leuten von Wagunda gleichen Stammes, aber sie waren ja auch mit den Bewohnern von Foguda, die ebenso zu den Gohk gehören, verwandt und haben sie doch mit überfallen und ermordet. Wenn die Schwarzen einmal Blut gesehen haben, hört bei ihnen jedes Gefühl und jede Rücksicht auf."

Wir mußten unser Gespräch abbrechen, da man kam, uns in die Nähe des Zeltes zu schaffen. Es herrschte nur noch ein Halbdunkel unter den Bäumen. Ich benutzte es, um einen Überblick über das Lager zu gewinnen.

Der Raum zwischen den beiden Büschen war weniger lang als breit. Infolgedessen hatte das Lager eine langgestreckte, schmale Gestalt. Den einen Flügel nahmen die weißen Asaker, den anderen die Dschangeh ein. Zwischen beiden stand das Zelt, doch nicht in der Mitte des Lagers, da die Schwarzen einen größeren Raum innehatten als die Weißen. Die Ochsen waren hinter den Büschen angebunden. Einige Dschangeh wurden mit allerlei Gefäßen um Wasser geschickt. Sie mußten es trotz der ansehnlichen Entfernung von der Furt holen. Als sie zurückkehrten, wurde der übliche Brei bereitet, mit dem auch ich gefüttert wurde. Dann schaffte man mich ins Zelt, wo ich so wie gestern angebunden wurde. Ibn Asl blieb vor dem Eingang sitzen. Ich hörte, was er mit seinen Leuten sprach. Er schickte zwei Kundschafter aus und befahl außerdem, für ihn Wasser zu holen, da der Vorrat von vorhin zu Ende gegangen war.

Es verstrich eine lange Zeit, wohl eine Stunde. Dann kehrte der Mann von der Furt mit dem Wasser zurück. Ibn Asl trank und stellte das Gefäß hinter sich ins Zelt. Kurze Zeit später kamen die Kundschafter. Sie meldeten, im Dorf herrsche ein reges Leben, und es sei anzunehmen, daß man dort nicht so bald schlafen gehen würde. Es war so finster, daß ich, obgleich das Zelt offenstand, keinen Menschen zu erkennen vermochte. Ibn Asl schien nachzudenken, und dann hörte ich ihn sagen:

„Gut, wir greifen erst nach Mitternacht an. Die Wachen sind die gleichen wie gestern und mögen um Mitternacht wecken. Gebt die Decken für mein Lager her!"

Ich verschlang förmlich jedes dieser Worte. Und nun lauschte ich mit angehaltenem Atem auf jede seiner Bewegungen. Er nahm die Decken in Empfang, um sich das Lager selbst zu bereiten. Das Wassergefäß stand ihm im Weg. Er stellte es zur Seite, um nicht daran zu stoßen. Als er mit seinen Vorbereitungen fertig war, kam er zu mir, um meine Fesseln zu betasten.

„Hundesohn, heute ist dein letzter guter Tag", sagte er dabei. „Morgen befindet sich auch der Reïs Effendina in meinen Händen, und dann sollt ihr heulen, daß man es jenseits des Tondsch hört."

Ibn Asl hatte sich überzeugt, daß meine Fesseln in Ordnung waren und ging zu seinem Lager, um sich dort auszustrecken. Er hatte den Topf weit von sich gesetzt. Ich zitterte fast vor Erwartung, ob er ihn mit sich nehmen würde. Nein, er tat es nicht und ließ ihn stehen! Ich holte tief und erleichtert Atem.

Nun wartete ich, bis anzunehmen war, daß er eingeschlafen sei, wohl eine Stunde lang, die mir aber wie eine Ewigkeit erschien. Dann streckte ich die zusammengebundenen Füße aus, um das Wassergefäß zu ‚fischen'. Ich stieß daran, schob die Fußspitzen dahinter und holte es leise, leise zu mir heran, indem ich die Knie nach und nach an den Leib zog. Endlich konnte ich es mit den Händen erreichen. Es war eine sogenannte ‚Kulle', ein bauchiger Krug, dessen Öffnung glücklicherweise so weit war, daß ich eine Hand hineinstecken konnte. Da die linke Hand gewöhnlich schmäler ist als die rechte, schob ich erst die linke hinein, nahm mich aber sehr in acht, um dabei nicht mit der Kette zu klirren. Das Wasser war kühl.

Die Zeit war schwer zu schätzen, wahrscheinlich aber dauerte es wieder eine Stunde, ehe ich die Hand zurückzog. Als ich sie mit der Rechten befühlte, merkte ich, daß die Haut kleine Falten bildete, sie war also eingeschrumpft. Ich faßte mit der rechten Hand die linke Schelle fest und begann zu drehen. Hamdulillah, hätte ich beinahe ausgerufen — es ging! Ich konnte die linke Hand durch das Eisen ziehen, und sie war frei! Nun schnell mit ihr zum Genick, wo der Querpflock der Schebah steckte. Ich zog ihn heraus und konnte dann den Hals aus der Gabel nehmen. Jetzt galt es nur noch, den Riemen zu lösen, der meine Füße verband. Man hatte eine Schleife gemacht. Ich zog sie auf und befand mich nun im vollen Besitz meiner Glieder. Zwar hingen die Eisenschellen noch an meinem rechten Handgelenk, doch anstatt mir hinderlich zu sein, konnten sie mir vielmehr als eine nicht zu verachtende Waffe dienen.

Was nun? Ben Nil und Selim befreien? Das ging nicht, das hätte mich wieder in Gefahr gebracht, da sie jedenfalls scharf bewacht wurden. Aber wenn Ibn Asl erwachte und meine Flucht entdeckte, so mußte er annehmen, daß sein Plan durch mich verraten würde, und dann war es um das Leben der beiden geschehen. Die Sache war bedenklich, befreien konnte und hierlassen durfte ich die Gefährten nicht! Aber wie nun, wenn ich Ibn Asl unschädlich machte? Konnte ich überhaupt fort, ohne mich seiner zu versichern? Sollte er mir abermals entgehen? Nein, nein und zum drittenmal nein! Entweder nichts gewagt oder alles!

Ich legte mich auf den Bauch und kroch leise zu ihm, die Kette festhaltend, damit sie nicht klirrte. Sein Atem ging hörbar und regelmäßig, er schlief. Sollte ich ihn erschlagen, ihn mit seinem eigenen Messer erstechen? Nein, ein Mörder bin ich nicht. Ich tastete mich an seinem Leib empor — und ein Fausthieb auf seine Schläfe — ein halb erstorbenes Röcheln — er war mein!

Nun hinaus und zwar mit ihm! Ich zog ihm das Messer und die Pistole aus dem Gürtel, denn er schlief mit diesen beiden Waffen, und richtete mich auf. Vorn am Zelt die Wächter, hinten Büsche, rechts Büsche, links aber ein freier Raum, das hatte ich gesehen. Das Messer war scharf. Ich schlitzte auf der linken Seite die Zeltleinwand, nahm Ibn Asl auf und drängte mich hinaus, freilich nicht so schnell, wie es erzählt werden kann, denn es galt, das leiseste Geräusch zu vermeiden. Draußen warf ich den Betäubten über meine rechte Schulter und tastete mich, ihn mit einer Hand festhaltend, mit der anderen weiter. Ich kam durch die Lücke im Buschwerk glücklich hindurch, wendete mich links, hinter den Ochsen weg, und trachtete nun, glücklich aus dem Wald ins Freie zu kommen. Es gelang.

Nun war mir das Gelände kekannt. Rechts ging es zum See. Ich wendete mich also auf diese Seite. Ibn Asl war schwer, und ich hatte keine Zeit zu verlieren. Durfte ich mich da mit ihm bis hinauf ins Dorf schleppen, eine halbe Stunde weit? Nein. Ich hatte früher seitwärts von meinem Weg einen mittelstarken Baum gesehen, den suchte ich auf. Das war nicht schwer, denn es war über neun Uhr geworden, und die Sterne leuchteten mir. Bei dem Baum legte ich Ibn Asl zunächst nieder, um brauchbare Fesseln zu suchen. Den Riemen von meinen Füßen hatte ich eingesteckt. Meines Gefangenen Gürtel und langes Turbantuch reichten aus, dazu sein eigener Fes als Knebel. In zwei Minuten war er so fest an den Baum gebunden, daß er aus eigener Kraft unmöglich loskommen konnte, und der Knebel verhinderte ihn am Schreien.

Nun rannte ich zum See. Dort blickte ich zum Dorf hinauf. Es war alles dunkel. Man war gegen die Voraussetzung der Kundschafter doch zeitig schlafen gegangen. Ich lief den Berg hinan. Dabei dachte ich nach, was geschehen sollte. Das Lager zu überrumpeln, dazu gehörte nicht viel. Aber ich hätte dabei gern ein Blutvergießen vermieden. Ich dachte an den Dschangeh Agadi. Ja, mit dessen Hilfe war es möglich. Es war sogar noch etwas anderes möglich, nämlich der Beweis dem Reïs Effendina gegenüber, daß er wohl mich, ich aber ihn nicht brauchte. Ich bin nicht ehrgeizig, aber er hatte mich zurückgesetzt, und so zögerte ich nicht, ihm diese gute Lehre zu erteilen.

Der Boden war weich und meine Schritte wurden durch das Gras gedämpft. Auf halber Höhe stand ein breiter, nicht viel über mannshoher Felsen, an dem ich vorüber mußte. Er war von heller Farbe. Da war es mir, als bewegte sich etwas Dunkles daran. Gegenwärtig mußte mir alles verdächtig erscheinen. Ich zog also das Messer und trat näher. Da standen ein Männlein und ein Weiblein, also ein Liebespärchen, was, wie man munkelt, nicht allein in Afrika vorkommen soll. Sie fuhren auseinander. Das Weiblein beachtete ich nicht weiter, desto mehr aber das Männlein. Es trug eine Hutkrempe auf dem lockigen Haupt und eine große, gläserlose Brille auf der Stumpfnase.

Wahrhaftig, dieser Wunderknabe hatte sich während der wenigen Tage seiner Anwesenheit hier das Herz einer Negerjungfrau erobert! Als er mich erkannte und vor Freude zu schreien begann, legte ich ihm mahnend die Hand auf die wulstigen Lippen und wollte mich ihm eben durch Worte noch verständlicher machen, als um die Ecke des Felsens ein zweites Pärchen gehuscht kam, jedenfalls durch den Ruf des schwarzen Stutzers angelockt. Das Verschenken der Herzen schien hier um sich zu greifen. Ich sah mir auch dieses Männchen an und erkannte zu meiner Freude einen der beiden jungen Dolmetscher, die ich am letzten Tag meines Aufenthalts hier gesehen hatte. Ich verständigte mich schnell mit ihm. Dann rannte er ins Dorf, um Agadi zu holen, sonst aber durfte er keinen Menschen wecken und noch weniger jemand etwas sagen. Nach etwa zehn Minuten brachte er den Gewünschten.

Jetzt galt es, den Häuptling zu unterrichten und für meinen Plan zu gewinnen. Er war ergrimmt über Ibn Asl und zeigte sich bereit, mich sogleich zu begleiten.

Als wir gingen, nahm ich meinen biederen Brillenjüngling und die beiden Mädchen mit, um sie Ibn Asl als Wächter zu bestellen. Der Brillenmann gelobte, sich lieber zerreißen, als den Gefangenen entkommen zu lassen. Ibn Asl hatte das Bewußtsein wiedererlangt. Er hielt zwar die Augen geschlossen, aber er schnaufte, um trotz des Knebels Luft zu bekommen.

Nun ging ich mit Agadi und dem Dolmetscher zum Wald. Mein Plan war, Agadi zu seinen Dschangeh zu bringen. Er sollte sie über die wahren Absichten Ibn Asls aufklären. Während er das besorgte, wollte ich mit dem Dolmetscher durch die zerschnittene Wand ins Zelt schleichen, um bei der Überrumpelung der weißen Sklavenjäger mit bei der Hand zu sein.

Die Sterne schimmerten durch das Blätterdach, und ich kannte die Örtlichkeit. Ich war also sicher, das Lager zu finden. Wir huschten an der betreffenden Stelle zwischen den Bäumen hinein und bückten uns dann nieder, um in dieser Stellung weiterzuschleichen, ich mit Agadi voran, der Dolmetscher hinter uns. Die Hauptsache war, daß kein Lärm entstand, bevor die Schwarzen meinen Begleiter als ihren Anführer erkannten. Sie hatten den vorderen Teil des Lagers inne, die Asaker den jenseits des Zeltes. Es herrschte tiefe Stille im Wald, man hatte also meine Flucht und das Fehlen des Anführers noch nicht bemerkt.

Wir schlichen leise weiter, bis wir die hellen Kleidungsstücke der Dschangeh, die vom tiefen Schatten des Waldes abstachen, vor uns sahen. Die Leute schliefen. Wir krochen zum ersten Schläfer. Agadi weckte ihn und flüsterte ihm einige Worte ins Ohr. Der Mann wollte auffahren, beruhigte sich aber schnell infolge einer dringenden Mahnung seines Anführers. Ein zweiter und ein dritter wurden geweckt. Dann bemerkte Agadi:

„Begib dich in das Zelt, Effendi! Einer von uns wird den anderen wecken, um die Kunde von meiner Anwesenheit leise zu verbreiten. Dann fallen wir über die schlafenden weißen Asaker her. Vielleicht brauchst du zu ihrer Gefangennahme gar keine Hand zu regen."

Das befriedigte mich, und ich schlich mit dem Dolmetscher seitwärts hinter die Büsche, an den ruhenden

Ochsen vorüber. Es war nicht ganz leicht, unbemerkt ins Zelt zu gelangen, da die Wächter jedenfalls in der Nähe saßen, aber wir brachten es dennoch fertig. Im Innern legte ich mich nieder, kroch zum Eingang und schob den Vorhang ein wenig zur Seite. Mein Auge war an die Dunkelheit gewöhnt, und das Blätterdach hatte über uns einige offene Stellen. Ich konnte mehrere Schritt weit sehen.

Gerade vor dem Zelt, mir den Rücken zukehrend, saßen die beiden Wächter. Zu ihren Füßen lagen Ben Nil und Selim, links gewahrte ich die Gestalten der schlafenden Asaker.

Diese günstigen Umstände veranlaßten mich, unter dem Vorhang hindurchzukriechen und die Pistole Ibn Asls hervorzuziehen. Es war eine alte, schwere Waffe. Zwei kräftige Hiebe mit ihrem Kolben gegen die Köpfe der Wächter genügten, die Getroffenen niederzustrecken. Dann rasch zu Ben Nil. Er schlief nicht und erkannte mich sofort.

„Effendi", flüsterte er, „du bist frei?"

„Ja. Sei still, damit keiner erwacht!"

Ich zerschnitt ihm den Beinriemen und schob den Pflock seiner Schebah zurück. Er konnte sich erheben, mußte aber die Hände leider noch in den eisernen Schellen behalten.

„Da rechts liegt der Pack mit unseren Gewehren", raunte er mir zu. „Gib mir das meinige! Zuschlagen wenigstens kann ich damit trotz meiner Fesseln!"

„Jetzt nicht. Komm ins Zelt! Die Dschangeh könnten dich sonst mit einem Askari verwechseln."

„Die Dschangeh? Was ist mit ihnen? Wie kämen sie dazu —"

Ich ließ ihn nicht ausreden und schob ihn ins Zelt. Selim wurde ähnlich befreit. Und da endlich begann es, sich rechts davon zu regen. Die Schwarzen hatten einer immer vom anderen erfahren, daß ihr Anführer Agadi wieder hier sei, daß Ibn Asl ihn hatte ermorden lassen wollen, und daß sie selber für ihre Dienste später als Sklaven verkauft werden sollten. Sie kamen leise zu dem Zelt, neben dem ein großer Haufen von Riemen und Stricken lag, für die Bewohner von Wagunda bestimmt. Sie nahmen davon, so viel sie zu gebrauchen dachten, um die Asaker zu binden.

Hundert Dschangeh und dreißig Weiße! Ich hatte Agadi angedeutet, daß immer drei Schwarze einen Askari auf sich nehmen sollten und daß der Angriff gleichzeitig auf alle erfolgen sollte, damit keiner entkäme. Er hatte diese Weisung seinen Leuten gut eingeprägt, und ebenso glatt wurde sie von ihnen ausgeführt. Sie kamen lautlos wie Gespenster heran und wählten je drei ihren Mann. Sich auf ihn werfen, ihn entwaffnen und binden, war das Werk weniger Augenblicke. Eine sorgfältig darauf eingeübte Abteilung hätte nicht besser und genauer vorgehen können. Es entwischte uns kein einziger Askari, und ebenso war keiner dazu gekommen, von einer Waffe Gebrauch zu machen.

Als es vorüber war, wurden Feuer angebrannt, was der besseren Übersicht wegen notwendig war. Die Auftritte, die es nun gab, waren halb heiter, halb rührend. Zunächst heiter für uns, die Sieger. Ben Nil, Selim und ich wurden sofort von den Handschellen befreit. Was für Gesichter machten nun die weißen Sklavenjäger, als sie uns drei frei und in so freundlichem Verkehr mit ihren bisherigen Verbündeten sahen! Sie fluchten und wetterten, doch vergeblich. Die einzige Folge ihrer Grobheiten war, daß sie zu den Riemen nun auch Ketten und Schebahs angelegt bekamen. Es waren genug vorhanden. Ibn Asl hatte sie für die Leute von Wagunda mitgebracht.

Als die nötige Ordnung hergestellt war, schickte ich Ben Nil und Selim fort, um Ibn Asl und seine Wächter zu holen. Sie nahmen eine Schebah und zwei Handschellen mit. Diesen Schmuck trug er, als sie ihn brachten. Ich wollte gar nicht mit ihm sprechen, sondern ihm meine Verachtung zeigen. Aber da er sich vor mich hinstellte, mich aus haßerfüllten Augen anblitzte und mir einen nicht nachzusprechenden Fluch ins Gesicht schleuderte, sprang ich doch zornig auf und fuhr ihn an:

„Schweig, Elender! Du hast mich noch vor wenigen Stunden aufgefordert, das in mich gesetzte Vertrauen nicht zuschanden zu machen. Ich versprach, mein möglichstes zu tun, und habe Wort gehalten. Nun ist es nicht mit meinen, sondern mit deinen Möglichkeiten zu Ende. Ich habe dir bewiesen, daß das Gute stets mächtiger ist als das Böse, und bin für immer mit dir fertig. Der Reïs Effendina wird dein Urteil fällen."

Wie wir die wenigen Stunden bis Tagesanbruch verbrachten, läßt sich denken. Der lebhafteste war wieder Selim, der jeden zwang anzuhören, daß er der größte Held des Weltalls sei.

Als es licht zu werden begann, wurden die Ochsen gesattelt, denn ich hatte vor, einen lustigen Streich auszuführen. Das Gepäck und die Gefangenen wurden aufgeladen, dann stiegen auch wir auf. Wir verließen den Wald und zogen zum See. Dort ritten wir feierlich und langsam rund um das Wasserbecken herum. Die Bewohner des Dorfs, die schon wach waren, hielten uns für die erwarteten Feinde und erhoben ein großes Kriegsgeschrei. Sie stellten sich in hellen Haufen vor der Umzäunung auf und wurden von ihrem Oberbefehlshaber, dem Reïs Effendina, in mehrere Abteilungen gegliedert. Als diese sich den Berg herab in Bewegung setzten, um uns, wie er sich vorgenommen hatte, ‚in den See zu treiben', schickte ich ihnen den tapferen Selim auf dem Rücken eines streitbaren Ochsen entgegen. Keine andere Zunge paßte für eine solche Aufgabe so gut, wie die dieses ‚größten Helden des Weltalls'. Er kam, sah und siegte auch diesmal, ganz wie immer. Kaum hatte man ihn erkannt und die ersten seiner Worte gehört, so gerieten die Schlachthaufen in Unordnung, die Mannszucht ging verloren, und alles drängte sich kunterbunt den Berg herunter, um das Wunder des jungen Tags anzustaunen. Jeder wollte mit mir reden, und ich hatte doch nicht Zeit, Antwort zu geben, denn meine ganze Aufmerksamkeit wurde durch die Aufgabe, Ibn Asl zu beschützen, in Anspruch genommen. Hätte ich das nicht getan, er wäre buchstäblich in Stücke gerissen worden. Auf meinen Befehl schlossen die Asaker des Reïs Effendina um ihn und seine weiße Bande einen dichten Kreis, um die Besiegten hinauf ins Dorf in sicheren Gewahrsam zu schaffen. Die Dschangeh folgten, und die Bürger und Bürgerinnen von Wagunda zogen so begeistert hinterdrein, daß niemand auf mich achtete, der ich ganz allein am See zurückblieb und erst nach einiger Zeit langsam hinaufschlenderte.

Indessen hatte Selim Zeit gehabt, unsere oder vielmehr seine Heldentaten auszuposaunen und jedmänniglich dafür zu erwärmen. Auch der Reïs Effendina war warm geworden. Eben als ich durch das Tor ins Dorf trat, kam er mir entgegen und hielt mir seine beiden Hände hin.

„Effendi! Ich bin ungerecht gegen dich gewesen. Selim ist kein Wort zu glauben, aber aus dem wenigen, was ich vom braven Ben Nil erfahren habe, ersehe ich, daß wir heute nacht in ernster Gefahr waren. Es schlief das ganze Dorf!"

„Nicht das ganze", antwortete ich. „Es waren vier Herzen wach, für deren Schlag das Dorf zu eng geworden war. Wären sie nicht gewesen, so —"

Ich konnte nicht weitersprechen, denn soeben kam eine Rotte Gohk auf mich losgeschossen, geführt von dem Brillenmann. Ich wurde gepackt, gedrückt, gequetscht und fortgewirbelt, immer von einer Hütte zur anderen, im ganzen Dorf herum. Fast schien es mir, als sei der Ochsenritt von Foguda noch lange nicht so entsetzlich gewesen wie der Siegeszug durch Wagunda.

Am Nachmittag gab es abermals einen Umzug durch das Dorf, doch einen von ganz anderer Art. Ibn Asl und seine weißen Sklavenjäger wurden herumgeführt, ohne Ausnahme in Eisen gelegt und die Schebah am Hals. Ibn Asl trug die schwere Gabel, mit der er mich gepeinigt hatte. Ich sagte schon, daß der Berg, auf dem der Ort lag, an drei Seiten senkrecht abfiel. Die Sklavenjäger wurden an die eine Seite gebracht, dort hart an der Kante aufgestellt und erschossen. Ihre Leichen stürzten in die Tiefe. Ich war nicht dabei. ‚Wehe dem, der wehe tut!‘ Die Strafe war gerecht, doch gab das keinen Grund für mich, Zeuge der Vollstreckung zu sein. Dagegen war es mir, als dürfte ich jetzt erst frei aufatmen, da ich nun die Gewißheit hatte, daß die schrecklichen Drohungen des Sklavenjägers nicht an mir in Erfüllung gehen konnten.

Den Dschangeh wurde verziehen. Wir erfuhren von ihnen, die andere Abteilung der Sklavenjäger habe die Weisung erhalten, von Foguda in der Richtung auf Agardu zu marschieren und dort mit Ibn Asl zusammenzutreffen. Die Gohk kannten diese Gegend und den Weg, und wir setzten uns schon am nächsten Morgen in Marsch, um die Gefangenen zu befreien. Einen Tag später, um die Mittagszeit, stießen wir auf den Zug. Wir waren den siebzig Treibern der Herden und Sklaven weit überlegen und umzingelten sie. Als die fünfzig dabei befindlichen Dschangeh sahen, daß sich ihre Gefährten mit dem Anführer Agadi bei uns befanden, gingen sie sofort zu uns über. Die zwanzig Asaker Ibn Asls hatten nun ihr Schicksal klar vor Augen. Sie ergaben sich nicht, sondern wehrten sich bis zuletzt und wurden niedergeschossen.

Die befreiten Sklaven taten mir von ganzem Herzen leid. Sie erhielten zwar ihre Freiheit und ihre Rinder und Schafe wieder, doch fanden sie daheim nur die Trümmer ihrer Hütten und die Leichen ihrer Angehörigen. Man sage nicht, der Neger fühle nicht so wie wir. Er fühlt sogar leidenschaftlicher als wir und kann dabei dem Unglück nicht den Trost entgegensetzen, den uns der Glaube an einen Gott der Liebe und der Weisheit gibt.

6. IM HAN VON KHOI

Mancher meiner Leser wird am Schluß des vorigen Kapitels gedacht haben: ‚Jetzt sollte der Verfasser eigentlich schließen, denn nach den schriftstellerischen Regeln ist die Erzählung nun zu Ende, da sämtliche Verwicklungen gelöst sind und der Gerechtigkeit Genüge geschehen ist.'

Und ich hätte meine Erzählung auch mit dem Aufenthalt in Wagunda schließen können, wenn mich nicht das Schicksal einige Jahre vorher in einem entfernten Land mit einem Mann zusammengeführt hätte, der mir wider alles Erwarten hier im tiefen Sudan wieder begegnen sollte.

Ich hatte damals mit meinem wackeren Diener Halef, den alle meine Freunde kennen, zu Pferd eine Reise durch das ‚Reich des silbernen Löwen'[1] gemacht[2]. Wir kamen müde von den Anstrengungen des monatelangen Ritts, aber reich an Erfahrungen, mitten im Gebiet räuberischer Kurdenstämme über die persisch-türkische Grenze und machten in dem kleinen Ort Khoi[3] einen kurzen Halt, um den müden Pferden einige Tage Ruhe zu gönnen. Zu jener Zeit lebte, wie ich bemerken muß, Rih, mein herrlicher, unvergleichlicher Rapphengst noch, der mir später unter dem Leib erschossen wurde, indem ihn eine tödliche Kugel traf, die eigentlich mir gegolten hatte[4]. Und wenn dieses edle und ausdauernde Tier von der Reise angegriffen war, so läßt sich leicht denken, daß sie das Pferd Hadschi Halefs, obgleich es auch einen guten Stammbaum besaß, noch viel mehr mitgenommen hatte. Es war in den letzten Tagen vor Ermattung oft ins Stolpern geraten, und so sahen wir uns in An-

1 Persien 2 Vgl. Gesammelte Werke Bd. 10: ‚Sand des Verderbens' und Bd. 23: ‚Auf fremden Pfaden' 3 Khoi Sandschak 4 Vgl. Gesammelte Werke Bd. 6: ‚Der Schut'

betracht des beschwerlichen Wegs, den wir bis jenseits des Tigris noch zurücklegen mußten, gezwungen, in Khoi den erwähnten Aufenthalt zu nehmen, obgleich dieser Ort gar nichts bot, was uns sonst zum Bleiben hätte verlocken können.

Wenn wir schon bei den ersten Hütten von den Bewohnern angestaunt wurden, so lief, als wir vor dem elenden Han[1] hielten, gar eine ganze Menge von Menschen zusammen, um uns ihre Bewunderung zu zollen. Freilich konnten wir diese Bewunderung nicht auf uns selber beziehen. Sie galt vielmehr meinem Hengst, dem man es trotz seines heruntergekommenen Zustandes gleich beim ersten Blick ansehen mußte, daß er einen unschätzbaren Wert besaß. Rih trug eins jener kostbaren Geschirre, die Reschma genannt werden, und zog auch aus diesem Grund aller Augen auf sich. Ich hatte es von einem hochgestellten Perser, dem ich einst einen besonderen Dienst erweisen konnte, als Geschenk erhalten, und da er mir in edler Freigebigkeit sein bestes Reschma ausgesucht hatte, das nach kurdischem Begriff ein Vermögen darstellte, so war es kein Wunder, daß alle, Männer, Weiber und Kinder, aus den nahegelegenen Häusern gelaufen kamen, um Pferd und Ausstattung in Augenschein zu nehmen.

Der Han war ein roher, mit Lehm verschmierter Steinbau ohne Oberstock und hatte so kleine Fenster, daß das Tageslicht kaum Zutritt in das Innere finden konnte. Wenn ich mich sträflicherweise der Bezeichnung Fenster bediene, so darf man dabei nicht etwa an Glasscheiben denken, sondern nur an einfache Maueröffnungen, durch die der Wind blasen konnte, wie es ihm beliebte, und die zugleich dem löblichen Zweck dienten, dem Herdrauch Abzug zu gewähren, denn Schornsteine gab es nicht. Auch das Tor, das in den Hof führte, war nur ein breites Mauerloch ohne Türflügel, und in die-

1 Einkehrhaus

sem Hof sah es aus, als sei dort seit langen Jahren der Mist des ganzen wilden und zahmen kurdischen Tierreichs zusammengetragen und von den hohen Herren und lieblichen Herrinnen der Schöpfung breitgetreten worden.

Dementsprechend war das Äußere des Wirtes, der unter der Tür erschien, um uns nach morgenländischer Weise mit tiefen Verbeugungen und blumenreichen Redensarten zu begrüßen. Dabei wendete er sich nicht an Hadschi Halef Omar, sondern an mich, der ich als Besitzer des besseren Pferdes der Vornehmere sein mußte.

„Willkommen, o Herr, in meinem Haus, das dir seine zwölf gastlichen Tore mit Wonne öffnet! Allah breite tausend Segen über dich und zehntausend Segen als Teppich unter deine Füße! Wünsche alles, was dein Herz begehrt, und ich werde es dir augenblicklich bringen. Mein Gesicht strahlt vor Freude über deine Ankunft wie die Sonne des Paradieses. Meine Gestalt trieft von der Bereitwilligkeit, dir zu dienen, meine Hände zittern vor Begier, deine Befehle zu erfüllen, und meine Füße werden eilen wie die Flügel des Falken, alle deine Botschaften im Nu zu bestellen. Die Seele, die in meinem Körper wohnt, soll —"

„Laß sie! Sie mag drin steckenbleiben!" unterbrach ich ihn. „Ich bin kein Freund von vielen Worten. Hast du eine Wohnung für uns beide?"

„As kolahme tah — ich bin dein Diener. Ihr werdet bei mir wohnen, als wärt ihr die Lieblingsfrauen des Propheten."

„Und das Essen?"

„Bu kalmehta ta tschu taksihr nakehm — um dir zu dienen, werde ich nichts sparen. Ich bin bereit, alle meine Herden für euch zu schlachten!"

„Laß sie leben! Wir kommen nicht hierher, um Herden zu verschlingen. Die Hauptsache ist, daß unsere Pferde ein gutes Unterkommen finden."

„Oh, Chodih[1], sie werden Ställe haben, die mit den Palästen Mekkas zu vergleichen sind!"

„Gut! Zeig uns diese Paläste!"

„So komm und setze deine Schritte in die Stapfen meiner frohbewegten Füße! Du wirst zufrieden sein mit mir, der ich der zuverlässigste aller deiner Diener bin!"

Wir stiegen von den Pferden, und dieser ‚zuverlässigste aller meiner Diener' setzte sich dem Hoftor zu in Bewegung. Seinen struppigen Kopf schmückte ein Tuch, das eigentlich kein Tuch mehr war, sondern ein wirres Gefilz von zerrissenen Fäden. Und eine Hose wie seine Hose war keine Hose! Das unerklärliche Ding, das betrügerischerweise diesen Namen führte, war ein ausgefranster Lappen, der sich vergebliche Mühe gab, bis zum Knie herunter zu reichen, und was die Unterschenkel betraf, so hatte es den Anschein, als seien sie von dunklen, gewirkten Strümpfen bedeckt. Bei näherer Betrachtung aber zeigte es sich, daß dieser Webstoff der landwirtschaftlichen Goldgrube des Hofs entstammte. Auch eine Jacke hatte dieser edle Kurde an, von der rechts der dritte und links der vierte Teil des Ärmels vorhanden war. Hinten war sie zu, wirklich zu, außer den Löchern, die es da gab. Vorn war sie offen, wirklich offen, denn sie war hier, wenn ich die Wahrheit sagen soll, gar nicht mehr da. Ich erblickte an ihrer Stelle eine Brustbedeckung, die wahrscheinlich das vorstellen sollte, was der Türke Gömlek[2] und der Araber Kamis[2] nennt, doch war es mir unmöglich, das, was ich sah, genauer zu bezeichnen, weil es eine zu große Ähnlichkeit mit der Bedeckung der Unterschenkel hatte.

War mir gleich, als der Mann erschien, sein irrer Blick aufgefallen, so ging er jetzt mit so wankenden, taumelnden Schritten vor uns her, daß ich annahm, es wohne nicht nur die Seele in ihm, die er vorhin nicht herauslassen durfte, sondern auch noch jener ‚selig'-machende

1 Herr   2 Hemd

141

Geist, der sein Dasein der Gärung verdankt, um schoppen- oder gläserweise ‚hinter die Binden‘ gegossen zu werden.

Unsere Pferde führend, folgten wir dem Handschi[1] in den Hof. Da gab es gerade beim Eingang eine Vertiefung, worin sich die flüssigeren Teile des erwähnten Goldes angesammelt hatten. Der Wirt als Besitzer und Inhaber des allgegenwärtigen Düngerhaufens kannte diese gefährliche Stelle und versuchte, mit Hilfe einer Schwenkung um sie herumzukommen, aber die Anziehungskraft dieses Punktes war so viel größer als die Stärke der beabsichtigten Schwungkraft, daß sie den Hotelbesitzer von Khoi unwiderstehlich an sich riß. Er fiel der Mutter Erde in die weichen Arme. Ich streckte die Hand aus, um ihn herauszuziehen, er aber schien die nötige Übung zu besitzen, sich in diesem besonderen Fall selber zu helfen, denn er wies mich zurück, krabbelte langsam heraus und lachte mir zu:

„Taklîf, b’ela k’nahrek, au’ be’in ma, batal — mach dir keine Umstände, unter uns sind sie unnötig!“

Er hatte recht, denn als er wieder auf den Beinen stand, sah er keineswegs schmutziger aus als vorher.

„Sihdi“, sagte Halef in moghrebinischem Arabisch, das der Wirt jedenfalls nicht verstand, „dieser Kerl ist ein Abu kull’ Chanâsir, ein Vater aller Schweine, bei dem wir unmöglich bleiben können. Wollen wir uns nicht eine andere Wohnung suchen?“

„Sein Han ist der einzige hier im Ort, lieber Halef.“

„So laß uns lieber im Freien bleiben!“

„Das geht nicht. Wir befinden uns im jetzigen Gebiet der Kelhurkurden, die die berüchtigtsten Pferdediebe sind. Denk an meinen kostbaren Rih! Anstatt uns auszuruhen, könnten wir keinen Augenblick schlafen.“

„Das ist leider richtig, wir müssen ein verschließbares Obdach haben, wo kein solcher Räuber einschleichen

[1] Gastwirt

142

kann. Ein reinliches Fleckchen werden wir freilich hier nicht finden, suchen wir uns also die Stelle aus, wo es am wenigsten schmutzig ist, und wo uns dieser Dschidd el Wasach[1] nicht so oft vor die Nase kommt! Ich habe schon viele Menschen gesehen, deren Anblick mich mit Ekel erfüllte, aber so einen Liebling des Düngers doch noch nicht!"

Der betrunkene ‚Liebling‘ taumelte über den Hof hinüber, wo es wieder eine Maueröffnung gab, an der er stehenblieb, sich an der Wand festhaltend. Dann wendete er sich zu uns.

„Hier, Chodih, ist der Ort, wo sich eure Pferde wie hinter den Pforten des Paradieses fühlen werden. Führt sie hinein, und sagt mir, welches Futter ich für sie holen soll!"

Ich warf einen Blick in den Raum, der so finster war, daß sich mein Auge erst an die Dunkelheit gewöhnen mußte. Dann aber sah ich in diesen ‚Palästen von Mekka‘ eine solche Fülle von Unrat aller Art, daß ich ohne Beschönigung abwehrte.

„Bist du bei Sinnen? Hier ist der Schmutz so tief, daß die Pferde drin versinken würden!"

Der Handschi starrte mich eine Weile verständnislos an und rief dann aus:

„Schmutz? Schmutz bei mir? So etwas hat mir noch kein Mensch gesagt! Das ist eine Beleidigung, für die ich dich eigentlich zum Müssâjefet[2] fordern müßte!"

Diese Drohung kam mir so spaßig vor, daß ich in ein lautes Gelächter ausbrach. Halef aber wurde durch sie so in Zorn versetzt, daß er den Mann anfuhr:

„Wie? Du wagst es, von einem Müssâjefet zu sprechen? Weißt du, wer der hohe Herr ist, dem du das sagst?"

„Nein", antwortete der Wirt harmlos.

---

[1] Großvater des Schmutzes [2] Zweikampf

„Er ist der berühmte Kara Ben Nemsi Effendi aus Almanja!"

„Den kenne ich nicht. Und wer bist denn du?"

„Ich bin der ebenso berühmte Hadschi Halef Omar Ben Hadschi Abul Abbas Ibn Hadschi Dawuhd al Gossarah. Wir brauchen nur einen Finger gegen dich zu erheben, so wirft der Schreck dich sofort über den Haufen!"

„Oho! Ich heiße Ali und gehöre nicht zum verachteten Stand der Guranen[1], sondern zu den Assireten, die mit den Waffen umzugehen wissen. Es ist kein Schreck so groß, daß er mich umwerfen könnte!"

„Du wankst ja schon!"

„Das ist nicht der Schreck, sondern — sondern —"

„Sondern der Raki[2]", fiel Halef ein.

„Raki? Ich habe heute noch keinen Schluck getrunken. Du willst mir doch hoffentlich nicht die Schande antun, mich für einen Sakrân[3] zu halten!"

„Ja, gerade das will ich!"

„Du irrst!"

„Beweise es! Ein gläubiger Anhänger des Propheten darf niemals trunken sein, und wenn er dennoch in den Verdacht der Trunkenheit gerät, so hat jeder gute Muslim die Pflicht, ihm die Sure tel Imtihân[4] vorzuhalten. Kannst du sie auswendig?"

„Nein."

„So werde ich sie dir schnell vorsagen, und du sprichst sie ebenso schnell nach! Paß auf!"

Diese Sure ist die hundertundneunte des Koran. Sie lautet: „Sprich: O ihr Ungläubigen, ich verehre nicht das, was ihr verehret, und ihr verehret nicht das, was ich verehre, und ich werde auch nie verehren das, was ihr verehret, und ihr werdet nie verehren das, was ich verehre. Ihr habt eure Religion, und ich habe die meinige."

1 Bauern, die nie Krieger werden können   2 Schnaps   3 Betrunkener
4 Sure der Prüfung

In der deutschen Übersetzung klingt das einfach. Im Arabischen aber ist es, wie der Leser weiß, selbst für einen Nüchternen schwierig, die Sure schnell und ohne Fehler herzusagen. Ein Betrunkener gar bringt es niemals fertig. Deshalb pflegt man dem, den man eines Rausches zeiht, diese Sure vorzuhalten. Geht er nicht darauf ein, so gibt er dadurch zu, daß er betrunken ist. Darum wird niemand sich weigern, die Worte herzusagen. Auch Ali weigerte sich nicht. Er gab sich vielmehr die größte Mühe, sie Halef nachzusprechen, mußte aber immer wieder von vorn anfangen, ohne richtig zu Ende zu kommen.

„Gibst du nun zu, daß du betrunken bist?" fragte mein kleiner Hadschi zornig. „Du wirst in der Dschehenna[1] dafür büßen müssen!"

„Ich? Fällt mir nicht ein! Ich bin nur ein wenig heiter, aber wenn ihr hinein in die Stube geht, so werdet ihr einen sehen, der weder stehen noch sitzen und auch die Augen nicht mehr offenhalten kann."

„So ist dein Haus eine Maghâret er Redîla, eine Höhle des Lasters, die Allah verfluchen möge, und der Schmutz der Seele liegt darin ebenso hoch, wie hier der Unrat des Gestanks liegt. Hast du keinen anderen, besseren Ort für unsere Pferde?"

„Einen noch besseren? Wünschst du vielleicht den siebenten Himmel Mohammeds für eure Tiere? Ist dieser Stall nicht köstlich zu nennen gegen den, worin ich meine eigenen Pferde habe? Hier herein lasse ich nur die Pferde vornehmer Gäste, die bei mir einkehren."

„So weiß ich wirklich nicht, was wir tun sollen! Sihdi, weißt du es etwa?"

„Es wird uns wohl nichts übrigbleiben, als diesen Stall reinigen zu lassen", erwiderte ich. „Zunächst aber wollen wir sehen, was wir selber hier zu erwarten haben.

1 Hölle

145

Hast du vielleicht einen Sonderraum für vornehme Gäste?"

„Nein", erklärte der Handschi, an den ich diese Frage gerichtet hatte. „Vor Allah sind alle Menschen gleich, darum setzen sich auch die Vornehmen dorthin, wo die Niedrigen sitzen."

„Das ist drin in der Stube, wo der Betrunkene sich befindet?"

„Ja."

„Die wollen wir uns doch vorerst ansehen!"

Wir banden die Pferde für kurze Zeit im Hof an und ließen uns vom Wirt in die Gaststube führen. Sie war lang und breit, aber sehr niedrig. Sie nahm den größten Teil des Hauses von der Tür bis zur Giebelseite ein. Die Diele bestand aus festgeschlagenem Lehm. Es gab da einige roh in den Boden gerammte, niedrige Tische und Bänke, und an der Hinterwand lehnten mehrere übermannshohe Weidengeflechte, deren Länge der Breite der Stube gleich war. Diese Flechtwerke werden in Kurdistan als verschiebbare Wände gebraucht, um je nach Bedarf aus einem größeren Raum mehrere kleinere zu machen.

Es war nur ein einziger Gast da, der an einem der Tische hockte und das Gesicht auf die Arme gelegt hatte. Vor ihm stand die tönerne Flasche mit zwei kleinen, gleichfalls tönernen Trinkgefäßen, aus denen jedenfalls der Raki getrunken worden war, der den Handschi zum Rausch und zur hundertundneunten Sure geführt hatte. Seiner Ansicht nach sollte der Mann noch betrunkener sein als er. Ich richtete also gleich beim Eintritt mein Auge auf diesen Mann. Er hob den Kopf ein wenig und sah uns an. Sein scharfer, forschender Blick war nicht der eines Betrunkenen. So kam es mir vor, obgleich er den Kopf gleich wieder auf die Arme legte. Hatte ich mich getäuscht? Befand sich Ali im Irrtum? Oder verstellte sich dieser Fremde? Wenn es der Fall war, dann mußte diese Verstellung einen Grund haben, der zu denken gab.

Gekleidet war dieser Mann in echt kurdischer Weise: Seinen Kopf bedeckte eine eigentümliche runde Ledermütze, deren Rand so oft und tief eingeschnitten war, daß die Spitzen vorn bis ins Gesicht, an den Seiten über die Ohren und hinten bis über den Nacken herabhingen. Sie glich einer großen Spinne, deren Körper auf dem Scheitel sitzt, während sie ihre langen Beine über die anderen Teile des Kopfes streckt. Auf dem Oberkörper trug er eine dunkle Weste, die oben so ausgeschnitten war, daß der sehnige, braune Hals freiblieb. Sie hatte oben enge und unten weit werdende Ärmel, aus denen die nackten, knochigen Arme bis zum Ellbogen hervorblickten. Die Lederhose steckte in kurzen, derb gearbeiteten Stiefeln. Was der Mann im Gürtel hatte, konnte ich wegen seiner Stellung nicht sehen, doch lehnte neben ihm eine lange, morgenländische Flinte an der Tischkante. Sein Haar war weiß. Er mochte ungefähr sechzig Jahre alt sein, doch machte er, obgleich ich ihn daraufhin nicht betrachten konnte, gar nicht den Eindruck eines alten, hinfälligen Mannes.

Halef kümmerte sich nicht um diesen Gast. Er ließ seine Blicke in der Stube umherschweifen, wiegte zufrieden sein Haupt, als er auf dem Herd ein Feuer brennen sah, dessen Rauch, der niedrigen Decke langsam folgend, durch die Fensteröffnungen entwich, und sagte:

„Weißt du, Sihdi, mit Hilfe der Weidenwände dort könnten wir uns hier eine abgesonderte Stube herrichten. Was meinst du dazu?"

„Der Gedanke ist nicht übel."

„Und ein zweiter Gedanke, den ich habe, ist noch weniger übel, Sihdi: Wir könnten auch die Pferde mit hereinnehmen. Da ständen sie gut, wir hätten sie bei uns und brauchten nicht draußen bei ihnen zu wachen."

Als der Handschi dies hörte, widersprach er schnell:

„Die Pferde mit herein in die Stube? Allah muß euch ganz besondere Köpfe gegeben haben, daß so absonderliche Gedanken drin geboren werden. Wie könnt ihr denken, daß ich den schönsten Raum des Hauses, der eine Zierde des ganzen Ortes ist, zum Pferdestall machen lasse!"

„Wir bezahlen es!" erwiderte Halef.

„Bezahlen? Ich mag euer Geld nicht. Ich habe mehr, viel mehr Geld im Haus, als ihr zahlen könnt."

„So bist du wohl ein sehr reicher Mann?"

„Das nicht, denn das Geld gehört nicht mir, sondern dem Pascha, für den ich es als der Charadschi[1] dieses Kreises eingezogen habe. Es sind über zehntausend Piaster. Habt ihr so viel in euren Taschen?"

„Dummkopf!" antwortete Halef grob. „Wir sind reicher als selbst dein Pascha, und was wir besitzen, ist unser Eigentum. Dir aber gehört nichts von dem, was du hier liegen hast. Wieviel verlangst du von uns, wenn wir uns hier eine eigene Stube bauen?"

„Wie lange wollt ihr bleiben?" erkundigte sich Ali vorsichtig.

„Vier Tage."

„So bezahlt ihr für die Stube täglich zehn Piaster und für das Essen —"

„Das bereiten wir uns selber", fiel ihm der Hadschi in die Rede. „Wenn du einwilligst, daß wir die Pferde mit hereinnehmen, zahlen wir dir zwanzig Piaster für den Tag. Greif schnell zu, denn so viel hat dir noch nie ein Gast eingebracht!"

Der betrunkene Mann willigte nach einigem Hin- und Herreden ein und teilte mittels einer Scheidewand den hinteren Teil der Stube für uns ab, worauf Halef die Pferde holte und bei uns unterbrachte. Hierauf erhandelten wir für zwei Piaster ein Huhn, das Halef schlach-

[1] Steuereinnehmer

tete und auf dem Herd am Spieß briet, denn aus den Händen Alis etwas zu essen, war unmöglich.

Ich breitete inzwischen hinter der Flechtwand meine Decke aus, um es mir darauf bequem zu machen. Durch die Lücken dieser Wand konnte ich die Leute beobachten, die in die Stube kamen. Sie wollten die Gäste sehen, die so vornehm waren, daß sie ihre Pferde nicht im Schmutz stehen ließen. Sie wendeten sich an Hadschi Halef mit neugierigen Fragen, die er in seiner drollig übertreibenden Weise beantwortete. Als dabei mein Name genannt wurde, richtete sich der angeblich betrunkene Gast plötzlich auf und erkundigte sich:

„Ist das Kara Ben Nemsi Effendi, der damals den Stamm der Haddedihn von allen seinen Feinden befreite[1]?"

„Ja", erklärte Halef. „Er ist der berühmte Krieger, den noch nie ein Feind zu besiegen vermochte, und der den Löwen des Nachts ganz allein aufsucht, um ihn mitten ins Auge zu treffen."

„Also jener, der dafür von Mohammed Emin, dem Scheik der Haddedihn, den unübertrefflichen Rapphengst Rih geschenkt bekam?"

„Ja."

„Ist es dieser Hengst, den du dort hinter die Wand gebracht hast?"

„Er ist's. Warum fragst du nach ihm?"

„Weil ich so viel von diesem Pferd und seinem jetzigen Herrn gehört habe."

Nach diesen Worten legte er sich wieder vornüber und verharrte längere Zeit in dieser Stellung, bis er schließlich aufstand und langsam und unsicher wie ein Betrunkener zur Tür hinauswankte. Kaum zehn Minuten später kam eine Frau, offenbar die Wirtin, eilig herein und fragte ihren Mann:

1 Vgl. Gesammelte Werke Band 1: ‚Durch die Wüste‘

„Soeben ist der Fremde fortgeritten. Hat er dich gefragt?"

„Gefragt? Wonach?" antwortete der Handschi. „Fortgeritten? Er hat doch kein Pferd! Und fort soll er sein? Sein Gewehr lehnt ja noch hier!"

„Er saß auf einem unserer Pferde."

„So wird ihm eingefallen sein, daß er eilig etwas zu besorgen hat. Er wird sich nicht weit entfernt haben und bald wiederkommen, denn er will ja einige Wochen hier bei uns in Khoi wohnen."

Damit war für Ali die Sache abgemacht, mir aber kam sie, obgleich sie mich nichts anging, befremdlich vor. Als der Fremde seine Fragen an Halef richtete, hatte er so klar und bestimmt gesprochen, gar nicht wie ein Betrunkener, und als er sich dann entfernte, war es mir vorgekommen, als sei sein schwankender Gang nur Verstellung. Aber ich hatte nichts mit dieser Angelegenheit zu tun, und so konnte es mir gleichgültig sein, ob ein Gast, der sich vom Wirt für kurze Zeit ein Pferd auslieh, diesen vorher darum fragte oder nicht. Übrigens kam bald darauf Halef mit dem gebratenen Huhn zu mir, und während wir aßen und dann die Pferde fütterten und tränkten, geriet der Vorfall vollends in Vergessenheit.

Gegen Abend machten wir einen Spaziergang vor den Ort hinaus. Als wir bei einbrechender Dunkelheit zurückkehrten, saß der Wirt mit einigen Nachbarn schon wieder beim Raki und war betrunkener als vorher. Er schien anzunehmen, daß Mohammed nur den Wein und nicht auch den Schnaps verboten habe, und die anderen waren gleichgesinnt. Sie waren Gewohnheitstrinker, die stumm und stumpf darauf lostranken, bis der Krug leer war. Dann gingen die anderen heim, und Ali torkelte, denn anders konnte man es nicht mehr nennen, zur Tür hinaus, wohin, das sollte ich bald erfahren, denn nur einige Minuten später hörten wir ihn draußen im Hof schreien, als steckte er am Spieß. Wir eilten hinaus um nachzusehen, was ihm zugestoßen sei. Da stand er mit gerungenen Händen und schrie wütend auf seine Frau und andere Personen ein, die durch seinen Lärm herbeigerufen worden waren. Der schwere Rausch war plötzlich von ihm gewichen, der Schreck hatte ihn nüchtern gemacht. Ich hörte nämlich, daß die zehntausend Piaster verschwunden seien, und er klagte nun die Anwesenden der Reihe nach an, sie ihm gestohlen zu haben. Als sie alle ihre Unschuld beteuerten, rannte Ali in den Stall, holte eine Peitsche und schlug damit auf Frau und Gesinde ein. Ich riß ihm die Knute aus der Hand und herrschte ihn an:

„Wie kannst du dein Weib und diese Leute für etwas züchtigen, was sie gar nicht getan haben!"

„Nicht?" trotzte Ali. „Wie kannst du das behaupten? Einer von ihnen ist's gewesen!"

„Wenn du den Schuldigen treffen willst, so prügle dich nur selber."

„Wie? Mich selber? Bist du bei Sinnen?"

„Ich bin bei Sinnen. Du aber bist es nicht. Du selber hast dich bestohlen, indem du den Dieb, wie ich vermute, geradezu veranlaßt hast, das Geld zu nehmen. Hattest du es versteckt?"

„Ja", gab Ali zu.

„Kannte deine Frau den Ort?"

„Nein."

„War er diesen Leuten hier bekannt?"

„Auch nicht."

„Du bist ein höchst unvorsichtiger Mensch, den der Raki plauderhaft macht."

„Ich habe nicht geplaudert!" behauptete der Handschi.

„So? Hast du nicht uns beiden, die wir dir vollständig fremd sind, erzählt, du hättest über zehntausend Piaster im Haus?"

„Aber wo das Geld lag, habe ich euch nicht verraten!"

„Uns nicht, aber wahrscheinlich einem anderen. Kennst du den Fremden, der auf deinem Pferd fortgeritten ist?"

„Ich hatte ihn bisher noch nie gesehen. Jetzt aber weiß ich, daß er ein reicher Mann aus Serdescht ist, der einige Wochen hierbleibt, um Galläpfel einzukaufen."

„Wirklich? Ein Bewohner von Serdescht kommt von dort herüber, um Galläpfel zu erstehen? Deine Leichtgläubigkeit und Unkenntnis ist grenzenlos. Dazu frage ich dich, ob jetzt die Zeit zu solchen Einkäufen ist?"

Ali fühlte, daß ich recht hatte, und schwieg.

„Ist er mit dem Pferd zurückgekehrt?" erkundigte ich mich weiter.

„Nein."

„Und mit dem Geld auch nicht!"

Da riß ihn der Schreck jäh empor.

„Der — der — der —? Hältst du den Gast für den Dieb?"

„Ja."

„Warum?"

„Er stellte sich betrunken, war es aber nicht. Weißt du noch, was du im Rausch mit ihm gesprochen hast?"

„Nicht alles."

„Hast du ihm von dem Geld erzählt?"

„Ja, denn er war ein erfahrener Mann und sagte mir, wie er das seinige verstecke."

„Und da hast du es ihm nachgemacht?"

„Ja", bekannte Ali immer demütiger.

„So hat er also gewußt, wo es verborgen war?"

„Ganz genau nicht, denn es waren mehrere Orte, die er mir riet."

„So hat der Fremde an diesen Orten gesucht, bis er den richtigen fand, und sich auf dein Pferd gesetzt, um schnell zu verschwinden und niemals wiederzukommen."

„Aber, Effendi, er hat ja sein Gewehr noch hier!"

„Ja Heiwân — o du Einfalt! Das mußte er liegenlassen, denn hätte er es mit aus der Stube genommen, so wäre dadurch seine Absicht durchzubrennen, verraten worden. Und wenn jemand zehntausend Piaster und dazu ein Pferd stiehlt, kommt dabei der Wert dieses alten Schießeisens nicht in Betracht."

Die Betrunkenheit des Handschi war, wie gesagt, von ihm gewichen, aber Ali schien auch in nüchternem Zustand keine hervorragenden Geisteskräfte aufweisen zu können, denn die Wahrheit meiner Ansichten wollte ihm nicht einleuchten. Er sah mich eine Weile wortlos an und wendete sich dann ab, um das bißchen Denkvermögen, das ihm noch geblieben war, weiter anzustrengen. Hierauf schien ihm eine plötzliche Eingebung gekommen zu sein, denn er drehte sich wieder zu mir um.

„Effendi, da fällt mir etwas sehr Wichtiges ein! Über dem Loch, das der Dieb machen mußte, um zu dem Geld zu kommen, fand ich ein Messer. Was sagst du dazu?"

„Du hast es an dich genommen?"

„Nein, ich habe es liegenlassen."

„Dir scheint ja alles zu fehlen, was zum Nachdenken gehört. Mit diesem Messer ist das Loch gemacht worden, und der, dem es gehört, muß der Dieb sein. Laß uns schnell hingehen, um es anzusehen!"

„Nein, nein! Es braucht kein Mensch zu wissen, wo ich mein Versteck habe. Ich hole das Messer allein."

Ali rannte fort, ohne zu bedenken, daß nun, da das Geld gestohlen war, der Ort, wo es gelegen hatte, nicht mehr verheimlicht zu werden brauchte. Als er wiederkam, gingen wir in die Stube, weil es da heller war als im dunklen Hof. Kaum hatte er einen Blick auf das Messer geworfen, so rief er aus:

„Effendi, du hast recht gehabt, denn dieses Messer gehört dem Fremden. Ich weiß das genau. Ich habe es, als er damit aß, wiederholt betrachtet und es mir von ihm sogar zeigen lassen, weil der Griff uralte persische Arbeit ist. Sere men — bei meinem Haupt, er ist der Dieb! O

Allah, o Prophet aller Propheten! Ich bin zu Grunde gerichtet, denn das Geld ist nicht mein. Ich muß es abliefern. Ich muß es ersetzen und werde dadurch ein armer Mann! Was soll ich tun? Was rätst du mir?"

„Hm! Man hat doch gesehen, in welcher Richtung der Dieb geritten ist. Wenn es Tag wäre, könnte man seine Spuren erkennen und ihn verfolgen. Ich würde ihn auf meinem Pferd einholen, obgleich er schon einen bedeutenden Vorsprung hat."

„Tu das, Effendi, tu das!"

„Ich würde es wohl tun, wenn es nicht wegen der Dunkelheit unmöglich wäre. Wir müssen warten, bis es wieder hell wird. Bis dahin haben wir auch Zeit, die Sache weiter zu besprechen und zu überlegen."

„Überlegen? Welch ein Gedanke von dir! Morgen ist der Schurke ja noch viel weiter entflohen als jetzt! Nein, nein! Ich lasse ihm keine Zeit! Ich muß mein Geld wiederhaben, mein Geld, mein Geld! Ich weiß, was ich zu tun habe, es ist das allerbeste, was ich tun kann: Ich eile sofort zum Malkoe-gund[1] und erstatte Anzeige. Der ist ein kluger und erfahrener Mann, viel pfiffiger, klüger und erfahrener als wir beide. Er wird sofort wissen, wie ich sicher wieder zu meinem Eigentum komme. Paß auf, ich werde es in kürzester Zeit wiederhaben!"

Ali rannte fort. Halef ließ hinter ihm her ein lustiges Lachen hören.

„Sihdi, nun hast du gehört, wie dieser Handschi über seine und auch über deine Geistesgaben denkt. Solltest du jemals auf den Gedanken kommen, dich als Malkoegund von Khoi zu melden, so weißt du, was für einen dummen Kerl der jetzige zum Nachfolger bekäme. Danke Allah für diese Aufrichtigkeit und wandle mit fügsamer Bescheidenheit deinem künftigen Amt entgegen!"

Ich bemitleidete den Wirt und hätte gern etwas für

[1] Ortsvorsteher

ihn getan. Unter den gegebenen Verhältnissen aber konnten wir nichts unternehmen, sondern mußten uns in unsere Abteilung zurückziehen und seine Rückkehr abwarten. Es verging fast eine Stunde, da hörten wir draußen Pferde schnauben. Halef ging hinaus und berichtete mir dann:

„Sihdi, man denkt gar nicht daran, die Vorzüge unseres Geistes in Anspruch zu nehmen. Soeben ist der ‚pfiffige‘ Malkoe-gund mit dem Wirt und einigen anderen Männern fortgeritten, und zwar nach Westen zu, weil man den Dieb in dieser Richtung hat reiten sehen. Ich wünsche ihnen eine glückliche Reise. Du hast mir wiederholt gesagt, die Erde hätte die Gestalt einer Kugel. Wenn du erfahren willst, ob der Dieb von ihnen erwischt wird, so bin ich gern bereit, mit dir hierzubleiben und zu warten, bis sie aus Osten wiederkommen."

In diesen spöttischen Worten war das ganze Urteil des kleinen Hadschi Halef enthalten, der es, was Mutterwitz und Scharfsinn betraf, jedenfalls mit allen Untertanen des Malkoe-gund aufnehmen konnte. Da wir glaubten, heute nicht mehr gebraucht zu werden, machten wir unsere Lagerstätten bereit und gaben unseren Pferden das Zeichen, sich auch niederzulegen, was sie in langgewohntem Gehorsam auch sofort taten.

7. EIN MOHAMMEDANISCHER
WANDERPREDIGER

Wir sollten indes noch nicht zur Ruhe kommen, denn wir hatten die Augen kaum geschlossen, so stellte sich ein neuer Gast ein, der draußen im Hof nach dem Wirt rief und, weil er nicht sofort Antwort erhielt, herein in die Stube kam. Er trat mit lauten Vorwürfen ein, daß man seiner nicht achte, wie es seinem Rang zukomme, unterbrach aber den Fluß seiner Strafrede, als er beim Schein des restlichen Feuers in der vorderen Abteilung niemand bemerkte. Dann kam er zu uns herein. Da er auch hier nichts sah, weil es bei uns dunkel war, fragte er: „Ist jemand hier in diesem Loch?"

„Ja", antwortete Halef.

„So macht euch doch auf, ihr Taugenichtse! Ich habe weder Zeit noch Lust zu warten, bis es euch gefällt mich zu bedienen!"

Ich kannte Hadschi Halef zu genau, um nicht zu wissen, was nun folgen würde. Er besaß ein höchst reges Ehrgefühl und ließ sich nicht ungestraft grob behandeln. Zunächst schwieg er.

„Nun, wird es bald?" fuhr der Fremde fort. „Wenn ihr nicht augenblicklich kommt, treibe ich euch mit der Peitsche in die Höhe!"

Halef schwieg noch immer, und auch mir fiel es nicht ein, ein Wort zu sagen. Da kam der Fremde einige Schritte näher, und ich hörte, daß er mit der Peitsche um sich schlug. Aus einem Geräusch neben mir entnahm ich, daß Halef aufsprang. Gleich darauf fielen klatschende Hiebe, und zwar so schnell hintereinander, daß ich sie nicht zählen konnte, und die Stimme des Fremden zeterte:

„Allah, Allah! Wer wagt es da, mich zu schlagen! Wer

ist es — — — el waïl lak, meded amân, meded Allah, ôl waih — wehe dir, oh, zu Hilfe, wehe, wehe!"

Ich wußte nun, wer der Austeilende und wer der Empfangende war. Der kleine, wackere Hadschi prügelte den Fremden durch, was ich freilich nicht sehen konnte. Und zwar fielen die Hiebe so hageldicht, daß der Getroffene gar keine Zeit fand, sie mit seiner Peitsche abzuwehren. Komisch war dabei, daß Halef seine Arbeit in tiefstem Schweigen verrichtete, während der Fremde überlaut schrie. Seine Ausrufe entstammten der arabischen und türkischen Sprache, was mich annehmen ließ, daß er kein Kurde sei. Als er zu der Erkenntnis gekommen war, daß er dem schweigenden, aber so fühlbaren Empfang nicht gewachsen sei, versuchte er, aus unserer Abteilung zu entwischen, was ihm auch gelang, da er von Halef nicht daran gehindert wurde. Eben als er unsere Scheidewand hinter sich hatte, kam die Wirtin, von seinem Geschrei herbeigelockt, mit einigen Leuten vom Gesinde zur Tür herein. Als der Fremde sie sah, rief er ihr entgegen:

„Wer bist du? Bist du etwa das Weib des Handschi?"

„Ja", erklärte sie.

„Wo ist dein Mann? Ruf ihn mir!"

„Mein Herr ist nicht daheim."

„So schicke sofort zum Malkoe-gund dieses Ortes! Ich muß augenblicklich mit ihm sprechen."

„Auch er ist nicht daheim."

„Ich muß ihn aber haben! Ich bin geschlagen worden und verlange, daß die Verbrecher, die das taten, sofort auf das allerstrengste bestraft werden."

„Wer hat dich geschlagen?"

„Die Hunde, die dort hinter der Flechtwand stecken. Du bist die Herrin. Rufe sie hervor, sie müssen dir gehorchen!"

Die Wirtin zögerte verlegen.

„Sie werden mir nicht gehorchen, denn sie gehören nicht

in dieses Haus. Sie sind Fremde, die einige Tage bei uns wohnen."

„Fremde? Um so schlimmer! Wer sind sie denn?"

„Der eine ist ein Effendi aus dem Abendland und der andere ein Hadschi, mit einem so langen Namen, daß man ihn unmöglich im Gedächtnis behalten kann."

„Mag er noch tausendmal länger sein, die Schufte müssen bestraft werden. Jeder gewöhnliche Mann erklärt schon, daß Schläge nur mit Blut abzuwaschen sind. Ich aber bin ein Liebling Allahs, ein Nachkomme des Propheten und Forscher auf dem Weg, der zum Himmel führt. Rufe die Übeltäter heraus, damit ich Rechenschaft von ihnen fordere!"

„Ich kann sie wohl rufen, ob sie aber kommen werden, weiß ich nicht."

Sie näherte sich der Scheidewand, brauchte aber ihre Absicht nicht auszuführen, denn Halef, der Furchtlose, kam ihr zuvor. Die Peitsche noch immer in der Hand, ging er hinaus, schritt gerade auf den Fremden zu, stellte sich dicht vor ihn hin und sah ihm ins Gesicht.

„Hier bin ich, der Hadschi mit dem langen Namen. Wenn du Rechenschaft fordern willst, so bin ich bereit, sie dir zu geben, aber nur in meiner Weise, die wahrscheinlich nicht die deinige ist. Du hast sie schon kennengelernt!"

Der ‚Liebling Allahs' war ein Mann von vielleicht dreißig Jahren mit einem langen Vollbart und schönen, strengen, an einen Büßer erinnernden Gesichtszügen, wie ich jetzt durch ein Loch in der Flechtwand sah, weil er im Schein des Feuers stand. Mit seiner hohen, stolzen Gestalt ragte er um mehr als Kopfeslänge über den kleinen Hadschi hinaus. Die Farbe seines Turbans zeigte, daß er sich zu den Nachkommen des Propheten zählte. In seinem Gürtel steckten Messer und Pistolen. Da er jedoch Halefs Hiebe so ohne jede Gegenwehr hingenommen hatte, glaubte ich, daß dieses kriegerische Aussehen nicht ganz mit seinen inneren Eigenschaften in Einklang stehe. Er blickte finster auf Halef nieder.

„Ich sehe eine Peitsche in deiner Hand. Bist du es etwa, der es gewagt hat, mich zu schlagen?"

„Ja, geschlagen habe ich dich, aber gewagt war gar nichts dabei."

„Schweig, Hundesohn! Willst du mich abermals beleidigen?"

Da hob der Kleine drohend die Peitsche.

„Sagst du noch ein einziges Mal das Wort Hundesohn zu mir oder ein anderes, das mir nicht gefällt, so ziehe ich dir diese Riemen des Nilpferdes übers Gesicht, daß du dich zehn Jahre lang vor keinem Menschen sehen lassen kannst! Wer bist du denn, daß du dich unterfängst, in dieser Weise mit mir zu sprechen? Wie heißt du, und wie lautet der Name deines Vaters, deiner beiden Großväter und der vier Väter dieser Vatersväter?"

„Das sollst du gleich hören. Wisse, ich bin Ssali Ben Aqil, der berühmte Wanderprediger des wahren Glaubens, der uns eine Auferstehung und Wiederkehr des Propheten verheißt."

„Berühmt nennst du dich?" lächelte Halef. „Ich bin in den Ländern vieler Menschen gewesen vom Anfang bis zum Niedergang der Sonne, aber den Namen Ssali Ben Aqil[1], so fromm und klug er klingt, habe ich noch nie gehört. Ich aber bin Hadschi Halef Omar Ben Hadschi Abul Abbas Ibn Hadschi Dawuhd al Gossarah!"

Als der Wanderprediger diesen Namen hörte, fuhr er einen Schritt zurück und machte eine Gebärde größter Überraschung.

„Hadschi Halef Omar! Gehörst du jetzt zum Stamm der Haddedihn?"

„Ja."

„So bist du der kleine Mann, der mit jenem Ungläubigen, jenem Christen geritten ist, der im ‚Tal der Stu-

[1] Wörtlich: ‚Der Fromme, Sohn des Scharfsinns'

159

fen' die vereinten Feinde besiegte, die den Stamm der Haddedihn verderben wollten[1]?"

„Ja."

„Weißt du, wo sich dieser Christ jetzt befindet?"

„Ja."

„Wo ist er?"

„Dort hinter der Scheidewand."

Da trat Ssali noch einen Schritt zurück, warf vor Erstaunen die Arme empor — fast hätte ich behaupten mögen, dieses Erstaunen sei freudiger Art — und fragte:

„Wie wird er genannt?"

„Er ist der berühmte und unbesiegbare Kara Ben Nemsi Effendi."

„Ssahîh, ßahîh — richtig, richtig. Genauso habe ich diesen Namen gehört!"

Ich sah, daß er weitersprechen wollte, aber er verschluckte, was ihm auf den Lippen lag, drehte sich um und ging einigemal nachdenklich in der Stube hin und her. Es war jedenfalls ein wichtiger Gedanke, ein Entschluß, der ihn bewegte. Er kam bald mit sich ins reine, denn er wendete sich Halef wieder zu und sagte in ganz anderer Weise als bisher:

„Höre auf meine Worte, Hadschi Halef Omar! Du hast mich geschlagen, das ist eine Beleidigung, die eigentlich nur durch den Tod gesühnt werden kann. Aber ich will sie dir verzeihen, weil ich vorher geschlagen habe, freilich ohne dich zu treffen. Ich habe von deinen und des christlichen Effendi Taten so viel gehört, und ich bewundere sie so sehr, daß es mir eine Wonne sein würde, wenn ich Kara Ben Nemsi jetzt sehen und mit ihm sprechen könnte. Ich bitte dich, zu ihm zu gehen und ihm das zu sagen. Willst du mir diesen Wunsch erfüllen?"

Seine Augen ruhten bei dieser Frage gespannt auf dem Gesicht des Kleinen. Dieser Prediger des Islam gefiel mir nicht. Er war ein Mann, vor dem man sich hüten mußte,

1 Vgl. Gesammelte Werke Bd. 1: ‚Durch die Wüste'

und hinter seiner plötzlichen Freundlichkeit lauerte jedenfalls eine unfreundliche Absicht. Aber mein wakkerer Halef war alles, nur kein Menschenkenner. Sein gutes Herz verzieh leicht, und wenn man gar von seinen ‚großen und berühmten' Taten sprach, so hatte man ihn ohne Widerstand gewonnen. Er war dabei freilich keineswegs ein solcher Aufschneider wie der alte Selim, der ‚Schleuderer der Knochen' und ‚größte Held des Weltalls', aber er hatte mit mir zahlreiche Abenteuer erlebt und glücklich bestanden, und bei der Bildungsstufe, auf der er stand, und der Art der Morgenländer überhaupt, war es gar kein Wunder, daß er leicht in den Fehler verfiel, Leuten, die ihm schmeichelten, sein Vertrauen zu schenken. So überlegte er auch jetzt nicht lange.

„Ja, ich werde deinen Wunsch erfüllen und den Effendi holen."

„Wird er auch kommen, wenn du ihn darum ersuchst?"

„Ganz gewiß! Er wird mich niemals dadurch kränken, daß er ein Versprechen nicht erfüllt, das ich gegeben habe."

Ich sah ein, daß mir schon um Halefs willen nichts anderes übrigblieb, als mich dem Fremden zu zeigen. Dazu kam die Anteilnahme, die man jedem Menschen schenkt, der einem ungewöhnlich oder gar rätselhaft erscheint. Dieser Prediger war uns feindlich gesinnt, das stand bei mir fest. Er verfolgte eine Absicht, die uns nichts Gutes bringen konnte, das stand ebenso fest. Aber diese Absicht zu durchschauen, das reizte mich, und da es stets besser ist, einem Übel oder gar einer Gefahr entgegenzugehen, als feig zu warten, bis man davon gepackt wird, so stand ich auf und trat hinaus, ohne Halef Zeit zu lassen, mich darum zu bitten.

Als Ssali Ben Aqil mich erblickte, trat er einige Schritte

auf mich zu, kreuzte die Hände über der Brust und ver-
beugte sich tief.

„Allah grüße und segne dich, Effendi! Noch in der
Stunde meines Todes werde ich den Augenblick, in dem
ich dir heute begegne, zu den schönsten meines Lebens
rechnen!"

Ssali blieb in gebückter Haltung stehen, um meine Antwort zu erwarten. Er wußte, daß ich ein Christ war,
und durfte mir als Muslim nicht in dieser Weise den
Segen Allahs wünschen. Er tat es dennoch, obgleich er
sogar Chatîb[1] des Islam war, und das mußte mich doppelt
bedenklich machen. Ich ließ ihn nichts merken und antwortete freundlich:

„Erhebe dein Haupt! Männern ziemt es, einander in die
Augen zu schauen."

„Aber du bist berühmter als ich!" entgegnete er,
während er sich langsam und mit demutsvollem Augen-
aufschlag aufrichtete.

„Was verstehst du unter berühmt? Nur Einer ist berühmt, Allah, denn sein Name erschallt durch alle Lande,
und sein Lob ertönt auf allen Sonnen und Sternen, jetzt
und in Ewigkeit. Wenn ein Mensch ein wenig mehr getan
als ein anderer, so darf er sich dessen doch nicht rühmen,
denn es war ihm von Allah befohlen, und er erhielt von
ihm die Kraft dazu."

„Aus deinen Worten klingt mir die Stimme der Weisheit und Demut entgegen, doch bin ich mir gar wohl
bewußt, wie hoch du über mir stehst. Wirst du mir verzeihen, daß dich mein plötzliches Kommen in der wohl-
verdienten Ruhe störte?"

„Die Störung geschah in etwas ungewöhnlicher Weise,
über die ich aber nicht rechten will, weil du dich mit
Hadschi Halef Omar darüber verständigt hast. Als deine
Peitsche fragte, hat die seinige geantwortet, und so ist die
Sache abgetan."

1 Prediger

Sein Auge schoß einen schnellen, scharfen Blitz auf mich, doch erwiderte er mit der freundlichsten Miene:

„Ich hörte, daß du mehrere Tage hierzubleiben gedenkst. Du brauchst also morgen früh nicht zeitig aufzubrechen und kannst den Schlaf um die Stunde verlängern, die ich ihm jetzt raube. Laß mich dein freundliches Herz erkennen und sei mein Gast, wenn ich jetzt hier zu Abend speise!"

„Wir haben schon gegessen", wehrte ich ab.

Ssali ließ einen vielsagenden Blick über die schmutzige Umgebung schweifen.

„Effendi, ich verstehe dich, doch enthalten meine Satteltaschen genug Gaben der Reinlichkeit, daß ihr, du und Hadschi Halef Omar, getrost daran teilnehmen könnt. Erlaube, daß ich sie hole und mit dem Weib des Wirtes mein Verbleiben bespreche!"

Er ging hinaus und winkte der Frau und dem Gesinde, ihm zu folgen. Als ich mich mit Halef allein befand, fragte der Kleine:

„Sihdi, hättest du es für möglich gehalten, daß ein so grober Ibn el Maßwâka[1] sich so schnell in einen freundlichen und ergebenen Sibt el Adab[2] verwandeln könne?"

„Ja, denn er hat jedenfalls seine guten Gründe dazu. Du aber, lieber Halef, bist ein Sohn und Enkel der Unvorsichtigkeit gewesen, als du ihm versprachst, mich zu holen."

„Ich? Warum?"

„Weil dieser Mann aus irgendeinem Grund, den ich bald zu erfahren hoffe, ein Feind von uns ist und in der kurzen Zeit, während der er vorhin hier auf und nieder schritt, über einen Plan nachgedacht hat, der uns nur Böses bringen kann."

„Er hat dir aber doch den Segen Allahs gewünscht!"

„Er, ein Lehrer des Islam, mir, einem Christen! Bedenke das, Halef!"

[1] Sohn der Peitsche [2] Enkel der Höflichkeit

„Kull' Schejatîn — alle Teufel! Das habe ich vor Freude über seine Umwandlung ganz übersehen. Aber was kann er Böses gegen uns wollen? Wir kennen ihn nicht und haben ihn nie beleidigt!"

„Aber er kennt uns, und mancher Mensch hat mehr unbekannte als bekannte Feinde. Bedenke, daß wir auf unseren Streifzügen schon oft gezwungen waren, uns der Angriffe von Leuten zu erwehren, deren Angehörige uns nach den Gesetzen der Rache hassen müssen, wann und wo sie uns treffen. Es ist ja nicht unmöglich, daß dieser Ssali Ben Aqil einer solchen feindlichen Sippe angehört."

„Das ist wahr, wie alles, was du sagst, Sihdi. Wir wollen uns wieder niederlegen und so tun, als wäre dieser Liebling Allahs, wie er sich nannte, gar nicht gekommen!"

„Nein, das dürfen wir auf keinen Fall. Selbst wenn er nicht durch frühere Vorkommnisse zur Feindschaft gegen uns gezwungen wäre, würden ihn die Hiebe, die du ihm erteiltest, zur Rache zwingen. Käme dazu noch die große Beleidigung, daß wir seine Einladung zurückweisen, so könnten wir mit doppelter Sicherheit auf seine unversöhnliche Gegnerschaft rechnen. Und das ist bei einem so leidenschaftlichen Anhänger des Islam zehnmal gefährlicher als bei jedem anderen Menschen."

„So mag wenigstens unser Verhalten so stolz und zurückhaltend sein, daß er froh ist, wenn wir uns bald wieder entfernen!"

„Auch das nicht, denn er würde dadurch zu der gleichen Zurückhaltung genötigt sein, und ich könnte nicht das aus ihm heraushorchen, was ich doch von ihm erfahren will. Er muß überzeugt sein, daß wir ihm glauben und vertrauen. Darum werden wir zu ihm freundlich sein und uns für seine Einladung dankbar zeigen. Es ist am besten, du schweigst so viel wie möglich und läßt nur mich mit ihm sprechen."

Das war von meinem stets redefertigen Halef zwar viel verlangt, aber ich sagte es so bestimmt, daß er darauf verzichtete, etwas dagegen einzuwenden. Diese Unterweisung war gerade noch zur rechten Zeit gegeben, denn eben als ich die letzten Worte gesprochen hatte, kam Ssali Ben Aqil wieder herein, gefolgt von einem Chaddâm[1], der die wohlgefüllten Satteltaschen trug.

„Hier, Effendi, bringe ich eine Ische[2]", sagte er, „von dem du ohne Scheu genießen kannst, denn auch ich bin ein Freund der Reinlichkeit, weil ich die großen Städte besucht habe, wo man nicht gewöhnt ist, den Gast durch Schmutz zum Hunger zu verdammen."

Ssali nahm dem Knecht die Taschen ab und legte den Inhalt, eingewickeltes Fleisch, Fladenbrot und Früchte, auf den Tisch. Das sah so sauber und einladend aus, daß Halef sich setzte und sein Messer zog. Ich folgte diesem Beispiel, und während wir zu essen begannen, erkundigte ich mich bei Ssali, indem ich an seine Bemerkung anknüpfte:

„In den großen Städten bist du gewesen? Willst du mir die Namen der Orte nennen, die du gesehen hast?"

„Ich habe das ganze Reich des Padischah und auch das Land des Schah von Persien gesehen, denn ich ziehe von Ort zu Ort, um zu verkünden, daß die Zeit nahe ist, in der der ,Rechtgeleitete'[3] erscheinen wird."

„Woher weißt du das?"

„Eine innere Stimme, die ständig zu mir spricht, sagt es mir. Doch du als Christ kannst das ja nicht verstehen. Laß uns lieber von den Städten sprechen, in denen ich längere Zeit geblieben bin, um den Koran, seine Auslegungen und alle Regeln der Anbetung zu studieren!"

„Welche sind das?"

„Erst ging ich nach Persien als dem Land, dessen Schulen meiner Heimat am nächsten lagen. Ich studierte in Teheran und Isfahan, bin aber der Hunde von Schiiten

1 Knecht   2 Abendessen   3 Mahdi

wegen, die Allah verfluchen möge, schon nach einem Jahr wieder fortgegangen. Ich wanderte nach Stambul, wo ich sehr fromme und kluge Lehrer fand, aber doch nicht, was ich suchte. Hierauf schloß ich mich der großen Hadsch[1] nach den heiligen Städten Mekka und Medina an. In Mekka erwarb ich mir dieses Hamâïl[2], das ich am Hals hängend trage, und in Medina blieb ich dann längere Zeit als Schüler eines berühmten Muderris[3], der die hervorragenden Auslegungen fast auswendig kannte."

„Würdest du mir erlauben, dein Hamâïl einmal zu betrachten?"

Ssali löste das Band und gab mir das Buch mit den Worten:

„Eigentlich darf dieser heilige Koran von der Hand eines Ungläubigen nicht berührt werden. Wenn ich ihn dir dennoch gebe, magst du daraus ersehen, wie hoch du in der Achtung meines Herzens stehst."

Der Koran ist mir só bekannt wie unsere Bibel. Wenn ich um dieses Stück bat, so tat ich es nicht des Inhalts wegen, sondern aus einem anderen Grund. Ich wollte nämlich wissen, ob Ssali wirklich Scherif[4] war. Als ich die betreffende Bemerkung nicht eingetragen und untersiegelt fand, fragte ich:

„Weißt du, daß die Tabellen, in denen der Name jedes Scherifs verzeichnet steht, alljährlich mit der großen Hadsch nach Mekka gesandt werden?"

„Ja."

„Und daß der Name jedes Scherifs, der dort ein Hamâïl erwirbt, darin eingetragen werden muß?"

„Das weiß ich doch. Ich bin ja Scherif!"

„Warum steht dann dein Name nicht hier in diesem Koran?"

Jetzt erst merkte er, wo ich hinausgewollt hatte,

---

[1] Pilgerkarawane [2] In Mekka geschriebener Koran [3] Lehrer, Professor an einer Hochschule [4] Abkömmling Mohammeds

wurde verlegen und suchte schnell darüber hinwegzu-gehen.

„Weil ich vergessen habe, ihn einzuschreiben und mit dem Siegel des Großscherifs versehen zu lassen. Als ich von dem Muderris in Medina nichts mehr lernen konnte, zog ich nach Kahira. Die Hochschule der Azharmoschee dort ist die berühmteste in allen Landen. Es gab an ihr über achttausend Talaba[1], unter denen ich mehrere fand, die nach der reinen Wahrheit strebten. Sie führten mich zu einem Muderris, dem einzigen, der von dem bald zu erwartenden Mahdi lehrte. Ich wurde sein Schüler, und ihm habe ich es zu verdanken, daß ich jetzt der Welt die Kunde vom kommenden ‚Rechtgeleiteten‘ bringen kann.“

Er sprach jetzt so stolz und überlegen, daß ich es mir nicht versagen konnte, ihn ein wenig herabzustimmen.

„Ich erkenne, was für ein hochbedeutender Mann du bist. Darf ich erfahren, welche Gegend oder welcher Ort den Vorzug besitzt, deine Geburt gesehen zu haben und deine Heimat zu sein?“

Diese Frage schien Ssali ungelegen zu kommen, und er bedurfte einer kurzen Überlegung, ehe er antwortete:

„Ich bin in ed Dimjat[2] in Ägypten geboren.“

„Sonderbar! Ich habe dich für einen Kurden gehalten.“

„Warum?“

„Zunächst wegen einiger bezeichnender Kehllaute in deiner Aussprache, und sodann hast du vorhin selber gesagt, Kurdistan sei deine Heimat.“

„Ich? Wann?“ fragte er mehr besorgt als erstaunt.

„Du teiltest uns mit, Persien sei das Land, das deiner Heimat am nächsten liege. Am nächsten zu Persien aber liegt Kurdistan.“

„Oh, Effendi, solche Bemerkungen darf man nicht so genau nehmen, als ob sie im Koran ständen. Ich stamme wirklich aus Dimjat. Ja, durch Kurdistan bin ich auch

[1] Schüler, Studenten [2] Arabischer Name für Damiette

schon einigemal geritten, aber ich bin in diesem Land nicht halb so bekannt wie du."

„Meinst du wirklich? Warum?"

„Weil mir deine Erlebnisse erzählt worden sind."

„Welche?"

„Alle. Ich denke dabei besonders an eure Kämpfe mit den Bebbeh-Kurden[1]."

„Diese Bebbeh sind die größten Schurken, die es gibt!"

Ich bediente mich mit Absicht dieses scharfen Ausdrucks, indem ich ihn dabei verstohlen beobachtete. Ich sah die Röte des Zorns in seine Wangen steigen, doch beherrschte er sich und fragte scheinbar ruhig:

„Hast du auch ihren Scheik gekannt?"

„Meinst du Gasâl Gaboga?"

„Ja."

„Ich habe ihn nur zu gut kennengelernt. Er war der allergrößte unter diesen Schuften."

Da sah ich, daß Ssali Ben Aqil alle seine Selbstbeherrschung zusammennehmen mußte, um seinen Zorn zu bemeistern. Seine Stimme klang rauh und fast heiser, als er fragte:

„Warst du es nicht, der Gasâl Gaboga niedergeschossen hat?"

„Ich nicht, aber er wagte es, sich im Kampf an mich zu machen, und wurde von einem meiner Gefährten niedergeschossen."

Daß Hadschi Halef dieser Gefährte war, verschwieg ich, denn ich hatte nun erfahren, was ich wissen wollte. Dieser Ssali Ben Aqil war allerdings ein mohammedanischer Geistlicher. In dieser Beziehung hatte er uns nicht belogen, aber ebenso gewiß war er der Abstammung nach ein Bebbeh-Kurde, höchst wahrscheinlich sogar ein Verwandter jenes Gasâl Gaboga. Ich mußte mich also sehr in acht nehmen, denn nirgends wird die Blutrache so streng gehandhabt wie gerade bei einigen Kurdenstäm-

1 Vgl. Gesammelte Werke Bd. 3: ‚Von Bagdad nach Stambul'

men. Als hätte er meine Gedanken erraten, machte Ssali auf meine Antwort die Bemerkung:

„Der Scheik der Bebbeh ist also doch im Kampf mit dir gefallen, ob von deiner Kugel oder nicht, das ist gleichgültig. Du bist der Blutrache verfallen, und ich wundere mich darüber, daß du dich wieder in diese Gegend wagst."

„Oh, ich war seitdem schon öfters hier!"

„Wirklich? Da ich dich unmöglich für einen leichtsinnigen Menschen halten kann, mußt du einen Mut besitzen, der unvergleichlich ist. Bitte Allah, daß er dich nicht in die Hände der Thar[1] fallen läßt! Wenn dich ein Verwandter von Gasâl Gaboga sähe, wärst du verloren."

„Ja, einer von beiden würde verloren sein, entweder er oder ich."

„Du, du, nicht er, Effendi! Du verkennst die Sache, weil du ein Fremder bist, nicht nur ein Fremder, sondern sogar ein Christ. Von euch Christen weiß man ja, daß ihr euch in jeder Beziehung überhebt und für besser haltet als Andersgläubige. Du wirst das nicht zugeben wollen, obgleich du es durch dein Verhalten bestätigst. Ein Muslim kennt die Schrecken der Blutrache genau. Wenn er das getan hätte, was du hier verübt hast, würde er es niemals wagen, in dieser Gegend wieder zu erscheinen. Du als Christ kennst den Koran nicht, und auch nicht die Gesetze und Regeln, nach denen die Völkerschaften hier leben. Du glaubst, deine Haut sei ebenso unverletzlich wie die Haut eines Drachen, durch die keine Waffe dringt. Ja, du meinst sogar im Stolz deines Christentums, kein Kurde dürfe es wagen, sich an dir zu vergreifen und dir ein Leid anzutun, denn ihr pocht auf eure Kanâsil[2], die euch behüten, schützen, tragen und leiten, wie eine Mutter ihr kränkstes, schwächstes Kind bewacht. Aber dein Stolz wird dir bald vor die Füße fallen, wenn du zu der entsetzlichen Erkenntnis kommst,

[1] Blutrache [2] Arabische Mehrzahl von Konsul

daß du der Blutrache rettungslos verfallen bist. Nicht einen von beiden wird es treffen, wie du soeben sagtest, sondern dich, nur dich allein. Du kannst dir nicht helfen, und dein Gott kann dir nicht helfen. Die Erde unter deinen Füßen wird wanken, der Boden, worauf du stehst, wird weichen, und du wirst hinunterfahren in den ewigen Jammer der Dschehenna, in der alle Christen und anderen Ungläubigen zu endloser Qual und nie aufhörenden Martern versammelt werden. Wir aber, wir Gläubigen, werden über euch thronen als Richter über Himmel und Hölle, über Leben und Tod, unberührt von eurem Heulen und Wehklagen darüber, daß ihr so eingebildet und unverständig gewesen seid, die göttliche Sendung Mohammeds und die erhabenen Vorzüge des Islam vor eurem lügenhaften Christentum zu leugnen!"

Ssali hatte in immer wachsender Begeisterung gesprochen. Seine Augen leuchteten, und leidenschaftliche Glaubensbegeisterung glänzte ihm im Gesicht. Ich mußte mir im stillen eingestehen, daß er alles besaß, was zu einem Wanderprediger des Mohammedanismus gehört: Überzeugung, Redner- und Vorstellungsgabe, Überhebung, Mangel an Bildung und Urteil und nicht zuletzt eine vollständige Unwissenheit über die Lehre und Verhältnisse Andersgläubiger. Als ich ihm nicht sofort antwortete, fügte er hinzu:

„Du schweigst, du bist von der Wahrheit meiner Worte niedergeschmettert. Ja, der heilige Islam ist eine Sonne, gegen die die armen, elenden Scham'ât ed Dudh[1] der anderen Glaubenslehren verschwinden müssen wie Irrlichter, die nur von dem Gestank der Sümpfe leben. Man nennt dich einen gelehrten Effendi aus dem Abendland, und du erhebst hochmütig den Kopf, weil du dem Bilâd el Alman[2] entstammst, aber deine ganze Gelehrsamkeit ist vor meiner überwältigenden Rede in stumme Wort-

1 Talglichter 2 Deutschland

losigkeit versunken, und die bewaffneten Heerscharen deines Volkes würden, wenn sie hierher nach Kurdistan kämen, um mit uns zu kämpfen, in den Staub niederfallen und um Gnade bitten müssen."

Es war nicht meine Absicht gewesen, mit dem Wanderprediger über Glaubenssachen zu streiten, denn ich hatte das Gefühl, daß er mir die Gelegenheit aufzwingen würde, mit ihm noch in anderer Beziehung anzubinden. Da er aber meinem Schweigen eine solche Erklärung gab, mußte ich nun doch das Wort ergreifen.

„Ssali Ben Aqil, du scheinst medschnun[1] zu sein. Anders kann ich es mir nicht erklären, daß du meinem Schweigen eine solche Deutung gibst. Ist dir vielleicht das Sprichwort: ‚Se dere'i, karvân dibuhre'[2] bekannt?"

„Ja", antwortete er, ahnungslos, warum ich gerade diese Redensart benutzte.

„Und auch das andere: ‚Ei ku tif beke ber ba'i, tif dike ru'i chu'[3]?"

„Auch das."

„Schau, wie gut du das Kurdische verstehst, obgleich du vorgibst, in Ägypten geboren zu sein! Du glaubst, deine Rede hätte mich niedergeschmettert, aber die Karawane ist trotz dieses Bellens ruhig weitergezogen. Du hast gegen mich gespien, aber nicht mich, sondern nur dich selber getroffen."

„Effendi, wie kannst du solche Worte zu mir sagen", fuhr er auf, „zu mir, der alle Lehren und Gesetze des Islam kennt!"

Ich machte eine wegwerfende Handbewegung.

„Du willst doch wohl sagen, daß du nur die Lehren des Koran kennst, weiter gar nichts, und auch diese nicht richtig verstanden hast! Ich sage dir aus meiner ‚Niedergeschmettertheit' heraus: Wenn einer von uns beiden zuviel Einbildung und Überhebung besitzt, so bist du

---

[1] Übergeschnappt [2] ‚Der Hund bellt, die Karawane schreitet weiter'
[3] ‚Wer gegen den Wind speit, speit sich ins Gesicht'

171

es. Mit deiner Kenntnis des Koran ist es sehr schlecht bestellt, wie du gleich erfahren wirst, und auch die Gesetze und Regeln, nach denen die Völker hier leben, kenne ich besser als du. Du behauptest, wir Christen müßten uns auf unsere Konsuln verlassen und von ihnen wie unmündige Kinder beschützt werden. Wenn man dir wirklich von uns erzählt hat, so nenne mir doch nur einen einzigen Fall, daß ich mich an einen Konsul gewandt oder gar auf seine Hilfe gepocht habe! Nenne mir auch nur einen einzigen Fall, daß ich mich wie ein krankes, schwaches Kind betragen habe! Ich kann im Gegenteil behaupten und kann es auch beweisen, daß gar mancher Muslim heute noch lebt und sich wohl befindet, der ohne meine Hilfe, ohne die Hilfe des Christen, verloren gewesen wäre. Gerade die Kurden vom Stamm der Bebbeh wissen genau, ob ich ein solcher Schwächling bin, wie du meinst. Geh hin zu ihnen und frage sie, so wirst du erfahren, welche Furcht ihr ganzer Stamm vor mir gehabt hat! Es gibt unter ihnen —"

„Schweig!" fuhr mich Ssali Ben Aqil zornig an. „Die Bebbeh sind Helden, die keine Furcht kennen. Am allerwenigsten aber haben sie vor dir —"

„Halte den Mund!" unterbrach auch ich ihn befehlend. „Bist du etwa ein Bebbeh, daß du dich ihrer so annimmst? Soll ich denken, du seist nicht in Ägypten sondern hier geboren? Grund genug hast du mir schon dazu gegeben! Ich warne dich! Du hast gewagt, mir zu sagen, weder Gott noch ich selber könnte mir helfen, aber Gott hat durch mich schon manchem Mohammedaner geholfen, dem sonst nicht zu helfen gewesen wäre. Wie kommst du ferner dazu zu behaupten, wir Christen seien der Hölle verfallen? Welcher Dummkopf hat dir das weisgemacht? Etwa einer deiner Lehrer? Dann ist der Islam zu bedauern, daß er nicht bessere Lehrer aufzuweisen hat! Wenn ihr es nicht wißt, nun so wissen wir Christen es aus dem Koran um so besser, daß Mohammed wiederholt erklärt hat, der Himmel stehe auch den Christen offen. Schau in das Hamâïl, das du wohl am Hals, aber nicht im Kopf zu haben scheinst, so wirst du die Stelle finden, die ich meine! Und endlich hast du behauptet, ihr Mohammedaner würdet im jenseitigen Leben hoch über uns thronen als Richter über Himmel und Hölle, über Leben und Tod. Wenn ich deine Worte nicht mit eigenen Ohren gehört hätte, würde ich es für unmöglich halten, daß ein denkender Mensch solchen Unsinn ausspricht und solcher Überhebung fähig ist. Sagt nicht Mohammed, und sagen nicht die Kalifen und alle Ausleger des Koran, daß Isa Ben Marryam[1] allein es ist, der am Jüngsten Tag vom Himmel kommen und vor der Moschee der Ommajjaden in Damaskus alle Lebenden und Toten richten wird? Christus, den wir als Gottes Sohn verehren! Also nicht euer Mohammed, sondern unser Christus wird richten, denn nur Gott kann richten, und Christus ist Gott, während Mohammed zwar euer Prophet, aber doch ein Mensch gewesen ist. Wo bleibst da du, Ssali Ben Aqil, der du behauptest, auch du würdest mitrichten über Himmel und Hölle, über Tod und Leben! Wenn du dereinst vor Isa Ben Marryam erscheinst, was wird er dich fragen, und was kannst du ihm antworten? Er wird dein Richter, dein gerechter, aber strenger Richter sein. Wirst du ihm, dem göttlichen Gründer des Christentums, etwa auch sagen, die Christen, seine Gläubigen, müßten in die Hölle zu ewigem Jammer und endloser Qual verdammt werden, weil sie nicht Mohammed, sondern ihn verehrt haben?"

Ssali Ben Aqil hatte während meiner Rede einige Male vergeblich angesetzt, mich zu unterbrechen. Jetzt aber war er stumm geworden und saß schweigend vor mir. Darum fuhr ich fort:

„Nun, du antwortest nicht? Ich habe alle deine Be-

[1] Jesus, Sohn Mariens

hauptungen widerlegt. Wenn du gegen meine Worte etwas sagen kannst, so sprich!"

Da er auch jetzt im Schweigen verharrte, ergriff der kleine Halef das Wort:

„Sihdi, es geht ihm, wie es mir gegangen ist, und wie es jedem ergeht, der sich unterfängt, mit dir gegen deinen Glauben zu reden. Weißt du noch, welche Mühe ich mir in der ersten Zeit unserer Bekanntschaft und auch noch später gab, dich vom Christentum abzubringen und zum Islam zu bekehren?"

„Hadschi!" fuhr ihn da der Wanderprediger an. „Sag, ob du ein Muslim bist!"

„Ich bin einer."

„Und doch redest du dem Christen das Wort!"

„Allah! Ich würde sogar mehr als ein Wort für ihn reden, ja, ich würde sogar meine Flinte und mein Messer für ihn sprechen lassen!"

Halef sagte das in einem Ton, der fast wie eine Drohung klang, und der furchtlose Kleine war ganz der Mann dazu, seinen Worten den gehörigen Nachdruck zu geben. Das wußte Ssali, der ja von ihm ebenso wie von mir gehört hatte, und darum hielt er es für geraten, seine Gegnerschaft wenigstens jetzt nicht weiterzutreiben. Auch kam es ihm, wie ich später bemerkte, sehr darauf an, uns keine Veranlassung zu geben, eine unvorteilhafte Meinung über ihn zu fassen, und so überwand er sich und bemerkte versöhnlich:

„Es ist mir nicht eingefallen, den Effendi anzugreifen. Er mag der Christ bleiben, der er ist, während ich mich nach wie vor zu Mohammed bekenne, den Allah über alle Himmel erheben wird."

„Du hast aber nicht bloß vom Glauben gesprochen, sondern ihm und mir mit der Blutrache gedroht!"

„Gedroht? Das habe ich nicht. Ich verehre Kara Ben Nemsi Effendi und bewundere eure Taten, darum habe ich mir erlaubt, eine Warnung auszusprechen, die aus wohlmeinendem Herzen kam."

„So denke in Zukunft daran, daß es unmöglich ist, sich über ein wohlmeinendes Herz zu freuen, wenn sich dieses Herz einer unhöflichen und zorneseiligen Zunge bedient! Du hast uns eingeladen, mit dir zu essen. Wir sind also deine Gäste, und mit Gästen streitet man nicht."

„Du hast recht. Ich hatte nicht die Absicht, euch zu kränken oder gar zu beleidigen. Wenn ich trotzdem ein Wort gesprochen habe, das euch nicht gefallen hat, so verzeiht es mir! Ich bin ermüdet von der Reise, und ein müder Mann achtet oft nicht auf das, was er spricht."

Das klang so mild und versöhnlich, daß es wohl auf manchen den beabsichtigten Eindruck hervorgebracht hätte, aber auf mich verfehlte es diese Wirkung. Wer sich so beherrschen konnte, aus der Glaubensbegeisterung in eine demütige Bitte um Verzeihung zu fallen, der war ein Heuchler, vor dem man sich hüten mußte. Ich zeigte mich äußerlich freundlich, war aber dabei innerlich zurückhaltender als vorher und nahm nach einiger Zeit seine vorgeschützte Ermüdung als Vorwand, das Zusammensein mit ihm abzubrechen. Wir zogen uns in unsere Abteilung zurück, und er ging hinaus in den Stall, um nach seinem Pferd zu sehen.

Als er wieder hereinkam, nahm er ein brennendes Holzstück vom Herdfeuer und trat damit hinter die Flechtwand, wo wir uns inzwischen schon niedergelegt hatten. Er leuchtete uns an und entschuldigte sich:

„Verzeiht, daß ich euch störe! Ich habe euch nur Lêletak ßâ'ide[1] gewünscht, ohne euch, wie man es bei Gästen tut, Allah zu empfehlen! Fi amân Allah — in Gottes Schutz! Er gebe euch einen langen, ruhigen Schlaf!"

„Mâ schah Allah kân wamâ lam jaschah lam jekûn —

_____
[1] „Gute Nacht"

was Gott will, geschieht, was er nicht will, das geschieht nicht", antwortete ich ihm.

Er winkte uns hierauf freundlich zu und verließ uns, ohne den Doppelsinn meines frommen Ausspruchs herausgehört zu haben. Ich sah durch die Zwischenräume des Flechtwerks, daß er sich mit Hilfe seines Sattels und seiner Decke in der Nähe des Herdes ein Lager bereitete und sich darauf ausstreckte.

Warum war Ssali noch einmal zu uns gekommen? Wirklich aus Höflichkeit? Gewiß nicht! Wollte er etwa nur sehen, wo und wie wir lagen? Sehr wahrscheinlich! Wenn das der Fall war, so hatte er eine Absicht, die uns Gefahr brachte. Darum gab ich ihm die Antwort, deren Bedeutung er nicht erriet. Sollte ich Halef sagen, was ich vermutete? Nein. Das liebe, gute Kerlchen bedurfte mehr als ich des Schlafs, und so beschloß ich, ihn nicht zu beunruhigen und lieber selber die ganze Nacht zu wachen. Halef war weniger bedroht als ich, denn er lag an der Mauer, während mein Platz derart war, daß ihn ein heranschleichender Feind zuerst erreichen mußte. Es dauerte nicht lange, so verriet mir sein leiser, regelmäßiger Atem, daß er eingeschlafen war. Da schob ich mich von meinem Lager fort, um einem etwa geplanten Überfall durch meinen Angriff zuvorzukommen.

Da, wo ich nun lag, gab es in der Wand ein größeres Loch, durch das ich meine Beobachtungen leichter machen konnte. Zu beiden Seiten des Herdes war trockenes Schilf zum Anzünden und dürres Holz zur Unterhaltung des Feuers aufgeschichtet. Da nun nichts mehr nachgelegt wurde, brannte die Flamme bald nieder. Ehe sie ganz ausging, sah ich, daß Ssali seine Arme aus der Umhüllung der Decke hervorzog, den Kopf ein wenig hob und scharf zu uns herblickte. Dieser Umstand bestärkte mich in meinem Verdacht. Hierauf wurde es ganz finster, und ich konnte mich nur noch auf meine Ohren verlassen.

In solchen Lagen vergeht die Zeit quälend langsam. Die Minuten wurden mir zu Stunden, aber ich ließ nicht nach in meiner Aufmerksamkeit. Sie wurde endlich, endlich, nach Erwarten belohnt, denn ich hörte ein leises Geräusch, wie es hervorgebracht wird, wenn ein Kleidungsstück auf dem Boden hinstreift. Wäre mein Gehör nicht während meines Aufenthalts im Wilden Westen so außerordentlich geschärft worden, so hätte ich jetzt sicherlich nichts gemerkt.

Wie gut, daß ich mißtrauisch gewesen war und Verdacht gefaßt hatte! Der Bebbeh-Kurde — denn daß er das war, stand nun bei mir fest — fühlte sich als Bluträcher. Welch ein Ruhm und welch eine Ehre für ihn, wenn er seinem Stamm dann die Meldung bringen konnte, er habe Kara Ben Nemsi und Hadschi Halef Omar getötet! Eine solche Bluttat stand nach der Ansicht dieser Leute mit seinem geistlichen Beruf nicht im geringsten Widerspruch.

Er glitt durch die Wandöffnung zu uns herein und wendete sich dann rechts, wo ich erst gelegen hatte und wo Halef noch lag, während ich mich jetzt links davon befand. Ich konnte ihn nicht sehen, täuschte mich aber trotzdem nicht, denn das leise Hinstreichen des Gewandes war keine Sinnestäuschung, und wenn ich ja noch gezweifelt hätte, so gab es jetzt ein ganz kurzes, aber noch deutlicheres Geräusch, das mir bewies, daß ich mich nicht irrte: es war das Knacken eines Gelenks, was freilich bei einem gut geschulten Anschleicher nicht vorkommen kann.

Als der Bluträcher die Wendung gemacht hatte, folgte ich ihm, auf die beiden Knie und die linke Hand gestützt, denn die rechte mußte ich vorsichtig tastend ausstrecken. Ich berührte so die Sohle seines Schuhs, den er unverzeihlicherweise nicht ausgezogen hatte. Als ich mich seitlich noch mehr vorschob, fühlte ich einen Zipfel seines Haïk. Also nicht einmal diesen hatte er abgelegt.

Diesen Zipfel hielt ich fest, aber nur lose. So fühlte ich jede seiner Bewegungen, bis er sich nahe der Stelle befand, wo er mich vermutete. Bisher war er auf allen vieren gekrochen, jetzt richtete er sich kniend auf. Das war der rechte Augenblick für mich. Ich erhob mich ebenso wie er und griff mit beiden Händen zu. Ich erwischte ihn mit der Rechten beim Oberarm und mit der linken im Genick. Der Schreck über diese unerwartete Berührung entlockte ihm einen lauten Schrei. Ich zog ihn vollends an mich heran und nahm ihn mit beiden Händen am Hals, und zwar so fest, daß ihm nicht der geringste Widerstand möglich war. Die Arme sanken ihm schlaff herab, und wenn ich ihn nicht in den Händen gehabt hätte, wäre er niedergefallen.

Halef war von dem Schrei erwacht. Der kleine, geistesgegenwärtige Mann sprang sofort auf, zog seine Pistole aus dem Gürtel, wie ich am Knacken des Hahns hörte, und rief:

„Was gibt's? Wer schreit da? Sihdi, wo bist du?"

„Hier", antwortete ich. „Hast du noch Kibritat[1] einstecken?"

„Ja, hier im Gürtel."

„So spring hinaus zum Herd und mach schnell Feuer!"

„Warum? Wo ist Ssali Ben Aqil?"

„Hier. Ich habe ihn fest, er wollte uns ermorden."

„Allah, Wallah! Hast du ihn ganz sicher?"

„Ja. Sorge dich nicht! Aber Licht müssen wir haben."

„Gleich, gleich! Ich eile. Es soll im Augenblick hell werden! Ermorden! Uns! Dieser Schurke! Wir schicken ihn dafür in die Hölle! Vorher aber bekommt er von mir hundert Peitschenhiebe gerade dahin, wo sie ihm am wenigsten gefallen!"

Der Hadschi eilte hinaus zum Herd. Ssali bewegte sich unter mir und griff nach meinen Händen. Ich schlug ihm die Faust an den Kopf, daß er die Besinnung verlor. Da

[1] Zündhölzer

flammte draußen das brennende Schilf auf und warf seinen Schein durch die vielen Ritzen des Flechtwerks. Gerade vor mir sah ich das Messer des Kurden liegen, er hatte uns also erstechen wollen. Ich hob es auf, schob es in meinen Gürtel und schleifte dann den Bewußtlosen hinaus an den Herd, wo inzwischen das Holz zum Brennen gekommen war. Während wir dort dem Ertappten die Füße zusammen- und die Hände auf den Rücken banden, erkundigte sich Halef:

„Aber, Sihdi, wie war es möglich, daß dieser Mensch uns, die wir doch seine Gäste waren, nach dem Leben trachtete?"

„Ich vermute, daß er ein Kurde ist und zum Stamm der Bebbeh gehört!"

„Maschallah! Ein Bebbeh! Also Blutrache! Und doch hat er uns, bevor er sich schlafen legte, dem Schutz Allahs befohlen!"

„Um uns zu täuschen. Er wünschte uns ja auch einen langen Schlaf und hat damit wahrscheinlich den Todesschlaf gemeint."

„Jil'an dakno — verflucht sei sein Bart! Als ich mich niederlegte, hatte ich keine Lust, außerhalb dieser Erde aufzuwachen! Du hast mir und dir das Leben gerettet. Wir sind dir also beide zum größten Dank verpflichtet. Wie aber war es dir möglich, die Mordtat zu verhüten?"

„Ich bin wach geblieben, denn ich ahnte, welche Absicht der Kerl hatte."

„Und hast mir nichts davon mitgeteilt, Sihdi?"

„Weil dir der Schlaf nötig war, lieber Halef."

„O Sihdi, was bist du doch für ein Mann. Du kannst streng und stolz sein wie der Herrscher aller Herrscher in Istanbul, und doch im nächsten Augenblick wieder voll Milde, Güte und Freundlichkeit wie das Herz eines liebenden Weibes! Hoffentlich aber hört deine Freundlichkeit auf, wenn es sich um die Bestrafung dieses Mörders handelt!"

„Du befindest dich im Irrtum, wenn du ihn für einen Mörder hältst. Es ist ihm ja nicht gelungen, uns das Leben zu nehmen."

„Ja, ja, ich weiß, ich weiß! Da kommt bei dir wieder zum Vorschein, was du den guten Christen nennst. Wer dir bloß nach dem Leben trachtet, der ist ein ganz braver Mensch. Wer bei dir als Mörder gelten soll, der muß dich erst zehnmal totgeschlagen und dann noch zwanzigmal totgeschossen haben, und selbst dann möchte ich wetten, daß du ihn noch unbestraft entkommen läßt, weil dein Indschil[1] dir befiehlt, selbst deinen Feinden Liebe zu erweisen. Schau, da schlägt Ssali die Augen auf! Nun wollte ich, ich dürfte die Peitsche nehmen und ihm hundert Piaster aufzählen, aber nicht silberne, sondern lederne, aus der Haut des Nilpferdes geschnitten. Doch, wie ich dich kenne, werde ich darauf wohl verzichten müssen. Es ist kein Blut geflossen und nach deiner Ansicht nichts Böses geschehen. Allah, Allah! Was seid ihr Christen doch für sonderbare, unbegreifliche Menschen!"

Während Halef in dieser Weise über mich und das Christentum klagte, war er im Innern selber ein guter Christ, und die Seufzer, mit denen er meine Milde bejammerte, noch ehe ich sie hatte zeigen können, waren eigentlich nichts als unbewußte Aufforderungen an mich, Gnade walten zu lassen.

Ssali kam zu sich. Als er sich gefesselt fühlte, sah er uns erstaunt an. Dann, als ihm einfiel, was geschehen war, stieß er einen Ruf des Schreckens aus. Hierauf lag er stumm mit zusammengekniffenen Lippen vor uns. Desto beredter aber waren seine Blicke, die er voll Haß und Grimm auf uns richtete.

„Willst du auch jetzt noch behaupten, daß du in ed Dimjat geboren seist?" fragte ich ihn.

[1] Neues Testament, Evangelium

Er antwortete nicht sogleich, dann aber zischte er wütend zwischen den Zähnen hervor:

„Die List gebot mir, die Unwahrheit zu sagen, aber denke ja nicht, daß ich nun aus Angst vor dir weiterlüge! Allah schien dich in meine Hand gegeben zu haben. Ich habe mich in seinem Willen geirrt."

„Das ist wohl nicht das erstemal, daß du dich in Gottes Fügung irrst. Du bist ein Kurde. Vom Stamm der Bebbeh?"

„Ja."

„Scheik Gasâl Gaboga war ein Verwandter von dir?"

„Er war der Bruder meiner Mutter."

„Ich begreife. Du erfuhrst hier, wer wir sind, und die Blutrache zwang dich, das Leben von uns zu fordern."

„Ja, sie zwang mich, so wie sie dich jetzt zwingt, mir das Leben zu nehmen."

„Ich bin ein Christ und kenne die Blutrache nicht!"

„Vielleicht die Blutrache nicht, aber doch die Rache!"

„Auch diese nicht. Gott ist der Vergelter."

Da veränderte sich der Ausdruck seines Gesichts. Er sah mich erstaunt an.

„Dürfen die Christen einander ungestraft nach dem Leben trachten?"

„Nein. Ein Mensch, der dem anderen nach dem Leben trachtet, ist überhaupt kein Christ, wenn er sich auch als solchen bezeichnet. Unser Kitab el Mukad'das[1] befiehlt uns: ,Du sollst nicht töten' und: ,Liebet eure Feinde!', und ein wahrer Christ hält sich streng an diesen Befehl. Wer aber Menschenblut vergießt, wird durch die Obrigkeit bestraft, die von Gott dazu eingesetzt ist."

Ein Hoffnungsstrahl blitzte über sein Gesicht, und er fragte schnell:

„So werdet ihr mich der Obrigkeit ausliefern?"

„Nein. Ich töte dich nicht und liefere dich auch nicht der Obrigkeit aus."

[1] Heiliges Buch, Bibel

Da glitt ein Ausdruck über seine Züge, der sich nicht beschreiben läßt. Erstaunen, Hoffnung, Zweifel, Verwunderung, Bangen, das alles sprach sich darin aus, bis der Haß wieder die Oberhand bekam.

„Du spottest meiner!" stieß Ssali hervor. „Ja, man sagt, es sei euch befohlen, sogar euren Feinden Gutes zu erweisen, aber welchem Menschen wäre es möglich, das zu tun! Christus wäre ein Ssanam el heiwanîjje[1], wenn er von euch etwas verlangte, was kein Mensch zu leisten vermag!"

„Du sprichst als Muslim, der die Liebe nicht kennt, wir Christen aber kennen und üben sie. Du hast mein Leben gewollt, es aber nicht bekommen, dafür schenke ich dir das deinige."

Indem ich das sagte, nahm ich sein Messer, zerschnitt damit die Fesseln, hielt es ihm dann hin und fügte hinzu:

„Diese Klinge durfte mich nicht treffen, also gebe ich sie dir zurück. Nimm sie hin!"

Da sprang der Bebbeh auf. Seine Augen öffneten sich weit. Sein Mund — ich möchte beinahe sagen, er sperrte ihn auf, und seine beiden Hände zuckten, ohne aber das Messer zu ergreifen.

„Allah ja'lam el ghêbe — Gott kennt das Verborgene, ich aber weiß nicht, was ich denken soll!" rief er aus. „Ist das immer noch Spott, oder ist es Ernst?"

„Es ist Ernst."

„So schenkt ihr mir das Leben?" staunte der fanatische Muslim.

„Ja."

„Aber wenn ich nun an meiner Rache festhalte?"

„So wird Gott uns behüten, wie er uns vorhin behütet hat. Du sagtest dort am Tisch, weder Gott noch ich selber würde mir helfen können. Jetzt siehst du, daß er mir geholfen hat. Auf ihn verlaß ich mich auch ferner-

[1] Götze der Dummheit

hin. Du bist frei und kannst mit deiner Rache machen, was du willst!"

Da riß der Bluträcher das Messer aus meiner Hand, trat einige Schritte zurück, sah bald mich, bald Halef mit ungewissen Blicken an und sagte dann, halb spöttisch, halb gerührt:

„Ich danke dir, Effendi! Wenn das, was du jetzt gesprochen und getan hast, wirklich aus deinem Herzen kam, so bist du entweder plötzlich verrückt geworden, oder das Christentum ist doch viel besser, als ich gedacht habe. Da ich aber ein vorsichtiger Mann bin und weder dir noch deinem Glauben traue, werde ich mich jetzt schnell entfernen und nicht warten, bis dir der verlorene Verstand zurückgekehrt ist. Sollte er aber nicht zurückkehren, so vermehre Allah euer Wohlsein um soviel, wie ihr an Verstand eingebüßt habt!"

Ssali Ben Aqil raffte seine Decke zusammen und eilte zur Tür hinaus. Einige Minuten später ritt er davon, ohne der Wirtin etwas bezahlt zu haben, wie wir später hörten. Als der Hufschlag seines Pferdes in der Stille der Nacht verklungen war, machte Halef ein halb ärgerliches, halb lustiges Gesicht.

„Da ist er hin, ohne Strafe und ohne Hiebe! Und dabei glaubte er nicht einmal, daß es dein Ernst gewesen ist! Sihdi, was muß ich alles an dir erleben! Du erfreust deine Feinde mit Barmherzigkeit und betrübst deine Freunde mit Wehmut über das Leder der Peitsche, die sie nicht schwingen dürfen! Wenn du in dieser Weise fortfährst, deine Feinde zu belohnen, wird jeder kluge Mann es vorziehen, dein Gegner anstatt dein Freund zu sein!"

„Schimpfe immerhin! Ich weiß doch, lieber Halef, daß ich ganz nach deinem Herzen gehandelt habe. Früher warst du ein Anhänger der Thar, jetzt aber tut es dir weh, einen Wurm zu treten."

„Ja, Sihdi, da hast du recht, denn je größer der Wurm

ist, desto weher tut es mir, und wenn er gar in Menschen-
gestalt erscheint, so ist der Islam mit allen Kalifen und
Auslegungen vergessen, und ich denke nur an dich, aus
dem ich doch einst einen Muslim machen wollte. Komm,
laß uns zum zweitenmal schlafen gehen! Man wird uns
nicht wieder stören, denn dieser Ssali Ben Aqil kehrt nicht
mehr zurück. Er hat erfahren, daß es leichter ist, uns
freundlich zum Essen einzuladen, als die Gesetze der Blutrache an uns zu vollziehen. Wenn er einst dem Engel des
Todes so leicht entkommt, wie er unserer Vergeltung entgangen ist, wird er den siebenten Himmel Mohammeds
erreichen."

Wir warfen noch einige Stück Holz ins Feuer und legten
uns dann nieder, ohne daß ein Mensch im Haus erfahren
hatte, wie nahe wir dem Tod gewesen waren.

8. „OH, SIHDI, UNSERE PFERDE!"

Als Halef annahm, daß wir nun nicht wieder gestört würden, hatte er sich geirrt, denn wir mochten noch nicht zwei Stunden geschlafen haben, als uns ein Lärm weckte, der sich draußen erhoben hatte. Es war ein vielstimmiges Schreien und Brüllen, aus dem wir zuweilen den Ruf „ia harîka, ia harîka[1]!" heraushörten. Es brannte also irgendwo im Ort, und so wenig uns das eigentlich anging, wir sprangen doch auf und rannten hinaus, um nötigenfalls unsere Hilfe anzubieten.

Wir sahen, daß es sich um einen bedeutenden Brand handelte, und eilten der betreffenden Gegend zu. Denkt man sich eine Feuersbrunst des Nachts in einem kleinen, abgelegenen Städtchen Deutschlands, und zwar zur Zeit, als es noch keine Feuerwehren gab, so hat man einen ganz kleinen Begriff von dem großen Wirrwarr, in den wir mit hineingerissen wurden, und von den Auftritten rings um uns. Es brannte am entgegengesetzten Ende des Orts. Dorthin rannte und strömte alles, oder vielmehr: man wurde gerannt und geströmt. Wir steckten nach kurzer Zeit in einem dichten Knäuel von Menschen, aus dem es kein Entrinnen gab. Dieser Knäuel wogte bald rechts, bald links, bald vor-, bald wieder rückwärts. Jeder schrie so laut, wie er nur schreien konnte, aber was da brannte, wo es brannte, und bei wem es brannte, das schien niemand zu wissen. Wir konnten es nicht erfahren. Wir waren ‚eingekeilt in drangvoller Enge', hatten keinen Willen, konnten uns nicht selbständig bewegen und mußten uns die größte Mühe geben, nur beisammen zu bleiben.

In diesem Gedränge dachte ich an unsere Pferde, die wir im Eifer, uns hilfsbereit zu zeigen, ohne Schutz und Aufsicht im Han gelassen hatten. Wie nun, wenn ihnen

---

1 O Feuersbrunst, o Feuersbrunst

etwas zustieß! Man hatte meinen Rih gesehen und bewundert, und hier in dieser Gegend war fast jeder Mensch ein geborener Pferdedieb. Mir wurde angst. Ich teilte Halef meine Besorgnisse mit, und wir gaben uns alle Mühe, uns Bahn zu brechen, um zum Han umzukehren. Aber je mehr wir schoben, drängten und stießen, desto mehr wurden wir gedrückt und gequetscht und geschlagen. Wir fühlten bald unsere Knochen nicht mehr, und schon gaben wir es auf, unseren Willen durchzusetzen, als uns plötzlich Hilfe wurde. Und diese Hilfe kam durch die Tulumba.

Tulumba — was ist das? Natürlich das, was bei einer Feuersbrunst das unumgänglich Notwendigste ist, nämlich die Spritze. Eine Spritze! Gab es denn in jenem kleinen, abgelegenen Ort Kurdistans eine Spritze, wirklich eine Spritze? wird man mich ungläubig fragen. Ja, es gab eine, und was für eine! O Tulumba! Ich habe dich in der Türkei gesehen, ich bin dir in Persien begegnet, und du hast mich in Kairo sogar einmal mit dem Esel, auf dem ich saß, umgerissen, so daß der Esel auf mich zu liegen kam. Aber die Gestalt, in der du mir hier in Khoi erschienen bist, hätte mich beinahe irregemacht an dir und deiner wohlbekannten Bauart. O Tulumba, mir graut seitdem vor dir! Hattest du dich dort verkleidet, um nicht erkannt zu werden? Oder war es nur Verstellung von dir? Mag dem sein, wie ihm wolle, das Kismet mag mich davor bewahren, daß du mir in dieser Form und dieser Weise im Leben noch einmal begegnest! O Tulumba, schreckliche Tulumba!

Es soll Menschen geben, die Zweck und Mittel, Hauptsache und Nebensache, Fördernis und Hindernis verwechseln. Wer das nicht für möglich hält, der mag nach Khoi reisen und sich dort die Tulumba zeigen lassen, dann wird er daran glauben! Um das zu begreifen, denke man sich einen — doch nein, man denke sich nichts, sondern mache die Erfahrung so, wie ich sie gemacht habe, wobei einem alles Denken gründlich vergeht. Also wir beide, Halef und ich, hatten vergeblich versucht, aus dem harten, dichten Menschenkloß, in dem wir zwei verschwindend kleine Grieben bildeten, herauszukommen. Diese Bemühungen hatten nur den unerwünschten Erfolg gehabt, daß wir immer weiter hinein und schließlich etwas auseinander gerieten. Halef war jetzt eine kleine Strecke hinter mir, so daß sich vielleicht fünf oder sechs Leute zwischen uns befanden. Ich drehte mich, immer fortgeschoben, häufig zu ihm um und konnte mich nur mit Hilfe von Gebärden mit ihm verständigen, weil bei dem allgemeinen, ohrenbetäubenden Gebrüll Worte nicht zu verstehen waren.

Dieses Brüllen war so entsetzlich, daß ich überzeugt war, es könne unmöglich noch gesteigert werden. Ein Lärm in deutscher und ein Gebrüll in kurdischer Sprache, das gibt übrigens einen bedeutenden Unterschied, gar nicht zu gedenken, daß sich viele Schreier auch der türkischen, arabischen und persischen Sprache bedienten. Plötzlich verwandelten sich diese fürchterlichen Tonwellen in die entsetzlichsten Tonwogen. Das Brüllen wurde zum Toben, und zwar gerade hinter mir. Ich drehte mich um und bemerkte in der Menge eine eigenartige, von dem stetigen Vorwärtsdrängen abweichende Bewegung, die ich mir nicht erklären konnte. Man stelle sich an ein stehendes Wasser und beobachte einen Fisch, der in gerader Richtung an der Oberfläche schwimmt! Das Wasser wird vorn an der Spitze des Kopfes gehoben und wirft nach rechts und links auslaufende Wellen rückwärts. Die Köpfe der Menschenmenge hinter mir als eine solche Wasserfläche gedacht, bemerkte ich die gleiche, auf beiden Seiten auslaufende Wellenbewegung, konnte aber den Fisch nicht sehen, der das Wasser mit seiner Schnauze hob, daß heißt mit anderen Worten, die Menschen vor sich in die Höhe warf, denn es wurden in langsam fortschreitender, gerade auf mich gerichteter Bewegung alle von der Spitze dieser Bewegung getroffenen Leute über die Köpfe der Menge emporgeschleudert. Wer oder was war der Karpfen oder der Hecht, der auf der Fläche der dichtgedrängten Menschenflut diese sonderbaren Wellen warf? Ich wußte es nicht und konnte es nicht erfahren, denn ein jeder, den ich fragte, war mit sich selber und seiner Rettung so sehr beschäftigt, daß er keine Zeit oder Lust hatte, mir Antwort zu geben.

Der unsichtbare Fisch kam, von einem geradezu sinnverwirrenden Toben menschlicher Stimmen begleitet, langsam aber sicher näher. Fast hatte er Halef erreicht, der ihn nicht bemerkte. Da hob ich beide Arme zu einer warnenden Bewegung, kam aber damit zu spät, denn gerade in diesem Augenblick wurde auch der kleine Hadschi emporgeschleudert. Er hatte sich unter einer breit- und tiefästigen Hôr[1] befunden und flog so hoch, daß er, die Hände unwillkürlich um Hilfe ausstreckend, einen der Äste ergriff und daran hängenblieb. Nun brüllte er auch, was er nur brüllen konnte. Ich hörte es zwar nicht, aber ich sah es an seinem Mund, der jetzt schon mehr ein Maul zu nennen war und so weit aufgerissen wurde, daß sich alle zweiunddreißig Zähne zeigten, denn Halef besaß ein Gebiß, um das er beneidet werden konnte.

Indem ich ihn beobachtete, dachte ich nicht an mich. Da fuhr mir plötzlich etwas zwischen die Beine. Ehe ich danach fassen und mich überzeugen konnte, was es war, wurde auch ich emporgehoben und erhielt einen jähen, kräftigen Schwung, über drei Meter hoch. Aus dieser Höhe stürzte ich auf die Köpfe der Menschenmenge nieder und wurde, ohne den Erdboden wieder zu erreichen, von zwanzig, dreißig Händen, die sich gegen mich ausstreckten, ergriffen, gestoßen, gezogen, geschoben und gezerrt, so daß ich beinahe auch wie Halef den Mund weit aufgerissen hätte, um mitzubrüllen. So wurde ich, auf den Köpfen der Menschen liegend, eine kleine Weile hin und

[1] Silberpappel

her gerissen, bis mir der Gedanke kam, mich auf ungewöhnliche Weise in Sicherheit zu bringen. Ich war in den Prärien Nordamerikas mit anderen Jägern mitten in die Herden wilder Büffel hineingeritten und, während die Herde vorwärts stürmte, vom Rücken des einen Bison auf den des anderen gesprungen, was man tut, um sich das passendste Tier auszusuchen. Daran dachte ich jetzt. Ich befreite mich von den Händen, die mich gepackt hielten, richtete mich halb auf und turnte auf allen vieren über die Köpfe hin, wobei ich keine Rücksicht darauf nahm, wohin ich meine Hände und Füße setzte. Ich teilte dabei zahlreiche Püffe und Stöße aus, bekam aber auch ebensoviel zurück. Wie dann später meine Kleidung aussah, kann man sich wohl denken! Doch: mit der Nadel in der Hand, flickt man öfters sein Gewand!

Mein Rettungsweg war zur Pappel gerichtet, in deren Zweigen Halef jetzt in Ruhe und Sicherheit thronte. Es war gar nicht weit dorthin, aber die Stöße, die ich austeilte und wiederbekam, erschwerten mir den Weg so, daß ich mit wenigstens fünf Minuten Verspätung bei Hadschi Halef Omar einfuhr. Einfuhr ist hier das richtige Wort, denn ich flog geradezu in das Gezweig hinein und mußte mich festklammern, um nicht auf der anderen Seite wieder hinauszufliegen.

Halef schrie mir etwas zu, was ich aber nicht verstand. Ich war fast erschöpft, ich schnappte förmlich nach Atem und fühlte das Schlagen des Pulses durch den ganzen Körper. Als ich nach einigen tiefen Atemzügen ruhiger geworden war und einen festen Sitz gewonnen hatte, fand ich Zeit, den Blick unter mich zu richten, und da sah ich denn endlich den sonderbaren, geheimnisvollen ‚Fisch‘, der sich stetig und kräftig in das Menschenmeer hineinarbeitete, und Halef und mich mit seiner Schnauze so hoch emporgeworfen hatte. Dieser Fisch war die Tulumba, die Feuerspritze. Sie war jetzt an der Pappel vorüber. Wir beobachteten, wie sie sich weiterarbeitete, und konnten ihre Bauart erkennen. Ich war, als ich diese sah, zunächst verblüfft, schlug aber dann ein herzliches Lachen auf, das leider in dem allgemeinen Getöse völlig verlorenging. Auch Halef lachte, wie ich seinem lustig verzogenen Gesicht ansah.

Wenn ein Feuer ausbricht, muß man es mit Wasser löschen, das ist jedenfalls ein richtiger Gedanke. Wenn ein Feuer ausbricht, so strömen die Menschen scharenweise zusammen. Das ist ein Gedanke, der wohl auch viel Wahrheit in sich hat. Ein abendländischer Spritzenbauer würde die erste Erwägung für den Hauptgedanken erklären. Der morgenländische Meister aber, aus dessen Händen die Tulumba hervorgegangen war, hatte eine Art der Folgerung angewandt, die alle abendländische Denkweise weit übertraf. Er hatte den Zeigefinger an die Nase gelegt und sich gesagt: Was nützt es, wenn man aus einer Tulumba zwar Wasser ins Feuer spritzen, das Gerät aber wegen des Menschenandranges nicht an den Ort bringen kann, wo es brennt! Er hielt also pfiffigerweise die Beförderung des Wasserspeiers für wichtiger als das Spritzen selbst und hatte infolgedessen bei der Bauart das Hauptgewicht darauf gelegt, die Hindernisse zu beseitigen, die der Fortbewegung der Tulumba im Weg standen. Als Erfinder hatte er wahrscheinlich auch einmal von den ‚sechs einfachen Maschinen‘: Hebel, Rolle, Rad, schiefe Ebene, Keil und Schraube, gehört und dabei eine besondere Vorliebe für den Keil gefaßt. War es da ein Wunder, daß ihm die geplante Tulumba in keilförmiger Gestalt im Traum erschienen und er diesem Wink des Traumgottes gefolgt war? Ja, er war sogar noch klüger und umsichtiger gewesen als dieser Gott, denn er hatte die keilförmige Bauweise mit einer hebelnden Bewegung versehen, durch die es ermöglicht wurde, jeden Menschen, der der Tulumba nicht auswich, einfach in die Luft zu schleudern, worauf es dann im Belieben des Betreffenden stand, entweder in der Luft klebenzubleiben oder sich mit den bekannten Fallgesetzen auf vertraulichen Fuß zu stellen.

Ich vermag die Möglichkeit nicht in Abrede zu stellen, daß sich unter meinen Lesern der Besitzer einer Spritzenfabrik befindet. Für jeden Fall, daß es diesem Herrn für sein weiteres Fortkommen unbedingt notwendig erscheinen sollte, den Bau der Tulumba von Khoi kennenzulernen, füge ich die Zeichnung dieser Feuerspritze bei, wobei ich zugleich den Zweck verfolge, meine geometrischen Talente bewundern zu lassen.

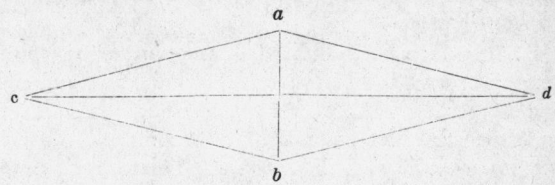

Zum Verständnis dieser Zeichnung diene folgendes: *a b* ist eine Wagenachse, an der sich in *a* und *b* zwei hohe Räder drehen. Auf ihr ruht das aus starkem festem Holz gefertigte Gestell *c a d b*, dessen Widerstandsfähigkeit durch den Balken *c e d* erhöht wird. Das Ganze bildet also einen zweirädrigen Wagen mit je einem langen, schmalen Balkendreieck vorn und hinten, die sich die Waage halten. Es bedarf keiner besonderen Anstrengung, das hintere Dreieck zu senken und dadurch das vordere zu heben, oder umgekehrt. Die Mannschaft der Tulumba befindet sich im Innenraum des hinteren Dreiecks, kann also mit den zu beseitigenden Inhabern des Ehrentitels ,Publikum' nicht in unmittelbare Berührung kommen. Diese Feuerwehrmänner — es waren ihrer zwanzig — schieben das Gestell vorwärts, ohne alle Rücksicht, in die Menschenmenge hinein. Sie heben dabei von Zeit zu Zeit die hinteren Balken, wodurch sich der vordere Teil tief senkt und den im Weg Stehenden zwischen die Beine gerät, denn die Spitze läuft in einen schmalen Balken aus. Ziehen sie nun das Gestell hinten plötzlich nieder, so werden alle, die von der Spitze ergriffen worden sind, je nach der Gewalt des Rucks mehr oder weniger hoch emporgeworfen, während die keilförmige Gestalt die anderen auf die Seite drängt. Man kann sich das Geschrei, die Quetschungen und Püffe denken, wenn so ein Keil in die dichte Menschenmenge hineingetrieben wird! Auf den Gedanken, eine solche Tulumba zu bauen, kann man freilich nur kommen, wenn man es mit einer kurdischen Bevölkerung zu tun und ein kurdisches Gehirn im Kopf hat.

Es ist selbstverständlich, daß die Spritze nur höchst langsam vorwärts kommt, denn es muß sehr oft angehalten werden, und es geschieht häufig, daß sich die widerspenstige Menschenmasse zur Wehr setzt. Die Folge war im gegenwärtigen Fall, daß die Tulumba die Brandstätte gar nicht erreichte und der große Holzstapel, den die Brandstifter angesteckt hatten, vollständig eingeäschert wurde.

Aber der umsichtige Erfinder hatte doch auch die Möglichkeit in Betracht gezogen, daß die Spritze am Ort ihrer Bestimmung ankam, und für diesen Fall bei Punkt e der Wagenachse einen starken Haken angebracht, woran unter der Pumpe ein Wasserfaß mit einigen Eimern hing. Wenn ich seit jener Zeit nach Beispielen suchte, um die öffentlichen Einrichtungen des Morgenlandes zu kennzeichnen, so fällt mir immer zuerst die Tulumba von Khoi ein. Übrigens ist dieser kurdische Ort Khoi Sandschak ja nicht etwa mit der persischen Stadt gleichen Namens zu verwechseln, die in der Provinz Aserbeidschan an der Karawanenstraße von Erzerum nach Täbris liegt, eine der schönsten persischen Städte ist und gegen dreißigtausend Einwohner hat.

Ich blieb mit Halef auf der Silberpappel sitzen, bis die Tulumba nicht mehr zu sehen war und sich das Gedränge mit ihr verzogen hatte. Dann stiegen wir herunter. Jetzt fühlte ich erst die Püffe und Stöße, die ich bekommen hatte. Auch Halef rieb sich verschiedene Körperteile und meinte dabei in seiner eigenartigen, launigen Weise:

„Sihdi, wenn das Feuer dort so brennt wie mich meine Glieder, so ist es nicht zu löschen, zumal im Faß der Tulumba kein Wasser war."

„Kein Wasser? Weißt du das genau?"

„Ja, denn einem von den Männern, die die Spritze schoben, war der Tschibuk ausgegangen, und er steckte ihn in das Faß, um ihn dort aufzubewahren, was er doch wohl unterlassen hätte, wenn Wasser drin gewesen wäre."

Ich mußte laut auflachen. Ein Feuerwehrmann mit dem Tschibuk, und das Wasserfaß als Aufbewahrungsort für Tabakspfeifen, das war doch mehr als scherzhaft! Halef lachte mit und fuhr fort:

„Der Mann, der diese Tulumba erfunden hat, muß den Gedanken dazu vom obersten der Schejatîn[1] erhalten haben. Möge er dafür in der Hölle braten, wo es keine Feuerspritzen gibt, die Marterflammen auszulöschen. Mein Leib fühlt sich an wie eine alte Kameldecke, aus der der Schmutz von hundert Jahren herausgeklopft worden ist. Ein Glück ist's, daß das Kismet so vernünftig war, mir diese Hôr et tachlîs[2] hierherzusetzen, die auch dir Schutz gewährte! Als du auf den Köpfen dieser Männer von Khoi herumzappeltest, ging mir der Schmerz des Mitleids durch die Seele. Deine Haltung und deine Bewegungen waren so erhaben wie die des Padischah von Persien, wenn er großen Empfang hält, und wenn mich nicht der Gedanke an unsere Pferde — — oh, Sihdi, unsere Pferde, unsere Pferde! Was würden wir tun, wenn man sie gestohlen hätte!"

„Komm schnell zum Han, Halef! Der Weg dorthin

---

[1] Mehrzahl von Schaitan, Teufel   [2] Pappel der Rettung

ist jetzt frei, und ich fühle nun auch eine Unruhe in mir, die sich nicht bannen läßt. Wir müssen zu den Pferden!"

Dabei lief ich auch schon eilig davon, und der kleine Hadschi folgte mir, indem er sich wegen seiner kurzen Beine beinahe springend fortbewegte. Wir dachten nicht mehr an das Feuer, sondern nur noch an die Pferde, die wir in hilfsbereiter Menschenfreundlichkeit ohne Aufsicht gelassen hatten. Es gab eine Stimme in mir, die deutlich und bestimmt behauptete, mit den Pferden sei irgend etwas nicht in Ordnung. Leider sollte diese Stimme recht behalten. Wir erreichten den Han, in dessen Hof sich kein Mensch befand, weil außer der Wirtin alle zur Brandstätte gelaufen waren, traten in die Stube und fanden sie dunkel, denn es brannte kein Licht, und das Feuer auf dem Herd war ausgegangen. Ich wartete gar nicht, bis ich die hintere Abteilung erreichte, sondern rief beim Eintreten meinen Hengst mit Namen an. Er war gewohnt, mir gleich durch ein freundliches Schnauben zu antworten. Diese Antwort blieb jetzt aus, und so eilte ich erschrocken in unseren Sonderraum.

„Sie sind fort, Halef!" rief ich. „Sie sind fort, sonst würde Rih sich hören lassen!"

Halef blieb stehen. Er, der sonst keine Furcht und kein Zagen kannte, konnte vor Schreck nicht weiter.

„Fort, fort sind sie?" stammelte er. „Allah mu'âwin — Gott sei unser Helfer! Wenn man uns die Pferde gestohlen hat, so liegen wir hier wie die Fische auf dem Trockenen. Mir ist der Schreck in alle Glieder gefahren. Ich hoffe, daß wenigstens die deinigen davon verschont bleiben!"

Als ich die hintere Abteilung erreichte und die Hände nach den Pferden ausstreckte, griff ich in die Luft. Meine Ahnung hatte mich also nicht betrogen. Und eine fast noch schlimmere Befürchtung durchzuckte mich, als mir jetzt unsere Waffen einfielen. Wenn meine Gewehre auch fort waren, so ergab das doppelten Verlust. Ich hatte sie, ehe wir vorhin fortrannten, zu Halefs Flinte in die hintere Ecke gelegt und unsere Decken darauf geworfen. Jetzt war ich mit einigen Schritten dort und bückte mich. Gott sei Dank! Die Decken lagen noch da, und ich fühlte unter ihnen die Gewehre! Zugleich hörte ich Halef rufen:

„Sind die Pferde wirklich fort, Sihdi?"

„Leider, ja!"

„So möge der Scheïtan die Diebe braten! Ich muß mich selber überzeugen, ob es wahr ist. Ich komme zu dir! Und wenn dann die — Allah! Da bin ich über einen Menschen gestolpert, der hier auf dem Boden liegt und — o Allah, Allah! Komm her zu mir, Sihdi, komm schnell her! Da liegt eine Frau, die rundum gebunden ist und nicht reden kann, weil sie einen Knebel im Mund hat. Das können nur die Diebe getan haben, denn ein ehrlicher Mensch kennt die Regeln der Höflichkeit, nach denen man die Frauen zu behandeln hat, und die es jedermann verbieten, einer Sitte[1] etwas anderes in den Mund zu stecken als eine Leckerei!"

Der Kleine behielt selbst in der gegenwärtigen Lage die possierliche Ausdrucksweise bei, die eine Folge seiner stetigen guten Laune war. Ich folgte seiner Aufforderung, ging aber zuerst zum Tisch, wo ich den Stumpf des Talglichtes vermutete, das vorhin dort gebrannt hatte. Er war noch da, und ich erhellte damit die Stube. Da sah ich die Wirtin auf dem Boden liegen. Sie war mit Baststricken umwickelt, daß sie sich nicht rühren konnte, und hatte soviel von ihrer Schürze, wie nur möglich war, in den Mund gestopft bekommen. Als wir sie von den Fesseln und dem Knebel befreit hatten, holte sie einigemal tief Atem und flehte dann:

„Tu mir nichts, Effendi! Laß es mich nicht entgelten, denn ich bin völlig unschuldig daran!"

„Das glaube ich dir", antwortete ich. „Es fällt mir nicht

[1] Dame, Herrin

ein, dir Übles zuzufügen. Setz dich hierher an den Tisch und erzähle uns ausführlich, was sich während unserer Abwesenheit hier zugetragen hat!"

Ich führte sie, die an allen Gliedern zitterte, zur Bank und zog sie darauf nieder. Es dauerte trotz meines beruhigenden Zuredens eine geraume Zeit, ehe sie zusammenhängend erzählen konnte:

„Als alle Menschen zum Feuer rannten, wollte ich auch mit fort. Da fiel mir ein, daß ich das Haus nicht allein lassen dürfe. Aber ich fürchtete mich draußen und ging darum herein in diese Stube. Kaum befand ich mich hier, so kamen viele fremde Männer herein, die über mich herfielen. Ich wurde gebunden und dann nach euch gefragt, ob Kara Ben Nemsi und Hadschi Halef Omar wirklich eure Namen seien. Wenn ich mein Leben retten wollte, mußte ich die Wahrheit sagen, denn der Anführer stand mit gezücktem Messer vor mir und drohte, mich zu erstechen, wenn ich mich weigerte, ihm die richtige Antwort zu geben. Kannst du mir zürnen, daß ich mein Leben erhalten wollte, Effendi?"

„Nein, du bist unschuldig. Sag, kanntest du nicht wenigstens einen dieser Diebe?"

„Nein, sie waren mir alle unbekannt, aber ich weiß dennoch, wer sie gewesen sind, denn ehe sie sich entfernten, sagte mir der Anführer, um euch zu ärgern und zu verhöhnen, wer sie seien."

„Ah! Das ist mir von größter Wichtigkeit! Wahrscheinlich aber hat er gelogen, um uns irrezuführen. Welche Namen hat er genannt?"

„Er hat nicht gelogen, sondern er ist wirklich der, für den er sich ausgab, denn ich sah die tiefe Schramme auf seiner rechten Wange, und ich weiß, daß Schir Samurek eine solche Schmarre besitzt, die er im Kampf mit den Bebbehkurden erhalten hat."

„Ah, Schir Samurek! Meinst du etwa den Scheik der Kurden vom Kelhur-Stamm?"

„Ja, der war es, Effendi. Alle Kelhur sind Räuber, und er ist der oberste und schlimmste aller Räuber. Sie hatten es auf eure Pferde abgesehen. Dein Hengst biß und schlug um sich wie ein Teufel, als er hinausgeführt werden sollte, aber sie hatten Stricke mitgebracht, die sie ihm um die Beine warfen, und so gelang es ihnen, ihn hinauszuziehen. Mit dem Pferd des Hadschi Halef Omar hatten sie keine solche Not. Sie waren voll Bewunderung und Entzücken über den Rappen, und der Scheik freute sich so sehr über das Gelingen des Raubes, daß er mir, ehe ich den Knebel in den Mund bekam, erzählte, wie er auf den Gedanken gekommen war und es ausgeführt hatte, sich dein Pferd zu holen. Schir Samurek hat mir sogar befohlen, es dir zu erzählen. Er meinte, du solltest erfahren, wie sehr du betrogen worden bist, und du würdest dann doch einsehen, daß alle Christen Dummköpfe sind."

„Schön! Zu dieser Einsicht wird mich niemand bringen. Höchstwahrscheinlich aber wird im Gegenteil er sehr bald erkennen, daß diese Verhöhnung der größte Fehler war, den er begehen konnte. Zunächst freilich wird er und sein Stamm sehr stolz darauf sein, das weitberühmte Pferd zu besitzen, doch bin ich überzeugt, daß diese Freude keine lange Dauer hat. Wie hat er denn erfahren, daß ich mich hier in euerm Han befinde?"

„Du wirst staunen, wenn du das erfährst, Effendi! Weißt du, wer der Mensch gewesen ist, der unser Geld gestohlen hat, obgleich wir ihm alle Ehren der Gastlichkeit erwiesen haben?"

„Nein."

„Es gibt unter den Bebbeh-Kurden einen, den alle seine Feinde fürchten und alle seine Freunde hassen, denn sie sind nicht wirklich seine Freunde, sondern nennen sich nur so. Er ist listig wie Abu Hosseïn[1], gewalttätig wie Assad[2] und blutdürstig wie ein Parsa[3] mit

1 Fuchs   2 Löwe   3 Panther

197

dem schwarzen Fell. Es genügt ihm nicht, bei seinem Stamm zu bleiben und an dessen Kämpfen teilzunehmen, sondern wenn die Bebbeh mit den anderen Aschâjir[1] in Frieden leben, zieht er allein aus, um auf eigene Faust zu rauben und zu stehlen. Er heißt Aqil und ist der Oheim der beiden Scheiks Ahmed Asad und Nisar Hared, die Söhne des früheren Scheiks Gasâl Gaboga sind."

„Kull ru'ûd — alle Donner!" entfuhr es mir. „Von diesem Menschen habe ich noch nie etwas gehört. Und Aqil heißt er? Weißt du das gewiß?"

„Ja, Effendi. Ich irre mich nicht, denn man spricht gerade hier in unserer Gegend sehr viel von seinen Taten."

„Und der Gast, mit dem wir hier gegessen haben, nannte sich Ssali Ben Aqil! Sollte er der Sohn dieses Aqil sein, von dem du redest?"

„Er ist es, Effendi."

„Das hast du gewußt und ihn doch ins Haus gelassen?"

„Ich habe es nicht gewußt, sondern habe es erst von Schir Samurek erfahren, der mir befahl, es dir zu sagen, damit dein Leib vor Ärger platze. Das waren nämlich genau die Worte, die er sagte."

„Gut! Jetzt möchte ich wissen, ob die Anwesenheit dieses Ssali Ben Aqil mit dem Erscheinen seines Vaters im Zusammenhang steht."

„Nein. Der Sohn hat nicht geahnt, daß sein Vater kurz vor ihm hier bei uns gewesen ist. Und nun kommt das wichtigste, was ich dir zu sagen habe. Die Kelhur und die Bebbeh stehen nämlich in Blutrache miteinander, die daher stammt, daß Aqil vor zwei Jahren einen Kelhur getötet hat. Das fordert das Blut Aqils oder eines Verwandten von ihm, denn durch eine Zahlung kann es nicht friedlich ausgeglichen werden, weil die Kelhur einen unerschwinglichen Preis gefordert haben. Heute aber hat Aqil doch geglaubt, diesen hohen Preis zahlen zu können, und deshalb die Kelhur aufgesucht,

[1] Stämmen

198

von denen er wußte, daß sie in der Nähe unserer Stadt lagerten."

„Welch ein Gedanke von diesem Halunken! Ich ahne, was du sagen willst. Er hat sich mit meinem Rapphengst von der Blutrache loskaufen wollen?"

„Ja. Aqil war, ohne daß wir es ahnten, hier bei uns. Da kamt ihr. Er hörte, wer ihr seid, und sah eure Pferde. Schon vorher hatte er beschlossen, unser Geld zu stehlen. Er tat es und ritt dann auf unserem Pferd zu den Kelhur, um ihnen deinen Hengst als Blutpreis anzubieten."

„Das war allerdings mehr als mutig, das war verwegen, ja tollkühn von ihm. Wahrscheinlich hat er das Pferd heute nacht stehlen oder später auf irgendeine Weise in seinen Besitz bringen und den Kelhur dann zuführen wollen. Aber er konnte sich doch denken, daß sie ihn zunächst festhalten und dann zwingen würden, ihnen zu sagen, wo das Tier zu haben ist!"

„Ja, Effendi. So wie du sagst, genauso ist es geschehen. Die Kelhur haben ihn ergriffen und so lang geprügelt, bis er gestanden hat, daß ihr hier bei uns seid. Nun bekommt er den Lohn für seine Taten: er muß den Blutpreis mit dem Leben zahlen. Seine Feinde aber haben ihm nicht nur das gestohlene Geld abgenommen, sondern sind auch hierhergeritten, um sich dein Pferd selber zu holen. Unterwegs ist ihnen auch sein Sohn in die Hände gefallen, der nun ebenso verloren ist wie sein Vater. Oh, Effendi, Allah hat es nicht gut mit dir und uns gemeint, denn unser Geld ist weg und dein Rappe ist weg. Was die Kelhur in ihren Händen haben, geben sie nie wieder heraus!"

„Das mag eine Eigentümlichkeit von ihnen sein, von der sie nicht freiwillig abgehen. Aber ich habe auch gewisse Eigentümlichkeiten, die ich mir nicht nehmen lasse. Dazu gehört zum Beispiel die Gewohnheit, daß ich, wenn ich bestohlen worden bin, nicht eher ruhe, als bis ich das Gestohlene wiederhabe."

„Willst du dein Pferd von den Kelhur-Kurden zurückverlangen?"

„Ja."

„So willst du sie aufsuchen?"

„Ja."

„Aber du weißt doch nicht, wohin sie von hier aus geritten sind!"

„Ich werde sie finden und verfolgen."

„Willst du dein Leben von dir werfen, Effendi? Weißt du, was das heißt, die Kelhur zu verfolgen, um den Raub von ihnen zu fordern? Ihr lauft dabei in den sicheren Tod!"

„Du irrst. Der Tod ist nur den Kelhur sicher, wenn sie sich weigern, uns die Pferde zurückzugeben."

Da bog die Frau den Oberkörper zurück und sah mich mit prüfendem Blick an wie einen Wahnsinnigen, vor dem man sich in acht nehmen muß. Dann wiegte sie nachdenklich den Kopf.

„Effendi, ich habe gehört, daß ihr Christen Leute seid, die nicht nur anders glauben, anders fühlen und denken, sondern auch alles anders machen als wir. Darum ist es vielleicht möglich, daß du etwas erreichst, wo ein gläubiger Muslim nichts ausrichten würde. Du und Hadschi Halef, ihr beide habt viel getan, was man eigentlich nicht für möglich halten möchte. Denkt ihr wirklich, es könnte euch gelingen, eure Pferde wiederzubekommen?"

„Ja, das denken wir."

„Allah! Wenn die Kelhur gezwungen werden können, euch euer Eigentum zurückzuerstatten, könnte man sie doch auch dazu anhalten, uns unser Geld zurückzugeben."

„Allerdings."

„Aber kein Einwohner von Khoi würde es wagen, zu ihnen zu gehen, um ihnen dieses Ansinnen zu stellen.

Effendi, weißt du wohl, wie höflich und gastfreundlich wir dich empfangen und behandelt haben?"

Es war eine wohlbegründete und erlaubte Schlauheit, die ihr diese Frage eingab, und ich ging bereitwillig darauf ein.

„Ja, ich weiß sehr wohl, welche Aufmerksamkeit wir euch zu verdanken haben."

„So sag, ob euch eure Lehre vielleicht die Dankbarkeit verbietet!"

„Die Dankbarkeit ist eine der hervorragendsten Tugenden jedes Christen."

„Oh, Effendi, dann bitte ich dich, ein recht guter Christ zu sein und deiner Lehre zu gehorchen, indem du uns wieder zu unserem Geld verhilfst!"

„Gesetzt, daß ich bereit bin, dir diesen Wunsch zu erfüllen, wie denkst du dir die Ausführung?"

„Das brauche ich dir wohl nicht erst zu sagen. Du willst doch den Kelhur-Kurden nach, um ihnen eure Pferde wieder abzuverlangen. Es würde eure Mühe nicht vermehren und die Gefahr nicht vergrößern, wenn ihr dabei gleich unser Geld mitbrächtet!"

Halef lachte, als er diese Worte hörte. Ich aber erklärte:

„Da hast du freilich recht, und ich bin auch gern bereit, dir diesen Dienst zu erweisen, werde es aber nicht können, wenn du mir nicht vorher einen Gefallen tust."

„So sag schnell, was du verlangst! Wenn ich kann, werde ich es gern tun."

Ich hatte einen besonderen Grund, in dieser Weise mit ihr zu sprechen. Wir mußten unsere Pferde unbedingt wiederhaben, mußten die Diebe also verfolgen. Den Weg, den diese eingeschlagen hatten, mußten uns ihre Spuren verraten, die aber erst nach Tagesanbruch zu sehen waren. Bis dahin hatten die Kurden jedenfalls einen Vorsprung, den wir nur mit Hilfe guter Pferde einholen konnten, und doch waren so wertvolle Tiere hier jedenfalls weder zu kaufen noch zu borgen, wenn es überhaupt welche gab. Ich mußte Genaueres von der Wirtin erfahren und mich zugleich ihrer Hilfe versichern, selbst für den Fall, daß es galt, etwas zu unternehmen, was sie eigentlich nicht gutheißen durfte.

„Wir müssen den Kelhur nachreiten und sie einholen", erklärte ich darum. „Dazu brauchen wir gute Pferde. Denkst du, daß wir hier welche kaufen können?"

„Es gibt keinen Händler hier, und ich kenne auch keinen Pferdebesitzer, der die Absicht hat, ein Pferd zu verkaufen."

„Auch nicht zu verleihen?"

„Nein."

„Das ist schlimm, denn wenn wir keine Pferde bekommen, können wir den Kelhur nicht folgen und dir auch nicht zu deinem Geld verhelfen."

„Oh, Effendi, wir haben noch zwei Pferde im Stall, die werde ich euch leihen."

„Sind es gute Renner?"

„Nein. Sie sind schon fast zwanzig Jahre alt. Das beste hat dieser Aqil gestohlen, und auf dem zweitbesten ist dann mein Mann fort."

„So alte Tiere sind uns nichts nütze, denn die Räuber haben einen großen Vorsprung, den wir so nicht einholen können."

„Allah kerîm — Gott ist gnädig! Gerade uns aber scheint er seiner Gnade nicht teilhaftig machen zu wollen", klagte die Wirtin von Khoi.

„Gibt es denn gar keinen Menschen hier, der zwei gute, schnelle Pferde hat?"

„Oh, es gibt wohl einen, aber der verkauft sie nicht und verborgt sie noch viel weniger."

„Auch dann nicht, wenn er erfährt, daß er deinem Mann damit zu seinem Geld verhilft?"

„Dann erst recht nicht, denn er ist ein Feind von uns."

„So! Wer ist denn dieser Mann?"

„Unser Nachbar, der von Kerkuk hierhergezogen ist. Er ist erst ein kleiner Baija[1] gewesen und dann Tabbâch el adwîja[2] geworden, wobei er sehr viel Geld verdient hat. Man sagt, er sei nicht ehrlich gewesen und habe deshalb Kerkuk verlassen müssen. Hier in Khoi ist er der reichste Mann und tritt wie ein Pascha von drei Roßschweifen auf. Er besitzt zwei teure Kamele und fünf noch teurere Pferde, von denen er kürzlich drei gekauft hat. Sie sind noch nicht an den Stall gewöhnt."

„Noch nicht an den Stall? So befinden sie sich wohl im Freien?"

„Ja."

„Wo?"

„In dem Garten, der draußen vor dem Ort liegt."

„Das ist aber doch eine große Unvorsichtigkeit, zwei so gute Pferde ohne alle Aufsicht da draußen zu lassen!"

„Ohne Aufsicht sind sie nicht, denn in dem Garten steht ein Kiosk, in dem er selber schläft, während am Tag zwei Diener wachen."

„Liegt der Garten auf der Seite der Stadt, wo die Feuersbrunst entstanden ist?"

„Nein, sondern nach Norden. Warum fragst du, Effendi?"

„Das kann ich dir sagen, wenn ich weiß, daß du verschwiegen bist. Vielleicht kannst du dadurch dein Geld wiederbekommen."

„Effendi, wenn es so ist, wird kein Wort über meine Lippen kommen! Du bist viel klüger als mein Herr und Gebieter, der nach einer ganz falschen Richtung geritten ist. Darum ist den Kelhur das Geld in die Hände gefallen. Ich habe dir noch gar nicht gesagt, wie die Feuersbrunst entstanden ist. Die Kelhur haben den Brand gestiftet, weil sie dachten, ihr würdet hinlaufen und eure Pferde hier ohne Wache lassen, dann könnten sie sie leichter stehlen. Das ist ja auch geschehen. Aber ihr

[1] Kaufmann [2] Apotheker

werdet sie euch wieder holen und dabei auch unser Geld mitbringen. Nun sag mir, was ich verschweigen soll!"

„So höre! Ich muß die Kelhur einholen. Dazu brauche ich schnelle Pferde. Da ich sie aber weder verkauft noch geborgt bekomme, muß ich sie mir ohne Erlaubnis des Besitzers leihen. Verstehst du mich?"

Die Kurdin war nicht auf den Kopf gefallen. Sie blinzelte mir verständnisvoll zu, wiegte dabei ihr Haupt und fragte:

„Wirst du sie ihm wiederbringen?"

„Sicherlich! Wir sind keine Diebe."

„Willst du dir etwa die beiden schönen, neuen Pferde des Apothekers borgen?"

„Ja."

„Dagegen kann ich nichts haben, zumal er nicht unser Freund ist und ich dir sagen muß, daß es die schnellsten Pferde von Khoi sind."

„Hm, ja! Wenn ich nur genau wüßte, wo der Garten liegt."

Sie blickte zu Boden.

„Du wirst einsehen, Effendi, daß ich dir in einer solchen Sache nicht behilflich sein kann, aber wenn du es erlaubst, werde ich dir einen guten Rat geben."

„Gib ihn mir. Ich bitte dich darum!"

„Brauchst du auch zwei Sättel?"

„Nein, wir hatten die unsrigen als Kopfkissen gebraucht. Sie liegen noch da hinten, denn die Kelhur haben sie, ich weiß nicht warum, nicht mitgenommen."

„So wartet einige Minuten. Dann nehmt ihr die Sättel und verlaßt den Han. Wenn ihr links an drei Häusern vorüber seid, werdet ihr eine Frau bemerken, der ihr folgen müßt, ohne euch ihr ganz zu nähern. Draußen vor der Stadt wird sie euch ein Zeichen geben, indem sie den Stock, den sie in der Hand hat, an die Pforte lehnt und sich dann entfernt. Ihr folgt ihr nicht weiter, denn diese Pforte führt in den Garten, in dem sich die Pferde des Apothekers befinden. Wollt ihr diesen Rat befolgen?"

„Ja."

„So sei Allah mit euch! Er gebe, daß ihr das Geld wiederbringt, denn wenn es mein Herr und Gebieter nicht zurückerhält, muß er es ersetzen und wird so arm sein wie ein Bettler!"

Sie stand auf und ging hinaus. Halef sah mich an, lachte kurz und leise und fragte:

„Sihdi, willst du diese Pferde wirklich borgen?"

„Gewiß! Oder können wir anders?"

„Nein. Zudem ist es ein Streich, der mir außerordentlich gefällt. Ich mache mit Vergnügen mit. Aber was denkst du von dieser Wirtin?"

„Sie ist eine kluge Frau."

„Viel klüger als ihr Mann! Wer wird das Weib sein, dem wir folgen sollen?"

„Sie selber."

„Das denke ich auch. Der Kopf des Mannes gleicht oftmals einem leeren Beutel, im Kopf der Frau aber ist stets noch ein Piaster zu finden, und wenn der letzte herausgenommen wird, steckt immer noch ein allerletzter drin! Es ist nicht mehr lange bis zur Morgenröte. Wir müssen die Pferde haben, ehe es Tag ist. Laß uns aufbrechen, Sihdi!"

Wir nahmen unsere Gewehre, die Decken und jeder seinen Sattel. Das Feuer beschäftigte immer noch alle Bewohner der Stadt. Wir kamen unbemerkt hinaus und bis an das bezeichnete Haus. Dort stand eine tief verhüllte Frau, die einen Stock in der Hand hatte. Als sie uns kommen sah, ging sie weiter, und wir folgten ihr. Die Feuersbrunst war noch so groß, daß ihr Schein uns leuchtete.

Es ging auf bald schmalen und bald breiteren Wegen zwischen den Häusern und Hütten hin, bis wir den Ort hinter uns hatten. Da erreichten wir einen langen Dornenzaun, in dessen Mitte die etwa zwanzig Schritt vor uns hergehende Frau stehenblieb, um den Stock anzulehnen. Dann huschte sie seitwärts fort. Als wir die betreffende Stelle erreichten, sahen wir eine Pforte, die angelehnt war. Höchst wahrscheinlich hatte das Feuer den Apotheker auch so schnell fortgelockt, daß er das Zuschließen vergessen hatte. Wir gingen zunächst einige hundert Schritt weiter, bis wir im freien Feld einen Steinhaufen fanden, wo wir die Sättel und Gewehre niederlegten. Dann kehrten wir zur Pforte zurück, schoben sie auf, hinter uns wieder zu und traten in den Garten.

Der Schein des Feuers wirkte hier nicht mehr so hell, dennoch sahen wir die Bäume, den Kiosk und nicht weit davon eine Art von Verplankung, wohin wir schlichen. Wir erreichten sie ungestört. Die Diener schienen sich ebenso wie ihr Herr entfernt zu haben. Die drei Pferde standen hinter den Planken, an Pfähle angebunden. Wahrscheinlich wußte der Apotheker nicht, daß gesunde Pferde sich des Nachts legen. Der Eingang zur Verplankung war bald gefunden. Wir gingen hinein und banden die beiden besseren Pferde los. Es waren zwei Grauschimmel, die sich zwar erst etwas sträubten, sich aber dann unseren Liebkosungen so zugänglich zeigten, daß sie uns willig folgten. Wir brachten sie glücklich hinaus und bis zu dem Steinhaufen, wo wir ihnen die Sättel auflegten.

Jetzt waren sie unser, und kein Mensch wäre imstande gewesen, sie uns wieder wegzunehmen. Wir hatten sie gerade zur rechten Zeit bekommen, denn im Osten zeigte sich der fahle Schein des neuen Tages. „Allah sei Dank, wir haben Pferde!" frohlockte Halef. „Und ich glaube, die Frau hat recht gehabt. Diese Grauschimmel scheinen nicht von schlechten Ahnen zu stammen. Aber nun fragt es sich, wohin wir uns wenden sollen. Wie denkst du darüber, Sihdi?"

„Ich denke daran, daß die Kelhurkurden das Feuer angelegt haben, um uns und die Bewohner von Khoi zur Brandstätte zu locken. Werden sie dazu einen Ort gewählt haben, an dem sie dann mit unseren Pferden vorüber mußten?"

„Gewiß nicht! Sie werden vielmehr dafür gesorgt haben, daß ihr Ziel in der entgegengesetzten Richtung liegt."

„Nun, in dieser Richtung befinden wir uns jetzt. Reiten wir zehn Minuten langsam hier fort, so wird zwar der Schein der Feuersbrunst verschwunden, dafür aber der Morgen so hell geworden sein, daß wir die Spuren der Diebe suchen können. Sind diese gefunden, so verlieren wir sie sicherlich nicht wieder. Komm!"

Ich stieg auf, und Halef folgte meinem Beispiel. Dabei bemerkten wir, daß die Grauschimmel Feuer besaßen und wohl seit langem keinen Reiter getragen hatten. Sie mußten aber gehorchen. Noch waren die zehn Minuten nicht vergangen, so sahen wir seitwärts ein Pferd liegen. Wir ritten hin, und ich stieg ab, um es zu untersuchen. Man hatte es in den Kopf geschossen, und zwar erst in dieser Nacht, denn das verrieselte Blut war noch nicht ganz geronnen. Warum war es erschossen worden? Ich setzte meine Untersuchung fort und entdeckte, daß es nicht weitergekonnt hatte, weil ihm ein Bein zerschlagen war.

„Halef, wir haben die Fährte schon!" rief ich, erfreut über diesen schnellen Erfolg. „Sieh die Fußspuren hier auf der Erde! Fußspuren von Menschen und Fußstapfen von Pferden!"

„Aber ob es die Kurden gewesen sind?"

„Ganz gewiß! Diesen Fund haben wir meinem Rih zu verdanken."

„Wieso, Sihdi?"

„Der Rappe verweigert fremden Leuten den Gehorsam. Er war nicht leicht fortzubringen, und gar aufsitzen, das hat niemand wagen dürfen. Sie hatten aber Eile, und da mögen sie ihn gedrängt, vielleicht gar mißhandelt haben. Da hat er nach seiner Weise um sich geschlagen und diesem Pferd das Bein zerschmettert. Sie mußten es erschießen und hier liegenlassen."

„Ja, Sihdi, so mag es gewesen sein. Die Spur ist gefunden, und ich hoffe zu Allah, daß wir unseren herrlichen Rih bald wiederhaben. Denkst du, daß ihr Vorsprung groß ist?"

„Der Zeit nach läßt er sich bestimmen, nämlich vom Anfang des Brandes bis jetzt, die Entfernung aber können wir nicht so genau wissen. Sie haben sich gewiß geeilt, aber wir müssen auch die Widersetzlichkeit des Rappen mit in Betracht ziehen. Das kluge Tier weiß, daß es uns entführt worden ist, und wird sich auf alle Weise wehren. Schlägt man es, dann um so schlimmer, denn dann geht es erst recht nicht von der Stelle. Wenn es noch ein wenig heller ist, werde ich die Fährte besser bestimmen können, der wir nun folgen wollen."

Ich stieg wieder in den Sattel, und wir ritten weiter, den Spuren nach, die so deutlich waren, daß wir sie nicht verfehlen konnten, obgleich der Tag erst zu grauen begann und von hellem Licht noch keine Rede war.

Unser Weg führte uns nach Norden. Die Kurden hatten alle Pfade sorgfältig vermieden und überhaupt, wie wir aus verschiedenen Anzeichen erkannten, eine ungewöhnliche Vorsicht entwickelt. Als Halef sich darüber verwunderte, erklärte ich ihm die Gründe dafür.

„Sie wissen, mit wem sie es zu tun haben. Der Scheik hat in seinem Übermut der Wirtin alles mitgeteilt und durch seinen Hohn unsere Tatkraft herausgefordert. Er muß sich sagen, daß wir alles mögliche tun werden, wieder zu unseren Pferden zu gelangen, und ihm folgen werden. Daher die Vorsicht! Aber wir sind ihm, wenn wir von der Zahl der Personen absehen, dennoch überlegen."

„Da hast du recht, Sihdi", stimmte der Hadschi zu. „Du hast es jenseits des großen Meeres im Bilad Amirika[1] gelernt, wie man eine Fährte lesen und ihr folgen muß. Wir werden unsere Pferde gewiß wiederbekommen, denn ein Ausbund von Klugheit ist dieser Scheik der Kelhur nicht. Das hat er ja heute nacht bewiesen."

„Wodurch?"

„Dadurch, daß er unsere Gewehre und Sättel nicht beachtet hat. Denke nur, wie kostbar dein Reschma ist! So ein Sattel- und Riemenzeug kann kein Kelhurkurde haben. Diese Kerle müssen ja geradezu mit Blindheit geschlagen gewesen sein, daß sie sich diesen Schatz entgehen ließen!"

„Es ist aber leicht zu erklären, wie das geschehen konnte. Erstens haben es die Diebe sehr eilig gehabt, und da es nur auf meinen Rih abgesehen war, fühlten sie sich befriedigt und nahmen sich nicht die Zeit, weiterzuforschen, als sie ihn hatten. Und zweitens ist es hinter der Schirmwand in unserer Abteilung dunkel gewesen. Wahrscheinlich hat ihnen Aqil, als sie ihn zum Geständnis zwangen, vom Reschma nichts gesagt."

„So wollte ich, er sagte es ihnen jetzt nachträglich. Wie würden sie sich darüber ärgern, daß sie sich eine so reiche Beute haben entgehen lassen! Mögen sie dafür in der Hölle auf Sätteln reiten müssen, die aus glühendem Eisen bestehen und mit den tausendspitzigen Häuten teuflischer Kanâfid[2] überzogen sind!"

Die Fährte führte uns über grasiges Gelände, das die Spuren deutlich erkennen ließ. Der Tau hing noch an

<hr>

[1] Amerika [2] Mehrzahl von Kunfud = Stachelschwein

den Halmen und flimmerte gleich Perlen und Diamanten im Strahl der aufgehenden Sonne. Die niedergetretenen Gräser hatten sich noch nicht wieder aufgerichtet. Aus diesem Umstand, der Windrichtung, der Bodenart und anderen Verhältnissen, die mit in Betracht zu ziehen waren, schloß ich, daß die Kurden sich ungefähr um einen Zweistundenritt vor uns befanden. Ihre Schnelligkeit war also nicht ungewöhnlich, obgleich sie sich jedenfalls sehr beeilten. Daran, daß sie trotzdem nicht rascher vorankamen, war nur mein Rappe schuld.

Nach dieser Berechnung konnten wir sie in drei Stunden ohne übermäßige Anstrengung einholen, und so setzten wir unsere Pferde, die wir bisher noch nicht angetrieben hatten, in schnelleren Gang. Halef nahm an, daß wir gleich in Tätigkeit würden treten können, sobald wir die Kurden erreichten. Dem setzte ich aber ein Bedenken entgegen:

„Wie viele Reiter glaubst du wohl vor uns zu haben?"

„Ich verstehe das nicht so genau zu beurteilen wie du, Sihdi, aber es müssen so ungefähr dreißig Mann sein."

„Ich schätze sie auf wenigstens vierzig Mann."

„Zehn Mann mehr oder weniger, das ist uns gleichgültig. Wir nehmen ihnen die Pferde auf alle Fälle ab!"

„Stell dir das nicht so leicht vor! In diesem Augenblick können sie schon einhundert oder mehrere Hundert zählen."

„Wieso, Sihdi? Ein Kurde ist doch keine Nâmûßa[1], die sich unterwegs in der Luft vermehrt!"

„Erstens vermehren sich selbst die Mücken nicht in der Luft, und zweitens mußt du damit rechnen, daß die Kelhur, die uns bestohlen haben, wahrscheinlich nur eine Abteilung eines größeren Lagers bilden."

„Wie kommst du auf diesen Gedanken?"

„Indem ich die Umstände in Betracht ziehe. Aqil hat die Kelhur aufgesucht, um mit ihnen zu verhandeln. Er

[1] Mücke

210

hat also gewußt, wo sie zu finden sind. Vierzig Reiter aber sind eine sehr bewegliche Truppe, die bald hier und bald da auftaucht, und von der man nicht wissen kann, wo sie zu finden ist. Wenn also Aqil gewußt hat, wo die Kurden anzutreffen waren, dann hat es sich nicht um eine so bewegliche Reiterschar, sondern um ein größeres Standlager gehandelt. Ich denke, daß du das einsehen wirst."

„Ich sehe es ein, Sihdi. Aber dann wird die Sache ganz anders, als ich sie mir gedacht habe. Ich glaubte, wir könnten gleich, sobald wir sie eingeholt haben, unter sie hineinfahren wie zwei Kanonenkugeln in einen Ameisenhaufen."

„Das würden wir unterlassen, selbst wenn es sich nur um die vierzig Reiter handelte. Ich weiß, daß du ein tapferer Krieger bist, der sich auch vor hundert und mehr Feinden nicht fürchtet, aber die Tapferkeit darf nicht in Verwegenheit ausarten. Dem wirklichen Mut steht immer die Vorsicht, die Bedachtsamkeit zur Seite."

„Richtig, Sihdi! Ich weiß, was du meinst. Du willst wieder einmal listig sein. Oh, du bist ein großer Held, das weiß ich, denn ich habe es tausendmal erfahren. Ich bin mit dabeigewesen, als du ganz allein und mitten in der dunkelsten Nacht dem Löwen bis an die Mähne gegangen bist. Ich habe dich kämpfend im großen Haufen der Gegner gesehen wie einen Felsen in der Brandung, wie einen Riesen unter Zwergen, wie einen Elefanten unter krabbelnden Ameisen und hüpfenden Flöhen. Das Herz ist mir dabei groß und weit geworden, und der Stolz hat mir die Brust geschwellt, denn wenn wir dann als Sieger heimkehrten, so wurden wir empfangen von dem Jubel der Unsrigen, vom Preis der Kamandschat[1] und vom Frohlocken der Anfâr[2]. Die kleine Nak-kâra[3] sang unser Lob und die große Thabl[4] schlug den Takt dazu. Die Krieger beneideten uns, die Frauen und

1 Geigen   2 Trompeten   3 Tamburin   4 Trommel

211

Mädchen tanzten den Reigen des Entzückens um uns her, und Hanneh, mein Weib, das beste und schönste Weib der Erde, schlang dann im stillen Zelt die Arme um mich, weinte Tränen der Freude und nannte mich ihren Liebling, den Sonnenschein ihres Glücks!"

Halef liebte Hanneh, sein Weib, mit einer seltenen Innigkeit. Jetzt, da er an sie dachte, ließ er eine Pause der Rührung folgen. Erst nach einer kleinen Weile fuhr er fort:

„Ja, so ist es gewesen, so habe ich dich als Helden gesehen, den kein Mensch besiegen kann. Aber noch schöner fast und viel lustiger war es, wenn du die Waffen steckenließest und dich der List bedientest. Was ist die Klugheit von tausend Kurden oder Persern gegen uns, wenn wir einmal den Entschluß gefaßt haben, sie mit den Pistolen des Geistes, den Flinten der List und den Messern der Verschlagenheit zu besiegen! Es mögen die gescheitesten Männer des Sultanreiches kommen, wir überlisten sie doch alle und drehen ihnen eine Nase, die von hier bis hinüber nach Mekka und dann wieder zurück bis nach Teheran und Isfahan reicht."

„So schlimm ist es doch wohl nicht, lieber Halef", warf ich ein.

„Schlimm nicht, Sihdi, aber großartig! Denke nur zurück, was wir durch Schlauheit schon alles erreicht haben! Was kein Mensch für möglich hielt, und was wir mit hundert Kanonen nicht erreicht hätten, das haben wir durch listige Streiche fertiggebracht. Wenn wir dem Tod so nahe standen, daß ich seinen kalten Hauch schon bis auf die Knochen fühlte, und keine Verwegenheit uns retten konnte, dann dachtest du dir einen Kniff aus, der uns aus den Wassern der Hoffnungslosigkeit zum Ufer der Erlösung brachte. Wie oft haben wir den Vögeln geglichen, deren Beine in der Schlinge stecken, und nach denen sich schon die tödliche Hand ausstreckt, um ihnen den Hals umzudrehen, aber deine List hat den Knoten stets noch zur rechten Zeit zu lösen vermocht, und wenn die Hand zugriff, sind wir mit dem Munâghât el Maßchara[1] davongeflogen."

Gezwitscher des Gespötts, das war gut! Ich mußte lachen. Da sah er mich fast zornig von der Seite an und fragte unwillig:

„Was gibt es da zu lachen, Sihdi? Hältst du das Halsumdrehen für eine so lustige Sache?"

„Das Halsumdrehen nicht, aber das Zwitschern."

„Spotte nicht! Wenn ich mich im Gespräch mit dir der höheren, bilderreichen Kunst der Rede bediene, so tue ich das aus Achtung vor deiner Gelehrsamkeit und verdiene es nicht, von dir verlacht zu werden. Du bist ein großer Held und oft ein Meister in der List, hast aber dabei häufig den Fehler, Vorzüge nicht anzuerkennen, die mich, deinen Freund und Beschützer, über die leeren Köpfe anderer Sterblicher erheben und dir beweisen sollten, daß Allah es außerordentlich gut mit dir gemeint hat, als er es so fügte, daß du mich kennenlerntest!"

Der kleine Hadschi fühlte sich leicht beleidigt, selbst von mir. In solchen Fällen schwieg ich, denn sein Zorn verrauchte ebenso schnell, wie er gekommen war. So auch hier. Als eine Weile verging, ohne daß ich sprach, überflog er mein Gesicht mit einem prüfenden Blick und fragte besorgt:

„Was ist mit dir, Sihdi? Du redest nicht, und wir befanden uns doch so schön im Fluß des Gesprächs. Habe ich dir weh getan?"

„Nein. Ich dachte nur über die Vorzüge nach, die dich so hoch über mich erheben."

„Über dich? Das habe ich nicht gemeint. Davon habe ich nicht gesprochen, denn alle Vorzüge, die ich besitze, hast doch erst du in mir ausgebildet. Darum preise und danke ich Allah täglich in allen fünf Gebeten dafür, daß

---

[1] Gezwitscher des Gespötts

er mich mit dir zusammenführte. Willst du nun wieder gut mit mir sein?"

„Ich bin gar nicht böse auf dich gewesen!"

„Diese Worte erquicken mein Herz und erfreuen meine Seele bis dahin, wo sie am tiefsten in meinem Innern steckt. Es kommt sehr selten, aber doch zuweilen vor, daß du unzufrieden mit mir bist. Dann fahren mir zehntausend Debâbîs[1] durch mein Gemüt, und es ist mir, als müßten im Mittelpunkt der Liebe, die ich zu dir fühle, hunderttausend Kibritat frengija[2] brennen. Ich habe dann nicht eher Ruhe, als bis dein Mund wieder lächelt und dein Auge wieder freundlich geworden ist."

Das mit den Stecknadeln und Zündhölzern war wieder gut! Ich hütete mich aber sehr, mein Lachen von vorhin zu wiederholen.

„Wir sind übrigens", fuhr er fort, „ganz von dem abgekommen, was wir vorhin sprachen. Du meintest, wir sollten nicht Gewalt, sondern List gegen diese Kurden anwenden. Hast du dir den Streich, den wir ihnen spielen werden, schon ausgedacht?"

„Nein. Ich kann nicht eher einen Plan entwerfen, als bis ich den Feind und alle Verhältnisse, die ihn und seine Absichten betreffen, kennengelernt habe. Im übrigen laß uns das Gespräch abbrechen, denn ich finde, daß die Fährte nun unsere ganze Aufmerksamkeit in Anspruch nimmt!"

Hatten die Kurden bisher alle gangbaren Wege vermieden, so gab es jetzt überhaupt keine Wege mehr, von denen sie sich hätten fernhalten können. Wir waren erst über grasige Flächen, dann durch lichten Wald gekommen und ritten jetzt eine nackte, weit ausgedehnte und schräg ansteigende Felsplatte hinan, auf der Pferdehufe keine Stapfen hinterlassen konnten. Ich mußte mich ausschließlich an kleine, winzige Zeichen halten, leise Schürfungen oder Kratzer, die einem weniger geübten Auge sicherlich entgangen wären.

[1] Mehrzahl von Debusse = Stecknadel [2] Streichhölzer

Als wir den oberen Rand der Felsplatte erreichten, sahen wir eine weite Heidestrecke vor uns liegen, deren Ende aber nicht zu erkennen war, weil sie mit einzelstehenden, in ihrer Gesamtheit die Fernsicht hindernden Kiefern bestanden war. Von hier an gingen die Spuren auseinander, sie führten in allen Richtungen über die Heide.

„Allah, Allah!" klagte Halef. „Das ist ein böser Streich, den die Kurden uns da gespielt haben!"

„Wieso?" fragte ich.

„Siehst du denn nicht, daß sie sich getrennt haben, um uns irrezuführen? Dieser Schir Samurek ist gar nicht so dumm, wie wir meinten."

„Er ist im Gegenteil noch dümmer, als ich gedacht habe!"

„Wirklich, Sihdi? Ich bitte dich, mir das zu erklären!"

„Das liegt doch so klar auf der Hand, daß es gar keiner Erklärung bedarf. Denkst du etwa, daß die Kurden sich hier für immer voneinander getrennt haben?"

„Nein, es ist nur eine Finte von ihnen."

„Die ihnen aber nichts nützt, denn ihr Anführer hat jedenfalls den Punkt bestimmt, wo sie alle wieder zusammentreffen."

„Ah, jetzt verstehe ich dich! Da brauchen wir ja nur einer dieser Fährten zu folgen, um den Treffpunkt auch zu erreichen."

„Gewiß! Wir wählen uns die Fährte aus, die am stärksten ist, also von der zahlreichsten Abteilung stammt und — schau hier! Da ist der Heideboden aufgewühlt, daß ganze Schollen umhergeflogen sind. Es hat sich eins der Pferde geweigert weiterzugehen, und ich müßte mich sehr irren, wenn das nicht mein Rih gewesen wäre. Dieser Fährte und keiner anderen folgen wir. Komm!"

Wir gaben unseren Pferden die Sporen und galoppierten auf den Spuren hin, denn die weit auseinanderstehenden Kiefern hinderten uns nicht, eine so schnelle

Gangart einzuhalten! Unsere Grauschimmel waren jung. Der Apotheker, vielleicht kein guter Reiter, hatte sie zwar ziemlich aus der Schule kommen lassen, unter uns aber fanden sie sich leicht zurecht, und ich merkte zu meiner Genugtuung, daß wir für unseren Zweck keine geeigneteren Tiere hätten bekommen können.

Als wir eine Viertelstunde so fortgeritten waren, senkte sich die Höhe wieder abwärts, und wir kamen in ein wasserloses, sandiges Tal, in dem nur Ginsterbüsche und andere anspruchslose, holzige Schmetterlingsblütler ihr Leben fristeten. In diesem Sand war die Fährte so deutlich zu sehen, wie wir nur wünschen konnten, und als wir dem Tal und seinen Windungen vielleicht eine halbe Stunde gefolgt waren, sah ich eine Spur von links herabkommen und sich mit der von uns verfolgten vereinigen. Dann stieß eine zweite, dritte, vierte und fünfte dazu, bis sich die Hufeindrücke, die oben auf der Felsplatte auseinander gegangen waren, alle wieder vereinigt hatten.

„Sihdi, du hast recht gehabt", frohlockte Halef. „Jetzt sind die Kurden wieder beisammen und der Kniff ihres Anführers hat uns nicht eine Minute aufhalten können. Sobald wir ihn gefangengenommen haben, werde ich ihm sagen, daß er, wenn er meint, sich mit dir messen zu können, einer alten, dicken, heiseren Batta[1] gleicht, die sich erfrecht, mit den Belâbil[2] des siebenten Himmels um die Wette zu singen!"

Fast hätte ich wieder gelacht, und zwar nicht etwa über den Vergleich zwischen Ente und Nachtigall, sondern über die Sicherheit und Selbstverständlichkeit, mit der er annahm, daß wir den Scheik festnehmen würden, wir, zwei fremde, einzelne Männer, den mächtigen Befehlshaber der Kelhurkurden, der auf alle Fälle mehr als die vierzig Krieger befehligte, die ihn zum Raub meines Pferdes nach Khoi begleitet hatten! Aber so war der

1 Ente 2 Mehrzahl von Bulbul = Nachtigall

kleine, kühne Kerl nun einmal! Und es fiel mir nicht ein, sein Selbstvertrauen herabzustimmen, denn gerade diese seine Zuversichtlichkeit war es, die ihn zu einem brauchbaren Gefährten in jeder Not und Gefahr machten. Ich winkte also halb zustimmend und erklärte:

„Wenn wir unseren Zweck auf keine andere Weise erreichen können, wird es freilich notwendig sein, Schir Samurek in unsere Gewalt zu bringen. Übrigens denke ich, daß wir bald erfahren werden, woran wir mit den Kelhur sind, lieber Halef. Wenn das Kismet bestimmt hat, daß du heute eine Heldenrolle spielst, so wird sich der Vorhang in kurzer Zeit bewegen."

„Denkst du?" fragte er geschmeichelt. „Was das Kismet will, soll geschehen. Ich werde alles tun, um mir deine Zufriedenheit zu erringen. Doch warum meinst du, daß der Vorhang sich schon so bald heben wird?"

„Die List des Scheiks bringt mich auf den Gedanken. Warum hat er sie nicht gleich in der Gegend von Khoi angewandt? Ich vermute, wie gesagt, daß wir es mit einem ganzen Lager und nicht nur mit einer beweglichen Abteilung der Kelhur zu tun haben. Dieses Lager sollen wir nicht finden, und den Hauptstreich, uns davon fernzuhalten, hat Schir Samurek unternommen, als er in der Nähe des Lagers angekommen war. Paß auf, wir werden gar nicht mehr weit reiten müssen!"

Das Tal, in dem wir uns befanden, machte eine so scharfe Biegung nach links, daß sie einen spitzen Winkel bildete. Die Kurden waren dieser Biegung nicht gefolgt, sondern die Seite des Tales, an die der Winkel stieß, hinaufgeritten. Halef wollte, ohne anzuhalten, weiterreiten, ihnen nach. Ich hielt ihn aber zurück.

„Halt! Wenn wir uns, wie ich vermute, in der Nähe des Lagers befinden, und wenn der Scheik annimmt, daß wir ihn verfolgen, so steht zu erwarten, daß er hier Wachen ausgestellt hat, die uns entweder kurz wegputzen oder ihm unsere Annäherung melden sollen. Wir müssen daher vorsichtig sein. Du bleibst hier zurück und hältst mein Pferd, während ich zu Fuß weiterschleiche, um die Sicherheit des weiteren Weges zu erkunden. Du verläßt die Stelle hier auf keinen Fall eher, als bis ich wiederkomme oder dich dort von der Höhe aus zu mir rufe!"

Ich stieg vom Pferd, übergab dem Hadschi die Zügel und klomm an der Tallehne empor, wo es wieder Bäume und Sträucher gab, die ich als Deckung benutzen konnte. Indem ich dabei die Fährte der Kurden im Auge behielt, konnte ich keine einzelne Spur entdecken, die davon abgewichen wäre. Oben gab es Felsen mit Fichtenwald, mit einzelnen Eichen vermischt. So folgte ich der Fährte wohl über eine Viertelstunde lang. Sie blieb ungeteilt, und es wich auch hier kein Stapfen von ihr ab. Schon wollte ich umkehren, da merkte ich, daß der Wald sich abwärts zu senken begann. Die Fährte führte links zu einer Bodenrinne, rechts stieg ein Felsstück wie ein halb eingefallener Wartturm aus den Büschen auf. Zu diesem Felsblock ging ich hin und kletterte hinauf. Ich erwartete, von da aus einen Ausblick zu gewinnen, und sah mich in meiner Hoffnung nicht getäuscht. Der Fuß des Berges ging in eine grüne Ebene über, durch die ein Bach floß, der in der erwähnten Rinne zu entspringen schien. Ziemlich weit draußen in der Ebene befand sich das Kurdenlager, vom Bach durchflossen, oder vielmehr, es hatte sich dort befunden, denn ich sah beim ersten Blick, daß es aufgehoben worden war. Es bewegte sich dort alles geschäftig durcheinander. Ich sah ledige Menschen und Pferde, ich sah Reiter, die bereits im Sattel saßen. Frauen gab es nicht und andere Tiere als Pferde auch nicht. Es handelte sich also nicht um ein gewöhnliches Wohnlager, an dem die Frauen und Herden teilnehmen, sondern es hatten nur Männer hier gehaust, und zwar nicht in Zelten, sondern unter leicht zu errichtenden Zweig- und Blätterdächern, die auf je vier Pfählen ruhten. Um einen Jagdzug konnte es sich nicht handeln, um einen Kriegszug in die hiesige Gegend auch nicht. Für jetzt war mir der Aufenthalt der Kelhur hier ein Rätsel, bis ich dann später erfuhr, daß sie einen Raubzug über den Masara Dagh beabsichtigt hatten, um die Anwohner der persischen Grenze zu brandschatzen. Es waren mindestens dreihundert Krieger beisammen. Sie hatten außer ihren Pferden wenigstens fünfzig Maultiere bei sich, die mit Packsätteln versehen waren. Die großen, hellen Turbane gaben diesen Leuten das Aussehen, als trügen sie Kürbisse auf den Köpfen. Ich versuchte, meinen Rih zu entdecken, was aber bei dem Gedränge, das es dort gab, unmöglich war.

Halb befriedigt und halb enttäuscht kehrte ich um, ging jedoch nicht ganz bis zu Halef zurück. Ich blieb vielmehr oben auf der Seite des Sandtales stehen und rief ihm zu, heraufzukommen. Er folgte diesem Ruf und übergab mir mein Pferd.

„Hast du die Wachen entdeckt, Sihdi?" fragte er.

„Nein."

„Aber wohl das Lager?"

„Ja."

„Welch eine Unvorsichtigkeit von Schir Samurek! Er mußte doch unbedingt durch Wächter dafür sorgen, daß wir uns seinem Lager nicht so leicht und unbemerkt nähern können!"

„Er hat das nicht für nötig gehalten, weil das Lager abgebrochen wird."

„Was? Abgebrochen? Sie wollen fort?"

„Ja. Er scheint gleich nach seiner Ankunft den Befehl zum Aufbruch gegeben zu haben."

„Wohin wollen sie?"

„Wir werden es erfahren, denn wir folgen ihnen so lange, bis wir unsere Pferde wiederhaben."

Wir ritten nun bis zu dem Felsen, von dem aus ich vorhin meine Beobachtungen gemacht hatte, banden

unten unsere Pferde an und stiegen hinauf, um das Kurdenlager zu überblicken. Wir waren noch zur rechten Zeit
gekommen, um zu sehen, daß die Kelhur fortzogen. Sie
bildeten, zu zweien oder dreien nebeneinander reitend,
ein langes, schmales Band, das sich über den grünen Plan
bewegte, und dessen Spitze schon fast den äußersten Sehkreis erreicht hatte.

„Da ziehen sie hin, die Schurken, die Schufte“, grollte
Halef, „und wir stehen hier und gucken hinter ihnen
her, den Schnurrbart leckend, wie hungrige Hunde,
denen der lebendige Braten auf vier Beinen davonläuft!
Aber wartet eine kleine Weile, dann werden wir über
euch kommen, wie zwei grimmige Löwen über die
Mäuse, und euch so in den Rachen nehmen, daß euch
die Rippen krachen und die Arme und Beine hüben
und drüben abgebissen herunterfallen! Schau, Sihdi, dort
schlängeln sie sich fort und zwingen unsere Pferde, mit
ihnen zu laufen! Wer weiß, was für ein stinkiger Kerl
nun auf dem meinigen sitzt! Du freilich kannst das süße
Bewußtsein haben, daß der Rücken deines Rih von keiner
kurdischen Fortsetzung des menschlichen Rückgrats berührt wird. Denn wer da wagen sollte, das zu versuchen,
der müßte seine Glieder vorher im Buch des Lebens ver-
zeichnen lassen. Der Zorn kocht in meiner Seele, und der
Grimm dampft in meinem Herzen. Wenn ich den Kerl
herausbringe und erwische, der auf meinem Pferd gesessen
ist, den zerschneide ich von oben herab in zwei Hälften!
Bei Mohammed, dem Propheten, das werde ich tun, das
werde ich gewiß tun!“

Es läßt sich denken, daß auch ich nicht gut auf die
Pferderäuber zu sprechen war, aber der Zorn Halefs
wirkte belustigend auf mich, und seine Ausdrucksweise
war so drollig, daß ich mir wieder einmal Mühe geben
mußte, das Lachen zu verbeißen. Und im Arabischen war
seine Rede noch wirkungsvoller, als ich sie hier im Deutschen wiedergeben kann.

Zunächst mußten wir den Lagerplatz der Kurden untersuchen. Das konnten wir aber nicht eher vornehmen, als bis die Kurden jenseits des Blickfeldes verschwunden waren. Die Linie, die sie eingeschlagen hatten, lag gegen Südost. Wenn wir ihnen folgten, mußten wir also wieder zum Sabfluß, der uns aus dem Grenzgebirge herab nach Khoi geführt hatte. Wir waren daher, wenn wir ihn wieder erreichten, die Kanten eines Dreiecks geritten, was einen Zeitverlust ergab, den wir nur diesen Kurden zu verdanken hatten. Das war ein weiterer Grund, ihnen nicht mit freundlichen Gesinnungen zu folgen.

Endlich waren die letzten von ihnen im Südosten verschwunden. Wir stiegen von dem Felsen herab, setzten uns wieder auf unsere Pferde und lenkten sie zur erwähnten Bodenrinne, die zur Fährte der Kelhur führte. Die Rinne war schmal und tief, aber doch leidlich wegsam. Je weiter wir ihr abwärts folgten, desto feuchter wurde sie, und bald brachen links und rechts kleine Wässerchen aus den Wänden, die sich miteinander vereinigten und tiefer unten den Bach bildeten, den ich vom Felsen aus gesehen hatte.

Am Fuß des Berges lief die Rinne breit in die Ebene aus, und wir ritten im Galopp den Bach entlang, bis wir die Stelle erreichten, wo die Kurden gelagert hatten. Während Halef die Pferde hier erst trinken und dann grasen ließ, untersuchte ich sorgfältig den ganzen Platz. Ich hoffte, etwas zu entdecken, was unserem Vorhaben förderlich sein könnte. Ich hatte mich aber getäuscht, denn nach ziemlich langem Forschen hatte ich weiter nichts erfahren, als daß das Lager vielleicht eine Woche lang benutzt worden war. Wertvoller war der Schluß, den ich aus dem schnellen Abmarsch der Kurden zog. Sie hatten wahrscheinlich vorher nicht die Absicht gehabt, das Lager schon heute zu verlassen, denn ich sah, daß einige der bereits erwähnten Schutzdächer erst gestern neu gedeckt worden waren. Da war gegen Abend Aqil hier angekommen, um wegen des Blutpreises zu verhandeln, zu seinem und unserem Schaden, denn sie hatten ihn festgenommen, später auch seinen Sohn ergriffen und dann unsere Pferde gestohlen. Wegen Aqil und seines Sohnes hatten die Kelhur den Lagerplatz schwerlich so schnell verlassen. Viel eher war anzunehmen, daß sie fürchteten, ich würde mit Halef hierherkommen.

Man darf mich nicht für einen eingebildeten Menschen halten, weil ich es für möglich hielt, daß dreihundert Kurden wegen uns zwei Männern sich aus ihrem Lager entfernt hatten. Im Morgenland fällt es der Mücke nicht schwer, in kurzer Zeit ein Elefant zu werden. Ich hatte Gelegenheit gefunden, mich mit einigem Geschick aus bösen Lagen zu ziehen. Mit Hilfe von Kenntnissen, die jeder gebildete Europäer besitzt, und mit den im Wilden Westen gesammelten Erfahrungen war es mir gelungen, einigen Stämmen der Dschesireh hier und da einen kleinen Dienst zu erweisen. Das war von Mund zu Mund weitergetragen worden. Die Legende hatte meine Kenntnisse und Geschicklichkeiten ins Ungeheure vergrößert. Noch berühmter aber als ich waren meine beiden Gewehre. Man erzählte sich, die Kugel meines Bärentöters ginge durch Stahl und Mauern, und mit dem ‚Zaubergewehr‘, nämlich dem Henrystutzen mit fünfundzwanzig Schüssen, könne ich in alle Ewigkeit schießen, ohne einmal laden zu müssen. So war es erklärlich, daß Wunder von mir erzählt wurden, und daß auch hier die Kelhurkurden ihr Lager lieber aufgaben als sich, wie sie dachten, von mir beschleichen und von meiner Zauberflinte niederknallen zu lassen.

Selbstverständlich mußten wir ihnen nachreiten. Aber das hatte nun keine Eile, weil wir uns doch erst abends an sie wagen konnten und ihnen nicht so Knall und Fall folgen durften. Wenn wir nicht von ihnen entdeckt sein wollten, mußten wir ihnen einen angemessenen Vorsprung lassen. Verschwinden konnten sie auf keinen Fall, dafür sorgte schon ihre Fährte, die zu verschleiern sie nicht die Übung und das Geschick besaßen. Darum ließen wir unsere Pferde fast zwei Stunden lang grasen und brachen erst zwei Stunden vor Mittag auf.

10. DER GEIST DES RAKI

Als die Sonne am höchsten stand, befanden wir uns zwischen den Bergen, wo ich in einem Wald von Bala-mut-Eichen — von denen die dortigen weltbekannten Galläpfel kommen — ein Wildschwein schoß, das uns die notwendige Verpflegung lieferte. Wir saßen da für kurze Zeit ab, um einige Stücke davon anzubraten und mit-zunehmen, denn solange wir uns den Kurden auf den Fersen befanden, und das konnte mehrere Tage dauern, durften wir auf kein Wild mehr schießen, weil der Schuß uns verraten konnte. Eigentlich war es dem Hadschi als Mohammedaner verboten, Schweinefleisch zu essen, aber der Umgang mit mir hatte ihn so weit umgestimmt, und sein Gaumen war so empfindlich für den Wohlgeschmack des Schwarzwildes, daß er diesem Genuß zuliebe ohne Bedenken das Mißfallen des Pro-pheten und aller toten Kalifen auf sich nahm.

Nun war aber doch so viel Zeit vergangen, daß wir einen größeren Vorsprung einholen mußten, als erst in unserer Absicht gelegen hatte. Wir folgten der Fährte darum mit mehr Eile als vorher.

Am Nachmittag lag die Südbiegung des Kleinen Sab zu unserer Rechten hinter den steilen, waldigen Höhen, an deren Fuß wir uns befanden. Wir ritten an einem kleinen Flüßchen hin, das im Frühjahr wahrscheinlich hoch angeschwollen war, jetzt aber kaum so viel Wasser hatte, daß es unseren Pferden bis über die Hufe reichte. Es gab hier viel lockeres Geröll. Zahlreiche freigespülte Wurzeln wurden uns hinderlich, und die vielen, kurzen Krümmungen des Flußbettes ließen uns nicht von der Stelle kommen.

„Der Scheïtan muß den Kurden diesen Weg gezeigt haben!" klagte Halef. „So ähnlich muß der Pfad beschaf-fen sein, der vom Tod hinab in die Verdammnis geht."

„Auch ich begreife nicht", stimmte ich bei, „warum die Kelhur gerade diese Steinrinne aufgesucht haben."

„Wo wollen sie nur hin? Von hier aus führt doch kein Paß über die Bergkette?"

„Nein. Wenn ich mich nicht irre, haben wir zwei Berge vor uns, die wir von unseren früheren Ritten her kennen, nämlich rechts den Megilik und links den sonderbar gestalteten Nekuhl. Zwischen ihnen führt kein Paß hindurch. Schir Samurek will also nicht über die Berge, sondern sein Ziel liegt diesseits. Was er aber da zu suchen hat, ist mir ein Rätsel.

„Allah! Sollte hier die Gegend sein, in der die Musallah el Amwât[1] liegt?"

„Die Musallah el Amwât? Von der habe ich noch nie gehört. Was ist das für ein Ort?"

„Ein Ort, den jeder Mensch meidet, mag er nun Sunnit oder Schiit, Christ oder Jude sein. Du weißt, daß ich vorgestern im Han mit einigen Masydschilar[2] beisammensaß und mich mit ihnen unterhielt. Sie waren in dieser Gegend bekannt, hatten viel erlebt und erzählten davon. Die schönsten und besten Galläpfel wachsen bei der Musallah el Amwât in Menge, aber niemand getraut sich hin, sie zu sammeln, denn die Geister der Toten gehen dort um. Es ist vor mehreren hundert Jahren gewesen, da kamen Christen in das Land und bauten sich die Musallah in den Bergen, um Allah nach ihrer Weise zu verehren. Sie waren gute und fleißige Leute, die jedermann zuliebe lebten, aber die Schiiten beschlossen dennoch, sie auszurotten. Sie zogen hinauf, umstellten die Christen bei der Musallah und metzelten alle nieder: Männer, Greise, Jünglinge, Weiber, Jungfrauen und Kinder. Der Priester war der letzte, der starb. Noch im Niedersinken betete er für die Feinde. Da rissen sie das Kreuz von der Musallah und warfen es ins Feuer. Als er das mit brechendem Auge sah, verwan-

[1] Kapelle der Toten [2] Galläpfelsammler

delte er sein Gebet in einen Fluch, den er auf sie und auf die Stätte des Todes vom Himmel herabrief. Seitdem trifft Unheil jeden, der es wagt, die Musallah aufzusuchen. Dennoch waren die Masydschilar kürzlich so verwegen, hinaufzusteigen, denn sie sind arm und wußten, daß es da oben eine reiche Ernte gibt. Sie baten Allah, sie zu beschützen, und machten sich auf den Weg. Sie kamen glücklich hinauf und sahen die Musallah stehen. Aber als sie sich ihr näherten, trat der Geist des ermordeten Priesters in der Gestalt eines riesigen Bären heraus, der sich mit offenem Rachen auf sie stürzen wollte. Da flohen sie schreiend und betend von dannen und dankten später Allah, der sie durch die Schnelligkeit ihrer Beine errettet hatte. Sie werden niemals wieder so tollkühn sein, die Musallah aufzusuchen. Das erzählten sie mir. Was sagst du dazu, Sihdi?"

„Daß der Bär kein Geist, sondern ein gewöhnlicher Bär gewesen ist. Jedermann weiß, daß es da oben im Gebirge Bären gibt."

„Ja. Das weiß ich auch, aber so riesengroß, wie dieser gewesen ist, sind sie nicht."

„Die Angst vergrößert alles. Sie kann auch einen Bären doppelt groß erscheinen lassen."

„Das sagst du, weil du nicht an Geister glaubst!"

„Ich bin im Gegenteil fest davon überzeugt, daß es Geister gibt. Aber Gespenster gibt es nicht, die in Bärengestalt erscheinen."

„Ja, du bist mutig, Sihdi, du wärst gewiß nicht geflohen, sondern dem Bären kühn entgegengetreten. Doch ich möchte lieber nicht die Probe machen, ob der Bär ein Geist oder der Geist ein Bär ist."

„Hast du eine Ahnung, in welcher Gegend die Musallah liegt?"

„Die Masydschilar haben sie mir beschrieben. Sie liegt zwischen dem Nekuhl und dem Megilik, und man kommt hinauf, indem man einem vielgewundenen, steinigen

Flußbett folgt, das von sehr engen Ufern eingefaßt ist und —"

Er hielt mitten in der Rede inne, sah mir betroffen ins Gesicht und fuhr dann auf:

„Allah akbar — Gott ist groß! Das paßt ja genau auf unseren Weg!"

„Ja, wie es scheint!"

„Der Nekuhl und der Megilik sind die beiden Berge, die du vorhin erwähntest. Im steinigen, engen und gewundenen Flußlauf befinden wir uns, also — Maschallah! — wir sind auf dem Weg zur Kapelle der Toten, von der ich dir erzählt habe."

„Das ist allerdings leicht möglich. Aber mach den Mund wieder zu, lieber Halef, sonst kommt der Bär und springt hinein."

„Spotte nicht, Sihdi! Warum soll mir der Mund nicht offenstehen, wenn ich staune? Wenn ich nicht mehr staune, fällt er ganz von selber wieder zu. O Wunder, o Fügung! Wir befinden uns auf dem Weg zur Kapelle der Toten! Das scheint unser Kismet, unser Schicksal zu sein. Wenn ich nur wüßte, was wir dort oben sollen!"

„Das fragst du noch?"

„Gewiß! Weißt du es denn?"

„Ja. Wir sollen das Gespenst von seinem Bärenfell erlösen."

„O Verwegenheit, o Hohn! Du spottest noch immer, Sihdi! Mir aber ist der Rücken kalt wie Eis, und ich weiß wahrhaftig nicht, wozu ich mich entschließen werde."

„Entschließen? Wie meinst du das?"

„Nun, wenn der Bär gelaufen kommt, ob ich da fliehen oder auf ihn schießen soll. Ist er wirklich ein Bär, und ich laufe fort, so lachst du mich aus, und ich muß mich bis zum Tod meiner Angst schämen. Ist er aber ein Geist, und ich schieße auf ihn, so geht die Kugel durch ihn hindurch, ohne ihn zu verletzen, und was dann aus mir wird, das weiß Allah allein."

„Halef, Halef! Wohnt wirklich noch der dumme Aberglaube der früheren Zeit in dir? Sag mir doch, für wen der Priester damals gestorben ist!"

„Für seinen Gott und für seinen Glauben, Sihdi."

„Wie nennt man solche Leute?"

„Schuhada[1]."

„Was sagt der Koran, von unserer Heiligen Schrift gar nicht zu sprechen, von diesen Schuhada?"

„Daß sie geradewegs in den Himmel eingehen."

„Verstehe mich wohl! Ich spreche, um dir das Verständnis zu erleichtern, wie ein Muslim zu dir. Sogar nach der Ansicht der Mohammedaner geht ein Schâhid unmittelbar in den Himmel ein, zur Belohnung für die Leiden und Martern, die er ausgestanden hat. Diesen frommen Priester aber soll Gott für seinen Martertod in den Pelz eines Bären verbannt haben! Würde das nicht statt einer Belohnung eine fürchterliche Strafe, anstatt des Himmels eine Hölle sein?"

Halef sah mich wieder eine Weile mit weit offenen Augen an.

„Sihdi, ich staune abermals", gestand er dann.

„Worüber jetzt?"

„Über die Vortrefflichkeit deines Beweises, dem ich nicht widerstehen kann. Allah insâf oder Allah el 'adl — Gott ist die Gerechtigkeit, sagen wir. Und da dieser Satz unumstößlich und unanfechtbar feststeht, so — so — so —"

„Nun weiter!"

„— so kann der Geist kein Bär und also der Bär auch kein Geist sein."

„Gut. Mag also der Bär, der wirklich ein Bär ist, auch in deinem Kopf ein Bär sein und bleiben! Bist du nun überzeugt, Halef?"

„Ja, Sihdi. Du bist, wie in allem, auch in den Regeln der Mantik[2] unüberwindlich und hast mein an diesem

[1] Mehrzahl von Schâhid — Märtyrer [2] Logik

Bären erkranktes Gehirn im Nu wieder gesund gemacht. Nun mag er immer kommen. Ich werde, ohne mich zu besinnen, auf ihn schießen!"

„Das Schießen überlaß lieber mir. Die kurdischen Bären sind keine abgehetzten Isabellbären vom Hauran und vom Libanon. Sie werden wenig gestört, fast gar nicht gejagt und werden sehr groß und alt. Die Galläpfelsammler haben ja von der ungeheuren Größe dieses Tieres gesprochen. Eine Kugel aus deiner Flinte würde ihn nicht töten, sondern nur zur Wut reizen. Und ferner wissen wir nicht genau, sondern vermuten es nur, daß wir uns jetzt auf dem Weg zur Musallah el Amwât befinden. Die Hauptsache ist, daß du überhaupt einen Geist im Bärenfell nicht mehr — — was ist?"

Halef, der neben mir ritt, hatte meine Rede dadurch unterbrochen, daß er in meinen Zügel griff und das Pferd anhielt.

„Ich sehe etwas dort unter den Bäumen", antwortete er, wobei er mir mit der ausgestreckten Hand die Richtung angab. „Es hat sich bewegt. Ich weiß nicht, ob das ein Mensch oder ein Tier ist."

„Wir müssen das erfahren. Komm schnell hier herüber unter die Bäume!"

Im Schutz der Bäume stieg ich ab und gab Halef mein Pferd zum Halten.

„Bleib hier und rühr dich nicht! Ich werde hinschleichen, um zu sehen, mit wem oder was wir es zu tun haben. Verhalte dich still!"

Das Messer stichbereit in der Hand, schlich ich von Baum zu Baum, bis ich in der Nähe der betreffenden Stelle anlangte. Da sah ich, daß ich kein Tier, sondern einen Menschen vor mir hatte. Er stand an einer tiefästigen Buche und langte mit beiden Armen in die Höhe, weshalb, das konnte ich nicht erkennen. Er hatte das Gesicht von mir abgewendet, kam mir aber trotzdem bekannt vor. Diese Gestalt, diese schmutzstarrenden

Beine, die zerfranste Hose, die zerrissene Jacke, deren
Ärmel teilweise fehlten — wenn das nicht Ali, der trunk-
selige Handschi von Khoi war, so konnte ich mich auf
meine Augen niemals wieder verlassen! Aber was wollte
er hier? Wie kam er so allein in diese Gegend, und was
tat er dort am Baum?

Jetzt drehte sich Ali um, erhob sich auf den Zehen und
schob sich eine von dem Ast herunterhängende Schnur,
die er oben festgebunden hatte, unter die Kehle. Herr-
gott, der Mann wollte sich erhängen!

„Katera Chodeh — um Gottes willen!" rief ich ihm
zu, indem ich hinrannte und die Schnur wegriß. „Halt
ein! Du willst dich morden!"

Ali starrte mich wie abwesend an und antwortete, als
spräche er im Traum:

„Morden? Nein, sondern nur aufhängen."

„Das ist doch gleich! Was hast du denn für einen
Grund, diese große Sünde zu begehen?"

„Grund — ? Warum fragst du mich — ? Wer bist du
denn — ?"

Sein Auge war bei diesen Fragen noch immer gedan-
kenleer.

„Wer ich bin? Du kennst mich doch! Ich bin Kara Ben
Nemsi Effendi, der in Khoi bei dir wohnt."

Der Klang meines Namens schien Ali zu sich zu bringen. Es kam Ausdruck in seinen Blick, aber seine Stimme
war immer noch klanglos wie vorher.

„Ich muß mich erhängen. Ich muß mir das Leben nehmen, denn ich bekomme mein Geld nicht wieder."

„Woher weißt du das?"

„Von Schir Samurek."

„Von dem? Hast du denn mit ihm gesprochen?"

„Ja."

„Wann?"

„Vor einer Stunde."

„Wo?"

„Droben, unter der Musallah el Amwât."

„Ah, die Kapelle ist also doch hier! Lagern die Kelhur dort?"

„Ja."

„Ist einer von ihnen hier in der Nähe? Kann man uns vielleicht hören oder sehen?"

„Nein. Ich wurde von ihnen fortgepeitscht, und keiner ist ein Stück mit mir gegangen."

Die Erinnerung an die Peitsche brachte Ali vollends zu sich. Er warf sich nieder, legte das Gesicht in die Hände und fing an, bitterlich zu weinen. Die Tränen sind ein heilsames Wasser, wenn sie rinnen können. Darum ließ ich ihn weinen und störte ihn nicht, sondern rief Halef herbei. Er band die Pferde an und setzte sich dann bei mir nieder. Als der Wirt nach einiger Zeit ruhiger geworden war, richtete ich ihm den Kopf auf und sagte:

„Der Selbstmord ist eine gräßliche Sünde, weil man sie weder bereuen noch gutmachen kann. Am allerwenigsten aber soll man seine Seele um des Geldes willen in die Hölle senden. Deine Piaster sind ja auch noch gar nicht verloren!"

„Sie sind verloren. Schir Samurek hat sie Aqil abgenommen und gibt sie nicht wieder her!"

„Er muß sie hergeben! Ich verspreche dir, daß ich ihn dazu zwingen werde."

Da bekamen seine Augen Glanz. Er richtete sich straffer auf und fragte hastig:

„Ist das dein Ernst, o Effendi? Versprichst du mir das wirklich?"

„Ja."

„So sei Allah Preis und Dank! Ich bin gerettet, denn was Kara Ben Nemsi Effendi verspricht, hält er auch, obgleich Schir Samurek, der Räuber, über ihn gelacht hat!"

„Warum hat er gelacht, bei welcher Gelegenheit und

wann? Kannst du mir das sagen? Kannst du dich besinnen und mir alles erzählen, wie du zu ihm gekommen bist, und was da alles gesprochen worden und geschehen ist?"

„Oh, Effendi, ich weiß jetzt alles genau. Wenn du sagst, daß du mir mein Geld verschaffen willst, so wächst die Schärfe meines Gedächtnisses, und ich besinne mich auf jedes Wort!"

„So sprich! Aber fasse dich kurz, denn die Zeit ist kostbar. Wo und wie bist du mit Schir Samurek zusammengetroffen?"

„Du weißt, ich ritt mit unserem Malkoe-gund und einigen Leuten fort, um Aqil, dem Dieb, das Geld wieder abzujagen. Wir fanden seine Spur nicht, aber wir glaubten, er müsse, um sich in Sicherheit zu bringen, über die persische Grenze geflohen sein. Darum wendeten wir uns der Grenze zu, hörten aber in keinem Ort und an keinem Haus, daß er von jemand gesehen worden sei. So ritten wir weiter bis fast um die Mittagszeit, wo wir einsehen mußten, daß wir auf einem falschen Weg waren. Wir kehrten also um und wollten es nun mit der Richtung nach Rewandus und Lahidschan versuchen. Wir wendeten uns daher nach Norden, immerzu nach Norden, bis der Teufel uns die Kurden in den Weg führte. Sie umringten uns, banden uns und führten uns mit sich bis hierher."

„Da nahm es euch wohl wunder, den vergeblich gesuchten Dieb bei ihnen zu finden?"

„Ja, Aqil ist bei ihnen, aber nicht als freier Mann, sondern als Gefangener, sein Sohn Ssali auch. Heute nacht werden beide sterben. Sie werden die Opfer der Blutrache und ihrer eigenen Schlechtigkeit sein."

„Ist ihr Tod fest beschlossen?"

„Ja. Sie können ihm nicht entgehen, und es ist ein schrecklicher Tod, den sie erleiden sollen. Sie werden von den Bären zerrissen und gefressen."

„Ah! Was für ein Mensch ist dieser Scheik der Kelhur-kurden! Wie kommt er auf den Gedanken, sie den Bären vorzuwerfen? Gibt es denn hier Bären, deren er sich zu diesem Zweck bedienen kann?"

„Ja, und er hat sich alles so genau ausgedacht und überlegt, daß es gelingen muß. Er ist ja nur deshalb hier-hergezogen, um die beiden Bebbehkurden den Bären zu bringen. Seine Krieger sind vor einiger Zeit oben bei der Musallah el Amwât auf der Jagd gewesen und haben dort das Bärenlager entdeckt. Auf dem Rückweg haben sie dann einen Baum mit wilden Bienen gefunden. Beides wird heute abend zur Hinrichtung der beiden Bebbeh benutzt. Schon längst sind zehn oder zwölf Kelhur fort, um Honig zu holen."

„Weißt du, wie er verwendet werden soll?"

„Vielleicht habe ich nicht alles richtig verstanden. So-viel aber weiß ich: das Bärenlager befindet sich nicht weit von der Musallah. Die Bebbeh sollen gefesselt und mit Honig bestrichen werden. Dann schafft man sie ins Innere der Musallah. Von da aus bis zum Bärenlager sollen Wabenstücke mit Honig gelegt werden, um die Bären in die Musallah zu locken. Dort werden sie die Gefesselten erst ablecken und dann fressen."

„Allah, Allah!" ließ sich da Halef schaudernd hören. „Sind diese Kelhur überhaupt noch Menschen? Sihdi, wollen wir die Bebbeh retten, obgleich sie unsere Tod-feinde sind, und an ihrer Stelle diesen Schir Samurek den Bären vorwerfen?"

So war der kleine, liebe, brave Kerl! Er wollte die bei-den Bebbeh vor dem qualvollen Tod bewahren, obgleich Aqil die Kelhur auf uns gehetzt und sein Sohn uns sogar nach dem Leben getrachtet hatte!

Der Handschi Ali setzte seinen Bericht fort, und ich erfuhr noch folgendes:

Die Kelhur hätten in der Tat meinetwegen schon heute ihr Lager verlassen. Der Umstand, daß die Bebbeh in ihre Hände gefallen waren, trieb sie dann noch rascher fort, um die Gefangenen so bald wie möglich dem Tod entgegenzuführen. Für die dreihundert Krieger war das ein Freudenritt, der keine Minute aufgeschoben werden durfte. Jetzt lagen sie unterhalb der Musallah im Wald. Dórt hatten sie Gericht über die der Blutrache Geweihten gehalten. Schir Samurek hatte den Gefangenen mit den heiligsten Schwüren versichert, daß es für sie keine Rettung gebe. Nach menschlichem Ermessen gab es auch wirklich keine, aber Ssali Ben Aqil hatte gehört, daß wir wahrscheinlich unsere gestohlenen Pferde suchen würden, und hatte sich in der Verzweiflung an einen Gedanken geklammert, der ihm plötzlich gekommen war.

„Noch sind wir nicht tot", hatte er gesagt. „Wenn Kara Ben Nemsi Effendi euch findet, wird er uns befreien!"

„Euch, seine Todfeinde?" hatte der Scheik höhnisch gerufen. „Er würde mich vielmehr bitten, euch noch mehr zu martern, als ich mir vorgenommen habe."

„Das wird er nicht, denn er ist ein Christ."

„Ein Christ? Ein Christ ist ein Hund, und ein Hund riecht gern Blut. Diese Hunde, die einen Menschen aus en Nasirah[1] ihren Gott nennen, haben sich von ihm sagen lassen, daß man sogar die Feinde lieben soll, aber sie gehorchen ihm nicht. Sie bestehlen, betrügen, belügen sich untereinander und bedrängen, übervorteilen und bekriegen alle Fremden. Darum können sie unmöglich imstande sein, ihre Feinde zu lieben und ihnen Gutes zu erweisen. Kara Ben Nemsi Effendi würde mit Vergnügen zusehen, wenn die Bären euch zerreißen!"

„Nein, er ist ein wahrer Christ und hat schon vielen seiner Feinde Gutes erwiesen!"

„So rufe ihn doch herbei! Dann werden wir sehen, ob

[1] Nazareth

er in Wirklichkeit dem falschen Propheten aus en Nasirah gehorcht!"

„Ja, ich werde ihn rufen. Ich werde Allah bitten, ihm den Weg hierher zu zeigen!"

„Ich gebe dir einen besseren Rat. Kara Ben Nemsi Effendi mag als Christ von unserem Allah nichts wissen. Du mußt also zu seinem Gekreuzigten beten, wenn du Erhörung finden willst!"

In dieser Weise hatte Schir Samurek weitergehöhnt und dann hinzugefügt:

„Wie wenig ich diesen Christenhund fürchte, und wie wenig ich damit rechne, daß er euch retten könnte, sollst du gleich erfahren. Ich habe ihm sagen lassen, daß ich der Räuber seiner Pferde bin, und er wird uns folgen. Wenn er unsere Spuren wirklich finden und es wagen sollte, bis hierher zu kommen, so werden die Wächter, die ich nachher ausstelle, ihn ergreifen, und ich werfe ihn mit euch den Bären vor. Nun bete meinetwegen zu Allah oder zu el Meßiah[1], dein Gebet wird in die Luft gesprochen sein!"

Dann war über die anderen Gefangenen beraten worden. Der Beschluß hatte gelautet: Sie sollen zusammen ein Lösegeld von zwanzigtausend Piastern geben und werden so lange festgehalten, bis diese Summe bezahlt ist. Der Handschi Ali soll gehen und das Geld holen, um es zur Musallah zu bringen. Bringt er es binnen drei Tagen nicht, oder stellt sich bei der Zahlung eine Hinterlist heraus, so werden die Gefangenen getötet. — Kurz nachdem diese Bestimmungen getroffen worden waren, hatte man Ali erst durchgepeitscht und dann ohne Pferd fortgejagt.

Er war verstört und niedergeschlagen davongegangen, ohne eine Hoffnung, denn nun war nicht nur das gestohlene Geld verloren, sondern er sollte noch einen Teil des Lösegeldes aufbringen, was ganz unmöglich war. Er

1 Der Messias, Christus

235

hatte den wirtschaftlichen Zusammenbruch vor Augen und war gewiß kein Held im Glauben und Gottvertrauen. Darum hatte er zur Schnur gegriffen und war nur durch unsere Dazwischenkunft abgehalten worden, sich selber den Tod zu geben.

„Jetzt, Effendi, hast du alles vernommen, was ich dir sagen konnte", endete er seinen Bericht. „Was meinst du dazu? Hältst du es für möglich, daß ich mein Geld wiedererhalte?"

„Was ich meine, ist zunächst, daß der Raki einen bösen Geist in sich trägt, mit dem man sich nicht abgeben darf!"

„Der Raki? Wie kommst du auf den Raki?"

„Weil er die Schuld an allem trägt, was dir jetzt geschehen ist."

„Was hat der Raki mit dem Anführer der Kelhur zu tun?"

„Frag doch nicht so dumm! Hättest du gestern nicht so viel Raki getrunken, so hättest du nicht mit Aqil von dem Versteck deines Geldes gesprochen, und es wäre dir nicht gestohlen worden. Also ist der Raki auch schuld daran, daß du in die Hände Schir Samureks gefallen bist und dich jetzt aufhängen wolltest. Du mußt zugeben, daß der Schnaps dich zum Selbstmord getrieben hat!"

Ali schwieg, weil er einsah, daß ich die Wahrheit sagte.

„Wenn du dem Raki so ergeben bleibst wie jetzt, wird er dir noch viel Elend bringen", fuhr ich fort. „Er frißt deine Seele und verzehrt deinen Körper. Wenn du ihm aber entsagst, wirst du Glück und Freude erleben und einst ohne Wanken über Es Ssirat, die Brücke des Todes, zum ewigen Leben gehen. Bedenke, daß diese Brücke nicht breit ist, sondern so schmal, daß Mohammed sie mit der Schärfe einer geschliffenen Säbelklinge vergleicht. Wie will ein Mensch, dessen Seele noch nach dem Tod voll Raki ist, über diese Brücke gelangen, ohne in die gähnenden Abgründe der Hölle hinabzustürzen!"

Ich bequemte mich der Anschauungs- und Ausdrucksweise des Mannes an, dem meine Warnungen galten. Sie verfehlten ihren Zweck auch nicht, denn es packte ihn.

„Oh, schweig davon, Effendi! Deine Worte lassen mich schaudern!"

„Du würdest in diesem Augenblick noch mehr schaudern, wenn du das grauenhafte Werk, das du vorhin an diesem Baum plantest, wirklich ausgeführt hättest, denn jetzt wankte dein Geist mit der mordenden Leine am Hals über die Brücke des Todes. Der Raki würde deine Füße gleiten lassen, und du stürztest hinunter in die ewig brodelnden und nie verlöschenden Flammen der Dschehenna, der du unrettbar verfallen wärst! Muß dein Herz nicht beben, wenn du daran denkst?"

„Oh, Effendi, deine Worte treiben mir den Schweiß der Angst und des Entsetzens aus dem Leib!"

„So rate ich dir, o Handschi Ali, von jetzt an dies gefährliche Getränk zu meiden, das dich und jeden, der sich ihm ergibt, verderben muß!"

„Ich werde es tun! Ja, Effendi, ich werde es ganz gewiß tun!"

„Das ist aber nicht so leicht, wie du vielleicht denkst. Wen die Geister des Schnapses einmal ergriffen haben, den wollen sie nicht loslassen, den halten sie fest mit ihren Schlangenarmen. Es gibt da einen schweren Kampf, aber der Sieg ist dann auch um so größer und beglückender. Willst du diesen Kampf versuchen?"

„Ich will es, Effendi! Ich verspreche dir, daß ich tapfer kämpfen werde. Hier hast du meine Hand darauf!"

Ali hielt mir die Hand hin. Ich nahm sie jetzt noch nicht, sondern sprach weiter:

„Nicht so schnell! Ich glaube, daß du dieses Versprechen gern gibst, aber du denkst in diesem Augenblick nicht daran, wie schwer es zu halten ist. Nimm dir nicht vor, von heute an gar keinen Raki mehr zu trinken. Das würdest du nicht fertigbringen, sondern würdest der Trunksucht im Gegenteil nur noch mehr verfallen. Trinke von heute an nur noch die Hälfte von dem, was du bisher täglich getrunken hast, nach einem Monat nur das Viertel, nach drei Monaten nur den achten Teil, und so alle drei Monate halb soviel wie vorher, bis du so weit gekommen bist, daß du täglich nur so viel genießest, wie du mit drei kleinen Schlucken nehmen kannst. Diese drei Schlucke darfst du dann täglich bis an dein Ende trinken, das erlaube ich dir. Liegt dir aber daran, ein Allah wohlgefälliges Werk zu verrichten und ein ganz glücklicher Mann zu werden, so meide auch diese drei Schlucke und trinke nichts, aber auch gar nichts mehr, was dich betrunken machen kann, denn Mohammed, dein Prophet, hat gesagt: Kullu muskürün harâm — alles, was trunken macht, sei verboten, sei verflucht!"

Da streckte mir Ali die Hand wieder hin, ja beide Hände zugleich, und bat:

„Effendi, ich höre, daß du von mir nicht mehr verlangst, als was ein schwacher Mensch zu leisten vermag. Ich werde deinem Gebot und dem Gebot Mohammeds Folge leisten, und Allah wird mir die Kraft geben, wieder ein guter Mensch zu werden. Ich habe dir vorhin meine Hand vergeblich angeboten. Willst du sie wirklich nicht nehmen? Ich verspreche dir bei meiner Seele, bei den Geistern meiner Väter und bei den Bärten des Propheten und seiner Nachfolger, daß mich von jetzt an niemand mehr betrunken sehen soll! Allah hat es gehört! Er wird auch sehen, daß ich mein Wort halte! Hier, nimm meine Hände!"

Ich folgte dieser Aufforderung. Halef, der gerührt über diesen Erfolg war, gab ihm auch die Hand.

„Allah sei mit dir, du Sohn der Trunkenheit, der sich von dieser schlimmen Gôset el Ab[1] scheiden lassen will!

[1] Stiefmutter

238

Wirf sie getrost zum Haus hinaus, und laß sie ja nicht wieder herein, auch wenn sie heimlich durchs Fenster steigen will! Denn sie ist ungeheuer schlau, sag ich dir, wie alle Weiber sind, die man hinausgeworfen hat, und die doch gern wieder hereinkommen möchten! Und wenn du dereinst ein nüchterner Mann geworden bist und wir deinen Han wieder besuchen, so wird auch die Tiefe des Morastes, durch die man jetzt in deinem Hof waten muß, verschwunden sein, so daß man mit sauberen Schuhen darüber hinwegschreiten kann und dich nicht mehr in dem Loch des Schlammes liegen sieht wie eine große Dabb ßakrān[1], die den Auswurf deiner Landwirtschaft für das Ruhebett der Königin von Scheba[2] hält!"

Ali fühlte sich durch die derbe Ermahnung des kleinen Hadschi nicht im geringsten beleidigt.

„Du hast recht, o Hadschi Halef Omar!" meinte er. „Früher, als ich den Raki noch nicht liebte, waren mein Haus und mein Hof so blank und freundlich wie das Angesicht einer Braut, die die Wonne des Bräutigams und die Erwählte seines Herzens ist. Doch, was sehe ich da! Ich habe noch gar keine Zeit gefunden, eure Pferde zu beachten. Sind das nicht die Grauschimmel des Apothekers?"

„Ja, sie sind es", bestätigte ich.

„Welch ein Wunder, daß er sie euch geliehen hat!"

„Er hat sie uns nicht geborgt, sondern wir haben sie uns ohne sein Wissen aus seinem Garten geholt. Wir mußten so schnell hinter den Kelhur her, daß wir keine Zeit mit Fragen, Bitten und Verhandlungen verlieren durften. Er wird sehr erschrocken sein, als er bemerkte, daß sie fehlten. Um so mehr wird er sich freuen, wenn du sie ihm wiederbringst."

„Ich? Ich soll sie ihm wiederbringen?"

„Ja. Du steigst jetzt auf und reitest heim."

„Mit Wonne, Effendi, mit großer Wonne! Ich werde

1 Betrunkene Eidechse   2 Saba

froh sein, wenn ich aus der Nähe dieser Räuber fort bin. Aber dann habt ihr ja keine Pferde mehr!"

„Sorge dich nicht um uns! Wir werden nicht eher von hier fortgehen, als bis wir den Kelhur unsere eigenen Tiere wieder abgenommen haben."

„Aber das ist außerordentlich gefährlich!"

„Noch gefährlicher ist es, ihnen deine zehntausend Piaster zu entreißen, was uns, wie ich hoffe, doch gelingen wird. Wenn alles glückt, sind wir schon morgen abend in Khoi und bringen dir das Geld. Wir brauchen jetzt nur noch zu erfahren, wie der Ort und seine Umgebung beschaffen ist, wo die Kelhur lagern. Kannst du ihn mir beschreiben?"

„Ja, dieses Wasserbett führt jetzt steiler bergan als bisher. Da, wo es sich teilt, folgt ihr dem rechten Arm, der auch viele Windungen macht und immer schmaler wird, bis ihr auf eine kleine, ebene Wiese kommt, die auf drei Seiten vom Wald umgeben ist. Auf der vierten Seite steigt ein Fels fast senkrecht auf. Von ihm stürzt der Quellbach herunter, indem er einen kleinen Schellâl[1] bildet. Da seht ihr oben die Musallah el Amwât stehen, in der die Geister wohnen, und in der heute in der Nacht Aqil und sein Sohn von den Bären gefressen werden sollen. Hinter der Kapelle, etwas höher noch als sie, ist einst eine Steinwand eingestürzt, die nun ganz wirr in Trümmern liegt. Darin befindet sich das Lager der Bären."

„Bären? Es gibt also nicht nur einen, sondern mehrere dort?"

„Ja."

„Hm! Die Paarungszeit ist längst vorüber, und wenn die Bärin geworfen hat, leidet sie den Bären nicht mehr bei sich, weil er kein guter Vater ist, sondern die lieblose Neigung hat, seine Kinder zu verzehren. Ich bin also

1 Wasserfall

240

der Meinung, daß es sich nicht um ein Bärenpaar, sondern um eine Bärin und ihre Jungen handelt."

„Das weiß ich nicht. Aber der Dubb, den man da oben gesehen hat, soll ein Dubb el Chulûd[1] sein, der seit der Ermordung der Christen bei der Musallah wohnt und in dieser langen Zeit ständig gewachsen und dadurch so groß geworden ist, daß er einen Menschen zweimal überragt. Es ist der Geist des Priesters dieser Christen, und sein Fell soll wegen des hohen Alters weiß geworden sein wie der Schnee."

„Über den Dubb el Chulûd habe ich genug erfahren. Nun möchte ich wissen, wo die Kelhur lagern. Wohl auf der kleinen Wiese, von der du gesprochen hast?"

„Nein, denn sie ist zu moorig dazu. Von der Wiese kommt, wieder rechts, ein dünnes und klares Wasser herab. Wenn du diesem folgst, gelangst du weiter oben an einen freien, rings vom Wald eingefaßten Platz, in dessen Mitte eine kleine Birka[2] liegt, die den Quell des Wassers bildet. Das ist die Stelle, wo die Kelhur sich gelagert haben."

„Ist der Wald dort dicht?"

„Ja."

„Gibt es zwischen ihm und der Birka einen breiten Raum?"

„Nein. Der Platz ist klein, so daß die Kurden eng um die Birka liegen müssen."

„Mit ihren Pferden? Oder haben sie die Tiere anderswo untergebracht?"

„Sie befinden sich dort und sind getränkt und dann rings an den Bäumen angebunden worden."

„So brauche ich nichts mehr zu wissen, und du kannst fortreiten, freilich ohne Sattel, denn unser Lederzeug brauchen wir selber."

„Aber dein kostbares Reschma darfst du doch keiner Gefahr aussetzen! Wenn es die Kelhur dir nun stehlen!

[1] Bär der Unsterblichkeit   [2] Teich

Ist es nicht besser, wenn ich es mit mir nach Khoi nehme?"

„Nein. Es ist mir hier sicherer als auf dem Grauschimmel, den du reitest. In Khoi wird auch gestohlen, wie du aus Erfahrung weißt."

Wir schirrten die Pferde ab und übergaben sie dem Wirt. Er stieg auf und ritt davon, uns „mehr als tausend Wünsche des Gelingens" zurücklassend, wie sein Ausdruck lautete. Bis jetzt hatten wir Ali vom Selbstmord abgehalten. Ich hatte beinahe die feste Überzeugung, daß es uns auch gelingen würde, ihm sein Geld wiederzubringen.

11. BEI DER ‚KAPELLE DER TOTEN‘

Zunächst galt es, die Pferdegeschirre zu verbergen. Wir fanden schon nach kurzem Suchen ein vortreffliches Versteck für sie. Dann folgten wir, jetzt aber zu Fuß, den Spuren der Kurden von neuem, doch nur bis dahin, wo sich das Flußbett teilte, denn von da an konnten wir jeden Augenblick von den Wächtern gesehen werden, die der Scheik hatte ausstellen wollen.

Ich beschloß darum, die Fährte zu verlassen. Die Beschreibung, die der Handschi uns geliefert hatte, und der Blick, mit dem ich die vor uns liegenden Höhen und Hänge musterte, genügten, mir zu zeigen, wie wir uns verhalten sollten, um unbemerkt an die Feinde zu kommen. Der Scheik hatte mit unserem Erscheinen gerechnet. Er war jedenfalls überzeugt, daß wir uns an seine Fährte halten würden, und richtete also seine Aufmerksamkeit in die Gegend, aus der er selber gekommen war, nämlich am Wasser aufwärts. Wir mußten also von oben herabkommen. Darum verließen wir das Wasserbett und drangen in den Wald ein, der hier stark anstieg. Wir hatten tüchtig zu klettern, und es dauerte fast eine Stunde, bis wir den Kamm, auf den ich es abgesehen hatte, erreichten. Dort sahen wir jenseits, in gleicher Höhe mit uns, die Musallah el Amwât liegen.

Es war ein großartiger Anblick, der sich uns hier bot. Unter uns brandete weithin ein ganzes Meer von hellen Laub- und dunklen Nadelholzwogen, während vor uns und zu beiden Seiten die finsteren Mauern des Gebirges starrten. Solche Formen waren nicht im Harz oder Thüringer Wald, nicht im Erzgebirge oder den Sudeten, auch nicht in Tirol, der Schweiz oder in den Pyrenäen zu finden. Freilich konnten sie in bezug auf Höhe, Massigkeit und Schwere nicht mit den großen Gebirgen Europas verglichen werden, aber ihr Aussehen war so ausgeprägt, wild drohend und unerbittlich, daß mir der Vergleich mit der Wesensart und den Verhältnissen der hier hausenden Stämme förmlich aufgezwungen wurde. Der Mensch ist überall, in Süd und Nord, auf der Ebene und im Gebirge, ein Kind der Scholle, auf der er seine ersten Schritte tut!

Geradezu wunderbar nahm sich auf dem gegenüberliegenden Felsen die ‚Kapelle der Toten‘ aus. Dieser stille, einsame und dem Himmel nahegelegene Felsenthron war wie geschaffen gewesen als Zufluchtsort jener vertriebenen, verfolgten und abgehetzten Bekenner des Christentums, und dennoch war die schiitische Unduldsamkeit wie ein Bluthund auf ihren Spuren geblieben. Von hier aus hatten sie nicht weiter gekonnt über die Bergmauern und über den hochstarrenden Haß der Verfolger hinweg, und darum waren sie den Weg gegangen, den einzigen, der ihnen übrigblieb, den Weg in den Tod.

Die Musallah, deren Trümmer wir vor uns liegen sahen, war weder ein Achtung gebietendes Bauwerk gewesen, noch nach irgendeinem Stil errichtet worden. Trotzdem wirkten ihre Überreste noch jetzt auf uns, weil sie den Mittelpunkt einer unvergleichlichen Gebirgslandschaft bildeten und zugleich ein Denkmal zum Gedächtnis derer, die gehorsam waren dem Gottesruf: „Sei getreu bis in den Tod, so will ich dir die Krone des Lebens geben!“ Die Mauern hatten aus unbehauenen Natursteinen bestanden, wie sie von dem nahen Felssturz geboten wurden, und das niedrige, aber breite Tor war aus drei schweren Blöcken zusammengefügt. Die zwei leeren Fensteröffnungen starrten wie Simsons ausgestochene Augen, und über dem zerstörten Heiligtum ragte als Decke ein Felsvorsprung aus der Bergwand, drohend und schwer wie der Fluch, den der sterbende Priester ausgesprochen hatte. Als sei dieser Fluch erst gestern ausgestoßen worden, und als hätte die Zeit es verschmäht, mit sanfter, grünender Hand den Bann zu lösen, so war kein Baum, kein einziger Strauch in der Nähe zu sehen, und keine Staude, kein Moos, keine Flechte hatte mitleidig die Runen übergrünt, die ich so deutlich lesen konnte, die Runen, „Seid verflucht!" Erst weiterhin, wo das Wirrwarr des Bergsturzes begann, wanden sich einzelne Dornen um das Gestein und krochen, immer zahlreicher werdend, mit Farnen, Kaiserkronen und Weidenröschen untermischt, als üppiges Dickicht in das Trümmerfeld hinein und hoch noch darüber hinauf. Dann läuteten riesige Glockenblumen dem Wald entgegen, der hinter und über dem Wirrwarr wieder begann. Dort, unter dem Dornengestrüpp, und nirgends anders mußte das Lager der Bären zu suchen sein. Halef hatte den gleichen Gedanken, denn er deutete mit der Rechten hinüber.

„Sihdi, da drüben, wo du die große Lachbata el Higâra[1] erblickst, muß die Wohnung des ‚Bären der Unsterblichkeit' sein. Wenn wir ihm zeigen wollen, daß er trotz dieses Namens sterblich ist, müssen wir hinüber und ihm den Faden des Lebens zerschneiden, noch ehe es ihm gelingt, die beiden Bebbehkurden zu verschlingen."

„Das dürfen wir leider nicht, lieber Halef, denn das Gelände ist dort so offen, daß die Kelhur uns gleich entdecken würden."

„So willst du es zugeben, daß Aqil und sein Sohn getötet werden?"

„Nein."

„Wie kannst du das aber verhüten, wenn du den Bären nicht aufsuchen willst?"

„Er wird von selber kommen, ohne daß wir ihm unseren Besuch machen."

„So ist er höflicher als wir. Diesen Vorwurf kann ich

[1] Unordnung der Steine

245

dir nicht ersparen, Sihdi! Glaubst du übrigens, daß er so groß ist, wie der Handschi Ali gesagt hat?"

„Nein."

„Ich auch nicht. Um erst die Bebbeh und auch dich noch zu verschlingen, müßte er einen Magen haben, wie ein kleines Frauenzelt. Auch soll er weiß sein wie der Schnee. Gibt es Bären von dieser Farbe?"

„Ja. Der Eisbär ist so weiß, und der kurdische Bär bekommt im Alter zuweilen diese Farbe."

„Kann er aber in einem solchen Alter Junge haben?"

„Gewiß. Der Bär kann fünfzig Jahre alt werden, und es hat Fälle gegeben, daß eine Bärin noch mit dreißig Jahren Junge geworfen hat. Ali kann also, die abergläubische Ausschmückung abgerechnet, die Wahrheit gesagt haben."

„Wie aber denkst du dir die Rettung der Bebbeh, ohne daß wir den Bären aufsuchen?"

„Einen bestimmten Plan habe ich jetzt noch nicht. Ich muß erst zu den Kelhur hinunter."

„Sie beschleichen?"

„Ja."

„Darf ich mit, Sihdi?"

„Nein. Zunächst gilt es, das Lager der Kelhur genau kennenzulernen und dabei vielleicht etwas Bestimmteres über ihre Absichten zu erlauschen. Da bist du überflüssig, während du mir hier den größten Dienst leisten kannst."

„Inwiefern, Sihdi?"

„Insofern, als ich dir meine Gewehre anvertraue, die ich nicht gern einer Gefahr aussetzen möchte. Sie sind mir unersetzlich, und du wirst einsehen, wie wichtig es für mich ist, sie in deinen treuen und starken Händen zu wissen."

Das war geschmeichelt, und ich hatte wohl Grund, das zu tun. Halef war mir stets ein aufmerksamer und gelehriger Schüler gewesen, auch im Anschleichen, worin seine Geschicklichkeit für gewöhnliche Fälle ausreichte. In schwierigeren Fällen aber schloß ich ihn lieber aus, denn er besaß nicht die notwendige Ausdauer, körperlich und geistig. Darum sollte er nicht mit. Da er sich aber sehr leicht zurückgesetzt fühlte, mußte ich der bitteren Pille eine süße Umhüllung geben, und das tat ich, indem ich das große Vertrauen betonte, das ich ihm durch den Auftrag, meine Gewehre zu behüten, bewies. Er fiel auch wirklich auf die gutgemeinte List hinein, indem er selbstbewußt versicherte:

„Daran tust du freilich recht, Sihdi, denn diese köstlichen Waffen können in deinen Händen nicht sicherer sein als in den meinigen. Ich würde sie bis zum letzten Blutstropfen verteidigen."

„Das sollst du gar nicht, denn es wird sich hier, wenn du es richtig machst, kein Mensch finden, der sie dir abnehmen will. Du hast weiter nichts zu tun, als dich so gut zu verstecken, daß dich einer von den Kurden, der wider alles Erwarten hierherkäme, nicht finden kann. Nur darfst du dieses Versteck nicht eher verlassen, als bis ich zurückkehre."

„Ja, wann kommst du denn wieder?"

„Das kann ich nicht bestimmen. Es können Stunden bis dahin vergehen."

„Stunden? Allah, Allah! Das werden Ewigkeiten sein! Wenn du nicht kommst, und ich denke, daß du dich in Gefahr befindest, so fährt mir vor Ungeduld die Seele aus dem Leib. Bedenke doch, wenn man dich tötete, ohne daß ich dabei bin!"

„Dann würdest du mich rächen!"

Das war das richtige Wort, mit dem ich Halef dahin brachte, wohin ich ihn haben wollte. Er warf sich stolz in die Brust.

„Ja, dich rächen! Dazu bin ich der richtige Mann! Geh also getrost, Sihdi! Ich werde hier geduldig und unbeweglich warten, bis du wiederkommst. Wenn diese Kurden es wagen sollten, dir auch nur die Haut zu ritzen, so sende ich sie alle, alle in die Hölle, einen nach dem anderen, bis keiner von ihnen mehr übrig ist. Geh in Allahs Namen! Dein treuer Halef sitzt als Rächer hier, wenn du getötet wirst!"

Ich gab ihm die Gewehre, wobei ich ihm noch einmal einschärfte, sich ja ganz ruhig zu verhalten, und stieg dann langsam und vorsichtig den Berg hinab in der Richtung, die mich zum Lager bringen mußte. Nach meiner Berechnung hätte ich bis dahin unter gewöhnlichen Verhältnissen eine Viertelstunde zu gehen gehabt, aber die Vorsicht, die ich anwenden mußte, konnte diese Spanne Zeit wesentlich verlängern. Glücklicherweise bestand der Boden aus weicher Erde. Es gab keine Steine, die durch einen unvorsichtigen Schritt ins Kollern kommen konnten, und starke Bäume standen genug da, hinter denen ich mich, falls ich einen Menschen sah, sofort verstecken konnte.

Ich kam, ohne etwas Störendes bemerkt zu haben, binnen einer halben Stunde so weit den Berg hinunter, daß ich endlich unter mir Stimmen hörte. Sie klangen jedenfalls vom Lager herauf, dessen Nähe ich erreicht hatte. Meine Abschätzung der Gegend und der Entfernung war also richtig gewesen.

Nach dem Klang der Stimmen konnten die Sprechenden nicht weit von mir entfernt sein. Darum nahm ich mich jetzt noch mehr zusammen als bisher, bewegte mich aber trotzdem auf die Sprechenden zu. Damit hatte ich es, wie sich bald zeigen sollte, gut getroffen. Ich gelangte nämlich an ein ausgedehntes, aber nicht sehr dichtes Farngestrüpp, legte mich auf den Boden nieder und schob mich in das Dickicht hinein. Kaum war ich da vier oder fünf Meter weit vorgedrungen, so fiel der Waldgrund vor mir fast senkrecht ab, und ich sah mich oben über dem schmalen Hintergrund eines haarnadelähnlichen Einschnitts, dessen Seiten von Farn eingefaßt waren. Da, wo ich lag, war er am tiefsten. Seine Ränder senkten sich aber schnell nach vorn, wo er auf die Wiese mit dem kleinen Teich mündete, die den Lagerplatz der Kurden bildete. Dieser Einschnitt hatte seine Entstehung einem fließenden Wasser zu verdanken, das da hinten, wo ich lag, aus der Erde gekommen war und dann zur Wiese floß. Das war wohl die ursprüngliche Quelle des Baches gewesen, an dessen Bett die Kurden heraufgeritten waren. Sie hatte sich aber als sogenannte ‚wandernde Quelle‘, wie man sie nicht selten findet, vorwärts bewegt. Jetzt speiste sie den Teich auf der Wiese, und der Einschnitt, den sie in den Waldboden gefressen hatte, war ausgetrocknet. Er gab nun einen Ruheort, wie man ihn gar nicht bequemer denken konnte. Vor Wind und durch das dichte Laub der Bäume auch vor Regen geschützt, konnte man es sich hier in dem tiefen, weichen Moos so bequem machen, wie draußen auf der Wiese nicht. Das hatte Schir Samurek, der Scheik der Kelhurkurden, bemerkt und hatte darum diese bequeme Stelle für sich und seine nächste Umgebung ausgewählt. Diese Umgebung bestand aus noch einem Kelhur, der den Wächter machte, und den Gefangenen. Man kann sich denken, wie froh ich war, als ich gerade die Hauptpersonen vor mir sah!

Dicht unter mir, also am hintersten Ende des Einschnitts, saß Ssali Ben Aqil mit seinem Vater, nahe bei ihnen der Scheik. Die Gefangenen waren an den Fuß- und Armgelenken gefesselt. Dann kamen die übrigen Gefangenen, also der Malkoe-gund und die Männer aus Khoi, ebenso gebunden, und vor ihnen saß, die geladene Flinte in der Hand, ein Kelhur, der sie beaufsichtigen sollte.

Die Stimme des Scheiks und der beiden Bebbeh hatte ich vorhin gehört. Sie sprachen auch jetzt noch miteinander, wobei Schir Samurek, wie ich bald hörte, den Zweck verfolgte, sie mit Beleidigungen zu quälen und ihnen schon jetzt einen Vorgeschmack ihres grausamen Todes zu geben. Er schien ihnen soeben eine derartige Bemerkung gemacht zu haben, denn ich hörte Ssali Ben Aqil antworten:

„Du bist ein grausamer Teufel, und wenn ich nicht wüßte, daß der Satan in der Hölle wohnt, würde ich denken, du seist der oberste der bösen Geister selber!"

„Was ist der Satan gegen mich, wenn es sich um die Blutrache handelt!" höhnte der Scheik. „Er muß sich vor mir verstecken, denn er wäre nicht auf die Bären und den Honig gekommen, mit dem ich euch bestreichen lassen werde. Da seht ihr ihn! In einer halben Stunde wird es Zeit sein zu beginnen."

Schir Samurek deutete bei diesen Worten auf ein neben ihm liegendes, mit großen Blättern des wilden Kürbis dick umwickeltes Paket, das also die Honigwaben enthielt. Als er keine Antwort erhielt, fuhr er fort:

„Du bist ein Lehrer und Prediger des Glaubens und hast gemeint, den Mahdi entdecken zu können. Nun richte deine Seele zu Obeïd-Allah, dem ersten Fatimiden, und zu allen übrigen, die ihm in der Lüge nachgefolgt sind, indem sie sich für den Mahdi ausgaben! Flehe sie doch an, dich vom Tod zu bewahren! Kein Allah, kein Prophet und kein Mahdi kann dich beschützen!"

„Wenn ich ernstlich darum bitte, werden sie uns befreien", antwortete Ssali, „denn der Koran sagt, daß das Gebet dem Feuer gleicht, das selbst das härteste Erz zum Schmelzen bringt."

„Du Tor!" lachte der Scheik. „Allah handelt nicht gegen seine eigenen Gesetze, und kein Prophet gegen seine eigenen Lehren. Hat nicht Allah die Blutrache geboten, als er sagte: Auge um Auge, Leben um Leben? War es nicht Mohammed, der seinem Stamm, den Arab Koreïsch, in jeder Blutsfehde mit dem Schwert voranging? Was soll dir das Gebet zu ihnen helfen, da weder Allah noch der Prophet jemals verziehen haben? Allah und

Mohammed sind durch sich selber gezwungen, mir zu helfen und nicht dir! Es gibt keine Gesetzgebung und keine Lehre, die den Mut besitzt, im vollen Ernst die Rache zu verbieten und die Verzeihung an ihre Stelle zu setzen."

„Es gibt eine solche Lehre."

„Nein."

„Es gibt eine, die christliche ist es!"

„Dummkopf! Glaubst du denn, daß es dem Gekreuzigten und seinen Nachfolgern Ernst damit gewesen ist? Beobachte doch die Christen bei ihrem Tun! Gleichen ihre Werke ihren Lehren? Geben sie nicht Lüge anstatt Wahrheit, Strafe statt Verzeihung, Falschheit anstatt Aufrichtigkeit und Krieg statt des Friedens?"

„Die das tun, nennen sich zwar Christen, sind aber keine!"

„Das hat dir Kara Ben Nemsi gesagt, dessen Zunge die Wohnung des Betrugs ist!"

„Ich glaube ihm, denn er spricht niemals anders, als er denkt!"

„Allah, Wallah! Der Muslim vertraut dem Christenhund! Bist du denn wirklich wahnsinnig genug zu denken, daß dieser räudige Schakal uns hindern könnte, euch den Bären vorzuwerfen?"

„Es ist nicht Wahnsinn, daß ich es für möglich halte. Dieser Alaman ist ein Sohn des Glücks und ein Liebling der guten Dschinn[1], die im Himmel wohnen und an Allahs Thron stehen. Er hat schon viel Schwereres vollbracht, als unsere Befreiung sein würde!"

„Er ist eine feige Hyäne, die nicht den Mut hat, uns zu folgen, oder ein blinder Hund, der keine Fährte sieht. Wenn er sich an uns wagte, müßte er längst hier sein! Ich habe ja sein Antlitz schamrot gemacht, indem ich ihm sagen ließ, daß ich es bin, der seinen Hengst entführte."

1 Geister

„Kara Ben Nemsi Effendi kann noch kommen!"

„So fällt er meinen Wachen in die Hände, die unten beim Aufgang des Tales auf ihn lauern, und wird den gleichen Tod mit euch erleiden! Ihn, der ein Christ ist, wird dann der Geist des christlichen Priesters, der als Bär erscheint, auch verschlingen. Du siehst, daß ihr auf alle Fälle verloren seid!"

„Allah gibt das Leben, und Allah gibt den Tod! Es ist alles im Buch verzeichnet. Aber ich darf noch nicht sterben, denn ich habe die Aufgabe noch nicht erfüllt, die ich vollenden soll. Ich weiß also, daß wir gerettet werden. Ist der Halbmond der Muslimin nicht barmherzig, so werden wir Erhörung beim Kreuz finden!"

„Das haben die Schiiten dort von der Musallah herabgestürzt und verbrannt, es ist vernichtet und kann dir zu nichts helfen!"

„Aber die Bedeutung, die es hatte, ist noch vorhanden!"

Da donnerte ihn der Scheik, erbost über die Gegenreden, grimmig an:

„Dein Widerstand ist Wahnwitz! Ich sage dir: da drüben steht die Musallah el Amwât. Ich sage, daß der Bär des Priesters euch dort fressen wird, und du meinst, daß das Kreuz euch dort erretten könne. Jeder Mensch, der Hirn im Kopf hat, wird dich darob verlachen, dennoch will ich ernst bleiben und so tun, als ob ich das, was du gesagt hast, für möglich hielte. Wenn der Bär des toten Priesters da drüben am Eingang der Musallah steht und das Kreuz der Christen in den Tatzen hält, dann will ich glauben, daß es diesem Kara Ben Nemsi, dem Christenhund, gelingen kann, euch aus unseren Händen zu retten, eher aber nicht! Hast du das gehört? Bist du so verrückt, auch das für möglich zu halten?"

„Wenn Allah es will, so ist es nicht nur möglich, sondern es wird geschehen!"

Da sprang der Scheik auf, stampfte mit beiden Füßen

die Erde, fuchtelte in unbezähmbarem Zorn mit den Armen in der Luft herum und schrie den Kelhur zu, die, von dem überlauten Gezänk angelockt, am Eingang des Bodenrisses standen:

„Hört ihr es? Dieser verrückte Sohn eines Hundes und einer Hündin vom Stamm der Bebbeh behauptet, der Geist des Priesters werde drüben unter dem Tor der Musallah stehen, mit dem Kreuz der Christen in den Tatzen, zum Zeichen, daß er und sein Vater uns mit Hilfe von Kara Ben Nemsi entkommen sollen. Laßt das Lachen des Spottes erschallen und das Gelächter der Verachtung ertönen, damit er und der Erzeuger seines armseligen Lebens von den Stimmen der Verhöhnung niedergeschmettert werden!"

Schir Samurek schlug selber ein brüllendes Gelächter an, und seine gehorsamen Kurden fielen ein. Der Wald und die Bergwände gaben das Johlen verzehnfacht zurück, so daß es mir war, als müsse der weiße Riesenbär des Priesters aufgeweckt werden und drüben erscheinen, um die wüsten Spötter zu erschrecken. Mein Blick fiel auch unwillkürlich hinüber, aber das Gedorn bewegte sich nicht, und das Tor der Musallah blickte leer wie zuvor zu uns herüber. Dafür aber tauchte in mir ein Gedanke auf, den ich sofort festhielt, obgleich mir seine Ausführung die Rettung der Gefangenen erschweren mußte.

Als das Hohngelächter verklungen war, setzte Schir Samurek sich wieder und warf verächtlich die Frage hin:

„Wißt ihr nun, wie vernünftige Männer über euch denken? Morgen um diese Zeit werdet ihr das gleiche Lachen aus dem Mund der Teufel in der Hölle hören, und es wird euch in die Ohren klingen in alle Zeit und Ewigkeit! Eure Erwartung ist Lüge, eure Hoffnung ist Täuschung, und euer Glaube ist Betrug. Weder Allah noch sein Prophet wird sich eurer erbarmen, und wenn ihr euch in eurer Todesangst dann an den falschen Gott der Ungläubigen wendet, der Isa heißt, so wird der Himmel sich vollends von euch wenden, und die Hölle wird über euern Abfall jubeln!"

Da rief Aqil, der bis jetzt kein Wort gesprochen hatte:

„Mag er sich vollends abwenden, und mag sie darüber jubeln! Wenn weder Allah noch sein Prophet eine Rettung für uns wissen, so verlieren wir nichts, wenn sie uns vollends verlassen. Du aber sprich nicht von Falschheit und Betrug, du, dessen Lüge und Hinterlist uns um das Leben bringt! Als ich dir gestern den Hengst des Fremden als Lösegeld bot, nahmst du es an und versprachst mir das Leben. Als du aber erfahren hattest, wo das Pferd zu finden war, legtest du mich in Fesseln und nahmst dann auch noch meinen Sohn gefangen, als ihn das Kismet euch entgegenführte. Ist das nicht Hinterlist und Falschheit, Lüge und Betrug? Ist es wirklich ein Abfall von unserem Glauben, wenn wir Rettung durch den Christen erwarten, weil uns kein Muslim aus den Händen derer befreien will und kann, die sich Gläubige des Propheten nennen?"

„So hofft getrost auf diesen Ungläubigen, ich habe nichts dagegen! Er, den du um sein kostbares Eigentum brachtest, und den dein Sohn erstechen wollte, soll nun sein Leben wagen, um das eurige zu retten! Von welchem Menschen kann man das verlangen! Bei Allah und bei meiner Seele, wenn er es dennoch täte, ich würde selber am Islam irre werden und meine Augen auf den Gott richten, der am Kreuz gestorben sein soll, um die Sünder zu retten und die Verlorenen wiederzufinden!"

„So mach dich bereit, deine Augen auf das Kreuz zu richten, denn Kara Ben Nemsi Effendi wird sicher kommen. Ein Krieger wie er läßt sein edles Pferd nicht im Stich!"

„Allah! Wir sind dreihundert gegen ihn!"

„Hast du jemals gehört, daß er seine Feinde zählt?"

„Hundesohn! Du scheinst ja diesen unreinen Wurm

schon zu verehren und anzubeten wie einen Gott, der über dem siebenten Himmel thront! Warum höre ich überhaupt auf euer Geschwätz? Wir mußten warten, weil der Bär sein Lager erst spät verläßt. Nun aber naht die Dämmerung und ich brauche mit dem Werk der Vergeltung nicht länger zu zögern. Jetzt erhebt der Tod seine Hand, um sie nach euch auszustrecken. Sobald das letzte Licht des Tages verschwindet, hat er euch ergriffen. Dann liegt ihr drüben in der Musallah el Amwât, und keinem Sterblichen, mag es nun ein Muslim oder ein Ungläubiger sein, wird es gelingen, euch zu retten!"

Schir Samurek rief dem Wächter einen Befehl zu. Der Mann entfernte sich und brachte acht oder zehn Kurden herbei, die zwei starke Pfähle und viele Riemen bei sich hatten. Die Bebbeh sollten mit den Riemen an die Pfähle gebunden und dann mit Honig bestrichen werden, das war klar. Ich durfte nicht länger hierbleiben, denn ich mußte noch den Weg zur Musallah erkunden. Ich kroch also zurück, aus den Farnen heraus, und wendete mich zur Seite hin, wo drüben die Kapelle lag. Dabei bewegte ich mich wieder vorsichtig von Baum zu Baum, wäre aber trotz dieser Vorsicht beinahe entdeckt worden, wenn ich die Gefahr nicht noch im letzten Augenblick bemerkt hätte.

Nach der Beschreibung Alis hatte ich geglaubt, die Wiese sei rund, mit scharfer Waldumgrenzung. Aber sie streckte eine Art Zunge ziemlich weit zwischen die Bäume hinein, der ich mich ahnungslos bis auf einige Schritte genähert hatte. Der Klang einer Stimme gerade vor mir hatte meinen Fuß gerade noch zur rechten Zeit zurückgehalten. Ich warf mich nieder und kroch, tief an den Boden gedrückt und scharf um mich spähend, vorwärts. Ein starker Stamm gewährte mir genügend Deckung, so konnte ich die Wiesenzunge überblicken. Da standen Pferde, vielleicht gegen dreißig Stück, beisammen, seitwärts davon mein Rih mit Halefs Gaul. Der Rappe war ein edles, stolzes Tier. Er litt niemals ein fremdes Pferd in seiner Nähe, er schlug und biß es fort. Und wenn es ihrer viele waren, so entfernte er sich und ließ sich darin durch keinen Zügel oder Riemen hindern.

Wie elend sah das herrliche Tier jetzt aus, doch nur in meinen Augen, die jeden Zollbreit an ihm kannten! Jeder andere mußte es freilich auch jetzt noch mit Bewunderung betrachten. Es war uns gestohlen und mit Gewalt fortgeführt worden. Es war nicht gutwillig mitgegangen. Wie ich Rih kannte, wußte ich, daß er sich kräftig widersetzt hatte. Anstatt ihn nun durch Liebe und Zureden gefügig zu machen, war man roh und gewalttätig mit ihm umgegangen, das sah ich ihm sofort an. Nun stand er bewegungslos mit halb geschlossenen Augen und tief hängendem Kopf. Sein herrliches Fell hatte fast allen Glanz verloren. Das Gras der Wiese reizte ihn nicht. Vor ihm lag ein Haufen junger, grüner Zweigspitzen, die man ihm als Futter vorgeworfen hatte. Sein Maul hing gerade darüber, ohne daß eine Nüster auch nur zuckte. Rih hungerte, und ich war überzeugt, daß er auch das Wasser verschmäht hatte. Er sehnte sich nach mir!

Mag man über mich lachen, ich gestehe doch aufrichtig, daß mir ganz weh wurde. Ich liebte den Rappen, sein Anblick jammerte mich, und dieser Jammer trieb mich zu einem Wagnis, das ich eines anderen Pferdes wegen gewiß nicht unternommen hätte. Ich nahm mir den Mut, ihm ein Zeichen zu geben, daß ich mich in der Nähe befand. Ich wußte, daß er es sofort verstehen würde. Vorher aber überzeugte ich mich, daß die Kelhur, die bei den Pferden saßen, ihre Aufmerksamkeit nicht in die Gegend richteten, wo ich mich befand. Ich hatte den Rappen mehrere Zeichen gelehrt, von denen jedes eine bestimmte Bedeutung hatte, und die so unauffällig waren, daß sie sonst keine Aufmerksamkeit erregten. Eines dieser Zeichen war ein scharfes, kurzes Husten, das wie die Silbe „kol" klang. Kol heißt „iß!" oder „friß!" Die erwähnten Kurden sprachen laut und angelegentlich miteinander, wahrscheinlich von der Kapelle, wie ich aus ihren lebhaften Gebärden schloß, und ich glaubte, annehmen zu dürfen, daß sie auf den kurzen, rasch verhallenden Laut wohl kaum achten würden. Ich wagte es zu husten. Die Männer rührten sich nicht, sie hatten es nicht gehört. Rih aber hatte ein schärferes Gehör. Er richtete den Kopf sofort auf meine Seite, und seine Ohren legten sich lauschend vor. Die Augen standen plötzlich weit geöffnet, die Sehnen spannten sich, und der lange schwere Schweif wurde an der Wurzel in anmutigem Bogen gehoben. Da wagte ich noch mehr: Ich richtete mich ganz auf, so daß er mich sehen konnte, warf mich aber sofort wieder zu Boden. Rih hatte mich erkannt. Ein anderes Pferd hätte nun seine Freude durch Schnauben, Wiehern oder auffällige Bewegungen kundgegeben. Rih aber war zu gut geschult, als daß er in einen solchen Fehler verfallen wäre. Er ließ nur die Ohren ein wenig spielen, senkte dann den Kopf, nahm ein Maulvoll Zweige und — begann zu fressen! Mein Zweck war erreicht.

Nun umkroch ich die Wiesenzunge, um meine unterbrochene Erkundung fortzusetzen. Sie nahm keine lange Zeit in Anspruch, denn ich wurde nicht gestört und hatte in bezug auf das Gelände gar keine Hindernisse zu überwinden. Bald kannte ich den geradesten Weg, der von der Wiese hinüber zur Kapelle führte, und stieg wieder den Berg hinauf, um zu Halef zurückzukehren. Er hatte eine so schnelle Lösung meiner Aufgabe nicht erwartet und freute sich über meine rasche Rückkehr.

„Hamdulillah — Preis sei Allah", sagte er, „daß du wieder da bist! Ich dachte schon darüber nach, wen ich zuerst erschießen sollte, wenn du nicht wiederkämst, den Scheik oder seine dreihundert Schufte. Was hast du gesehen und gehört? Wo sind unsere Pferde und die Gefangenen? Hast du den Scheik belauscht, und wann will er die Bebbeh in die Musallah schaffen? Sind die zehntausend Piaster schwer zu erlangen, und werden wir mit List durchkommen oder zu den Waffen greifen müssen? Hat Rih —"

„Halt ein mit deinen Fragen!" unterbrach ich ihn. „Wir müssen uns beeilen. Später wirst du alles erfahren. Jetzt komm!"

Ich nahm meine Gewehre und führte ihn den Berg hinab zu einer Stelle, wo wir, zwischen Büschen gut versteckt, die Kelhur sehen mußten, wenn sie vorübergingen, um die Bebbeh in die Musallah zu schaffen. Kurz bevor wir diese Stelle erreichten, sahen wir eine Bärenfährte und sprachen sie an. War das ein gewaltiger Petz, der hier vorübergewechselt war! Die Sohlen waren von einer Stärke, wie ich sie fast noch bei keinem Grizzly bemerkt hatte, doch mit sehr kurzen, stumpfen Krallen. Es mußte eine hochbetagte ‚Lady‘ sein, denn nicht weit davon stießen wir auf die Tritte einiger Bärenjungen. Wir hatten es also mit der Mama und ihren Kindern zu tun. Leider konnten wir nur wenige Augenblicke auf diese Spuren verwenden, denn gerade da, wo sie sichtbar waren, gab es keine Deckung. Wir suchten also die erwähnten Sträucher auf, krochen hinein und zogen die Zweige so über uns zusammen, daß wir zwar hinausblicken, von draußen aber nicht bemerkt werden konnten. Als wir nun wartend nebeneinander lagen, wollte Halef seine Fragen von vorhin wiederholen. Ich verwies ihn aber auf später, und er mußte sich bescheiden.

Die Sonne war längst hinter den Bergen verschwunden, und es begann zu dunkeln, als wir endlich die Kelhur kommen sahen. Es waren nur etwa zwanzig Mann. Der Scheik schritt voran. Hinter ihm wurden die beiden Bebbeh von je vier Mann getragen, die übrigen folgten. Alle, außer den Trägern, hielten ihre Gewehre ängstlich schußbereit, denn man näherte sich dem Geisterbären, der doch auch einmal auf den Gedanken kommen konnte, seinen Umgang zu einer früheren Zeit als gewöhnlich zu beginnen. Man hatte die beiden Gefangenen mit dem Rücken auf die Pfähle gelegt und sie mit Riemen so sorgfältig daran festgebunden, daß es allerdings der Gewalt von Bärenkrallen bedurfte, um beide ohne Messer davon loszubringen. Dann waren sie so dick mit Honig beschmiert worden, daß wir ihn heruntertropfen sahen. Einer der Kelhur trug noch Waben nebenher, wozu, das konnten wir bald darauf beobachten.

Wir folgten ihnen mit gespannten Blicken, bis sie alle drüben im Innern der Kapelle verschwunden waren. Nach zehn Minuten kamen sie wieder heraus. Drei liefen, als hätten sie einen raschen Botengang zu besorgen, an uns vorüber zum Lager zurück, und andere gingen, während die übrigen bei der Musallah warteten, langsam und vorsichtig zu den Felswandtrümmern, wobei sie sich von Zeit zu Zeit zur Erde niederbückten.

„Hast du eine Ahnung, was diese Leute dort tun, Sihdi?" erkundigte sich Halef.

„Ja. Du hast doch gesehen, daß einer von ihnen Honigwaben trug. Das ist die Lockspeise für den Bären, die die Kelhur von der Musallah bis in die Nähe seines Lagers legen, um ihm den Weg zu seinen Opfern zu zeigen."

„Maschallah! Ist es nicht ein Wunder, daß es Menschen gibt, die keine Menschen mehr sind? Wer eine Blutrache ausführen will, der mag dem Feind eine Kugel in den Kopf geben, aber ihn auf diese Weise quälen und ihn von den wilden Tieren zerreißen lassen, das kann sich nur ein Teufel aussinnen!"

„Es ist freilich so unmenschlich, daß man es kaum begreifen kann. Aber wer weiß, durch welche Grausamkeit die Bebbeh diese Art der Rache herausgefordert haben. Uns werden sie es freilich nicht erzählen. Schau, da kommen die drei Kelhur wieder! Sie haben noch etwas holen müssen."

Als sie an uns vorübergingen, sahen wir, was sie trugen, nämlich ein Bündel dürre Binsen, mehrere Stücke Talg und einen leeren, blechernen Patronenkasten.

„Was sie nur mit dem Kasten wollen?" meinte Halef.

„Wahrscheinlich eine Lampe anfertigen."

„Eine Lampe? Wozu?"

„Das Mark der Binsen vertritt den Docht und der Talg die Stelle des Öls. Die Kurden werden die Kapelle erleuchten wollen, damit der Bär seine Beute leichter findet."

„Allah! Das ist wieder ein Gedanke aus der Hölle."

„Und eine Qual, die man nicht bloß fühlt, sondern auch sieht, wirkt doppelt. Die Kelhur verfahren mit einer ausgesuchten Bosheit, daß man sie an Stelle der Bebbeh den Bären vorwerfen möchte, ohne sich die geringsten Gewissensbisse darüber zu machen."

Wir beobachteten, daß die erwähnten Gegenstände ins Innere der Musallah getragen wurden. Inzwischen waren die Kurden, die den süßen Köder gelegt hatten, fertig geworden, und als die anderen in der Kapelle auch ihren Zweck erreicht hatten, kamen alle wieder an uns vorbei. Sie verhielten sich dabei völlig schweigsam. Nun glaubte Halef endlich die Zeit gekommen, Aufklärung über meine Absichten erhalten zu können.

„Dürfen wir jetzt miteinander sprechen, Sihdi?" fragte er.

„Ja."

„Warum sprichst du nicht? Du weißt doch, was ich so gern erfahren möchte!"

„Ich kann es mir denken und möchte vorher einige Fragen an dich richten. Wollen wir nicht nur unsere Pferde wieder holen, sondern auch das Geld des Wirtes, und dazu die Bebbeh retten?"

„Ja, Sihdi! Das wollen wir nicht nur, sondern das müs-

sen wir sogar. Wenn wir die Bebbeh in dieser Weise sterben
ließen, würde es mir Zeit meines Lebens sein, als fühlte ich
die Krallen des Bären in meinem Fleisch."

„Gut! Aber es gilt dabei, unser Leben zu wagen. Bist du
damit einverstanden?"

„Warum fragst du mich erst? Willst du deinen treuen
Hadschi Halef Omar kränken?"

„Nein. Ich frage, weil es sich um eine Gefahr handelt,
in der du dich noch niemals befunden hast. Da die Kelhur jetzt noch nicht wissen sollen, daß wir hier sind,
dürfen wir nicht schießen. Dennoch müssen wir die Bären
töten."

„Nun, so töten wir sie!" erklärte der kleine, furchtlose Mann.

„Aber womit?"

„Womit du willst, Sihdi."

„Wir können sie nur entweder erstechen oder erschlagen."

„Gut, so tun wir es!"

„Halef, erst überlegen, dann beschließen und nachher
handeln! Hast du schon einen Bären erschlagen oder erstochen?"

„Noch nie. Aber eben deshalb freue ich mich unendlich
darauf, es heute zu dürfen."

„Lieber Hadschi Halef, zwischen wollen und vollbrin-
gen ist ein großer Unterschied! Hier handelt es sich um
eine alte, große Bärin. Sie zu erschlagen, dazu gehört eine
Körperkraft, die du nicht besitzt, und ein Gewehrkolben,
der nicht zerspringt."

„Oh, Sihdi, ich höre schon, was du willst! Du willst die
Bärin selber erstechen und erschlagen!"

„Ob erschlagen oder erstechen, kommt ganz auf die
augenblicklichen Umstände an. Ich möchte sie allerdings
nur auf mich allein nehmen."

„So willst du mir von dem Ruhm des heutigen Tags
gar nichts lassen? Soll ich, wenn wir zu den Haddedihn

zurückgekehrt sind, den Kriegern erzählen müssen, daß ich hier an der Musallah el Amwât ruhig zugesehen habe, wie du alle Gefahren allein auf dich genommen hast, während ich die Hände in den Schoß legte wie ein altes Weib, das schon ausreißt, wenn ihr ein Bär bloß im Traum erscheint? Müßten sie nicht denken, der Geist der Tapferkeit sei von mir gewichen und ich gliche nun einer Kaffeemühle, von der die Kurbel verlorengegangen ist?"

„Beruhige dich, lieber Halef! Du sollst keineswegs so ruhig und unbeteiligt bleiben. Wir werden uns vielmehr in die Arbeit teilen. Wenn ich die Bärin auf mich nehme, fallen dir die Jungen zu."

„Die Jungen! Als wäre das eines Kriegers, wie ich bin, würdig! Was für einen Ruhm kann es mir eintragen, daß ich einem oder zwei jungen Bären die Hälse umdrehe! Das ist eine Arbeit, die jeder Knabe leicht verrichten kann."

„Da irrst du dich. Wie groß stellst du dir die jungen Bären vor?"

„Nun, sie werden wohl nicht viel größer sein als eine Katze."

„Oh, viel, viel größer! Sie sind jetzt gegen sechs Monate alt, also schon so herangewachsen, daß sie dir arg zu schaffen machen können. Ein junger, halbjähriger Bär kann unter Umständen die ganze Kraft eines Mannes in Anspruch nehmen, und hier haben wir es wahrscheinlich nicht bloß mit einem, sondern mit mehreren zu tun."

Ich war gezwungen, die alte Bärin auf mich allein zu nehmen, denn Halef war kein Bärenjäger. Damit er sich nun nicht zurückgesetzt fühlte, bedurfte es eines Hinweises darauf, daß die Rolle, die ihm zufiel, auch schon den ganzen Mut eines Mannes erfordere. Daher meine letzten Worte, durch die ich meine Absicht auch zu erreichen schien, denn er sagte beruhigt:

„So meinst du also, daß es nicht so leicht ist, es mit

solchen Abkömmlingen einer Bärin der Unsterblichkeit aufzunehmen?"

„Ganz und gar nicht leicht. Dazu kommt die große Liebe, die so ein Tier für seine Jungen hegt. Wer sich gegen die Kleinen feindlich zeigt, auf den stürzt sie sich mit einer Wut, die keine Grenzen kennt. Sie wendet sich, um ihre Jungen zu verteidigen, von ihren eigenen Angreifern ab. Du siehst also, daß du nicht weniger Mut zu zeigen haben wirst als ich."

„Das macht mich glücklich, Sihdi! Ich sehe jetzt ein, daß du mich nicht für so eine alte Tâhûnet el Bunn[1] hältst, wie ich vorhin dachte, und darum bin ich einverstanden, daß mir die Söhne und Töchter der Bärin zufallen sollen."

„Schön! Aber vergiß nicht, daß wir nicht schießen dürfen!"

„Oh, ich werde nur mein Messer gebrauchen, und die jungen Abkömmlinge der vermeintlichen alten Unsterblichkeit werden aus dem Leben scheiden, ohne daß in der Welt ein großer Lärm entsteht. Doch schau, es ist dunkel geworden, und der Schein der Binsendochte erleuchtet das Innere der Musallah. Wird es nun nicht Zeit für uns, hinüberzugehen und die armen Teufel von ihrer Todesangst zu befreien?"

„Nicht doch! Diese Angst ist ihnen zu gönnen. Diese Bebbeh sollen zwar nicht eines so furchtbaren Todes sterben, wie man ihnen zugedacht hat. Aber sie sind auch nicht besser als die Kelhur, ihre Feinde. Sie haben uns bestohlen und uns nach dem Leben getrachtet, und wenn ich auch fest entschlossen bin, sie zu retten, so haben sie es doch verdient, vorher ein wenig Todesangst auszustehen."

„Das ist wahr, Sihdi! Diese Angst kann ihnen nichts schaden. Aber wenn wir zu lange zögern, so kommen die

1 Kaffeemühle

Bären und fressen sie auf. Oder meinst du, daß wir nicht so sehr zu eilen brauchen?"

„Eigentlich haben wir noch Zeit, denn der Bär des Gebirges verläßt sein Lager nicht so zeitig, aber der Geruch des Honigs, der bis nahe an das Gestrüpp gelegt worden ist, kann die Tiere schon früher hervorlocken. Und außerdem möchte ich gern wissen, was die Bebbeh in ihrer hoffnungslosen Lage miteinander reden. Darum bin ich damit einverstanden, daß wir jetzt hinüberschleichen."

„Schleichen? Warum solche Mühe? Es ist ja so dunkel, daß uns niemand sehen kann. Wir brauchen also nicht zu kriechen, sondern können gehen."

„Allerdings, doch nur mit Anwendung der nötigen Vorsicht. Die Musallah ist vom Lagerplatz der Kelhur aus zu erblicken, und du kannst dir denken, daß man sie von drüben im Auge behält. Die Tor- und Fensteröffnungen sind im Schein der drinnen brennenden Lichter hell zu sehen, und die Kelhur müßten uns, sobald wir ihre Gesichtslinie durchschritten, unbedingt entdecken, denn unsere Gestalten würden sich in diesem Licht scharf abzeichnen. Du wirst dich also hinter mir halten und genau dasselbe tun wie ich."

„Das werde ich, Sihdi. Brechen wir jetzt auf?"

„Ja."

„So wollen wir Allah bitten, daß er uns ein gutes Gelingen des gefährlichen Werkes beschert! A' ûdu billah min esch Schejtan er radschîm — ich suche Zuflucht bei Allah vor dem bösen Teufel. Er wird mir beistehen, Sihdi, und auch dir!"

Ich wußte wohl, daß es nicht die Angst, sondern die Frömmigkeit war, die Halef zu diesem Stoßseufzer veranlaßte, und wenn ich auch nicht laut in seine Bitte einstimmte, so befahl ich mich doch im stillen dem Schutz dessen, der Leben und Tod in seinen allmächtigen Händen hält. Solche Gedanken waren hier durchaus am Platze.

12. DIE ‚BÄRIN DER UNSTERBLICHKEIT'

Der kurdische Bär kommt in Beziehung auf Gefährlichkeit gleich nach dem Grizzly des amerikanischen Felsengebirges, und das will etwas sagen, zumal es uns verboten war, uns unserer Gewehre zu bedienen. Da wir das Gelände bei Tag erkundet hatten, kannten wir es genau. Es bot uns keine Schwierigkeiten, außer an den Stellen, wo wir ins Blickfeld der Kurden kamen. Da mußten wir uns platt niederlegen und uns möglichst so in den Bodenvertiefungen bewegen, daß wir nicht zwischen die Kelhur und die erleuchteten Maueröffnungen der Musallah kamen.

Aus diesem Grund dauerte es wohl eine Viertelstunde, ehe wir die Kapelle erreichten, und zwar nicht an ihrer vorderen und auch nicht an der am Felssturz liegenden, sondern an der dritten Seite, die wir noch nicht gesehen hatten, und die zu meiner großen Befriedigung von den Feinden nicht erblickt werden konnte. Die vierte Seite stieß an den Felsen. Sie kam daher gar nicht in Betracht. Wir befanden uns also auf der von den Bären abgelegenen Flanke der Ruine, was uns nur zum Vorteil gereichen konnte, und zu meiner noch größeren Genugtuung bemerkte ich, daß es auch hier ein Fenster gab, dessen Brüstung so tief eingefallen war, daß man nur über einige Steine zu springen brauchte, um in das Innere der Kapelle zu gelangen.

Im Schatten dieser Steine legten wir uns nieder. Wir brauchten nur die Köpfe zu heben, um den ganzen Innenraum der Musallah zu überblicken. Wir sahen nichts als Trümmer, Schutt und Mauern. Es gab da auch nicht den kleinsten Gegenstand, der auf den einstigen Zweck des Bauwerks hätte schließen lassen. Große Steine und kleineres Geröll lagen über den Boden verstreut, und nur an der Rückseite, der Felswand, bemerkte ich verbröckelte Linien, die wahrscheinlich eingemeißelt waren und, wenn der fahle, ungewisse Lichtschein mich nicht täuschte, in griechischer Schrift als *„Kyrie"* gelesen werden mußten. *Kyrie eleïson* — Herr, erbarme dich! Keine Inschrift konnte besser passen für diesen Schauplatz der Zerfleischung glaubenstreuer Christen! Und nicht weniger eignete sich das Wort für das Bild, das sich jetzt unseren Augen bot.

Die Kelhur hatten die Pfähle, an die die beiden Bebbeh gebunden waren, im Hintergrund in die Erde gerammt und unten mit schweren Steinen so befestigt, daß sie nicht wanken konnten. Das war jedenfalls geschehen, um eine Verlängerung der Todesqualen zu erzielen. Die Bären sollten dadurch gezwungen werden, ihr grauenhaftes Werk an den Füßen ihrer Opfer zu beginnen. Die Bebbeh trugen noch ihre Kleider und waren mit Riemen und Stricken fest umwickelt. Ihre mit Honig beschmierten Gesichter waren kaum zu erkennen. Er lief und tropfte an ihnen nieder und bildete unter ihnen kleine Lachen. Die Bebbeh schienen alle ihre Kräfte vergeblich angestrengt zu haben, ihre Fesseln zu zersprengen. Sie waren davon so ermattet, daß wir zunächst nur müde Seufzer hörten. Dann erklang aus Aqils Mund ein schwerer Fluch gegen die Kelhur.

„Verdamme nicht sie, sondern klage dich selber an!" mahnte sein Sohn. „Sie üben nur die Rache aus, zu der du sie herausgefordert hast."

„Müssen sie sich aber in dieser fürchterlichen Weise rächen?" trotzte der Alte. „War es nicht Strafe genug, wenn sie uns einfach erschossen?"

„Nein! Hast du etwa vor zwei Jahren den Kelhur auch nur erschossen, oder hast du ihn in die Grube gesperrt und langsam verhungern lassen? Er mußte verhungern, und wir werden gefressen. Das ist die Rache Schir Samureks, gerecht gegen dich, aber ungerecht gegen mich, denn ich bin nicht schuld am Tod jenes Mannes.

Als er starb, war ich in Kahira, fern von Kurdistan. Warum hat Allah es gefügt, daß ich dein Sohn wurde und nun an den Folgen deiner Taten und deiner Torheiten zugrunde gehen muß!"

„Die Blutrache greift weiter von Glied zu Glied. Sie ist Allahs Gesetz, du darfst dich also nicht beschweren."

„Ich habe nicht von der Blutrache, sondern von deinen Torheiten gesprochen!"

„Torheiten? Wie darf ein Sohn es wagen, dieses Wort gegen seinen Vater auszusprechen!"

„Er darf, wenn es die Wahrheit enthält! War es nicht mehr als Torheit, daß du trotz der Blutrache, die zwischen euch schwebte, zu den Kelhur gingst, um ihnen ein Pferd anzubieten, das weder dir gehörte, noch sich in deinen Händen befand? Mußtest du es nicht voraussehen, daß sie dich festhalten und dann das Pferd stehlen würden? Nur durch dich sind sie auf den Gedanken gekommen, nach Khoi zu reiten, und auf dir allein liegt die Schuld, daß ich ihnen dabei in die Hände fiel!"

Sein Vater beantwortete diesen berechtigten Vorwurf durch ein tiefes, schmerzvolles Stöhnen, versuchte dann aber doch, ihn durch eine Gegenklage zu entkräften:

„Du sprichst von meinen Torheiten, nicht aber von den deinigen! Den größten Fehler, der hier gemacht worden ist, hast du begangen!"

„Wodurch?"

„Dadurch, daß du auf den Gedanken kamst, Kara Ben Nemsi und Hadschi Halef Omar zu erstechen. Obgleich ich wünsche, daß Allah sie verfluche, muß ich doch zugeben, daß sie Männer sind, die ein Gegner zehnmal mehr zu fürchten hat, als jeden anderen Feind. Der Hengst des Effendi hat einen unschätzbaren Wert, und darum will ich die heiligsten Eide darauf ablegen, daß er den Kelhur folgt, um das Pferd wiederzubekommen. Ja, ich möchte darauf schwören, daß er vielleicht schon hier in der Nähe ist und gesehen hat, was die Kelhur getan haben."

„Diese Überzeugung habe ich auch", stimmte Ssali bei. „Vielleicht weiß er sogar schon, daß wir hier in der Musallah angebunden sind, um von den Bären gefressen zu werden. Darauf beruht die einzige Hoffnung, die uns übrigbleibt!"

„Du hoffst vergebens! Hättest du ihn nicht zu erstechen versucht, so wollte ich dir recht geben. Nun aber wird er sich eines Feindes wegen, der ihn ermorden wollte, nicht in die Gefahr begeben, selber von den Bären zerrissen zu werden."

„Die Bären fürchtet Kara Ben Nemsi Effendi nicht, das wissen wir. Und wenn er dir den Raub des Pferdes verzeiht, wird er auch nicht nach dem Messer fragen, das ich gegen ihn gezückt habe. ‚Ein Christ kennt die Rache nicht, denn Gott ist der Vergelter', sagte er zu mir, indem er mir die Waffe wiedergab. Wenn er hier ist und erfahren hat, in welcher Not wir uns befinden, wird er den Geboten seines Glaubens gehorchen und uns retten!"

„Allah, Allah! Welch ein Wunder, mein Sohn, daß aus deinem Mund solche Worte kommen! Du, ein stolzer Lehrer und Prediger des heiligen Islam, der du für die Christen stets nur Flüche hattest, setzt jetzt deine einzige und letzte Hoffnung auf einen verfluchten Anhänger der Lehre des Kreuzes auf Idschdschuldschula[1]!"

„Fluche den Christen nicht, wenigstens diesem einen nicht! Er führt die Lehren seines Glaubens nicht nur auf der Zunge, sie wohnen auch in seinem Herzen. Sie hängen am Griff seines Messers, und sie sprechen aus den Läufen seiner Gewehre. Wenn Allah ihn hierhergeleitet hat, so schwöre ich bei Mohammed und bei —"

„Schweig!" fiel ihm sein Vater in die Rede. „Hast du vergessen, was Schir Samurek uns so höhnisch riet? Wer Hilfe durch einen Christen erwartet, darf seinen Ruf nicht

[1] Golgatha

268

an Mohammed richten. Soll uns Hilfe durch Kara Ben Nemsi werden, so führt ihn Isa Ben Marryam herbei. An diesen also wende dich!"

Mir war es zweifelhaft, ob Aqil das ernstlich oder spöttisch meinte. Sein Sohn aber schien Spott für ausgeschlossen zu halten. Das zeigte seine Antwort.

„Noch sind die Bären nicht da. Sie werden erst in später Nacht erscheinen. Noch kann uns Mohammed einen Retter senden. Der Christ bleibt uns übrig bis zum letzten Augenblick!"

In der schrecklichen Lage der beiden Bebbeh klang diese spitzfindige Klügelei erbärmlich. Das fühlte Halef auch. Er flüsterte mir zu:

„Sihdi, wenn das nicht zum Weinen wäre, möchte ich darüber lachen. Ich weiß, wer stärker ist, Christus oder Mohammed. Wollen wir nicht dafür sorgen, daß diese Bebbeh es auch erfahren?"

„Das haben wir nicht nötig", antwortete ich ebenso leise. „Es wird ihnen schon von selbst klar werden. Warten wir es ab! Sei still, wir wollen weiter lauschen!"

Was wir noch hörten, war belanglos. Die Todgeweihten ächzten und stöhnten abwechselnd, sie machten einander Vorwürfe, sie beteten zu Allah, zu Mohammed und seinen Nachfolgern. Das widerstrebte mir so, daß ich mich schon erheben wollte, um hineinzugehen und sie loszubinden, als Aqil plötzlich einen Schrei ausstieß.

„Allah sei uns barmherzig! Siehst du den Bären dort an der Tür?"

„Es ist ein junger", stammelte Ssali. „O Allah, o Prophet, o Mekka, o heilige Kaaba, unser Martertod beginnt!"

Unsere Blicke reichten auch bis zur Tür. Ja, dort stand ein junger Bär! Er war gewiß sieben Männerfäuste hoch und dementsprechend lang und stark. Der Milch schon längst entwöhnt, war er von seiner Mutter gewiß nicht nur mit Früchten, sondern schon mit Wildbret aller

Art bedacht worden. Er steckte schon in den Flegel-
jahren, und Halef raunte mir, meinen Arm ergreifend,
eifrig zu:

„Oh, Sihdi, das ist ein Bär, wirklich einer! So groß
habe ich mir die Kinder der alten Mutter nicht gedacht!
Der wird freilich keinen Spaß verstehen! Soll ich hinein
und ihm sagen, daß ich sein Fell zu einem Teppich
brauche?"

„Warte! Der Angriff auf ihn würde die Alte, die jedenfalls auch schon in der Nähe ist, wütend machen. Du darfst
auf keinen Fall eher hinein als ich!"

Indem wir diese hastigen Worte wechselten, war der
Bär mit einer Honigwabe beschäftigt, die die Kelhur nahe
der Schwelle hingelegt hatten. Er nahm sie zwischen die
Vorderpranken, richtete sich auf und begann, sie in einer
Weise zu verzehren, die man hätte drollig finden müssen,
wenn die Lage anders gewesen wäre.

Die Bebbeh waren für einige Zeit ganz still vor Angst,
dann flossen die Stoßgebete ohne Pause von ihren Lippen, doch nicht laut, um den Bären nicht aufmerksam
zu machen. Plötzlich erhielt er von hinten einen Stoß.
Er fiel vornüber und trollte, ohne sich nach der Ursache
der Störung umzusehen, einige Schritte weiter bis dahin,
wo wieder ein Stück Honig lag. Hinter ihm war ein
zweites Junges erschienen, womöglich noch größer und
stärker als er. Die Stoßseufzer der Bebbeh wurden lauter.
Der Name Mohammeds ertönte von Sekunde zu Sekunde
von ihren Lippen und der Ton dieser Anrufungen bewies, daß sich ihre Angst ständig vergrößerte. Als hinter
dem zweiten nun gar noch ein dritter Bär hereingetrottet
kam, gab es keine Rücksicht mehr darauf, daß sie durch
ihre Stimmen die Alte herbeilocken würden. Die Bedroh-
ten schrien, als würden sie schon angebissen. Allerdings
stand der erste Petz schon unter Aqil und leckte mit
Behagen von dem Honig, der sich dort angesammelt
hatte. Der zweite leistete ihm einige Augenblicke später

Gesellschaft, während der dritte bald bei Ssali stand, um da zu schmausen. Das war ein Schlürfen und Schmatzen, fast wie an einer feinen Hoteltafel, wenn die Suppe aufgetragen ist und kein Mensch auf den Nachbar Rücksicht nimmt. Bär bleibt eben Bär, im kurdischen Hochgebirge und an der ,Table d'hote' in Cannes, Baden-Baden oder Scheveningen.

Die beiden ersten Feinschmecker hatten die Pfütze schnell aufgeleckt. Sie merkten, daß sich die Süßigkeit aufwärts fortsetzte, und erhoben sich, indem sie ihre Krallen an die Füße und Unterschenkel Aqils legten. Dieser schrie nicht mehr. Er brüllte!

„Oh, lieber Sihdi, wir müssen hinein, sonst sind sie verloren!" drängte Halef halblaut.

Er wollte aufstehen. Ich drückte ihn aber nieder und gebot:

„Du bleibst! Ich weiß nicht, wo die alte Bärin bleibt, sie könnte uns von hinten fassen!"

Ich lauschte in die Nacht hinaus, konnte aber nichts von ihr hören, denn die Bebbeh ließen jetzt ihre Stimmen so laut erschallen, daß man sie gewiß drüben im Lager der Kelhur hörte. Das Ausbleiben der Bärin war mir bedenklich. Die Jungen waren zwar ihrer Brust schon längst entwöhnt, aber sie selbständig und ohne Aufsicht in der Nacht herumlaufen lassen, das tat die Alte gewiß nicht, ohne daß ihre Aufmerksamkeit von ihnen ab und auf etwas Wichtiges gelenkt worden war. Sollte ihre Nase auf unsere Spur geraten sein? Oder machten ihr die vielen Spuren der Kurden zu schaffen?

„Duck dich ganz nieder und rühr dich nicht!" mahnte ich Halef. „Die Alte kann jeden Augenblick da um die Ecke kommen!"

Das Messer halb aus dem Gürtel gezogen, hielt ich den schweren Bärentöter bei den Läufen zum Hieb bereit. Meine Befürchtung hatte mich nicht getäuscht: eine in der nächtlichen Finsternis helldunkel scheinende Gestalt von riesigen Umrissen schob sich langsam hinter der Mauer hervor. Schon glaubte ich, der Augenblick sei da, in dem es heißen würde: die Bärin oder ich! Da wurde das Geschrei der Bebbeh von einem Laut übertönt, der weder Brummen noch Winseln, weder Pfeifen noch Kreischen und doch alles das zugleich war, und sofort sah ich die Gestalt wieder verschwinden. Ein schneller Blick ins Innere der Musallah zeigte mir die Ursache: die beiden Bären, die sich an Aqil aufgerichtet hatten, waren miteinander in Streit geraten und bearbeiteten sich mit den Krallen, wobei auch Aqils Beine nicht verschont blieben, was sein Gebrüll verdoppelte. Die Bärin hatte wirklich zu mir und Halef gewollt, war aber aus Sorge um ihre Jungen rasch wieder umgekehrt und erschien nun in der Tür.

Fast hätte man sie für eine Eisbärin halten können, wenn ihr Kopf länger und die Schnauze spitzer gewesen wäre. Sie war fast reinweiß bei weit über zwei Meter Länge und anderthalb Meter Schulterhöhe, ein selten großes und starkes Tier. Das eine Ohr fehlte der Bärin. Sie mochte es im Kampf mit dem Herrn Ehegemahl oder einem seiner Nebenbuhler verloren haben. Die Bestie stand nur einen Augenblick still. Das war aber genügend, zu zeigen, daß ein kleiner Hieb ihrer Vordertatze ausreiche, den stärksten Mann niederzuschlagen. Ihr Anblick raubte den beiden Bebbeh zunächst den Atem. Dann aber brachen sie um so lauter los.

„Allah, Allah!" schrie Aqil. „Jetzt ist es da, das Ungeheuer! Jetzt ist er da, der Tod! Nun gibt es keine Rettung mehr!"

Und zu gleicher Zeit heulte sein Sohn:

„Das ist der Geist des Priesters, der uns fressen wird! Das ist der Rachen des Todes, in dem wir verschwinden werden! Hilf uns, o Allah! Hilf uns, o Prophet aller Gläubigen! Errette uns, o —"

„Schweig!" donnerte ihn da sein Vater an. „Mit der Macht des Propheten ist es zu Ende! Bedenke —"

Ich hörte nicht weiter auf sie, denn der Augenblick zu handeln war für uns gekommen.

„Laß mich erst allein hinein, du bist mir sonst im Weg, Halef!" befahl ich dem Hadschi, indem ich aufstand.

Den Stutzen ließ ich fallen, er war hier nichts nütze. Dafür nahm ich das Messer zwischen die Zähne und den Bärentöter hoch, nicht zum Hieb, sondern zunächst zum Stoß, denn ich wußte, wie es nun kommen mußte. Die Bärin war mit zwei, drei raschen Bewegungen zu den zankenden Jungen geeilt und warf sie beide mit einem vorsichtigen Tatzenhieb auf die Seite. Dann richtete sie sich langsam und drohend vor Aqil auf, der voll Entsetzen zeterte:

„Hilf, o Gott der Christen! Hilf, o Isa Ben Marryam, da uns kein anderer helfen kann!"

Und in der gleichen Todesangst wimmerte Ssali:

„Rette uns, o Gekreuzigter, rette uns! Es ist keine Macht im Himmel und auf Erden als bei dir allein —"

Mehr hörte ich nicht, denn in diesem Augenblick lag mein ganzes Leben in meinen Augen und in meinen Fäusten. Ich schnellte mich über die erwähnten Steine hinein und rannte der Bärin den schweren Kolben unter den erhobenen Vorderpranken gegen die Rippen, daß sie lang auf die Seite fiel. Das hatte ich beabsichtigt, denn nur in dieser Lage bot sie mir die Schnauze zum betäubenden Hieb. Der Schädel war zu dick dazu. Noch war sie im Stürzen, da hob ich den Kolben schon hoch. Er sauste nieder und traf so gut, daß das Ungetüm alle vier Beine steif von sich streckte. Ich wußte wohl, daß diese Betäubung schnell vorübergehen würde. Das Gewehr wegwerfend, nahm ich das Messer aus dem Mund — zwei, drei rasche Stiche bis ans Heft zwischen die bewußten zwei Rippen, dann sprang ich auf die Seite und stürzte dabei über den jungen Bären, der noch bei Ssali Ben Aqil stand. Ich hatte nicht anders ausweichen können, raffte mich wieder auf und sah nun, daß Halef mir rascher gefolgt war, als er sollte. Er hatte nahe der Bärin ein Junges gepackt, das gegen ihn schlug, so daß er keinen sicheren Stoß für sein Messer fand. Ich eilte zu ihm hin und riß ihn zurück.

„Um Gottes willen, fort von der Alten!" warnte ich. „Noch wissen wir nicht, ob ihr mein Messer wirklich ins Leben gedrungen ist!"

Der kleine Mann sah mir lächelnd ins Gesicht und deutete auf die Bärin.

„Dein Messer, und nicht richtig treffen? Das kann nie geschehen! Sieh den Blutstrom, der der Alten aus dem Herzen rinnt! Dein Werk ist vollbracht, nun mag das meinige beginnen. Ich bitte dich, mir deinen Kâtil el Dibab[1] zu leihen, weil die Kinder in der gleichen Weise aus dem Dasein wandeln sollen wie ihre Mutter!"

Während er das sagte, hielt ich den Blick scharf auf die Bärin gerichtet, bereit, ihr nötigenfalls schnell noch einen Messerstoß zu geben. Es war jedoch überflüssig, die Klinge hatte das Herz durchbohrt. Während ich nun die Aufmerksamkeit eines Jungen auf mich lenkte, schlug Halef es mit dem Bärentöter nieder und gab ihm dann den tödlichen Messerstoß. So machten wir es auch mit den beiden anderen, und als wir schließlich vor den vier Tierleichen standen, waren seit dem Augenblick meines Einschreitens wohl kaum mehr als zwei Minuten vergangen, ein über alles Erwarten glückliches Gelingen, das wir nicht mit dem kleinsten Hautritz zu bezahlen hatten.

Nun konnten wir unsere Aufmerksamkeit den Bebbeh schenken. Sie hielten beide die Augen geschlossen und gaben keinen Laut von sich. Das ärgerte den kleinen Hadschi, der lauten Dank von ihnen erwartete.

„So öffnet doch eure Augen, ihr großen Helden vom

[1] Bärenmörder

Stamm der Bebbeh!" rief er sie an. „Oder meint ihr, daß ihr mit zu den Bären gehört, die wir erschlagen haben? Dann müßten wir euch auch noch unsere Messer zu fühlen geben!"

Da schlugen sie die Augen auf.

„Kara Ben Nemsi!" rief Aqil.

„Ja, Kara Ben Nemsi Effendi ist's! Er ist es wirklich!" stimmte Ssali bei. „Und hier steht auch der kleine, tapfere Hadschi Halef Omar! Sehe ich euch in Wirklichkeit, oder ist's ein Traum, in den ich durch den Tod versetzt wurde?"

„Maschallah! Kann man nach dem Tod auch noch träumen?" lachte Halef. „Ihr seht uns hier in Wirklichkeit. Wir haben keine Lust, bloße Traumgestalten zu sein!"

„Also wirklich, wirklich! Wie aber seid ihr hierher zur Musallah el Amwât gekommen?"

„Genauso, wie ihr es vorhin vermutet habt. Wir ritten den Hunden der Kelhur nach, um ihnen unsere Pferde wieder abzunehmen und euch zu befreien."

„Uns befreien?" fragte er zweifelnd. „Uns zu befreien? Scherzt du vielleicht, Hadschi Halef Omar?"

„Wie kannst du diese Frage aussprechen! Schau die gewaltigen Glieder dieser Bärin an und die zwölf Krallenfüße ihrer Jungen! Sieht das so aus, als ob wir hier einen Scherz getrieben hätten?"

„Allah, Allah! So ist es wirklich euer Ernst gewesen, uns zu retten?"

„Ja."

„Dann ist unser Gebet zu dem Gekreuzigten richtig gewesen! Aber wir haben euch um die Pferde gebracht und euch nach dem Leben getrachtet. Wir können nicht eher an eure Güte glauben, als bis ihr uns losgebunden habt!"

„Wir werden euch losbinden, aber nur unter der Bedingung, daß ihr nicht etwa verlangt, wir sollen euch noch ablecken. Unser Kismet sagt nichts davon, daß wir diese Arbeit da fortsetzen sollen, wo die Bären darin unterbrochen wurden."

Ssali wußte nicht, was er auf dieses unerwartete Späßchen sagen sollte. Ich überhob ihn der Antwort, indem ich begann, seinen Pfahl zu lockern, um ihn samt dem Holz umzulegen. So war das Losmachen leichter und bequemer als im Hängen. Bald waren wir fertig damit, und als sie nun mit freien Gliedern vor uns standen und aus unbeengter Brust tief Atem holten, geschah etwas, was ich beiden nicht zugetraut hätte. Aqil nämlich, der Räuber und Mörder, warf sich auf den Boden nieder und begann laut wie ein Kind zu weinen. Die Todesangst hatte ihn so tief erschüttert, daß er sich nicht halten konnte. Und Ssali, sein Sohn, ergriff meine beiden Hände und sank vor mir in die Knie.

„Du hast gesiegt, Effendi, wie so oft. Aber diesen Sieg hast du nicht für dich errungen, sondern für einen, der höher steht als du. Gott ist die Liebe. Du hast es gesagt, und ich glaubte es nicht. Nun aber wäre ich blind, wenn ich nicht sähe, daß du die Wahrheit kennst, während ich im Irrtum wandelte. Du hast uns, deine Feinde, aus den Krallen des Todes befreit. Wir sind dein Eigentum und legen unser Schicksal in deine Hände."

Ich zog ihn auf und sah ihm ernst ins Gesicht.

„Seid ihr wirklich bereit, euer Schicksal ganz in meine Hände zu legen?"

„Ganz. Ohne euch wären wir zerrissen und aufgefressen worden. Mach mit uns, was du willst! Wirst du uns den Kelhur wieder ausliefern?"

„Nein. Ihr seid frei."

„Allah! Das kann ich nicht glauben! Mußt du nicht wenigstens meinen Vater nach Khoi bringen, um ihn für den Raub der zehntausend Piaster bestrafen zu lassen?"

„Ich bin nicht Polizist von Khoi. Was ihr gegen uns getan habt, das haben wir euch vergeben, und die Händel, die ihr mit anderen hattet, gehen uns nichts an. Wir haben kein Recht an euch. Mag Allah euer Richter sein! Ihr seid frei und könntet eigentlich jetzt gehen, wohin ihr wollt. Aber ich bitte euch, wenigstens bis morgen früh noch bei uns zu bleiben, weil wir sonst wahrscheinlich verhindert sein würden, das zu tun, was wir uns vorgenommen haben."

„Oh, Effendi, du brauchst nicht zu bitten, sondern kannst befehlen! Unsere Herzen sind voll Dankbarkeit für euch. Alle Feindschaft, die wir gegen euch hegten, ist zu Ende, und wir werden alles tun, was du von uns forderst."

„Was ich von euch verlange, ist nur, daß ihr bei uns bleibt und euch ruhig verhaltet. Ich will den Kelhur noch heute in der Nacht unsere Pferde entführen, und ich will Schir Samurek, ihren Scheik, heimlich aus ihrem Lager holen. Ihr aber sollt euch ruhig verhalten, bis beides geschehen ist. Das ist alles."

„Was sagst du da, Effendi? Eure Pferde holen, das ist schwer, sehr schwer, aber doch nicht unmöglich. Aber den Scheik entführen, das kannst selbst du nicht fertigbringen!"

Da fiel Halef eifrig ein:

„Wie darfst du dem Sihdi solche Worte sagen! Er tut stets, was er sich vorgenommen hat, und für ihn ist das, was andere für unmöglich halten, oft leicht. Wir haben die Bärin der Unsterblichkeit erlegt und euch aus ihren Tatzen befreit. Ist das nicht viel schwerer, als zwei Pferde und einen Scheik aus dem Lager zu entführen?"

„Für mich wäre beides unmöglich. Ihr aber seid Männer, deren Pläne und Taten man nicht hindern kann, und darum darf ich euch nicht entgegenreden. Welche Absicht habt ihr aber dabei, daß ihr den Scheik gefangennehmen wollt?"

„Wir wollen ihn dadurch zwingen, das Geld herauszugeben, das dem Handschi Ali von Khoi gehört."

„Werdet ihr den Scheik dann gefangenhalten und nach

Khoi schaffen, um ihn dort wegen Brandstiftung bestrafen zu lassen?"

„Nein", antwortete ich jetzt an Halefs Stelle. „Ich habe dir schon gesagt, daß ich kein Polizist bin. Sobald ich meinen Zweck erreicht habe, lasse ich ihn frei."

„Frei willst du ihn lassen, Effendi? Diesen Räuber und Mörder, der uns von den Bären zerreißen lassen wollte? Der euch die Pferde gestohlen hat und, wenn ihr ihm in die Hände gefallen wärt, euch auch den Bären vorgeworfen hätte? Denk doch daran, daß die Kelhur unsere Feinde sind, mit denen wir in Blutrache stehen!"

„Was geht das mich an? Nanntet ihr euch nicht auch unsere Todfeinde? Und doch haben wir euch vergeben! Du hast vorhin so schön von der Liebe gesprochen, und jetzt brütest du Rache gegen die Kelhur. Meinst du, das sei die richtige Liebe, die Gott von uns verlangt? Nur wer gelernt hat zu verzeihen, kann wirklich lieben. Die Liebe aber, die neben sich die Rache kennt und duldet, verdient den Namen nicht, den du ihr gibst. Du bist noch unerfahren in der wahren Liebe. Bitte Allah täglich, daß du sie besser kennenlernst. Ich habe sie dir gezeigt. Nun wirb um sie fort und fort, daß sie deine Freundin werde. Und nun genug der Worte! Wir müssen handeln. Kannst du dich entsinnen, was Schir Samurek zu dir sagte, als du behauptetest, ich würde euch retten, obgleich ihr meine Todfeinde seid?"

„Was meinst du?"

„Bei Allah und meiner Seele, so sagte er, wenn er es dennoch täte, ich würde selber am Islam irre werden und meine Augen auf den Gott richten, der am Kreuz gestorben sein soll, um die Sünder zu erretten und die Verlorenen wiederzufinden!"

„Maschallah! Du kennst seine Worte so genau, als wärst du dabei gewesen, als er sie sprach! Bist du allwissend, Effendi?"

„Nein. Weißt du auch noch, was der Scheik von dem Kreuz und von diesen Bären sagte?"

„Ja."

„So hilf uns, dafür zu sorgen, daß seine Worte in Erfüllung gehen! Wenn Schir Samurek morgen früh den ersten Blick zur Musallah erhebt, soll er die Erfüllung dessen sehen, was er im Hohn zur Bedingung machte: die Bärin soll mit dem Kreuz in den Pranken hier unter der Tür stehen."

Seine dunklen Augen bohrten sich mit forschendem Blick und doch wie staunend in die meinigen.

„Welch ein Gedanke! Effendi, ich beginne zu ahnen, wo die Quelle deiner Erfolge sprudelt. Du bist nicht ein Sklave des Kismet, sondern hast dich von ihm freigemacht und leitest es nach deinem Willen!"

„Das kannst du auch!"

„Nein, ich kann es nicht, und kein anderer Mensch kann es außer dir. Wer hat dir die Macht dazu gegeben?"

„Die Liebe, die die Mutter der Erlösung ist. Dein Kismet aber ist ein Gewaltherrscher, vor dem du wie ein Wurm im Staub kriechst. Er lebt vom Mark deiner Knochen und mästet sich an dem Willen deiner Seele. Er macht dich taub, daß du das Klirren deiner Ketten nicht hörst, und macht dich blind, daß du die Herrlichkeit der Freiheit nicht erblickst. Die Gewalt ist das Zepter dieses Herrschers, und der Islam ist seine Lehre. Ist doch euer heiliger Hilâl[1] nicht auf den Mond zurückzuführen, sondern auf den krummen, blutigen Säbel Mohammeds, den er während der Schlacht an seine Lanze steckte! Mit dem Wort Kismet hat er und haben seine Nachfolger ihre Streiter in den Tod getrieben. An dem wasserlosen Brunnen des Kismet mußte die Liebe unter euch verschmachten und verdursten, und während ihr euch für die bevorzugten Kinder Allahs haltet, seid ihr die Leibeigenen des Hasses, der Rache und der Unversöhnlichkeit geworden.

[1] Halbmond

So hat euch das Kismet um alle Freiheit, um alle Tatkraft gebracht, und wenn ihr dann einen Christen kennenlernt, dem der Gott der Liebe, der Weisheit und Gerechtigkeit die Fähigkeit verliehen hat, bestimmend, schaffend und gestaltend nicht nur in den Lauf seines eigenen Lebens, sondern auch in das Schicksal anderer Menschen einzugreifen, so ruft ihr ein Maschallah über das andere aus und könnt es nicht begreifen, daß er mit leichter Mühe fertigbringt, was bei euch in den Bereich der Unmöglichkeit gehört. Das Kismet hat Schir Samurek befohlen, uns unsere Pferde zu stehlen. Ich aber verlache dieses Kismet und hole sie mir wieder. Das Kismet hat ihm geboten, euch den Bären zu überantworten, und ihr wärt ihnen auch wirklich verfallen gewesen. Ich aber bin ein freier Mann und habe die Vorbestimmung zuschanden gemacht, indem ich euch rettete. So werde ich auch, ohne euer Kismet um Erlaubnis zu fragen, auf Schir Samurek wirken, und ich bin überzeugt, daß es nicht ohne Folgen für sein späteres Leben sein wird."

Ich hatte gemäß der Anschauungsweise Ssali Ben Aqils gesprochen, und er war meinen Worten mit Aufmerksamkeit gefolgt, ohne mich zu unterbrechen. Aus seinen Augen blickte mir ein heißer Wunsch nach Verständnis entgegen. Als ich geendet hatte, hielt er mir die Hand entgegen.

„Ich danke dir, Effendi! Zwar kann ich deine Worte nicht so schnell begreifen, wie ich möchte, aber sie werden in mir haften bleiben, und ich hoffe, daß sie einen Funken enthalten, der später zur hellen Flamme wird. Ich bin ein Prediger des Islam und war dennoch bereit, die Blutrache auszuführen. Du bist kein Lehrer deines Glaubens und hast doch deinen Feinden Gutes erwiesen. Das ist mir eine Mahnung zum Vergleich. Ich werde darüber nachdenken und dann tun, was Allah wohlgefällt."

„Woher wirst du wissen, was ihm wohlgefällt?"

„Die Stimme meines Herzens wird es mir sagen."

„Ist das die Stimme, die dir mitgeteilt hat, der Mahdi würde bald erscheinen?"

„Ja."

„So prüfe dein Herz genauer als bisher, ehe du auf seine Stimme hörst! Ein alter Lehrer des Christentums sagt: ‚Des Menschen Herz ist ruhelos, bis es ruhet in Gott!' Laß dein Herz im Schoß der ewigen Liebe und Wahrhaftigkeit ruhen, so brauchst du keinen Mahdi, den du erst mühevoll entdecken mußt."

„Auch diese Worte werde ich überlegen, Effendi. Wie deine Barmherzigkeit auf mich gewirkt hat, das wirst du wohl merken. Gestern hast du mich als Eiferer für den Islam kennengelernt, und heute höre ich nicht nur deine Reden an, ohne mich darüber zu erzürnen, sondern ich erkläre mich sogar bereit, dir bei der Herstellung des Kreuzes zu helfen. Ist dir das für jetzt genug?"

„Ja. Du wirst also mithelfen?"

„Ich werde es. Und wenn der Prophet darüber zürnt, so will ich hoffen, daß sein Grimm nicht ewig währt."

„An deiner Stelle würde ich mich um Mohammed und seinen Zorn ebensowenig kümmern, wie er sich um euch gekümmert hat, als der Rachen der Bärin drohte!"

Da rief Aqil, der bis jetzt still auf dem Boden gesessen war:

„Solche Reden, Effendi, dürfte ich eigentlich nicht anhören, ohne dich zu verfluchen. Aber wenn mein Sohn, der alle Satzungen des Islam kennt, sogar bereit ist, das Kreuz mit euch zusammenzusetzen, so ist es mir, der ich kein Alim[1] bin, wohl ebenso erlaubt mitzutun. Ich fühle noch jetzt die Nähe des Todes in allen Gliedern. Du hast uns das Leben gebracht, und wenn ich dir dafür einen Dank erweisen kann, so frage ich nicht danach, ob mir Mohammed das übelnehmen wird. Sag uns also, was wir machen sollen."

Die beiden waren heute gegen uns ganz andere Men-

[1] Gelehrter

schen als gestern, und ich glaubte, annehmen zu dürfen, daß diese Änderung andauern würde. Wir löschten zunächst die Lichter aus, so daß die Kelhur weder uns noch unsere Schatten sehen konnten. Sie mochten denken, sie seien von den Bären umgerissen worden. Hierauf machten wir mit Hilfe unserer Messer den einen Pfahl, der den Querbalken bilden sollte, kürzer als den anderen und banden dann beide so zusammen, daß sie ein Kreuz bildeten. Als wir damit fertig waren, zogen wir die Bärin bis ganz vor die Türöffnung und bauten schwere Steine aufeinander, woran sie aufgerichtet und so angelehnt wurde, daß es von weitem aussah, als stände sie auf den Hinterpranken. Dann gaben wir ihr das Kreuz in die Vordertatzen und banden Kreuz und Bärin so fest an die Steine, daß sie nicht umfallen konnten. Nun gelüstete es keinen von uns, länger in der Musallah zu bleiben. Wir schafften die drei jungen Bären in den Hintergrund der Ruine. Nachdem ich meine Gewehre wieder an mich genommen hatte, verließen wir den Ort, der uns leicht hätte verhängnisvoll werden können.

Ich wollte zu der Stelle oberhalb des Kelhurlagers hinauf, wo Halef am Nachmittag auf mich gewartet hatte, weil der Ort und der Weg von da hinab mir bekannt geworden waren. Wir bewegten uns leise und vorsichtig, wobei ich ein Stück voranschlich, denn die Neugierde konnte, seit die Lichter verlöscht waren, die Kurden näher zur Musallah herangetrieben haben. Es kam uns aber glücklicherweise keiner von ihnen in den Weg, und so langten wir oben an, ohne von jemand bemerkt worden zu sein.

13. ISA GEGEN MOHAMMED

Nun galt es, noch vor dem Morgengrauen eine schwierige Doppelaufgabe zu lösen: ich wollte erstens unsere Pferde haben und zweitens auch den Scheik. Beides mußte ich allein ausführen, weil mir weder Halef noch gar einer der Bebbeh helfen konnte. Ich ermahnte alle drei, sich bis zu meiner Rückkehr still zu verhalten, übergab Halef meine beiden Gewehre, die ich nicht mitnehmen konnte, und begann dann den schwierigen Abstieg im Dunkel der Nacht.

Ich konnte, wie man sich auszudrücken pflegt, die Hand nicht vor den Augen sehen und mußte mich auf den Tastsinn verlassen. Darum stieg ich rückwärts hinab, Schritt für Schritt, wie man eine Leiter hinabklettert. Mein Ziel war zunächst der schmale Einschnitt, von dessen Rand aus ich am Nachmittag Schir Samurek belauscht hatte. Ich mußte vor allen Dingen wissen, wo er sich befand und was er machte.

Als ich nach ziemlich langer Zeit das Farngestrüpp erreichte, war alles dunkel. Man hatte im Lager kein Feuer angezündet. Wo steckte der Scheik? Da unten im Einschnitt, wo ich ihn schon gesehen hatte? Ich glaubte, ihn dort zu finden, weil gerade dieser Ort eine so bequeme Lagerstätte für den Anführer ergab. Aber ob er allein oder mit anderen da lag, das war für mich doch ein gewaltiger Unterschied! Vor mir hörte ich Stimmen, die Kurden schliefen also nicht. Das hatte ich erwartet, denn die Spannung auf den Ausgang der Bärenmahlzeit in der Musallah mußte sie wach halten. Gerade unter mir aber, wo ich Schir Samurek vermutete, war alles still. Ich kroch vorsichtig am Rand des Einschnitts hinab. Zu sehen war bei dieser Finsternis unter dem dichten Wipfeldach nichts, zu hören ebensowenig. Ich verließ mich also auf meine Nase und auf meine Fingerspitzen, mit denen ich um mich tastete. Man denke nicht, daß der Geruchsinn mir hier keine Dienste leisten konnte! Wäsche, und gar neugewaschene, kennt der gewöhnliche Kurde selten, den Anzug wechselt er jährlich nur zweimal, im Frühling und im Herbst, wenn er nämlich so glücklich ist, einen Sommer- und einen Winteranzug zu besitzen. Man kann sich also denken, daß so ein Mensch eine Dunsthülle um sich hat, die mehrere Schritte weit reicht und von einer leidlich gutwilligen Nase nicht mißverstanden werden kann.

Also ich tastete und roch mich langsam vorwärts, in den Einschnitt hinein, ohne auf jemand zu stoßen. Als ich aber den Hintergrund erreicht hatte, hörte ich die ruhigen, schweren Atemzüge eines Schlafenden. Das mußte Schir Samurek sein! Gerade daß ich ihn nicht roch, bestärkte mich in dieser Annahme, weil er als wohlhabender Mann keine so durchdringende Dunsthülle besaß wie ein armer Teufel. Ich schob mich zu ihm hin und ließ meine Fingerspitzen leise über seinen Anzug gleiten. Er schlief fest und befand sich allein an diesem Ort. Das war wieder ein Umstand, wie ich ihn mir nicht günstiger hätte wünschen können. Das Kismet meinte es, obgleich ich es vorhin so unfreundlich bekrittelt hatte, heute überhaupt herzlich gut mit mir, ein Beweis dafür, was für ein unberechenbares Ding es ist!

Ich bedurfte keiner langen Zeit, einen Entschluß zu fassen und ihn auszuführen: ein derber Griff zur Kehle — ein Faustschlag an die Schläfe — und der Scheik gehörte mir! Ich nahm ihn auf die Schulter, richtete mich auf und trug ihn fort, auf dem Weg, den ich gekommen war. Daß man mich dabei hören könnte, brauchte ich nicht zu befürchten. Die einzige Schwierigkeit bestand darin, daß ich den Aufstieg mit der schweren Last im Dunkeln machen mußte, doch auch das wurde glücklich überwunden, und ich langte mit dem Scheik oben an, ohne daß er unterwegs wieder zum Bewußtsein gekommen war.

„Bist du es, Sihdi?" fragte Halef, als er mich hörte.

„Ja."

„Hast du Glück gehabt?"

„Viel Glück sogar! Hier bringe ich Schir Samurek. Wir haben also selbst für den Fall gewonnen, daß es mir nicht mehr gelingen sollte, noch vor Tagesanbruch unsere Pferde zu bekommen."

„Den Scheik hast du? Sihdi, das ist wieder einmal ein Streich, den selbst ich nicht fertigbrächte! Was tun wir nun mit ihm?"

„Wir binden ihn so fest, daß er sich nicht rühren kann, und stecken ihm einen Knebel in den Mund. Ich muß jetzt wieder fort, um die Pferde zu suchen. Während meiner Abwesenheit bewacht ihr ihn gut. Sagt ihm, sobald er aufwacht, daß er ja keinen lauten Ruf ausstoßen soll, wenn er nicht das Messer ins Herz haben will."

Da bat Aqil schnell:

„Gib mir ein Messer, Effendi! Ich werde dafür sorgen, daß dieser Hund das Maul nicht öffnet, ohne sofort die Klinge im Leib zu fühlen! Er hat gewollt, daß uns die Bären fressen, und soll die hundertfache Todesangst bezahlen, die wir ausgestanden haben!"

„Mein Messer brauche ich selber", wehrte ich ab. „Was ich bestimmt habe, wird Hadschi Halef Omar ausführen, ihr habt für jetzt keinen Teil an dem Scheik. Ich bin es, der ihn gefangengenommen hat. Er gehört also mir, auch nach euren Gesetzen, und wer mich meines Eigentums beraubt, den betrachte ich als meinen Todfeind, und würde Leben um Leben von ihm fordern."

Halef verstand mich.

„Du kannst getrost gehen, Sihdi. Ich werde dafür sorgen, daß alles nach deinem Willen verläuft. Wer sich an diesem Scheik der Kelhurkurden vergreift, der bekommt augenblicklich mein Messer in den Leib!"

Ich war überzeugt, daß er gegebenenfalls sein Wort wahrmachen würde, und entfernte mich, zunächst genau in der Richtung, in der ich vorhin abgestiegen war. Als ich beinahe an dem Bodeneinschnitt angekommen war, in dem der Scheik gelegen hatte, wendete ich mich rechts, um die Wieseneinbuchtung zu erreichen, wo Rih von den Kelhur untergebracht worden war. An ihrem Rand herrschte zwar nicht die tiefe Stockdunkelheit wie im Wald, aber es war doch immerhin so finster, daß ich nicht zu befürchten brauchte, von den Kurden gesehen zu werden. Jetzt fragte es sich: Wo saßen die Wächter, und wo lag jetzt mein Rih? Ja, wenn ich laut hätte rufen dürfen „Ta'al!" oder „Ta'a lahaun[1]!", so würde es keine Minute gedauert haben, und er wäre bei mir gewesen. Aber das durfte ich nicht, und so legte ich mich auf den Boden nieder und kroch der Stelle zu, an der ich ihn zuletzt gesehen hatte, denn ich durfte dem klugen Tier wohl zutrauen, daß es nicht von dort wegzubringen gewesen war, seit es mich erblickt hatte. Ich hatte kaum die Hälfte der Strecke zurückgelegt, so hörte ich ein leises, kurzes Schnauben, das ich kannte: Rih hatte mich gewittert. Jedes andere Pferd wäre nun aufgesprungen und zu mir gekommen, er aber blieb ruhig liegen, weil ich ihm auf sein Schnauben kein Zeichen gab.

Als ich den Hengst erreichte, fühlte ich mit den Händen, daß ringsum der weiche Grasboden aufgewühlt und zerstampft war. Man hatte ihn also fortbringen wollen, und er hatte sich gewehrt. Jetzt hing er an einem Riemen, der an einem in die Erde geschlagenen Pflock befestigt war. Halefs Gaul war ihm treu geblieben und lag neben ihm. Ich liebkoste den braven Rappen, worauf er mir die Hände leckte und dabei ein leises, schnaubendes Stöhnen hören ließ. Damit wollte mir das ,unvernünftige' Tier sagen, wie es nach mir gebangt hatte, und wie sehr es sich jetzt darüber freute, mich wiederzuhaben. Daß kein Wächter bei ihm war, konnte ich nicht begreifen. Die Kurden mußten durch den Umstand, daß unterhalb des Lagers

[1] „Komm!" oder „Komm hierher!"

Wachen standen, so vertrauensselig geworden sein, daß sie es nicht einmal der Mühe wert hielten, sich eines so kostbaren Pferdes zu versichern.

Ich zog den Pflock aus der Erde, damit es den Anschein haben sollte, als hätte das Pferd ihn selber herausgerissen und sich dann entfernt, wand ihm den Riemen, an dem er hing, um den Hals und gab ihm dann das Zeichen zum Aufstehen. Rih gehorchte, und Halefs Pferd folgte sofort seinem Beispiel. Da ich wußte, daß der Hengst mir freiwillig nachlaufen würde, was ich von Halefs Tier nicht behaupten konnte, nahm ich das Pferd des kleinen Hadschi beim Zügel und führte es fort, genau zu der Stelle, an der ich aus dem Wald auf die Wiese gekommen war. Wir erreichten sie glücklich, und nun fühlte ich mich vor den Kurden sicher, obgleich es eine schwierige Aufgabe war, die beiden Pferde in dieser kurdischen Finsternis und bei der jähen Steigung des Geländes bergan zu schaffen. Der Umstand, daß Pferde des Nachts besser sehen als Menschen erleichterte mir den Gang. Ich führte Halefs Tier, und Rih kam hinterher. Der Rappe wußte genau, daß er ruhig sein sollte, und der Gaul schien auch einzusehen, daß es hier galt, vorsichtig zu sein. Beide kletterten langsam und behutsam tastend hinter mir her. Wir mußten oft stillhalten, oft den im Weg stehenden Stämmen ausweichen, und so kann ich sagen, daß wir gewiß drei Viertelstunden brauchten, um den kurzen Weg zurückzulegen.

Als wir uns dem Ort näherten, wo Halef mit den anderen auf mich wartete, mußte man uns hören. Der Kleine konnte seine Ungeduld nicht zügeln und fragte, noch ehe ich ihn erreicht hatte, aber nicht so laut, daß man ihn unten bei den Kurden hören konnte:

„Wer kommt? Sihdi, bist du es?"

„Ja", antwortete ich.

„Hamdulillah — Allah sei Lob und Dank, daß er dich

wieder zu uns führt! Aber ich höre, daß du nicht allein bist. Ist es gelungen?"

„Ja."

„Allah akbar — Gott ist groß! Aber meine Bewunderung ist fast noch größer. Bist du verletzt worden?"

„Nein."

„So ist das Wunder doppelt und zehnfach. Laß mich hin zu dir, Sihdi! Ich muß mich mit eigenen Augen überzeugen."

Er kam mir die wenigen Schritte entgegen und liebkoste dann die beiden Tiere voll Freude. Dabei erkundigte ich mich:

„Wie steht es hier bei dir? Ist alles in Ordnung?"

„Ja, Sihdi."

„Habt ihr mit dem Gefangenen gesprochen?"

„Nur ich einige Worte, den Bebbeh hatte ich es verboten. Als er zu sich kam, war er erst eine Weile ruhig. Dann warf er sich so hin und her, daß ich glaubte, er würde seine Fesseln zersprengen. Ich brachte ihn aber schnell wieder zur Ruhe. Von da an hat er kein Glied mehr bewegt."

„Weiß der Scheik der Kelhur, wer wir sind?"

„Ich habe es ihm nicht gesagt, aber vielleicht ahnt er es."

„Und die Bebbeh? Wie haben sie sich zu ihm verhalten?"

„Sie haben kein Wort gesprochen, seit du fort bist, und so getan, als wären sie gar nicht da."

Ich hatte diese Erkundigung natürlich leise eingezogen. Jetzt fügte ich hinzu:

„Binde die Pferde hier links bei den Sträuchern an, damit sie fressen können! Dann schlafen wir, wobei wir beide uns bis früh im Wachen ablösen werden."

Ich legte mich zu den Bebbeh ins Moos und ermahnte sie flüsternd, nicht zu sprechen, sondern auch zu schlafen. Schir Samurek hatte sie weder gesehen noch gehört und wußte also nicht, daß sie noch lebten und sich in seiner unmittelbaren Nähe befanden. Auch mein Zwiegespräch mit Halef war so leise geführt worden, daß der Kelhur davon nichts verstehen konnte. Der Scheik wußte also nicht, daß ich unsere Tiere wiedergeholt hatte, und sollte es auch vorläufig nicht erfahren. Ich war müde, und Halef ebenso. Er erhielt die erste Wache, ich übernahm die zweite, um bei Tagesanbruch munter zu sein und den Gefangenen beobachten zu können. Da ich mich auf Halefs Wachsamkeit verlassen konnte, ließ ich mir von ihm meine Gewehre wiedergeben und schlief ein, um erst dann aufzuwachen, als er mich eine Stunde nach Mitternacht weckte.

Bald darauf hörte ich sein langsames, regelmäßiges Atmen. Die Bebbeh schnarchten miteinander um die Wette. Von dem Scheik war kein Atemzug zu vernehmen. Ich schloß daraus, daß er wachte. Welche Gedanken mochten ihm durch den Kopf gehen? Wie sicher war er des Gelingens seiner Pläne gewesen! Wie stolz hatte er mich und Halef verhöhnt! Und nun lag er gefesselt und geknebelt da, ein Gefangener des ‚Christenhundes‘, den er noch vor wenigen Stunden von den Bären hatte zerreißen lassen wollen.

Ich kam ins Grübeln. Wie viele solcher Nächte hatte ich in fremden Ländern, in Prärien und Urwäldern, in Dschungeln und sonstigen Wildnissen einsam durchwacht! Keine dieser Wachen hatte der anderen geglichen, stets war die Lage eine andere gewesen. Und doch gab es ein Etwas, das immer vorhanden gewesen war, das allen diesen Nächten die gleiche — Klangfarbe, möchte ich sagen, die gleiche Stimmung gegeben, das den Grundton gebildet hatte zu all den weichen oder härteren Klängen in meiner Seele, nämlich das Gefühl der Gottesnähe, die mit allen Fasern und Fibern empfundene Gegenwart dessen, der die allerhöchste Macht und zugleich die allerhöchste Liebe ist, das seligmachende Durchdrungensein von der Überzeugung, daß eine unendliche und allbarmherzige Weisheit mich an Ort und Stelle geleitet hat und mich auch weiter führen wird. Wie die winzige Puppe eines kleinen Falters auf der Fläche einer geöffneten Riesenfaust, so liegt der Mensch mit Leib und Seele, mit all seinem Denken und Fühlen, mit all seinem Hoffen, Harren und Zagen in der allgewaltigen Hand Gottes, die ihn nicht zerdrücken, sondern zum irdischen Glück führen und dann zur Seligkeit des Himmels leiten will.

Wie beglückend gut steht es um ein Herz, das in dem festen, unerschütterlichen Glauben schlägt, daß es in des Vaters Liebe ruht und sich von seiner weisen Güte leiten lassen muß, auch wenn es seine Absicht nicht erkennt. Das ist keine gedankenlose Hingabe an das Großmutter- und Kindermärchen vom lieben Gott, der alles sieht, sondern ein selbstbewußtes und selbstgewolltes und deshalb um so beglückenderes Aufgehen in einem höheren Willen, gegen den kein Sträuben hilft. Wer da meint, widerstehen zu können, dem wird und muß die Erkenntnis seines Irrtums kommen, wenn nicht noch im letzten, schwersten Augenblick seines Lebens, so doch ganz sicher unmittelbar nach der Stunde, die wir so falscher Weise die Todesstunde nennen. Die Menschenseele besteht nicht aus Urteilchen, die, wenn die Begräbnisglocken nicht mehr klingen, in dem von den Leugnern erfundenen großen Nichts zerstäubend untergehen, und wird, sobald sie ihr irdisches Haus verlassen hat, dem ewigen Richter Rechenschaft ablegen müssen über jeden Schritt des Weges, den sie von ihrem Erwachen an bis zur Befreiung von ihrer körperlichen Hülle zurücklegte. Das ist eine Gewißheit, die Grausen erregen müßte, wenn es nicht ebenso gewiß wäre, daß zwar die ewige Gerechtigkeit die Untersuchung führen und das Urteil sprechen, daß aber dann die göttliche Barmherzigkeit das Recht der Begnadigung an dem Reuigen ausüben wird.

Wie die sogenannte ,Nacht des Todes' doch nur die

Pforte zum jenseitigen Leben ist, so waren die vorhin genannten still durchwachten Nächte es stets, die meinen Sinn emporlenkten. Die Vorkommnisse des Tages nehmen den Geist gefangen. Die leuchtenden Runen des Firmaments ziehen den Blick dann himmelan, oder der dunkle, mond- und sternenlose Abend macht zur Einkehr in sich selber geneigt. Dann gehen wohl im tiefen Innern helle Sterne auf, oder es erscheinen die Wolken der Betrübnis über die Begehungs- und Unterlassungssünden des Tages. Das gibt dann ein Abbild des ewigen Gerichts, denn es sind die göttlichen Gesetze, nach denen der Mensch sein Tun und Lassen zu beurteilen hat, also genau die gleichen, nach denen ihm dereinst sein Urteil gesprochen wird. Wie oft habe ich da mein Fühlen, Wollen und Handeln im Vergleich zu Gottes Vorschrift abgewogen und dabei nicht ein einziges Mal gefunden, daß ich, das heißt, der Richter in meinem Innern, mit mir zufrieden sein durfte. Ein Mensch, der im Gefühl seines Christentums den Nacken stolz aufrichtet, ist nie über sich zu Gericht gesessen, denn hätte er es nur ein einziges Mal in der richtigen Weise und ohne Selbstgefälligkeit getan, so würde er recht demütig und bescheiden geworden sein.

So saß ich jetzt in finsterer Nacht bei den Schläfern, auf jeden Laut, der die Stille unterbrach, scharf achtend und doch in mich versunken. Der feuchte Hauch der Tiefe stieg zu Berg, und den Himmel verdeckte ein dichtes, undurchdringliches Wolkenzelt. Zuweilen verriet mir ein kurzer, rascher Lufthauch, daß eine Watwâta[1] mit unhörbarem Flughautschlag vorübergeflattert war. Das Rauschen eines hohen Astes, dem das Rascheln eines niedrigeren folgte, belehrte mich, daß ein gefräßiges Sindschâb[2] auf Raub ausging. Ein nächtliches Sursur[3] geigte drüben bei der Musallah seine Flügeldecken, daß es bis zu uns herüberschrillte, und dann klang das dumpfe „Bubuhu" des Bajkusch[4] aus dem Tal herauf. Suchen nach

1 Fledermaus 2 Flugeichhörnchen 3 Grille 4 Uhu

Beute, Raub und Fraß überall! Selbst die Nacht bringt keinen Frieden für die Welt der Tiere! Ist es nicht ebenso in der Welt der Menschen?

Da unten lagen die Kelhurkurden. Ihre Gedanken waren neugierig auf die Kapelle gerichtet. Sie waren überzeugt, daß jetzt dort Menschenknochen unter den Zähnen der Bären krachten, und daß der Boden der einstigen Friedensstätte vom Blut der Bebbeh gerötet sei. Und waren etwa nur diese halbwilden Menschen Räuber? Gibt es nicht Tropfen, die ebensowenig vergossen werden sollten wie Blut, obgleich sie nicht von roter Farbe sind? Tropfen, die auch aus dem Herzen kommen? Gibt es nicht Tränen, die gleich schwer auf dem Gewissen derer liegen sollten, die sie hervorlocken? Gibt es nicht einen Schweiß der Armen, der auch zum Himmel schreit, wie Abels Blut?

Das waren trübe Beobachtungen, aus denen mich ein leises Geräusch aufstörte. Ein dürres Ästchen knackte in meiner Nähe, dann hatte ich den Eindruck, als würde ein schwerer Gegenstand über das Gras geschoben. Da streckte ich die Hand zu Schir Samurek aus. Ich hätte seinen Kopf fassen müssen, griff aber ins Leere. Ah, der Kelhur wollte den Versuch machen, uns trotz seiner Fesseln zu entwischen! Er schob sich von der Stelle weg, an der er gelegen hatte, war aber erst einige Handspannen weit gekommen, so hatte ich ihn fest. Er wollte sich mit den Füßen wehren. Da warnte ich ihn leise, um die anderen nicht zu wecken:

„Lieg still, sonst fühlst du augenblicklich meine Klinge!"

Der Kurde sah ein, daß Gehorsam besser war als unnützer Widerstand, und ich zog ihn in seine frühere Lage zurück, worauf ich mich so nahe zu ihm setzte, daß ich eine Wiederholung des Fluchtversuchs nicht nur hören, sondern auch fühlen mußte.

So saß ich, bis die ersten befiederten Boten des Morgens erwachten und ihre Stimmen hören ließen, obgleich es noch ganz dunkel war. Sie weckten Halef auf, und die beiden Bebbeh erwachten. Der schwarze Wolkenhimmel begann sich grau zu färben. Da fragte Halef leise:

„Darf ich sprechen, Sihdi, oder müssen wir jetzt noch schweigen?"

„Schweig lieber", mahnte ich. „Es gibt für dich nichts Wichtiges zu sagen. Wichtiger wird es sein, den Scheik zu beobachten. Ich werde ihm eine andere Lage geben, daß er euch nicht gleich bemerkt."

Ich schob mich mit Schir Samurek ein Stückchen fort, zog mein Messer und setzte es ihm auf die Brust.

„Der Knebel hat dir bisher den Mund verschlossen. Ich werde ihn entfernen, damit du leichter Atem holen kannst. Ich erlaube dir auch, mit mir zu sprechen, doch nur so, daß ich es höre. Sprichst du lauter, oder wagst du es gar, um Hilfe zu rufen, so ist dieser Ruf der letzte deines Lebens, denn im gleichen Augenblick wird dir mein Messer im Herzen stecken!"

Ich zog dem Scheik den Knebel heraus. Er holte einige Male tief Atem und fragte dann, die Worte hastig, aber doch leise hervorstoßend:

„Schuker Chodeh — Gott sei Dank! Fast wäre ich erstickt! Wo befinde ich mich?"

„Das wirst du bald selbst erkennen, ohne daß ich es dir zu sagen brauche."

„So will ich wenigstens wissen, wer du bist!"

„Auch das brauche ich dir nicht zu sagen. Du wirst in kurzer Zeit meinen Namen selber finden. Blicke geradeaus, bis du sehen kannst, wo du dich befindest. Aber vergiß meine Warnung nicht: Ein lauter Ruf bringt dir sofort den Tod! Jetzt will ich, daß du schweigst."

Schir Samurek gehorchte.

Die Wolken färbten sich langsam, aber stetig heller, ein leiser Dämmerschein ließ die Spitze des gegenüberliegenden Berges sichtbar werden und glitt an ihm nach und nach nieder. Das Tal lag noch schwarz unter uns. Links drüben war der Wasserfall in undurchdringlich dunklen Dunst gehüllt, und über dem Teich unter uns, wo die Kurden lagerten, schwebten ebenso dichte Nebelballen. Bei ihnen war es noch Nacht. Für uns hier oben aber wurde der erste fahle Morgenschein schnell heller. Er senkte sich uns gegenüber am Berg nieder, bis er die Musallah el Amwât erreichte. Wir sahen sie nun zwar nicht ganz klar, sondern wie durch einen Schleier, aber doch ziemlich deutlich liegen. Da zuckte Schir Samurek zusammen, riß die Augen auf und starrte hinüber. Es war der Schreck, der ihn ergriff, dann er sah unter der Tür den Riesenbären mit dem Kreuz in den Pranken stehen. Unsere Sicherheit nötigte mich zu einer schnellen Warnung.

„Kein lautes Wort, sonst ersteche ich dich!"

Dabei setzte ich ihm die Messerspitze auf die Brust. Er schloß die Augen, öffnete sie wieder, machte sie abermals zu und riß sie wieder auf, denn er konnte nicht zweifeln: der Bär stand drüben und blieb unbeweglich stehen. Da legte ich Schir Samurek mit starkem Druck die Hand um den Oberarm und sprach langsam die Worte, die ich aus seinem eigenen Mund gehört hatte:

„Wenn der Bär des toten Priesters da drüben am Eingang der Musallah steht und das Kreuz der Christen in den Tatzen hält, dann will ich glauben, daß es diesem Kara Ben Nemsi, dem Christenhund, gelingen kann, euch aus unseren Händen zu erretten, eher aber nicht!"

Sein Gesicht wurde aschgrau, die Augenlider sanken herab und die Wangen fielen ihm ein, er glich plötzlich einer Leiche. Sein Atem ging schwer und kam wie stöhnend über seine farblos gewordenen Lippen. Ich schwieg, um den Eindruck meiner Worte ungeschwächt wirken zu lassen. Das dauerte eine Weile, dann wendete er mir sein Gesicht zu, öffnete die Augen wieder, richtete den verstörten Blick auf mich und fragte:

„Bist du etwa dieser Christ?"

„Ich bin es", bestätigte ich.

„Kara Ben Nemsi Effendi?"

„Ja."

„Allah — Allah — Allah!" seufzte er dreimal, und es dauerte wieder eine Weile, bis er sich erkundigte:

„Dieser Bär bewegt sich nicht. Ist er tot?"

„Ja."

„Gestorben? Oder wurde er getötet?"

„Er wurde erstochen."

„Von wem?"

„Von mir."

„Maschallah! Vorher hat er aber die Bebbeh gefressen?"

„Nein."

Schir Samurek zuckte zusammen, streckte sich dann schnell aus und fragte hastig:

„So leben sie noch?"

„Ja."

„Unverletzt?"

„Völlig unverletzt."

„Das glaube ich nicht, das kann ich nicht glauben, das ist eine Lüge."

„Es ist wahr. Ich sage deinetwegen keine Lüge."

„So zeig sie mir! Ich kann dir nicht eher glauben, als bis ich sie sehe!"

„Da, schau dich um!"

Ich drehte den Scheik der Kelhur auf die Seite, so daß er Aqil und seinen Sohn sehen konnte. Die Wirkung war noch gewaltiger als vorhin, da er den Bären erblickt hatte. Einen ersterbenden Wehlaut ausstoßend, schloß er wieder die Augen. Die Narbe in seinem Gesicht trat blutigrot hervor, und an der Stirn schwollen ihm die Adern zum Zerplatzen. Der Schreck trieb ihm das Blut in den Kopf. Dann aber fiel das Gesicht noch mehr zusammen als vorher, und kaum hörbar kam es fast röchelnd über seine Lippen:

„Die Bebbeh sind frei! — Durch den Christen gerettet! — Drüben der Bär — mit dem Ssalîb[1] in den Tatzen!"

Dann lag er bewegungslos wie eine Leiche da. Ich aber sagte langsam und mit schwerer Betonung wie vorhin:

„Bei Allah und bei meiner Seele, wenn er es dennoch täte, ich würde selber am Islam irre werden und meine Augen auf den Gott richten, der am Kreuz gestorben sein soll, um die Sünder zu retten und die Verlorenen wiederzufinden."

Da richtete sich der Kelhur auf, so weit es ihm die Fesseln gestatteten, und sah mir mit irren Augen ins Gesicht.

„Du kanntest schon vorhin meine Worte, und kennst nun auch diese so genau. Allah muß dir seine Allwissenheit verliehen haben, um alle meine Absichten zuschanden zu machen. Du hast mich aus dem Lager geholt, du hast den Bären getötet, du hast diese Bebbeh befreit. Nun wäre es kein Wunder, wenn du dir auch eure Pferde wiedergenommen hättest."

„Es soll auch gar kein Wunder sein", lächelte ich, wobei ich ihn auf die andere Seite drehte. „Schau rechts, wenn du sie sehen willst."

Als er die Tiere erblickte, stieg ihm das Blut wieder ins Gesicht, und er stammelte mit heiserer Stimme:

„Dachel Allah — ich bitte dich um Gottes willen! Auch das hast du getan, auch das! Wenn mir Allah jetzt nicht hilft, verliere ich den Verstand!"

„So wünsche ich, daß er dir helfen möge, denn du mußt gerade jetzt deinen ganzen Verstand zusammennehmen, wenn du nicht mit allen deinen Kriegern zugrunde gehen willst."

„Wieso?"

„Deine Leute werden den Bären da drüben sehen. Sie

1 Kreuz

werden dich vermissen und von einem großen Schrecken ergriffen werden. Wenn sie dann vor Entsetzen nicht wissen, was sie tun sollen, wird hier mein Bârûda es Sir[1] seine Stimme erheben und nicht eher schweigen, als bis kein einziger von diesen Kelhur mehr am Leben ist."

Da konnte der stets zungenfertige Halef sich nicht enthalten, zu meiner Drohung auch die seinige zu fügen:

„Und ich werde dem Effendi helfen, die Kelhur mit unseren Kugeln zu durchlöchern, daß ihre Leiber gleich Gharâbîl[2] anzusehen sind. Ihr habt uns bestohlen und verhöhnt, ihr wolltet uns auch den Bären vorwerfen. Dafür werdet ihr nun alle sterben müssen, wenn du den Verstand verlierst. Du brauchst ihn, wie der Effendi ganz richtig sagte, gerade jetzt viel nötiger als je in deinem ganzen Leben."

„Wer bist du denn?" fragte ihn der Scheik. „Wohl Hadschi Halef Omar, der Begleiter dieses Christen?"

Da warf sich der Kleine stolz in die Brust.

„Sprich nicht so kurz von mir! Mein Name ist viel länger, als du denkst! Alle, die mich kennen und von mir gehört haben, wissen, daß ich Hadschi Halef Omar Ben Hadschi Abul Abbas Ibn Hadschi Dawuhd al Gossarah genannt werde!"

Der Scheik nahm diese Worte völlig ernst, denn er war als Morgenländer diese Ausdrucksweise gewöhnt. Er machte ein betroffenes Gesicht und wendete sich mir wieder zu.

„Weißt du, Effendi, was diese zwei Bebbeh gegen euch verbrochen haben?"

„Ich weiß es", bestätigte ich.

„Daß Aqil die Schuld am Raub eurer Pferde trägt?"

„Ja."

„Und daß Ssali Ben Aqil euch nach dem Leben getrachtet hat?"

„Auch das."

---

[1] Zaubergewehr [2] Mehrzahl von Ghirbal = Sieb

„Und du hast dennoch mit dem Bären gekämpft, um sie vor dem Tod zu erretten?"

„Das war meine Pflicht, denn ich bin ein Christ."

„Was gedenkst du nun mit ihnen zu tun? Ihr steht in Blutrache mit ihnen und habt wohl nur erreichen wollen, daß sie von euern Kugeln sterben?"

„Nein. Als Christ kenne ich die Rache nicht. Ich habe ihnen die Freiheit geschenkt. Sie können gehen, wohin sie wollen, nachdem ich dich gezwungen habe, ihnen ihre Pferde und ihre Waffen wieder herauszugeben."

Da verwandelte sich sein Gesicht in ein einziges großes Fragezeichen.

„Hast du im Ernst gesprochen, Effendi?"

„Im vollsten Ernst."

„Welches Wunder, welch ein großes, unbegreifliches Wunder! So ist es also wahr, was man von dir erzählt: Du tust selbst deinen Todfeinden Gutes, weil du ein Bekenner des Gekreuzigten bist. Weißt du denn, daß nun auch Rache ist zwischen euch und mir?"

„Ich habe dir schon gesagt, daß ich keine Rache kenne."

„Aber ich befinde mich doch in deinen Händen, ich, der ich euch töten wollte. Was hast du über mich beschlossen?"

„Wenn du tust, was ich von dir verlange, werde ich dich als Freund betrachten und dir die Freiheit wiedergeben."

„Und was forderst du von mir?"

„Daß du erstens Aqil und Ssali die Waffen und die Pferde wiedergibst, daß du zweitens die Gefangenen aus Khoi mit allem, was ihnen gehört, zurückreiten läßt, und daß du drittens die zehntausend Piaster des Handschi Ali, die du Aqil abgenommen hast, mir zur Besorgung an ihn übergibst."

„Aber was bleibt da für dich? Was hast du davon, daß du gegen diese Leute und auch gegen mich so gütig und barmherzig bist?"

„Ich habe sehr viel davon! Das Bewußtsein, den Geboten des christlichen Glaubens gehorsam gewesen zu sein, ist mir hundertmal mehr wert als alles, was ich sonst etwa erlangen könnte. Isa Ben Marryam, der Gekreuzigte, hat uns befohlen: Liebet eure Feinde; segnet die, die euch verfluchen, und tut wohl denen, die euch hassen; dann seid ihr gehorsame Kinder eures Vaters im Himmel! Ich möchte gern ein solches Kind Gottes sein, und der Gedanke, daß der alliebende Vater heute mit mir zufrieden ist, macht mich glücklicher als der Reichtum der ganzen Erde mich machen könnte."

Ich sah, daß Schir Samurek die Zähne zusammenbiß. Seine Lippen zuckten, und eine tiefe Bewegung ging über seine Züge.

„Effendi, du hast mich zweimal besiegt", rief er, „erst durch deine List und Verwegenheit und nun durch deine Versöhnung spendende Frömmigkeit. Ich will noch nicht sagen, was ich mir in diesem Augenblick vorgenommen habe. Ich will dich nur noch einmal, zum letztenmal, prüfen, und zwar durch eine Bitte: Gib mir jetzt die Hände frei, daß ich sie zum Gebet erheben kann!"

War das Betrug, war es eine List? Ein forschender Blick in sein Gesicht beantwortete mir diese Frage mit einem überzeugenden, sicheren Nein. Ich schnitt ihm alle Fesseln durch und sagte:

„Wohlan, du sollst erfahren, wie ein Christ in solchem Fall handelt, während ein Anhänger Mohammeds dich auslachen und verhöhnen würde. Ich gebe dir nicht nur die Hände und, was du gar nicht erbeten hast, auch die Füße frei, ich gebe dich ganz frei. Du kannst gehen, wohin es dir beliebt. Wenn dich der traurige Ruhm stolz machen kann, einen ehrlichen Mann getäuscht zu haben, der dir Vertrauen schenkte, obgleich du dich in seiner Gewalt befandest und die Rache ihm deinen Tod befahl, so geh hin und rühme dich eines solchen Streiches!"

Es war weniger zweckbewußte Überlegung als vielmehr eine Eingebung, die mich so handeln ließ. Die Folgen waren sofort zu sehen und zu hören. Aqil und Ssali schrien vor Verwunderung auf, Halef streckte beide Hände abwehrend aus und rief:

„Sihdi, was fällt dir ein! Sei gehorsam deinem Glauben, ja. Das aber ist zu viel gewagt!"

Schir Samurek jedoch sprang auf, schlug beide Hände über dem Kopf zusammen und frohlockte:

„Frei bin ich, wieder ganz frei! Der Tod war mir sicher, und nun wird mir dafür das Leben! Effendi, du hast den Sieg vollendet, von dem ich soeben sprach. Höre, was ich hierauf sage: Sieh, ich strecke beide Arme aus. Der linke zeigt nach Mekka, wohin der Muslim sein Angesicht richtet, wenn er betet und der rechte deutet zum Kuds esch Scherîf[1], wo dein Gekreuzigter gestorben ist. Ich wende mich nicht links, sondern rechts, damit Isa Ben Marryam höre, was ich dir verspreche: Niemals, nie, solang ich lebe, werde ich den heutigen Morgen vergessen, an dem ich den Lehrer einer solchen Liebe und Barmherzigkeit kennenlernte. Nie soll die Rache wieder in mir wohnen, und jeder Christ soll mir in meinem Zelt willkommen sein wie ein Bruder. Und damit ihr seht, wie ernst es mir mit diesem Schwur ist, soll gleich hier das erste Werk der Versöhnung vollzogen werden."

Der Scheik trat zu den Bebbeh und reichte ihnen beide Hände.

„Es lag Blut zwischen meinem Stamm und dem eurigen. Aqil hatte die Rache heraufbeschworen, und wir weigerten uns, den Blutpreis anzunehmen. Ihr fielt in meine Hände, und ich wollte euch von den Bären fressen lassen. Mohammed konnte euch nicht retten, aber der Gott der Liebe hat euch durch die Hand dieses Christen befreit, in dessen Herzen eigentlich die Unversöhnlichkeit des Hasses gegen euch wohnen sollte. Soll der Christ die Muslimin beschämen? Nein! Nachdem wir so viel

[1] Jerusalem

Barmherzigkeit von ihm erfahren haben, dürfen wir nicht mehr an Haß und Rache denken. Reicht mir eure Hände und stimmt mir zu, wenn ich sage: Von dieser Stunde an soll zwischen den Stämmen der Bebbeh und der Kelhur Freundschaft sein anstatt der Rache!"

Schir Samurek hatte ihre Hände ergriffen und hielt sie in den seinigen fest. Die Todesangst und vielleicht auch mein unerwartetes Verhalten hatten ihn weich gemacht, und diese Milde des sonst so hartherzigen, ja blutgierigen Mannes konnte nicht ohne Wirkung bleiben.

„Wir fühlten die Krallen der Bären in unserem Fleisch und den Hauch des Todes in unseren Seelen", antwortete Aqil, „da haben wir eingesehen, daß die Rache eine entsetzliche Tochter des Hasses ist, und sind bereit, uns zu der Liebe zu bekehren. Es sei darum, wie du gesagt hast: es walte Freundschaft zwischen euch und uns!"

Da sprang Halef zu ihnen hin, vereinigte seine Hände mit den ihrigen und rief:

„Allah sieht den Bund, den wir jetzt schließen. Er wird jeden strafen, der es wagt, ihn zu brechen. Komm, Sihdi, gib deine Hände auch zum Versöhnungsfest, das mit der Honigliebe der Bären begonnen hat und selbst dann kein Ende finden soll, wenn kein Honig mehr in den Bäumen wächst, und keine Bären mehr auf Erden wandeln!"

Ich folgte seiner honigsüßen Aufforderung und hatte eben einige Worte der frohen Zustimmung gesagt, als ein vielstimmiges Geschrei vom Kurdenlager zu uns heraufscholl. Die Kurden hatten den Bären gesehen und die Abwesenheit ihres Scheiks bemerkt. Daß das nicht schon früher geschehen war, daran trug der Morgenwind die Schuld, der vom Tal heraufstrich und die dichten Nebelmassen zur Höhe trug. Diese hatten sich als undurchsichtige Decke auf das Lager gelegt und den Ausblick von dort zur Musallah verhindert. Nun aber war diese Decke von dem kräftiger werdenden Luftzug zerrissen worden, und die Kapelle lag frei vor den Augen der Kurden, die gestern die höhnischen Worte ihres Anführers gehört hatten. Ihre Betroffenheit läßt sich denken, als sie vor sich die Erfüllung sahen und den Bären mit dem Kreuz erblickten. Sie eilten zur Lagerstätte des Scheiks und sahen nun zu ihrem Schrecken, daß er verschwunden war. Sie brachten seine Abwesenheit mit dem Erscheinen des Bären da drüben in Verbindung und erhoben das erwähnte Geschrei.

„Meine Krieger haben Sorge um mich, sie suchen mich", erklärte Schir Samurek. „Sie werden den Wald durchstöbern und werden hierherkommen. Und da sie nicht wissen, daß wir Freunde geworden sind, werden sie auf euch schießen und dadurch euer Leben in Gefahr bringen. Aber wenn ich bäte, zu ihnen hinabgehen zu dürfen, Effendi, um sie zu benachrichtigen, könntest du mir mißtrauen, denn unsere Freundschaft ist erst einige Minuten alt, und ich habe noch keine Beweise meiner Aufrichtigkeit gegeben. Sag also du, was jetzt geschehen soll. "

„Es bedarf keiner solchen Beweise, denn ich glaube dir", erwiderte ich ruhig. „Nach dem großen Vertrauen, das ich dir vorhin schenkte, werde ich dich jetzt nicht mit einem Verdacht kränken, der den geschlossenen Bund sofort wieder zerstören müßte. Steig hinab und erzähle deinen Kriegern, was geschehen ist. Wir werden hier auf deine Rückkehr warten."

„Das ist wieder ein Edelmut", gestand der Scheik, „den ich bisher nicht für möglich hielt. Nun ich ihn aber kennenlerne, macht er die guten Vorsätze meiner Seele doppelt fest. Ja, ich werde gehen und dir schneller, als du denkst, beweisen, daß mein Mund nicht zwei Zungen hat, die verschiedene Sprachen reden. In kurzer Zeit bin ich wieder bei euch."

Als der Scheik sich entfernt hatte, äußerten die Bebbeh Zweifel an seiner Aufrichtigkeit. Auch Halef warnte mich:

„Sihdi, du wagst zu viel! Warum bist du heute weniger vorsichtig als zu anderen Zeiten?"

„Weil ich nicht durch Mißtrauen zerstören will, was ich durch Vertrauen erworben habe. Unvorsichtig werde ich nicht sein, nur braucht der Scheik nicht zu wissen, daß ich ihm folge, um ihn zu beobachten. Bleibt hier! Ihr werdet nicht lange warten müssen, denn ich komme jedenfalls eher wieder als er."

Während ich hinabstieg, war das Schreien und Rufen noch zu hören, bald aber verstummte es. Der Scheik war bei den Seinen angelangt und hatte seinen Bericht begonnen. Ich setzte meinen Weg mit doppelter Schnelligkeit fort, was jetzt, am hellen Morgen, keine Schwierigkeiten bot. Es dauerte nicht lange, so hörte ich seine Stimme. Ihrem Schall folgend, erreichte ich den Waldrand und sah ihn mitten unter seinen Kriegern stehen. Ich verstand jedes Wort, das er ihnen sagte, weil er im lauten Ton eines Redners sprach. Schon die erste Minute überzeugte mich, daß er es ehrlich meinte. Ich wartete aber trotzdem, bis er mit seinem Bericht zu Ende war und sie eindringlich zum Frieden ermahnt hatte. Schir Samurek stieß, wie zu erwarten war, zunächst auf einigen Widerspruch. Seine Leute hatten nur an den Ausgang ihrer Rache gedacht und sich nicht in einer so schlimmen Lage befunden wie er, aber es wurde ihm doch nicht schwer, die wenigen Gegner seiner Ansicht umzustimmen, und so machte ich mich beruhigt auf den Rückweg zu den Gefährten.

Ich saß erst einige Minuten wieder bei ihnen, so kam Schir Samurek auch zurück, und zwar allein.

„Effendi, du wirst mit mir zufrieden sein", versicherte er. „Meine Krieger hörten zwar mit Erstaunen, daß die Bebbeh noch am Leben seien. Als sie aber erfuhren, daß du die beiden gerettet und mich dafür ergriffen, dann aber freiwillig wieder freigegeben hast, siegte in ihnen der Wunsch, Kara Ben Nemsi Effendi als Freund und

Gast bei sich zu haben und dadurch den Neid der anderen Stämme zu erregen. Sie werden dich und Hadschi Halef Omar mit Freuden empfangen, und ich bin jetzt nur allein gekommen, um dir zu beweisen, daß du mir vertrauen darfst. Schau, ich bin ohne Waffen! Nehmt mich in eure Mitte und geht mit mir hinab! Meine Krieger haben sich auf die eine Seite des Lagers zurückgezogen und vorher auf der anderen alle ihre Messer und Flinten abgelegt. Du würdest also allein mit deinem Zaubergewehr jede Hinterlist leicht bestrafen können."

„Diese Versicherung gereicht dir zur Ehre, für uns aber ist sie überflüssig, weil wir wissen, daß du uns nicht betrügen wirst. Du bist also bereit, die Bedingungen zu erfüllen, die ich dir vorhin gestellt habe?"

„Ja, doch habe ich eine Bitte."

„Welche?"

„Wenn du mir das Fell der Bärin überlassen wolltest, würde es für unseren ganzen Stamm ein kostbares Andenken an Kara Ben Nemsi Effendi sein."

„Du sollst es haben. Die Felle der drei Jungen aber wird Halef zu den Haddedihn mitnehmen."

„Wie? Drei Kinder hatte diese riesenhafte Mutter der Gefräßigkeit?"

„Ja."

„Oh, ihr Helden! Wie ist es euch nur möglich geworden, diese Tiere zu töten, ohne daß wir einen einzigen Schuß gehört haben?"

„Das wirst du nachher erfahren. Hadschi Halef Omar ist ein großer Meister im Erzählen. Ihr werdet aus seinem beredten Munde hören, wie alles gekommen ist, von unserem Einritt in Khoi an bis auf den jetzigen Augenblick."

Nichts war dem kleinen Hadschi lieber, als wenn er so recht nach seinem Geschmack erzählen konnte. Er fühlte sich geschmeichelt und bestätigte stolz meine Worte.

„Ja, das ist sehr wahr. Allah hat mir die Gabe der überwältigenden Rede verliehen, und wo ich meine Stimme erschallen lasse, da schweigen alle Menschen, Pferde und Kamele. Ihr sollt erfahren, wie wir euch gefunden haben, wie der Effendi dich und die beiden Rosse entführt hat, und wie der Unsterblichkeit der Bärin ein so schnelles und ruhmloses Ende bereitet wurde. Eure Ohren werden sich füllen mit den Klängen unserer Pfiffigkeit und mit den Tönen unserer Tapferkeit. Dafür könnt ihr uns als Gegenleistung einen Gefallen tun. Wir konnten uns in Khoi nur mit Datteln versehen, die nichts taugen, weil sie wurmstichig sind, und freuen uns nun darauf, von euch bessere zu bekommen. Rih, unser edler Rappe, ist an diese Frucht gewöhnt, und da ihr ihn gestern schlecht behandelt habt, so daß er vor Zorn und Ärger gar nicht fressen mochte, so muß er nun täglich wenigstens zweimal eine Rub'[1] gute Datteln bekommen, bis sein Grimm sich gelegt hat, und er wieder zu Kräften gekommen ist."

Der kleine Schlaukopf benutzte die Gelegenheit, das Nützliche mit dem Angenehmen zu verbinden. Daß er dabei den Mund voll nahm, lag in seiner Art und Weise. Freilich wollte mir seine Unverfrorenheit nicht gefallen, doch nahm der Scheik seine Forderung mit guter Miene hin, indem er versprach, sie nach Möglichkeit zu erfüllen.

Wir stiegen, die beiden Pferde an den Zügeln führend, mit ihm zum Lager hinab, wo wir alles so fanden, wie er uns gesagt hatte: Rechts lagen die Waffen alle beisammen, und links vom Teich saßen die Kelhur. Sie empfingen Halef und mich mit bewundernd neugierigen Blicken, während sie die Bebbeh einstweilen gar nicht zu beachten schienen. Am freudigsten wurden wir von dem Malkoegund und seinen Begleitern bewillkommnet, die uns die Befreiung aus der Gefangenschaft und von der Zahlung des Lösegeldes zu verdanken hatten.

1 Rub' = 8,4 Liter

Die Hauptsache war nun, wie bei allen wilden und halbwilden Völkern, ein Schmaus, zu dem das Fleisch der vier Bären verwendet wurde. Ein Freundschaftsschluß kann bei solchen Naturkindern nur dann als bindend betrachtet werden, wenn er durch einen Schmaus bestätigt und bekräftigt worden ist.

Um die Bären zu holen, folgten die Kelhur uns trotz ihrer großen Neugierde nicht ohne Scheu zur Musallah hinüber. Als wir drüben anlangten, deutete der Scheik auf die tote Bärin.

„Effendi, ich rühre sie nicht eher an, als bis ich weiß, daß sie wirklich tot ist, und bis sie das Kreuz nicht mehr in den Tatzen hat."

„Wenn es zu deiner Beruhigung dient", antwortete ich, „so werde ich dir beweisen, daß sie nicht mehr lebt, und du wirst mir dafür helfen, die zerfallene Musallah mit einem besseren Kreuz zu versehen."

„Ja, das werde ich gern tun. Einige meiner Krieger haben ihre Kadâdîm[1] zum Bau der Lagerstätten mit. Wir werden Stämme fällen und ein Kreuz zimmern, wie du es haben willst."

Da drängte sich Ssali Ben Aqil zu mir heran und fragte:

„Erlaubst du mir, Effendi, daß ich bei dieser Arbeit auch mithelfe?"

„Gern erlaube ich es dir. Aber du bist ein Lehrer und Prediger des Islam. Verträgt es sich mit diesem Beruf, eine Musallah derer, die ihr Ungläubige nennt, und die deshalb hier von Muslimin getötet wurden, mit dem Zeichen des Christentums zu schmücken?"

Die Leute, die um uns herumstanden, waren Bekenner des Islam, dennoch erklärte er laut vor allen:

„Du hast uns gesagt, der Halbmond sei eine Nachahmung des tötenden Schwertes, das Kreuz aber werde dem Gott der Liebe errichtet, der uns durch dich vom

[1] Mehrzahl von Kaddum = Axt

306

Tod errettet hat. Ist es etwa gleichbedeutend mit einer Absage an den Islam, wenn ich aus Dankbarkeit für die Befreiung aus den Krallen der Bären die Hölzer des Kreuzes mit zimmern und errichten helfe? Soll ich mir von dir vorwerfen lassen, daß ich deinem Glauben den schuldigen Dank verweigere? Muß ich deshalb, weil ich den Mahdi suche, ungerecht gegen deine Lehre sein? Streite mit mir über den Glauben, aber wehre mir nicht, eine Schuld abzutragen, die mich drücken würde!"

„Es fällt mir nicht ein, dich zu hindern, das Kreuz mit zu errichten, unter dem allein die Liebe wohnt, nach der du dich sehnst. Du wandertest bisher in der Irre, weil du dir vornahmst, ein Führer zu sein. Sobald du zu der Erkenntnis kommst, daß du selber noch sehr der Führung bedarfst, wird dir, wie einst den drei Königen aus dem Morgenland, der Stern von Bait Lahm[1] erscheinen, um dich zu dem rechten und einzigen Mahdi zu leiten, dessen Stimme noch heute durch alle Lande schallt: ‚Ich bin der Weg, die Wahrheit und das Leben, und niemand kommt zum Vater, denn durch mich!' Suche nur, suche! Aber wer Wahrheit sucht, der darf es nicht mit Voreingenommenheit tun, denn wenn du einen Freund mit Absicht gerade nicht in der Stadt oder in dem Haus finden willst, wo er wohnt, so ist dein Bemühen vergeblich."

„Effendi, ich werde suchen, überall, und ich bin überzeugt, daß ich den Mahdi finden werde, hier oder dort, früher oder später. Jetzt aber werde ich euch helfen, den Bären auf die Seite zu schaffen. Du hast dafür gesorgt, daß er uns nicht fressen konnte, dafür wird er nun von uns verzehrt werden."

„Die Tatzen sind für mich und Kara Ben Nemsi Effendi bestimmt", fiel da der schlaue Halef ein. „Alles übrige Fleisch, von der Mutter wie von ihren Jungen, könnt ihr für euch behalten."

1 Bethlehem

„Nur die Lebern nicht", warnte ich. „Die sind bei dieser Art von Bären giftig und müssen weggeworfen werden."

Jetzt banden wir der Bärin das Kreuz aus den Pranken, legten sie um und schälten sie aus dem Fell, was nur langsam vor sich ging, weil sie nicht mehr warm war. Den Pelz nahm Schir Samurek gleich an sich. Ebenso verfuhren wir dann mit den Jungen, über deren Häute sich Halef sofort hermachte, um die noch anklebenden Fleischteile mit Hilfe einiger Kurden abzuschaben und die Felle dann mit dem Gehirn einzureiben. Inzwischen gingen Aqil und sein Sohn zum Wasser, um sich und ihre zerfetzten Anzüge vom Honig zu reinigen.

Als das Fleisch der Bären verteilt worden war, begann das Braten und dann der Schmaus, bei dem die Freundschaft zwischen uns und den Kelhur abgeschlossen wurde — für ewige Zeiten. Was solche Ewigkeiten zu bedeuten haben, das wissen die Staatsmänner aller Länder, und das wissen auch die Kurden[1].

Die Bärentatzen schmeckten Halef und mir ausgezeichnet. An das Fleisch der uralten ‚Bärin der Unsterblichkeit' hätte ich mich nur in der größten Hungersnot gewagt. Es war unbeschreiblich hart und zähe und mußte wie Sohlenleder schmecken, aber diesen Kelhur schien es einen wahren Hochgenuß zu bereiten. Wenigstens versicherten sie einstimmig, daß sie noch niemals solche ehrenvolle Lukam esch Schuhre[2] genossen hätten. Der Stolz, diese berühmte Bärin verspeisen zu dürfen, machte ihre Geschmacksnerven allem Anschein nach empfindungslos.

Nach dem Essen wurde aus hartem, dauerhaftem Holz ein riesiges Kreuz gezimmert und dann hoch auf der Vordermauer der Musallah befestigt, so daß es der vereinigten Kräfte vieler Männer bedurfte, es von da zu

---

[1] In Bd. 6, ‚Der Schut', wird Rih von einem Bebbeh erschossen
[2] Bissen der Berühmtheit

entfernen. Als wir damit fertig waren, fragte Ssali Ben Aqil:

„Effendi, ich habe auf meinen Reisen viele Eigentümlichkeiten der Europäer kennengelernt. Ich weiß, daß sie bei Gelegenheiten, wie die jetzige ist, eine feierliche Takdîs[1] veranstalten. Bist du nicht der Meinung, daß so eine Takdîs auch hier am Platz wäre?"

Ich war erstaunt darüber, daß er, der Prediger des Islam, mir die Einweihung dieses Zeichens des Christentums vorschlug. Ich ging gern darauf ein, mußte dabei aber vorsichtig sein. Ich durfte die Glaubensanschauungen der Kurden nicht beleidigen und mußte mich vor allen Dingen hüten, den Samen zu vernichten, der heute in viele Herzen gefallen war. Darum wählte ich meine Worte mit Vorsicht.

„Ja, wir wollen das Kreuz einweihen. Es soll in diesen Bergen, in denen bisher der Haß und die Unversöhnlichkeit wohnten, als das Sinnbild der Liebe und des Friedens stehen. Seid ihr damit alle einverstanden?"

Ich erhielt ein hundertstimmiges Ja zur Antwort und fuhr fort:

„Wenn jemand unter euch das Trotzlied von Fileh el Mafileh kennt, so mag er mir den Anfang sagen!"

Da war es gleich der Scheik, der begann:

„Dschasa, Nikma, Bughda, Thâr[2] — "

„Halt, mehr brauche ich nicht!" unterbrach ich ihn. „Diese vier Worte sagen zur Genüge, was für finstere Wolken seit Jahrhunderten auf diesen Bergen und Tälern gelastet haben. Sie sollen von der Sonne der Liebe und der Güte zerteilt und vertrieben werden. Wenn einer von euch Farbe bei sich hätte, würde ich euch ein anderes und schöneres Mûwâl[3] an dieses Kreuz schreiben, das das Herz eines jeden Menschen erleuchten sollte, der hierher käme und es läse."

Da rief mir einer zu:

1 Einweihung   2 „Strafe, Vergeltung, Haß, Blutrache —"   3 Lied

„Effendi, ich bin der Ssabbâgh[1] des Stammes und habe mehr Nîl[2] bei mir, als du zu einer solchen Schrift nötig hast."

Das war mir lieb. Einen Pinsel gab es zwar nicht, doch fertigte ich mir einen, indem ich ein Stück grünes Holz abschnitt und das eine Ende kaute, bis es faserig wurde. Dann mußten zwei starke Kurden mit mir hinauf bis zum Kreuz steigen. Ich stellte mich auf ihre Schultern, so daß ich den Querbalken erreichen konnte, und schrieb in arabischer Schrift, was mir der Augenblick eingab. Im Arabischen ist es viel kürzer als im Deutschen, wo es, unter Beibehaltung des Reimes, ungefähr lauten würde:

> *„Die Liebe leite all dein Handeln,*
> *die Milde leite all dein Tun!*
> *Du sollst in Gottes Liebe wandeln,*
> *du sollst in Gottes Liebe ruhn!"*

Als ich fertig war und Ssali Ben Aqil den schrift-unkundigen Kurden die Inschrift vorlas, erntete ich allgemeinen Beifall. Ich hielt eine kurze Weiherede, forderte die Zuhörer auf, die Hände zu erheben, und betete das Vaterunser, an dessen Schluß alle mit einem kräftigen Amîn in mein Amen einfielen, einem Wort, das die gleiche Bedeutung hat. Es war wohl nur Ssali Ben Aqil, der wußte, daß sie damit einen groben Verstoß gegen die Satzungen des Islam begangen hatten.

Es versteht sich von selbst, daß die Wachen, die unten im Flußbett gestanden hatten, längst eingezogen waren. Das Einvernehmen aller war jetzt so vollkommen, als hätte niemals eine Feindschaft zwischen uns bestanden. Wir beschlossen, noch nicht fortzuziehen, sondern den ganzen Tag und auch noch die folgende Nacht hier oben bei der Musallah el Amwât zu bleiben, und man kann sich denken, daß mein kleiner, redseliger Halef diese Gelegenheit ausnützte, von meinen Taten und meinen

1 Färber 2 Indigo

Vorzügen zu erzählen, worunter er aber nicht zum wenigsten die seinigen meinte.

Auch ich ließ diese Gelegenheit nicht vorübergehen, ohne den ausgestreuten Samen zu begießen, wobei mir Ssali Ben Aqil ein aufmerksamer Zuhörer war. Ich gedachte des Wortes unseres Heilandes an Petrus: „Von jetzt an wirst du Menschen fangen!", und zugleich des Dichterwortes[1]: „O Gott, wie muß das Glück erfreun, der Retter einer Seele sein!"

Ich erzählte von den alttestamentlichen Weissagungen, von Christi Geburt, seinem Leben, Sterben und Auferstehen, von seinen Lehren. Ich tat es nicht in aufdringlicher, bekehrungssüchtiger Weise, durch die ich wohl das Gegenteil meiner Absicht erreicht hätte. Man hörte mir still und ohne Unterbrechung zu, erst aufmerksam nur, dann staunend, voll Verwunderung, bis Schir Samurek endlich die Gedanken und Gefühle aller in einem Ausruf zusammenfaßte:

„Aber Effendi, von alledem haben wir bisher nichts gehört und gewußt!"

„Das brauchst du mir nicht erst zu sagen. Dieses Geständnis hat mir schon mancher Muslim gemacht, der die Lehre Christi verachtete und verdammte, ohne ein Wort von ihr zu kennen. Ist es nicht Torheit, über etwas völlig Unbekanntes ein Urteil zu fällen?"

„Da hast du recht. Also Isa Ben Marryam hat die Wunder wirklich alle getan, die du erzählt hast?"

„Ja."

„Aber warum geschehen jetzt keine Wunder mehr, weder bei uns noch bei euch?"

„Es geschehen noch immer welche."

„Bei euch?"

„Bei uns und euch."

„Das glaube ich nicht!"

[1] Gellert

„Weil deine Augen geschlossen sind. Du brauchst sie nur zu öffnen, so siehst du Wunder überall."

„Und du meinst, daß ich auch schon solche Wunder erlebt habe?"

„Ja."

„Maschallah! Nenne mir eins, ein einziges nur, so will ich daran glauben!"

„Das fällt mir gar nicht schwer. Hadschi Halef Omar erzählte euch vorhin, wie ich euch belauscht habe. Du fordertest deine Krieger auf, über Ssali Ben Aqil zu lachen. Sie taten es, und dann sagtest du zu ihm und seinem Vater: ‚Wißt ihr nun, wie vernünftige Leute über euch denken? Morgen um diese Zeit werdet ihr das gleiche Lachen aus dem Mund der Teufel in der Hölle hören, und es wird euch in die Ohren klingen in alle Zeit und Ewigkeit! Eure Erwartung ist Lüge, eure Hoffnung ist Täuschung und euer Glaube ist Betrug. Weder Allah noch sein Prophet wird sich euer erbarmen, und wenn ihr euch in eurer Todesangst dann an den falschen Gott der Ungläubigen wendet, der Isa heißt, so wird der Himmel sich vollends von euch wenden und die Hölle über euern Abfall jubeln!' — Das waren deine Worte, und du wirst zugeben, daß du so gesagt hast!"

„Ja."

„Du hieltest es einfach für unmöglich, daß gerade das Gegenteil von deiner Drohung geschehen könne?"

„Ja, für ganz unmöglich!"

„Nun, was folgte dann? Die Bebbeh wurden frei, und du selber fielst in Gefangenschaft. Was du für unmöglich hieltest, ist geschehen. Wenn aber Unmögliches zur Wahrheit wird, so nennt man das eben ein Wunder. Zweifelst du noch daran, daß es Wunder gibt?"

„Ich weiß nicht, was ich dazu sagen soll, Effendi."

„Du siehst es ein, sträubst dich aber, es zu gestehen. Und doch ist zu diesem Wunder sogar noch ein viel größeres dazugekommen. Ssali Ben Aqil und sein Vater, eure Todfeinde, sitzen jetzt als Freunde bei euch. Sie haben nicht einmal die Dije, den Blutpreis, bezahlt. Wenn das nicht ein Wunder ist, so kann es überhaupt kein Wunder geben!«

Da sprang Schir Samurek auf und rief:

»Jetzt, jetzt hast du das Richtige getroffen, Effendi, jetzt hast du mich abermals besiegt! Daß das geschehen konnte, daran war im Leben nicht zu denken. Ja, es geschehen Wunder! Ich bin jetzt überzeugt davon. Aber ihr wart es, die das alles vollbracht habt. Die Liebe, die euch leitet, ist's gewesen. Vor ihr ist das ganze große Bauwerk unseres Hasses und unserer Rache in ein Nichts zusammengebrochen. Wirst du vielleicht ins Land der Kurden zurückkehren, Effendi?«

»Das steht bei Gott. Wenn er es will, wird es geschehen.«

»Inschallah! Dann sollst du bei uns empfangen werden als Bruder und Freund, dem wir jeden Wunsch erfüllen. Jetzt aber sollst du weiter erzählen von Isa, dem Gekreuzigten, und seinen zwölf Hawârijûn[1]. Da du schon morgen von uns scheidest, müssen wir die kurze Zeit benützen, die du in unserer Mitte bist.«

Wie gern kam ich dieser Aufforderung nach! Dabei verfolgte ich eine bestimmte Absicht. Ich habe schon gesagt, daß die Kelhur einen Raub- und Beutezug über die Grenze hinüber ausführen wollten, und ich stellte mir die Aufgabe, sie davon abzubringen. Daß ich dabei nicht mit der Tür ins Haus fallen durfte, versteht sich von selbst. Ich wirkte durch leise Andeutungen heimlich darauf hin. Ich belegte diese Mahnungen mit Beispielen aus meinem eigenen Leben und hatte endlich den Erfolg, daß Schir Samurek scheinbar von selber auf die Frage kam:

»Aber da begehen wir doch, wenn wir unseren Kriegszug ausführen, eine so große Sünde, daß sie uns gar nicht

[1] Aposteln

vergeben werden kann. Meinst du nicht auch, Effendi?"

Ich tat, als würde ich erst durch ihn an dieses Vorhaben erinnert, und antwortete mit Ja. Nun gab es für ihn einen doppelten Kampf, nämlich mit sich selber und mit seinen Leuten. Er und sie waren das Räuberleben gewöhnt, sie betrachteten den Raub als ritterliche Tat. Sie hatten den Zug unternommen, um Beute zu machen. Sollten sie auf diese Beute verzichten? Sollten sie leer nach Hause kommen und sich auslachen lassen? Ich hatte mir fast zu Schweres vorgenommen, denn mein Einfluß auf diese Dreiviertelbarbaren stammte erst von heute. Er war viel zu neu und schwach, es mit ihren altgewohnten Anschauungen aufzunehmen. Aber gerade dadurch, daß ich nicht bestimmt und befehlshaberisch sprach, sondern sie gegeneinander leitete und nur in bedenklichen Punkten ein widersprechendes oder aufmunterndes Wort fallen ließ, erreichte ich schließlich doch mein Ziel: Es wurde beschlossen, den Raub- in einen Jagdzug umzuwandeln und morgen früh schon wieder umzukehren.

Ich nahm an, nur Halef hätte meine heimliche Absicht erraten, befand mich da aber im Irrtum, denn Ssali Ben Aqil nahm mich in einem Augenblick, da wir nicht beachtet wurden, bei der Hand und raunte mir zu:

„Effendi, dir scheint alles möglich zu sein. Sogar das hast du fertiggebracht, ohne daß einer ahnte, was du eigentlich wolltest. Du kannst jedermann nach deinem Willen lenken. Hättest du schlechte Absichten, so wärst du ein höchst gefährlicher Mensch. Allah sei Preis und Dank, daß du nur nach Gutem strebst!"

Es war sehr spät, als wir endlich zum Schlafen kamen. Dafür wachten wir früh auch später auf, als wir uns vorgenommen hatten. Dann wurde mit dem Aufbruch nicht gesäumt. Wir wollten die Kelhur nur bis zum Ausgang des Engtales begleiten und uns dann nach Khoi wenden, während ihre Richtung nördlich war. Schir Samurek stieg als der letzte zu Pferd. Vorher aber händigte er mir das gestohlene Geld des Handschi Ali mit den Worten aus:

„Effendi, es war sehr rücksichtsvoll von dir, mich bis zu diesem Augenblick nicht an die zehntausend Piaster zu mahnen. Hier hast du sie! Indem ich sie dir gebe, habe ich alles erfüllt, was du von mir gefordert hast."

Er ritt hinter seinen Leuten her. Ihm folgte der Malkoe-gund mit den Männern aus Khoi, die auch alle ihr Eigentum wiederbekommen hatten. Ich ging mit Halef noch einmal zur Musallah, um dort eine kurze Andacht zu verrichten. Die beiden Bebbeh schlossen sich uns an. Als wir dann unsere Pferde auch bestiegen, um den Kelhur nachzureiten, deutete Ssali Ben Aqil zur Kapelle.

„Das ist der Ort, wo wir schon in den Tod versanken, als du uns neues Leben gabst. Aber nicht nur das Leben hast du uns gebracht, sondern auch das Licht der Liebe, das uns fortan leuchten soll. Wir müssen leider bald von dir scheiden, weil wir heute noch den gleichen Weg mit den Kelhur haben, aber unsere Herzen sind des Dankes voll. Wenn Allah meinen Wunsch erfüllt, so treffe ich dich einst wieder, und dann wirst du erfahren, ob ich noch auf der Spur des Mahdi wandle, oder ob mir der andere Stern erschienen ist, von dem du zu mir gesprochen hast. Der Segen Allahs sei auch fernerhin mit dir, wie er dich bisher begleitet hat!"

Wir holten die Kelhur unten im Tal ein und ritten mit ihnen und den Bebbeh bis dahin, wo das Flüßchen aus den Bergen trat. Da wurde Abschied genommen. Es geschah in der wortreichen morgenländischen Weise, die meist nichts als leere Form ist. Hier aber waren die bilderreichen Ausdrücke herzlich und aufrichtig gemeint. Als wir dann mit den Leuten von Khoi allein waren, strich sich Halef mit der Hand über das Gesicht und sagte:

„Sihdi, das Scheiden ist eine Sache, die abgeschafft werden sollte, denn sie berührt die Tiefe des Behagens wie ein Quirl und bewässert die Winkel unserer Augen, daß sie wie ein Doppelbrunnen laufen. Glücklicherweise finden wir Trost in dem erhabenen Gedanken, daß wir diese vielen Feinde nicht nur besiegt, sondern sogar in Freunde umgewandelt haben, und daß ich die Felle der drei Bärenjünglinge besitze, die beredt unseren Ruhm verbreiten werden. Mein gegenwärtiges Befinden ist viel besser und edler als die unerwartete Bequemlichkeit, die ich empfand, als ich von der Tulumba von Khoi in das Geäst des Baumes geschleudert wurde. Möge diese Spritze von allen bösen Geistern besessen sein und niemals Ruhe finden, weder bei Tag noch bei Nacht!"

Unsere jetzigen Begleiter gaben sich alle Mühe, uns ihres Dankes und ihrer Freundschaft zu versichern, doch hielten wir uns abseits, denn selbst der Vornehmste von ihnen, der Malkoe-gund, dessen Klugheit nach der Ansicht des Handschi weit über unsere Weisheit erhaben war, hatte nichts an sich, was uns verlocken konnte, uns näher mit ihm zu beschäftigen. So ist über diesen Heimritt nichts weiter zu erwähnen, als daß sich dabei nichts Wichtiges ereignete, und daß wir glücklich in Khoi ankamen.

Wir erregten Aufsehen, die Bewohner liefen in hellen Haufen zusammen, und so fand Halef wieder gute Gelegenheit, seine Rednergabe glänzen zu lassen. Wie glücklich war Ali, als ich ihm sein Geld aushändigte! Auch seine Frau bedankte sich bei uns und sagte mir dann heimlich mit Freudentränen in den Augen, daß ihr Mann ihr sein festes Versprechen gegeben habe, nicht wieder in sein Laster zurückzufallen.

Wir blieben fünf Tage in dem Ort, dessen Bewohner uns mit Beweisen freundschaftlicher Gesinnung fast überschütteten — nur einer nicht, nämlich der Apotheker. Er zeigte uns als Pferdediebe an und wollte uns streng bestraft wissen, wurde aber mit seiner Klage abgewiesen. Hierauf kam er in den Han und verlangte Entschädigung von uns. Halef erklärte sich sofort bereit, sie ihm in jeder Höhe auszuzahlen, leider aber nur mit der Peitsche. Von da an ließ er uns in Ruhe, und wir bekamen ihn nicht eher wieder zu sehen, als bis wir Khoi verließen. Da stand er am Weg und warf uns wütende Blicke zu, die unseren Gleichmut aber nicht zu stören vermochten.

14. KALTGESTELLT

Und wieder war's am Nil, und zwar im tiefen Wald, der sich bis an das Wasser zog, von dem er nur durch einen schmalen Schilfrand getrennt wurde. Mächtige Sunut- und Subakhbäume vereinigten ihre Kronen zu einem selbst für die südliche Sonne undurchdringlichen Laubdach. Die roten Stämme der Talha-Mimosen[1] schickten ihre langen, waagerechten Äste über das Schilf hinüber, wo die Fiederblätter einen dichten Vorhang bildeten, der seinen Saum in die Fluten tauchte. Die Glut, die in diesem Wald herrschte, hätte man unmöglich aushalten können, wenn nicht der Strom so nahe vorübergeflossen wäre. Wie aber kamen wir von so weit oben herunter an diese Stelle des Bahr el Abiad?

Die Aussöhnung zwischen mir und dem Reïs Effendina war von meiner Seite wirklich ehrlich gemeint, von der seinigen aber wenig aufrichtig gewesen. Obgleich ich mich ständig zurückhielt und ihn als den Anführer in den Vordergrund schob, war doch unter seinen Leuten und allen unseren Bekannten die Ansicht verbreitet, daß ich es sei, dem man unsere Erfolge zu verdanken habe, daß er sehr häufig, ich aber niemals in Fehler verfallen sei, daß, wenn er mit seiner Weisheit am Ende sei, ich selbst in der schlimmsten oder verwickeltsten Lage einen Ausweg gefunden hätte, und daß seine unerbittliche Strenge die Herzen kalt lasse oder sie ihm gar entfremde, während ich sie mir durch meine Milde und Freundlichkeit alle zu gewinnen wisse.

Es konnte nicht ausbleiben, daß Achmed das merkte. Ja, es gab Schelme, die es ihm zutrugen. Er hatte keinen Grund, mir Vorwürfe zu machen, und schwieg also. Aber er zog sich immer mehr von mir zurück und beobachtete eifersüchtig jeden meiner Schritte und jedes

1 Acacia gummifera

318

meiner Worte. Ich verhielt mich infolgedessen noch vorsichtiger als bisher, erreichte aber dadurch weiter nichts, als daß ich Mitglied des Zuges blieb, denn in die Wildnis hinausjagen konnte mich der Ägypter nicht. Aber er sprach nur das Allernötigste mit mir und ließ mich bei jeder Gelegenheit fühlen, daß er der Herr und Gebieter sei. Hatte er mich früher als seinen Freund und Ratgeber geschätzt und behandelt, so war ich jetzt, wie man sich oft ausdrückt, das fünfte Rad am Wagen, und wurde nur dann zu einer Auskunft beigezogen, wenn es mit seinem Scharfsinn und seiner Tatkraft nicht mehr vorwärts wollte.

Dieser unhaltbare Zustand brachte mich zu dem Entschluß, den Reïs Effendina in Faschodah zu verlassen. Leider aber stellte sich, als wir dort anlangten, heraus, daß das Sumpffieber in der Stadt und ihrer Umgebung herrschte, und daß vor Ablauf eines Monats kein Schiff zu erwarten sei, das abwärts ging. Achmed blieb nur zwei Tage da und lichtete dann die Anker, um der Ansteckung zu entgehen.

Ich merkte wohl, wie ungern er mich noch länger an Bord behielt, konnte es aber nicht ändern. Leider fügte es sich, daß er gerade jetzt einen neuen Grund zu haben glaubte, eifersüchtig auf mich zu sein. Wir hatten nämlich in Faschodah gehört, daß die Sklavenhändler während unserer Abwesenheit wieder kühner geworden seien. ‚Esch Schahin‘, unser vortreffliches Jagdschiff, hatte sich so lange nicht mehr auf dem Nil sehen lassen, und so war den Sklavenhändlern der Mut wieder gewachsen. Wenn in der letzten Zeit auch keine Sklavenjagden unternommen worden waren, so gab es doch immer noch Orte, an denen man heimlich Reqiq verborgen hielt. Die Schwarzen wurden nun an den Nil gebracht und an das rechte Ufer geschafft, von wo aus dann die Beförderung ohne Gefahr weitergehen konnte. Ganz besonders sollte die Gegend zwischen Kaka und Kuek unterhalb Faschodah zu diesem verbotenen Treiben ausersehen sein, und so entschloß sich der Reïs Effendina, einige Zeit lang hin und her zu kreuzen, um vielleicht einen Fang zu machen.

Was mich betraf, so glaubte ich nicht an die Wahrheit dieses Gerüchts, hütete mich aber, ihm das zu sagen, zumal ich nicht nach meiner Meinung gefragt wurde. Kaka mit seinen vereinzelten Strohhütten in der fast baumlosen Steppe bot den Sklavenhändlern ebensowenig wie das armselige Schillukdorf Kuek die notwendigen Verstecke, und da sich zwischen beiden Orten auch keine Furt befand, so hätte sich der Händler, dessen Wahl auf diese Gegend gefallen wäre, geradezu ein Armutszeugnis ausgestellt. Freilich führt von Kaka aus eine vielbegangene Karawanenstraße hinüber in das Gebiet der Baggara und an dem Dschebel Kadero vorüber ins Land der Takaleh. Sie ist immer die Hauptstraße der Sklavenverkäufer gewesen, und so war es allerdings nicht unmöglich, daß sie auch jetzt wieder von diesen Leuten benutzt wurde. Der Reïs Effendina wenigstens war überzeugt davon. Ich aber gab diese Möglichkeit im stillen zwar zu, nahm aber dabei an, daß der Übergang über den Nil nicht in der Nähe der beiden genannten Ortschaften, sondern an einer unterhalb davon liegenden Machâda[1] bewerkstelligt werde. Warum gerade unterhalb? Weil die entgegengesetzte Richtung einen bedeutenden Umweg und damit einen großen Zeitverlust bedingt hätte, und je länger der Weg, desto mehr Sklaven gehen dabei zugrunde.

Nun sich der Reïs Effendina wieder auf seinem eigentlichen Jagdgebiet befand und annahm, daß er einen Fang machen würde, trat ihm der Gedanke nahe, mir könne dabei Gelegenheit geboten werden, mich abermals hervorzutun. Seine Eifersucht verdoppelte sich, und er beschloß, da er mich in Faschodah nicht losge-

[1] Furt

320

worden war, mich wenigstens jetzt kaltzustellen. Er teilte mir mit dem freundlichsten Gesicht mit, daß er mir einen Auftrag erteilen wolle, der ein Beweis seines großen Vertrauens zu mir sei. Er habe nämlich die Überzeugung, daß die Insel Matenieh von den Sklavenhändlern zum Übergang benutzt werde. Ich solle also stromab fahren, um die Gelegenheit auszukundschaften, und so lange dort bleiben, bis er mit dem ‚Falken‘ nachkäme. Er hege zu meiner Erfahrung und meinem Scharfsinn das Vertrauen, daß ich imstande sei, ihm gute Nachricht zu bringen. Ich durchschaute den Reïs Effendina, ging aber trotzdem ohne alle Widerrede auf seinen Vorschlag ein. Zwar wußte ich genausogut wie er, daß gerade bei der Insel Matenieh keine Spur eines Sklavenhändlers zu finden sein würde, war aber dabei im stillen der Ansicht, daß zwischen ihr und Kuek die Furten zu suchen seien, auf die die oben erwähnte Karawanenstraße mündete. Achmed stellte mich also ‚warm‘ anstatt ‚kalt‘, und während ich wußte, daß er niemand fangen würde, gab er mir Gelegenheit, das zu tun, was er verhüten wollte, denn ich war willens, nicht geradewegs zur Insel Matenieh zu fahren, sondern die Ufer bis hinab zu ihr zu untersuchen. Das verschwieg ich jedoch.

Achmed Abd el Insaf war ebenso erstaunt wie erfreut über meine schnelle Bereitwilligkeit und erlaubte mir in diesem Anflug von guter Laune, die Leute, die mich begleiten sollten, selber auszusuchen. An der Mischra[1] von Kaka war von einer aufwärts fahrenden Dahabijeh ein Arba'a Makâdîf[2] zurückgelassen worden, dessen scharfer, zweckmäßiger Bau mir in die Augen fiel. Ich bat den Reïs Effendina, dieses Boot zu beschlagnahmen und bis Kuek ins Schlepptau zu nehmen. Er erfüllte mir diesen Wunsch. In Kuek wählte ich mir vier kräftige Asaker aus, von denen ich wußte, daß sie mir ergeben waren, ließ einen Vorrat an Lebensmitteln und Schieß-

1 Ufer, Haltestelle   2 Vierruderboot

bedarf in das Arba'a Makâdîf schaffen, dazu verschiedene Kleinigkeiten, die ich für nötig hielt, und sagte dann meinem braven Ben Nil, daß er mich begleiten solle. Er war so entzückt darüber, daß er mich beinahe umarmt hätte. Das Boot war so geräumig, daß wir sechs Männer darin bequem Platz hatten. Ein Segel war auch da, und so machte ich mich nur zu gern auf die Fahrt, die eigentlich eine kurze Verbannung für mich bedeuten sollte. Ben Nil bewies mir, daß ich es nicht allein war, der diese Befriedigung empfand, denn als Kuek und der ,Falke' aus unseren Augen entschwunden waren, meinte er:

»Effendi, ich weiß, daß der Reïs Effendina dich hat los sein wollen. Dein Ruhm ist ihm zu groß geworden, nun will er dir nichts mehr zu verdanken haben. Ich aber denke, daß gerade das Gegenteil geschehen wird.«

»Weshalb denkst du das?« fragte ich ihn.

»Weil du so guter Laune bist und ihm den Willen getan hast, ohne ein Wort dagegen zu sagen. Ich kenne dich. Wenn du ein Gesicht machst wie in diesem Augenblick, so fühlst du dich entweder recht zufrieden in deiner Seele, oder du hast eine Dabbâr[1] vor, die deinem Herzen wohltut und auch uns mit Freude erfüllen wird.«

Auch die vier Ruderer waren damit einverstanden, daß meine Wahl sie getroffen hatte. Sie fühlten sich der strengen Schiffszucht enthoben und hegten die frohe Erwartung, daß unsere Fahrt nicht so erfolglos sein würde, wie der Reïs Effendina angenommen hatte. Wenn wir glücklich waren, fiel ihnen ein Beuteanteil zu, der um so größer wurde, je geringer die Zahl der beteiligten Leute war. Wir waren nur sechs, und sie wußten, daß ich nichts annahm.

Ich führte das Steuer, Ben Nil saß im Bug des Bootes, und die Asaker hatten sich untätig lang ausgestreckt, denn der Wind war uns günstig. Wir hatten das Segel

1 Pfiffigkeit

aufgezogen und brauchten uns nicht mit den Rudern ab-
zumühen. Unsere Abfahrt von Kuek hatte am Nachmittag
stattgefunden, und da keine Furt in der Nähe war, hielt
ich es nicht für notwendig, nach Spuren von Sklavenhändlern zu suchen. Diese Arbeit sollte erst am nächsten
Morgen beginnen. Wir segelten bis zum Abend und darüber hinaus, denn der Mond schien hell, und der Wind
hatte sich nicht gedreht, wie es auf dem Nil zwischen
Tag und Nacht gewöhnlich der Fall ist. Später machte der
Strom eine starke Krümmung. Das Segel fiel zusammen,
und weil wir nun hätten rudern müssen, zog ich es vor,
zum Ufer zu lenken. Dort legten wir unter Bäumen an,
befestigten das Boot an einem Stamm und legten uns zum
Schlafen nieder. Einer mußte wachbleiben, um das Feuer
zu unterhalten, das wegen der Stechfliegen während der
ganzen Nacht brennen sollte.

Als am nächsten Morgen die Fahrt fortgesetzt wurde,
war es an der Zeit, den Ufern unsere Aufmerksamkeit zu
schenken und auch sonst nach einer Furt auszuschauen.
Daß das bei der Breite des Stromes nichts Leichtes war,
ist selbstverständlich, zumal wir zwischen einer Machâda
und einer Chôd unterscheiden mußten. Der Anwohner
des oberen Nil versteht nämlich unter Machâda eine
eigentliche Furt, eine Untiefe, wo ein Fluß bequem
überschritten werden kann, unter Chôd aber eine Stelle,
an der man wegen des ruhigen Wassers leicht übersetzen kann.

Der Mittag war nahe, als sich der Nil in mehrere
Arme teilte, zwischen denen sich niedrige Inselbänke
hinzogen. Das Wasser floß in diesen Betten so ruhig
dahin, daß das unbedingt eine Furt sein mußte, wenn es
hier überhaupt eine zum Übergang geeignete Stelle gab.
Kein einziges Krokodil war auf den Bänken zu sehen,
und der tiefste dieser Flußarme hatte eine so geringe
Breite, daß er leicht durchschwommen werden konnte.
Wir legten an jeder dieser Inseln an, um sie zu unter-

suchen. Sie waren alle mit Om Sufah und Gebüsch bewachsen, ein schnellwachsendes Pflanzengewirr, das jede Spur in kurzer Zeit überwucherte. Auf der Bank aber, die dem linken Ufer am nächsten lag, fanden wir eine noch nicht ganz vom Sacharumgras verdeckte Schebah, eine jener schweren Gabeln, die die gefangenen Schwarzen am Hals tragen müssen. Wie kam diese Schebah hierher? Jedenfalls war ein Sklavenzug hier über den Fluß gegangen. Ich ließ vollends ans Ufer rudern, um auch dort nachzuforschen. Es gab dort ein dichtes Ambakgestrüpp, das meine Aufmerksamkeit anzog. Der Ambak oder Ambatsch[1] ist ein zu den Schmetterlingsblütlern gehöriger Strauch, dessen Stämme zur Zeit der Überschwemmung schnell mehrere Meter über den höchsten Wasserstand aufschießen, um nach dem Fall des Wassers abzusterben. Das Holz ist schwammig, aber sehr dauerhaft und dabei doch so leicht, daß es allgemein zum Bau von Flößen benutzt wird. Ein Floß, das zwei oder drei Personen faßt, kann ohne Mühe von einem Mann getragen werden.

Der größte Teil dieses Gestrüpps war schon abgestorben, die Pflanzenleichen lagen unter Papyrusstauden versteckt, aber weiter vom Wasser entfernt fand ich, was ich suchte: da war in einem stacheligen Akaziengebüsch ein ganzer Vorrat von Ambakhölzern aufgeschichtet. Das konnten nur Menschen getan haben. Und wozu? Um hier Flöße zusammenzusetzen, mit deren Hilfe Personen, die nicht schwimmen konnten, über den einen tiefen Flußarm geschafft werden sollten. Wir hatten eine Furt entdeckt. Ob das uns etwas nützen würde, war freilich eine andere Frage. Wer weiß, wie lange Zeit seit der letzten Benutzung dieser Machâda vergangen war, und wer weiß, wie viele Wochen oder gar Monate man auf den nächsten Übergang würde warten müssen!

[1] Aedemona mirabillis

Aber uns trieb nichts fort, und ich nahm mir vor, die Stelle recht gründlich in Augenschein zu nehmen.

Dazu mußten wir zunächst unser Boot verstecken. Es konnte immerhin gerade jetzt jemand kommen, der es nicht zu sehen brauchte. Es mußte von dieser Stelle fort. Wir ließen uns also abwärts treiben, bis wir ein weit überhängendes Laubdach erreichten. Darunter legten wir an und zogen das Fahrzeug ganz ans Ufer. Die Asaker mußten als Wächter dabeibleiben, ich aber entfernte mich mit Ben Nil, um zur Machâda zurückzukehren. Vorher wendeten wir uns rechts dem hohen Ufer zu, um zu sehen, ob es von dort aus einen besonderen Zugang zu der Furt gebe. Je weiter wir uns dabei vom Wasser entfernten, desto lichter wurde der Wald. Oben auf der Höhe standen die Bäume stellenweise schon so weit auseinander, daß ihre Zweige sich nicht mehr berührten. Da bogen wir links ab.

Weniger aus Vorsicht als aus Gewohnheit, die mir zur zweiten Natur geworden ist, spähte ich da zwischen den Stämmen hindurch, um gegebenenfalls die Anwesenheit von Menschen rechtzeitig zu bemerken. Dennoch hätte ich einem wichtigen Gegenstand wohl kaum die nötige Beachtung geschenkt, wenn mich nicht Ben Nil auf ihn aufmerksam gemacht hätte. Er sah nämlich einige abgerissene Grasbüschel seitwärts von uns auf dem Boden liegen und sagte es mir. Wir gingen hin. Es war langes Andropopongras. Kaum hatte ich das erkannt und dabei die Fußstapfen im weichen Boden, so nahm ich Ben Nil bei der Hand und zog ihn in schnellem Lauf fort, wieder zurück, hinunter an den Fluß. Ich hielt erst wieder an, als wir unsere Asaker und das Boot erreichten.

„Effendi, was fiel dir ein?" fragte Ben Nil erstaunt. „War das Gras die Ursache dieser hastigen Flucht?"

„Ja", bestätigte ich. „Wo solches Gras ausgerissen worden ist, da müssen Menschen sein."

„Können es nicht auch Tiere ausgerissen haben?"

„In diesem Fall nicht. Dieses Riesengras wird hier verwendet, um Ambakhölzer zu Flößen zu verbinden. Es war ganz frisch, noch nicht verdorrt, noch nicht einmal verwelkt. Es sind also Menschen in der Nähe, die im Wald Gras suchen, um sich ein Floß zu bauen."

„Maschallah! Warum haben sie es dann liegen-lassen?"

„Der Bequemlichkeit wegen. Hat einer eine Handvoll, so legt er sie einstweilen weg, um später alles zusammen-zuholen."

„Ob man uns bemerkt hat?"

„Das weiß ich nicht, möchte es aber nicht annehmen. Warten wir eine kurze Zeit, ob man uns nachkommt! Wenn es nicht geschieht, so schleichen wir zur Furt, wohin diese Leute jedenfalls gehen werden."

Nachdem zehn Minuten vergangen waren, ohne daß wir jemand bemerkten, schlichen wir vorsichtig am Ufer hin, bis wir uns an der eingangs erwähnten Stelle unter Sunut-, Subakh- und Talah-Bäumen befanden, deren herabhängende Fiederblätter einen Vorhang bildeten, hinter dem wir Deckung fanden und die Machâda und auch die aufgestapelten Ambakhölzer überschauen konn-ten. Es war niemand dort zu sehen. Darum schoben wir uns noch so weit vor, wie es mit der gebotenen Vor-sicht zu vereinbaren war, und legten uns dann nieder, um das Weitere abzuwarten.

Die feuchte Glut, die hier herrschte, trieb uns den Schweiß aus allen Poren, und die lästigen Fliegen und Mücken machten uns arg zu schaffen. Wir durften uns aber nicht rühren, weil die geringste Bewegung uns ver-raten konnte. Endlich erschienen bei dem Ambakhaufen, von dem wir vielleicht vierzig Schritt entfernt lagen, zwei Männer. Sie hatten dicke, lange Grasbündel in den Armen, trugen sie zu dem Wasser und legten sie dort nieder. Dann machten sie sich unverweilt daran, auch so viele Hölzer, wie sie zu einem Floß brauchten, hinzuschaffen. Hierauf begann der Floßbau. Es waren keine Dinka- und auch keine Schillukleute. Ihren Gesichtszügen und auch ihrer Kleidung nach mußten sie zu einem der Araberstämme des Weißen Nil gehören.

„Sie bauen ein Floß, sie wollen hinüber", flüsterte Ben Nil mir zu. „Ob noch andere bei ihnen sind?"

„Schwerlich", gab ich ebenso leise zurück.

„Hältst du sie für Sklavenhändler?"

„Das läßt sich jetzt noch nicht sagen. Reich sind sie jedenfalls nicht. Wenn sie sich mit dem Sklavenhandel befassen, sind sie wohl nur Untergebene eines Händlers."

„Wollen wir mit ihnen sprechen?"

„Jetzt noch nicht. Warten wir ab, ob wir sie reden hören!"

„Zu welchem Stamm werden sie gehören?"

„Der Hautfarbe nach sind sie weder Kababisch noch Baggara. Sie scheinen Mitglieder eines östlichen Stammes zu sein, zu dem sie sich jetzt begeben wollen."

Die beiden Fremden arbeiteten schweigend, bis das Floß beinahe fertig war. Da richtete der eine sein Auge zum Himmel, sah am Stand der Sonne, welche Tageszeit es war, warf das Holz, das er in den Händen hatte, weg und sagte so laut, daß wir es deutlich hörten:

„Halt ein mit der Arbeit! Die Zeit des Gebets ist da. Erst kommt Allah, dann der Prophet und erst nachher der Mensch mit seinem Tun. Willst du der Vorbeter sein?"

„Nein", antwortete der andere. „Sprich du das Ssalâ¹, ich sage es dir leise nach!"

„So laß uns zunächst das Gebet gegen die Ungläubigen sprechen, denn es ist die Zeit des Asr, wo es den Strenggläubigen vorgeschrieben ist!"

Er wendete sein Gesicht in die Richtung nach Mekka, hob die Hände und betete:

„Ich suche Zuflucht bei Allah vor Satan, dem Ver-

1 Gebet

fluchten. Im Namen Gottes, des Allbarmherzigen, des Erbarmers! O Allah! Unterstütze den Islam und erhöhe das Wort der Wahrheit und den Glauben! O Herr aller Geschöpfe, o Allah! Vernichte die Ungläubigen und die Götzendiener, deine Feinde, die Feinde des Glaubens! O Allah, mache ihre Kinder zu Waisen, verdirb ihre Wohnungen, laß ihre Füße strauchcln und gib sie und ihre Familien und ihr Gesinde und ihre Weiber und Kinder, ihre Verwandten, ihre Brüder und Freunde, ihren Besitz und ihren Stamm, ihren Reichtum und ihre Länder den Muslimin zur Beute! O Allah, du bist der Herr aller Geschöpfe!"

Er hatte sich einen strenggläubigen Muslim genannt. Als solcher mußte er dem eigentlichen Gebet das Wudû, die vorgeschriebene Waschung, vorangehen lassen. Er trat also an den Rand des Flusses und streifte die Ärmel bis über die Ellbogen empor. Hierauf kniete er nieder, tauchte die Hände ins Wasser, wusch sie dreimal und sagte dabei:

„Im Namen Gottes, des Allbarmherzigen, des Erbarmers! Preis sei dir, Allah, der du das Wasser herniedergesandt zur Reinigung und den Islam gemacht zum Licht und Leiter und Führer zu deinen Gärten, den Gärten der Wonne, und zu deinen Wohnungen, den Wohnungen des Friedens!"

Dann schöpfte er sich mit der rechten Hand Wasser in den Mund, spülte ihn dreimal aus und sprach:

„O Allah, hilf mir dein Buch zu lesen, deiner zu gedenken, dir zu danken und dir richtig zu dienen!"

Jetzt brachte er mit dieser Hand dreimal Wasser in die Nase, schnaubte es hindurch und rief:

„O Allah, laß mich die Düfte des Paradieses riechen und segne mich mit seinen Wonnen. Laß mich nicht riechen den Geruch des Feuers in der Hölle!"

Danach wusch er dreimal das Gesicht mit beiden Händen und fügte die Bitte hinzu:

„O Allah, mache mein Gesicht weiß mit deinem Licht am Jüngsten Tag, da du wirst weiß machen die Gesichter deiner Lieblinge, und schwärze nicht mein Gesicht an dem Tag, da du wirst schwärzen die Gesichter deiner Feinde!"

Diese Worte bezogen sich auf die Ansicht der Muslimin, daß am Tag des Gerichts die Guten mit weißen, die Bösen aber mit schwarzen Gesichtern auferstehen werden. Daher sagt man, das Gesicht eines Menschen sei weiß, wenn er in einem guten, und schwarz, wenn er in einem schlechten Ruf steht. „Möge Allah dein Gesicht schwarz machen!" ist eine Verwünschung, die sich darauf bezieht.

Nach dieser Reinigung des Gesichts wusch der Fremde dreimal die rechte Hand und den rechten Arm bis an den Ellbogen und ließ das Wasser auch dreimal vom Handteller bis an den Ellbogen am Arm herablaufen, wobei er sagte:

„O Allah, gib mir mein Buch des Lebens in meine rechte Hand und rechne mit einer leichten Rechnung mit mir!"

Dann wiederholte er das Verfahren mit der linken Hand bis zum Ellbogen, begleitet von der Bitte:

„O Allah, gib mir nicht mein Buch in meine linke Hand, noch auf meinen Rücken und rechne mir nicht mit einer schweren Rechnung und mache mich nicht zu einem vom Volk des ewigen Feuers!"

Dann nahm er mit der linken Hand sein Kopftuch ab, fuhr sich mit der nassen rechten Hand über den Scheitel und sprach:

„O Allah, bedecke mich mit deiner Gnade und schütte deinen Segen auf mich herab. Beschatte mich mit dem Schatten deines Baldachins an dem Tag, da kein Schatten sein wird außer in seinem Schatten!"

Nun bestrich er den Nacken mit den nassen Fingerspitzen beider Hände und betete:

„O Allah, befreie meinen Nacken von dem ewigen Feuer und bewahre mich vor den Ketten, Halseisen und Fesseln des Teufels!"

Zuletzt wusch er die Füße bis an die Knöchel, strich mit den Fingern zwischen den Zehen hindurch und rief dabei:

„O Allah, mache meinen Fuß sicher auf Es Ssiret, der Brücke des Todes, an dem Tag, an dem die Füße darauf ausgleiten! O Allah, laß meine Arbeit gebilligt, meine Sünden vergeben, meine Werke wohlgefällig sein, als eine Ware, die nicht zugrunde geht, durch deine Verzeihung! O du Mächtiger, o du Vergebender! Bei deinem Erbarmen, o du Barmherzigster unter den Barmherzigen!"

Damit war die Waschung vollendet. Der Mann stand auf und richtete seinen Blick erst zum Himmel und dann zur Erde.

„Deine Vollkommenheit, o Allah, erhebe ich mit deinem Preis. Ich bezeuge, daß kein Gott ist als du allein. Du hast keinen Genossen. Ich flehe um deine Vergebung und wende mich zu dir mit Reue. Ich bekenne, daß es keinen Gott gibt außer Gott, und ich bekenne, daß Mohammed sein Diener und sein Gesandter ist!"

Diese Waschung soll der Muslim täglich fünfmal vor den fünf vorgeschriebenen Gebeten vornehmen. Ist, wie bei Wüstenreisenden, kein Wasser dazu vorhanden, so darf man an dessen Stelle Sand oder Staub nehmen. Eine solch trockene Waschung wird Tajammum genannt.

Nun konnte der Fremde das Gebet des Asr beginnen. Er legte das Kopftuch auf den Boden, um es als Sedschâde[1] zu benutzen, kniete nieder, das Gesicht gegen Mekka gerichtet, und begann mit lauter Stimme den Adân[2]:

„Gott ist sehr groß, Gott ist sehr groß, Gott ist sehr groß! Ich bekenne, daß es keinen Gott gibt außer Gott!

[1] Gebetsteppich [2] Aufforderung zum Gebet

Ich bekenne, daß Mohammed der Gesandte Gottes ist! Kommt zum Gebet, kommt zum Heil! Gott ist sehr groß! Es gibt keinen Gott außer Gott!"

Hierauf folgte das eigentliche Gebet, das sehr lang war und von den verschiedensten Verneigungen und anderen Bewegungen des Körpers, der Arme und der Beine begleitet wurde. Da vielleicht mancher Leser es für wissenswert hält, möchte ich es niederschreiben. Andere aber würde es ermüden, besonders wegen der vielen Wiederholungen, und so mag es mit der Beschreibung der Waschungen sein Genüge haben. Jedes Wort, das der eine Fremde sprach, sagte der andere halblaut nach, und ebenso ahmte er jede Bewegung genau nach.

Als das Gebet zu Ende war, banden die beiden Männer ihre Tücher um die Köpfe und nahmen dann die Arbeit am Floß wieder auf. Sie unterhielten sich dabei, und zwar über einen Gegenstand, der für mich von höchster Wichtigkeit war. Sie schienen es für unmöglich zu halten, daß ein Lauscher in der Nähe sein könnte, denn sie sprachen so laut, daß wir sie verstanden hätten, auch wenn die Entfernung zwischen uns und ihnen doppelt so groß gewesen wäre.

Wie horchte ich auf, als ich den Namen Ibn Asl nennen hörte! Der ihn ausgesprochen hatte, fügte den Stoßseufzer hinzu:

„Wenn er doch recht bald zu den Seinen zurückkehrte! Er war streng, ja hart und ahndete jede Widersetzlichkeit sofort mit dem Tod, aber unter ihm waren wir doch freie Männer, die sich selbst vor dem Teufel und dem Reïs Effendina nicht fürchteten. Nun aber sind wir arme Knechte, deren Lohn in die Taschen anderer fällt, und die Botendienste leisten müssen, wenn sie nicht verhungern wollen. Allah verdamme die neue Lehre, die sagt, daß es Sünde und Verbrechen sei, Reqiq zu machen!"

„Diese Lehre ist von den Christenhunden ersonnen

worden, um den Padischah in ihren Schlingen zu fangen", stimmte der andere bei. „Wollen wir uns zwingen lassen, ihm und ihnen zu gehorchen?"

„Nein! Was geht uns das Christentum und was geht uns der Padischah an, der den Ungläubigen gehorcht? Wir sind Bekenner des Islam, der Sklaven braucht. Predigt nicht auch der neue Marabût von Aba mit gewaltiger Stimme, daß Allah befohlen habe, alle Ungläubigen, schwarze oder weiße, sollen Sklaven der wahren Gläubigen sein?"

„Ja, das tut er, und Allah steigt des Nachts hernieder, um ihm solche Worte einzugeben. Es ist seit Mohammed kein Gesandter Gottes erschienen, der diesem neuen Propheten gleicht. Wenn er von Allah den Befehl erhielte, die heilige Fahne zu entfalten, würde er sie über den ganzen Erdkreis tragen, und viele Millionen Sklaven wären unser!"

Was ich da hörte, war mir ein Rätsel. Der Marabût von Aba! Wen hatte ich mir unter diesem ‚neuen Heiligen' zu denken? Aba ist eine Insel des Weißen Nil. Das wußte ich, aber nie hatte ich gehört, daß ein Marabût dort wohne. Aber der ‚Heilige' wurde ja ‚neu' genannt. War er vielleicht erst erstanden, seit wir diese Gegend des Nil verlassen hatten, um südwärts zu segeln? Die heilige Fahne sollte er entfalten? Dann mußte er sich für den erwarteten Mahdi ausgeben. Ich dachte unwillkürlich an Ssali Ben Aqil, den Kurden, der den Mahdi suchte, und zugleich an jenen Fakir el Fukara, mit dem wir damals am Brunnen in der Chala zusammengetroffen waren, als ich den Löwen von El Teitel erlegte. Er hatte sich hinreißen lassen, mir einzugestehen, daß er sich für den Mahdi hielt, aber diese Rede von seiner ‚Sendung' war von mir nicht ernst genommen worden. Er hatte sich Mohammed Achmed genannt. Ich hatte ihm das Leben gerettet, und er hatte uns dafür an Ibn Asl verraten wollen. Zur Vergeltung dafür war ihm vom Reïs Effendina die Bastonnade geworden. Konnte dieser Mann der ‚Heilige von Aba' sein?

Ich hatte weder Zeit noch Lust, mich mit dieser Frage weiter zu beschäftigen. Die Gegenwart nahm meine Gedanken in Anspruch, denn die beiden Araber setzten ihre Unterhaltung fort und waren dabei so unvorsichtig, über Dinge zu sprechen, die ihrer Verschwiegenheit anvertraut waren. Ich erfuhr da, daß sie von einem Händler in Takoba zum Chor Om Karn abgeschickt worden waren, wo ein zweiter Händler lagerte und auf ihre Botschaft wartete. Der eine wollte eine Anzahl von sechzig Sklaven an die Furt liefern, an der wir uns befanden, und der andere sollte sie von heute ab in drei Tagen gegen sofortige Bezahlung von hier abholen, wahrscheinlich um sie, wie ich für mich hinzufügte, auf der Tana-Karawanenstraße weiterzuschaffen. Ben Nil stieß mich an und flüsterte:

„Effendi, wollen wir diese Leute gefangennehmen?"

„Nein."

„Aber wir müssen doch die armen Sklaven befreien!"

„Allerdings."

„Dazu gehört, daß wir diese Boten nicht fortlassen!"

„Dazu gehört im Gegenteil, daß wir sie fortlassen! Paß auf, jetzt sind sie fertig!"

Die Männer waren mit der Herstellung des Floßes zustande gekommen. Sie machten sich noch Ruder, indem sie an zwei lange Äste dicke Zweigbüschel banden, schoben das Floß ins Wasser, setzten sich darauf, stießen vom Ufer ab und ruderten zur nächsten Insel hinüber. Nachdem sie das Floß quer über das trockene Stück getragen hatten, setzten sie über den zweiten, seichten Arm des Flusses. So entfernten sie sich, bald rudernd, bald gehend, bis sie jenseits des Nil verschwanden.

„Nun sind sie fort, Effendi! Und wir hätten sie doch so schön und leicht erwischen können!" klagte Ben Nil.

„Hab nur keine Sorge, wir bekommen sie schon noch!"
tröstete ich ihn.

„Bei ihrer Rückkehr?"

„Ja."

„Hm! Sei mir nicht böse, wenn ich etwas sage, was
gegen die Achtung verstößt, die ich dir schuldig bin. Sie
werden nicht allein zurückkommen, sondern mit den
Leuten, die die Sklaven hier abholen sollen. Dann sind
aber auch schon die Männer des Sklavenhändlers von
Takoba da. Zur Beförderung von sechzig Sklaven gehören wohl fünfzehn Mann. Wir haben es also dann mit
dreißig Personen zu tun, gegen die wir nicht aufkommen.
Diese zwei aber konnten wir ganz mühelos ergreifen. Wir
werden uns vom Reïs Effendina Hilfe holen müssen."

„Nein."

„Wie? Wir sind nur sechs Mann. Denkst du, daß wir
mit dreißig fertig werden?"

„Ja."

„Allah! Da machst du schon wieder dein pfiffiges Gesicht! Bin ich etwa dumm gewesen?"

„Nur vorsichtig bist du gewesen, nicht dumm! Du rechnest dreißig Mann. Fünfzehn an diesem und fünfzehn
an jenem Ufer. Wir fangen erst die eine und dann die
andere Truppe. Und selbst wenn wir ihre Vereinigung
nicht hindern können, wird sich eine Art und Weise finden lassen, ihrer Herr zu werden. Ich würde den Reïs
Effendina nur höchst ungern um Hilfe bitten. Den Preis
können wir uns allein verdienen."

„Da hast du sehr recht, Effendi! Aber das könnten wir
noch leichter, wenn wir die Boten nicht fortgelassen hätten. Wir brauchten nur dem Zug aus Takoba hier auf-
zulauern und hätten dann nicht auch noch mit den Leuten
aus Om Karn zu kämpfen!"

„Ich denke nicht, daß es zu einem Kampf kommen
wird. Gerade diese Leute aus Om Karn sollen kommen,
ihres Geldes wegen."

„Ihres Geldes wegen? Wie meinst du das?"

„Sie sollen die Sklaven hier an der Furt empfangen und bezahlen, was mit Geld oder Waren geschehen muß. Der einen Truppe nehmen wir die Sklaven ab und der anderen das Geld. Auf diese Weise werden beide bestraft, euer Lohn vervielfältigt sich, und der Reïs Effendina muß einsehen, daß es ihm nicht gelungen ist, uns kaltzustellen."

Da schlug er froh die Hände zusammen und jubelte:

„Effendi, das ist ein Gedanke, wie er schöner, besser und vorteilhafter für uns gar nicht ausgesonnen werden kann! Wenn dein Plan glückt, woran ich nicht zweifle, denn ich kenne dich ja, so fällt uns eine große Bezahlung zu. Darüber freue ich mich, noch mehr aber werden sich die Asaker freuen. Höher, viel höher jedoch als dieses Geld steht mir die Genugtuung darüber, daß wir dem Reïs Effendina einen solchen Fang bringen, während er keinen gemacht hat. Da muß die Röte der Scham über sein Gesicht ziehen, und wenn er aufrichtig ist, wird er sich wenigstens im stillen sagen, daß er dir und somit auch allen, die dich lieben, unrecht getan hat."

Wir kehrten nun zu unserem Boot und zu den vier Asakern zurück. Ben Nil erzählte ihnen, was wir erfahren hatten, und als sie hörten, welche Absicht ich verfolgte, waren sie so begeistert davon, daß sie mir erklärten, zu jedem Wagnis bereit zu sein. Sie wollten sofort hören, in welcher Weise ich mein Vorhaben auszuführen gedächte. Ich erklärte ihnen, daß jetzt von einem bestimmten Plan noch keine Rede sein könne, denn ich müsse vorher nicht nur die diesseitige Mischra, sondern auch jenseits des Flusses die Stelle genau kennenlernen, an der die Leute aus dem Chor Om Karn den Übergang über den Nil bewerkstelligen würden.

Nun wollten sie sofort hinüberfahren, damit ja keine Zeit verloren würde. Doch so zu beeilen brauchten wir uns nicht, weil die Übergabe der Sklaven erst in drei

Tagen vor sich gehen sollte. Für heute genügte es, das diesseitige Ufer zu erkunden, was ich allerdings nicht bis morgen aufschieben durfte, weil da die Spuren der beiden Boten verschwunden gewesen wären, nach denen ich mich richten mußte.

Ich wollte nur Ben Nil mitnehmen. Die Asaker baten mich aber so herzlich, mit dabeisein zu dürfen, daß ich ihnen diesen Wunsch erfüllte. Einer freilich mußte bei dem Boot bleiben. Er wurde durch das Los bestimmt. Dann stiegen wir anderen zur Höhe des Ufers hinauf, von wo wir geradeaus gingen, bis wir den Rand des Waldes erreichten, der das Ufer des Flusses begleitete.

Hier galt es nun, die Fährte der zwei Boten aufzufinden, um zu erfahren, ob sie den Weg nach eigenem Ermessen gewählt hatten, oder ob es einen bestimmten Pfad zur Furt gab, den die Sklavenhändler hier alle benützten. Die Spuren wurden bald entdeckt. Sie führten rechtwinklig vom Nil weg in die Chala hinaus. Wir folgten ihnen und erreichten schon nach einer halben Stunde die Linie, die den Einfluß der Stromesfeuchtigkeit kennzeichnete. Schon seit einiger Zeit hatte es keine Büsche mehr gegeben. Nun hörte auch der Graswuchs auf, den nämlich der Nil stets frisch und grün erhält. Denn die Chala hat ebenfalls Gras und ist kurz nach der Regenzeit sogar mit einem so dichten Blütenteppich bedeckt, daß die schreienden Farben den Augen des Europäers wehtun. Dieser üppige Pflanzenwuchs stirbt aber ebenso schnell ab, wie er entstanden ist, und dann bietet die Steppe eine kahle, lederfarbene Öde, die den Menschen fast noch tiefer ergreift als der Anblick der wirklichen Wüste.

> *„Sie dehnt sich aus von Meer zu Meere,*
> *wer sie durchschnitten hat, dem graust;*
> *sie liegt vor Gott in ihrer Leere*
> *wie eine leere Bettlerfaust.“*

So beschreibt Freiligrath die Steppe, und eine solche Steppe war es, über die wir jetzt dahinschritten. Es war nicht leicht, hier, wo es keine Fußeindrücke geben konnte, der Fährte zu folgen, es gelang mir aber doch. Wir waren sogar so glücklich, hier und da die Reste von Kamelmist zu finden, die bewiesen, daß es hier einen häufig benutzten Karawanenweg gab. In der Wüste und in der ausgedorrten Chala sammelt man den Mist sorgfältig, weil er da den einzigen Feuerungsstoff bildet. Hier aber hatte man das nicht mehr nötig gehabt, weil der nahe Nil reichlich Holz zum gleichen Zweck bot.

Da ich nun wußte, woran ich war, kehrten wir um und trafen wieder bei unserem Boot ein, gerade als die kurze Dämmerung des Abends wich. Der Mond stand zwar schon am Himmel, hatte aber noch nicht den rechten Glanz.

Wir zogen uns der Stechfliegen wegen eine tüchtige Strecke vom Fluß zurück und brannten heute kein Feuer an, weil seine verkohlte Stelle uns später leicht hätte verraten können. Es fehlte uns also der Rauch zur Vertreibung der lästigen und blutdürstigen Moskitos, und so mußten wir unsere Zuflucht zu den Mückennetzen nehmen.

Am anderen Morgen fuhren wir dann über, um das rechte Ufer des Flusses kennenzulernen. Da drüben erstreckte sich der Pflanzengürtel viel weiter ins Land hinein, und wir hatten nicht nötig, darüber hinauszugehen, weil wir noch in seinem Bereich genug Anzeichen entdeckten, die uns den Karawanenweg verrieten. Wir fanden sogar ziemlich leicht die Stelle, wo er auf den Fluß mündete. Die Händler schienen es nicht für nötig gehalten zu haben, hier die gleiche Vorsicht walten zu lassen wie am linken Ufer.

Dorthin zurückgekehrt, ruderten wir eine gute Weile aufwärts, bis wir eine Stelle fanden, die sich zum Verstecken unseres Bootes eignete, denn in der Nähe der Furt durften wir es nicht lassen. Da blieben wir die zweite Nacht. Die dritte Nacht wieder mußten wir in der Nähe des Übergangs zubringen, denn es war möglich, daß der Sklavenzug aus Takoba eher als an dem bestimmten Tag eintraf. Diese Möglichkeit wurde zu meiner Freude Wirklichkeit. Wir marschierten am Spätnachmittag bis an den Rand der Chala, um Ausschau zu halten. Da sahen wir denn auch schon am fernen Himmelsrand eine Reihe von großen und kleinen Punkten, deren Bewegung den Fluß zum Ziel hatte. Die großen Punkte waren Kamelreiter, die kleinen waren die Sklaven, die zu Fuß gehen mußten. Die Karawane hielt sich auf dem Weg, den uns die Fährte der beiden Boten verraten hatte. Wir standen, als wir den Zug kommen sahen, nicht auf diesem Weg, denn wir waren so vorsichtig gewesen, uns so weit seitwärts davon zu halten, daß unsere Spuren nicht aufgefunden werden konnten.

Kaum hatten wir das Nahen der Karawane entdeckt, so bemerkten wir, daß zwei Reiter sich von ihr trennten, um voranzueilen. Sie wollten sich wohl überzeugen, ob der Aufenthalt an der Furt heute sicher sei oder nicht. Wir kehrten also rasch zum Fluß zurück und versteckten uns da an einer Stelle, die wir uns vorher als Ausguck eingerichtet hatten.

Als wir dort anlangten und zum Nil blickten, sahen wir ein Floß, das zwei Männer über den letzten tiefen Arm herüber ruderten. Das waren die Boten, die gerade beim Erscheinen der Karawane zurückkehrten. Ob das auf Verabredung geschah, konnte uns gleichgültig sein. Lieb war es mir jedenfalls, denn ich konnte bei der Begrüßung vielleicht etwas Wichtiges hören, ohne daß ich mich erst anzuschleichen brauchte. Unser Beobachtungspunkt lag nämlich so, daß wir alles, was an der Furt halbwegs laut gesprochen wurde, verstehen konnten.

Die beiden Ruderer erreichten das Ufer, stiegen an Land, zogen das Floß halb aufs Trockene und suchten die Umgebung ab. Als sie nichts Verdächtiges fanden, schickten sie sich eben an, die Mischra emporzusteigen, als von oben herab ein kurzer, scharfer Pfiff zu hören war. Einer von ihnen antwortete mit einem ebensolchen Pfiff. Dann blieben sie stehen, um zu warten. Nach kurzer Zeit sahen wir zwei wohlbewaffnete, bärtige Männer erscheinen, jedenfalls die beiden Reiter, die ihre Kamele oben angebunden hatten. Die Boten verneigten sich demütig. Die beiden neuen Ankömmlinge erwiderten diesen Gruß mit kurzem, stolzem Kopfnicken, und einer von ihnen fragte:

„Wann seid ihr hier angekommen?"

„Vor einigen Minuten", erhielt er zur Antwort.

„Habt ihr die Machâda abgesucht?"

„Ja. Sie ist sicher. Es ist weder ein Mensch da noch die Spur eines solchen."

„Konntet ihr eure Botschaft ausrichten?"

„Wir fanden alles so, wie du es uns beschrieben hast. Die Männer aus dem Chor Om Karn werden morgen zwei Stunden nach Tagesanbruch am Fluß erscheinen."

„Hoffentlich verlangen sie nicht, daß wir zu ihnen hinüberkommen sollen?"

„Nein. Sie kommen herüber, um die Sklaven hier in Empfang zu nehmen."

„Womit wollen sie bezahlen?"

„Sie wollten sich nicht mit Waren schleppen, weil sie da mehr Kamele brauchten. Sie werden dir also Goldstaub bringen."

„Was tu ich mit dem Thibr, für das ich mir hier nichts kaufen kann! Ich habe Budâ'i[1] erwartet, denn ich komme während dieser Reise an keinen Ort, wo ich bekommen kann, was ich brauche. Wenn sie mit Gold bezahlen, werde ich höhere Preise machen. Wieviel Männer zählen sie?"

„Zwölf."

[1] Tauschwaren

„Geradesoviel wie wir. Das genügt vollständig, da der Reïs Effendina mit seinem Adschnabi[1], den Allah ersäufen möge, nicht mehr da ist. Geht hinauf zur Höhe und gebt der Karawane das Zeichen, daß sie kommen soll! Wir werden hier auf sie warten. Bringt auch die Hudschûn[2] mit herab, daß sie trinken können!"

Der Sprecher ging mit seinem Begleiter zu einem Baum, an dessen Stamm sie sich niedersetzten, während die beiden anderen sich zur Höhe entfernten. Die beiden Männer am Baum sprachen nicht miteinander. Sie waren augenscheinlich von der Reise ermüdet. Ihrer Gesichtsbildung und Hautfarbe nach schienen sie zu den Messerijeh oder Habanijeh zu gehören, beides Stämme, bei denen der Sklavenhandel üblich ist.

Es dauerte nicht lange, so kam die Karawane die Mischra herabgezogen, sehr langsam, weil den Kamelen das Abwärtssteigen schwerfiel, und weil, wie wir sogleich sahen, die Sklaven so erschöpft waren, daß sie sich kaum mehr schleppen konnten. Diese armen Teufel hatten einen sehr weiten Weg hinter sich, den sie in Fesseln und im glühendsten Sonnenbrand zu Fuß durch die ausgetrocknete Chala hatten zurücklegen müssen. Sie sahen zum Erbarmen aus! Zwar war ihnen die gefürchtete Schebah erspart geblieben, dafür aber waren sie grausam gefesselt. Ihre rechten Hände waren durch Stricke mit dem linken Fuß und die linken Hände mit dem rechten so verbunden, daß sie nur kurze Schritte machen und die Finger nicht zum Mund, kaum bis zur Höhe der Brust bringen konnten. Von einem Handgelenk zum anderen ging ein dicker Strick, in dessen Mitte ein schwerer Holzklotz hing, den sie tragen mußten, wenn er ihnen nicht die Beine zuschanden schlagen sollte. Außer einigen Fetzen, die um ihre Lenden hingen, waren sie unbekleidet, und da auch ihre Köpfe entblößt waren, mußten sie bei der sengenden Hitze fürchterliche Qualen ausgestan-

1 Freund   2 Reitkamele

den haben. Ich sah an ihren Körpern handgroße Stellen, von denen die Sonne die Haut weggefressen hatte. Und das waren keine Neger, keine Heiden, sondern mohammedanische Baggara el Homr, wie ich später hörte, die in die Kriegsgefangenschaft ihrer jetzigen Herren geraten waren! Sie hatten so lange gedürstet, daß sie beim Anblick des Wassers vor Freude aufschrien und sofort ans Ufer laufen wollten, doch wurden sie von ihren Wächtern durch Gewehrstöße zurückgehalten. Erst durften die Kamele saufen, dann erhielten auch die Gefangenen zu trinken, und zwar aus hohlen Kürbisschalen. An das Wasser durften sie nicht, denn man fürchtete, es möchte sich einer von ihnen aus Verzweiflung hineinstürzen, um sich zu ertränken.

Als die Sklaven ihren Durst gelöscht hatten, bekam jeder von ihnen eine Handvoll trockener Hirsekörner, die sie nur im Sitzen essen konnten, weil es ihnen nur in dieser Stellung möglich war, den Mund mit den Händen zu erreichen. Dann wurden sie zu einer morastigen Sumpfgrasstelle gebracht, wo sie sich, paarweise zusammengebunden, niederlegen mußten. Dabei zündeten ihre Wächter zwei große Feuer an, um die Gefesselten während der Nacht beobachten zu können.

Dadurch hatten sie sich alle von unserem Versteck so weit entfernt, daß wir nicht mehr hören konnten, was bei ihnen gesprochen wurde. Ich hatte doch nicht gedacht, daß die Armen würden im Sumpf lagern müssen. Aber daß wir nichts verstehen konnten, machte uns keinen Schaden. Je weiter diese Händler von uns saßen, desto weniger konnten sie uns entdecken. Wie jetzt die Sache stand, mußte ich meine Absicht, die Sklaven zu befreien, auf alle Fälle erreichen.

15. ABU REQIQ

Es war inzwischen dunkel geworden, und das Moghreb[1] wurde gebetet. Hierauf folgte das Aschia, das Abend-
gebet, einige Zeit nach Eintritt der völligen Finsternis.
Diese beiden Gebete wurden mit einer Feierlichkeit und
Inbrunst gesprochen, auch von den Sklaven, die mit der
Lage im grellsten Widerspruch stand. Abgesehen vom
Sklavenraub und Sklavenhandel, den schon die allgemeine Menschenliebe verbietet, der Islam aber erlaubt!
Hier sollten Muselmänner verkauft werden, was nach
dem Islam ein todeswürdiges Verbrechen ist. Trotzdem
beteiligten sich alle, die Verbrecher und die Geschädigten,
mit gleicher Eintracht an den Gebeten.

Die Männer aus Takoba, die mit den beiden Boten
vierzehn Köpfe zählten, nahmen erst nach Vollendung
der Gebete ihr Abendessen zu sich, das aus eingerührtem
Mehlbrei, getrocknetem Fleisch und Datteln zu bestehen
schien. Der Anführer gab dann seine Befehle für die
Nacht. Wir verstanden sie zwar nicht, erkannten sie
aber aus ihren Wirkungen. Zwölf von den Sklavenhändlern wickelten sich — der Stechfliegen wegen — bis über
die Köpfe in ihre Decken, während die übrigen zwei
wach bleiben mußten. Sie hockten sich so nahe wie möglich an dem einen Feuer nieder, um in dem dicken, scharfen Rauch einen Schutz vor den Stechmücken zu haben.
Wie schlimm waren dagegen die Gefangenen daran! Sie
waren von keinem wirklichen Kleidungsstück bedeckt
und auch nicht imstande, alle Körperteile mit den Händen zu erreichen, und so waren sie den schmerzhaften
Stichen der Blutsauger wehrlos preisgegeben. Nur wer
die schrecklich verschwollenen, bis zur Unkenntlichkeit
entstellten Gesichter solcher Menschen gesehen hat, der
weiß, welche unendlichen Qualen es bereitet, wenn es

[1] Kurze Zeit nach Sonnenuntergang

einem unmöglich ist, sich dieser kleinen, erbarmungslosen und in wolkigen Massen auftretenden Teufel zu erwehren. Ich hatte die Moskitos des unteren Mississippi, Mittel- und Südamerikas und auch Ostindiens kennengelernt und oft infolge ihrer Stiche ein blutiggedunsenes Gesicht gehabt. Aber mit diesen Namûs[1] des oberen Nil verglichen, möchte man sie fast liebenswürdige und menschenfreundliche Wesen nennen. Die Sklaven kamen vom Dar Takaleh, wo es keine Stechfliegen gibt. Sie waren also gegen die Stiche dieser Peiniger nicht im mindesten abgehärtet und wälzten sich unter schmerzvollem Wimmern und Stöhnen hin und her, so daß es mich wütend empörte, die Händler dabei ruhig schlafen zu sehen. Es stand fest, daß ich alles daransetzen würde, die Ärmsten zu befreien, und die Schmerzen, die sie ausstanden, mußten mich veranlassen, das so schnell wie möglich zu tun. Ben Nil schien den gleichen Gedanken zu haben, denn er fragte mich:

„Denkst du, daß wir diese armen Menschen noch heute nacht retten können, Effendi?"

„Ja", erklärte ich kurz.

„So bitte ich dich darum, daß wir es so schnell wie möglich tun. Ich kann die Pein und die Martern, die sie auszustehen haben, nicht länger mit ansehen und anhören. Willst du mir diesen Gefallen tun?"

„Sehr gern, zumal ich nicht glaube, daß die Gefahr für uns dadurch erhöht wird."

„So sag, was wir dabei tun sollen! Wir sind bereit, uns sofort auf die vierzehn Halunken zu werfen. Dein Gewehr, mit dem du sie alle niederschießen könntest, gar nicht gerechnet, würde es genügen, wenn jeder von uns nur einen Schuß abgäbe. Das würden sechs Kugeln sein, die übrigen acht schlagen wir dann, ehe sie sich wehren können, mit dem Kolben tot!"

„Ich will das Blut dieser Leute nicht vergießen, denn

[1] Stechmücken

sie glauben nicht, daß sie eine so große Sünde begehen, indem sie mit Menschen handeln."

„Aber, Effendi, bedenke, daß sie sich wehren und auf uns schießen werden, wenn wir sie nicht unschädlich machen. Du wirst dadurch, daß du ihr Blut schonst, nur erreichen, daß das unsrige vergossen wird."

„O nein! Der Streich, den ich ihnen spielen will, ist so einfach, daß ich eure Hilfe wahrscheinlich gar nicht brauche. Wickelt euch aus euern Netzen heraus und behaltet mich im Auge! Ich werde jetzt zum Feuer schleichen, an dem die beiden Wächter sitzen. Gelingt es mir, sie zu überwältigen, ohne daß ihre Kameraden aufwachen, so könnt ihr ruhig hierbleiben, bis ich euch rufe. Wachen aber die anderen auf, so kommt ihr schnell zu mir hingesprungen, um mir beizustehen. Es wird aber wohl alles so glatt verlaufen, wie ich denke, denn die Gefangenen sind, wie ich vorhin aus einigen Ausrufen gehört habe, der arabischen Sprache mächtig. Sie werden also meine Worte verstehen und schnell danach handeln. Dennoch müßt ihr bereit sein."

Ich wickelte mich aus meinem Netz heraus, legte es samt dem Bärentöter ins Gebüsch und schob den Arm in den Riemen des Henrystutzens. Diesen mußte ich mitnehmen, um nötigenfalls die Feinde in Schach halten zu können.

Ich kroch aus dem Gesträuch, das uns verborgen hatte, heraus und schlich in einem Bogen zum Feuer, um von hinten an die Wächter zu kommen. Das war nicht schwer, denn ich hatte es hier mit Leuten zu tun, die vom Anschleichen keine Ahnung besaßen. Ich kam ohne Mühe so nahe an sie heran, daß ich beide fast mit den Händen erreichen konnte, eine wahre Wonne für mich, den Westläufer, denn nun war ich sicher, daß alles so verlaufen würde, wie ich es mir ausgedacht hatte.

Ich lag in dichter Om Sufah versteckt. Anderthalb Armlängen von mir saßen die Wachen, die Gesichter von mir abgewendet. Sie sprachen nicht miteinander und waren nur damit beschäftigt, Holz in die Feuer zu werfen, die mit ihrem Schein alles hell erleuchteten. Rechts lagen die schlafenden, tief in ihre Decken gehüllten Händler, und links vorn die wachen Gefangenen, die mich unbedingt sehen mußten, wenn ich mich zum Angriff gegen die Wächter erhob. Die Überraschung konnte ihnen Ausrufe entlocken, durch die die Schläfer vorzeitig aufgeweckt wurden. Dem mußte ich vorbeugen. Ich zog also den Arm aus dem Riemen des Gewehrs, nahm es in die rechte Hand, richtete mich langsam auf und legte die linke mit jener warnenden Bewegung auf den Mund, die in der Zeichensprache aller Völker eine Aufforderung zum Schweigen bedeutet. Mein Zweck wurde erreicht, denn es ließ sich kein Ruf hören, nur das Stöhnen und Wimmern hörte auf. Die Sklaven hatten mich gesehen, und wie die Umstände lagen, mußten sie sich sofort sagen, daß sie von mir nichts zu fürchten, sondern im Gegenteil nur Gutes zu erwarten hatten. Es läßt sich denken, mit welch großer Spannung ihre Augen auf mich gerichtet waren.

Ein guter Westmann wäre durch das Schweigen aufmerksam gemacht worden, von den beiden Takobaleuten aber wurde es nicht beachtet. Jetzt kehrte ich den Stutzen um — zwei wohlabgewogene Hiebe auf ihre Köpfe, und sie knickten lautlos zusammen. Ich bückte mich rasch zu ihnen nieder, um zu sehen, ob sie für den Augenblick unschädlich seien. Als ich mich davon überzeugt hatte, tat ich einige Schritte vorwärts, so daß die Gefangenen mich verstehen konnten, auch wenn ich mit unterdrückter Stimme sprach, und sagte:

„Seid still und sprecht jetzt kein lautes Wort! Ich bin gekommen, euch zu befreien. Ich werde eure Stricke zerschneiden. Wenn ich dann noch die Wächter gebunden habe, nehmt ihr die Sklavenhändler fest! Ihr sollt ihnen aber nichts tun, sondern sie nur halten, daß wir sie fesseln können. Also paßt auf!"

Dreimal sechzig Stricke zu zerschneiden, hätte ziemlich lange gedauert, aber als ich die zwei ersten befreit hatte, forderte ich sie auf, die Messer der Wächter zu nehmen und mir zu helfen. Auf einen Wink zu dem Gebüsch hin, worin Ben Nil und die Asaker steckten, eilten auch diese herbei, und so standen nach kaum zwei Minuten alle Sklaven mit freien Gliedern da.

„Euch hat Allah gesandt!" erklärte einer von ihnen. „Willst du uns sagen, Herr, wer du bist und woher —"

„Still jetzt!" unterbrach ich ihn. „Ihr werdet nachher alles erfahren. Jetzt binden wir zunächst die Wachen, und dann machen wir uns über die anderen her. Da sie sich in ihre Decken gehüllt haben, können sie sich nicht wehren. Stricke sind mehr als genug da. Wenn jeder dieser Männer von zwei oder drei von euch gehalten wird, während der vierte den Strick gleich um die Decke wickelt, kann kein Widerstand aufkommen. Handelt genau nach meinen Anweisungen, es mag beginnen!"

Es war eine wahre Lust zu sehen, was nun geschah. Die Befreiten folgten meinem Rat, und so fühlten sich die Schläfer, ehe sie nur recht munter wurden, in ihren eigenen Decken eingeschnürt. War das in völliger Lautlosigkeit geschehen, so erhob sich nun ein solches Jubelgeschrei, daß ich glaubte, die Kamele würden scheu werden und davonrennen. Jeder von den geretteten Sklaven strengte seine Stimme aufs äußerste an, um den Gefühlen seines entzückten Herzens Luft zu machen. Dieses Schreien und Heulen wirkte so ansteckend, daß meine Asaker und zuletzt gar Ben Nil auch mitbrüllten. Ich war der einzige, der seinen Kehlkopf nicht für die Luftklappe einer Trompete und seinen Mund nicht für einen Klarinettenschnabel hielt, und ich mußte wohl einige Minuten lang die Arme wie Windmühlenflügel hin und her und auf und ab bewegen, ehe diese stimmbegabten

Menschen einsahen, daß meine Gebärden den Zweck verfolgten, der gewaltigen Erschütterung der Luft Einhalt zu tun.

„Dieses Schreien kann uns in Verlegenheit bringen!" warnte ich, als ich mich endlich verständlich machen konnte. „Es schallt ja über den Fluß hinüber, wo die Leute aus dem Chor Om Karn schon eingetroffen sein können!"

„Was gehen uns diese Leute an!" antwortete einer. „Sie sollen nur kommen, um uns zu holen. Wir werden sie empfangen, wie sie es verdienen!"

„Sie sollen allerdings kommen. Aber wenn sie durch euer Geheul mißtrauisch gemacht werden, kommen sie eben nicht!"

„Meinst du, Herr? Ja, da hast du recht! Wir müssen ganz still sein, daß sie morgen früh ahnungslos übersetzen. Dann empfangen wir sie am Ufer und drücken ihre Köpfe unters Wasser, daß sie ersäuft werden und im Meer des Todes untergehen. Nun aber sag uns, wer du bist, o Herr, damit wir erfahren, wie wir unseren Retter nennen sollen. Die Bädlat[1] dieser vier Männer lassen uns erkennen, daß sie Asaker des Khedive sind. Du aber und dein fünfter Begleiter, ihr scheint keine Asaker zu sein?"

„Nein. Wir sind keine Soldaten. Ich bin ein Franke und werde Kara Ben Nemsi Effendi genannt, und mein junger Freund hier heißt Ben Nil."

Die Folge davon war ein Murmeln, das im Kreis herumging. Der Sprecher gab diesen unverständlichen Tönen einen verständlichen Ausdruck, indem er fragte:

„Bist du etwa ein Christ, Effendi?"

„Ja."

„Gibt es einen Sâbit[2] des Khedive, der Reïs Effendina genannt wird, und immer den Nil hinauf- und hinunterfährt, um die Sklavenjäger und -händler abzufangen?"

1 Uniformen   2 Offizier

„Den gibt es allerdings."

„Du bist mit ihm gefahren und hast ihm geholfen?"

„Ja."

„So haben wir von dir gehört, zwar nicht viel, aber doch genug, um zu wissen, daß du ein Freund und Wohltäter aller Menschen bist, die zu Reqiq gemacht werden. Abu Reqiq hat unterwegs öfters mit seinen Leuten von dir und dem Reïs Effendina gesprochen. Er schien Angst vor euch zu haben."

„Wer ist Abu Reqiq?"

„Das weißt du nicht? Dort liegt er gefesselt bei seinen Leuten! Er ist der reichste und berüchtigtste Sklavenhändler im ganzen Dar Sennár. Er reist bis Fodscha und noch weiter nach Westen, um Reqiq zu machen, und geht ebensoweit nach Osten über den Atbara hinüber bis an das Ufer des Bahr el ahmar[1], um die Sklaven trotz der Schiffe und der Aufsicht der Franken dort zu verkaufen. Er heißt eigentlich Tamek er Rhâni[2], denn sein Wohlstand ist größer als der von fünf Paschas zusammengenommen. Er wird aber wegen seines umfangreichen und einträglichen Sklavenhandels nur Abu Reqiq genannt. Er hat uns droben in Salamat gekauft und hierhergeschafft, um uns nach Om Karn zu verhandeln. Von da aus sollten wir über Karkog an den Atbara geschafft werden."

„Er kauft und verkauft also auch Anhänger des Propheten? Êb alêh — Schande über ihn!"

„Ja, er behandelt den Gläubigen gleich dem Ungläubigen als eine Ware, wenn er nur Gewinn davon hat. Möge dafür sein Gesicht am Tag des Gerichts kohlschwarz werden! Nun wirst du wohl auch wissen wollen, wer wir sind. Wir gehören zur Ferkah[3] El Homr des großen Stammes der Baggara und fielen einer Truppe Barabra in die Hände, weil wir im tiefen Schlaf lagen. Von ihnen wurden wir an Abu Reqiq verkauft. Ich

---

1 Rotes Meer   2 Tamek der Reiche   3 Abteilung

bitte dich, uns deshalb nicht für Feiglinge zu halten!«

„Ich weiß, daß sich die El Homr durch Mut und Tapferkeit auszeichnen. Sie sind die berühmtesten Adschâdschîr[1] und gehen ohne Flinte selbst dem Fîl[2] und dem Kerkedân[3] zu Leibe.“

„Es freut mich, daß du dieses weißt, Effendi! Du wirst unsere Tapferkeit erkennen, wenn du siehst, wie wir diese Sklavenhändler bestrafen.“

„Zu ihrer Bestrafung bedarf es keiner Tapferkeit, denn ihr zählt sechzig Männer, während sie nur vierzehn sind. Übrigens habt ihr mit ihnen nichts zu schaffen. Sie gehören mir, und ich werde sie dem Reïs Effendina zur Bestrafung übergeben.“

Das war nun freilich nicht nach der Ansicht der El Homr. Ich mußte lange mit ihnen streiten, ehe sie mir recht gaben und mir versprachen, die Rache dem Reïs Effendina zu überlassen. Der bis jetzt in ihrem Namen gesprochen hatte, war der Schech es Sêf[4] des Stammes, genoß also das größte Ansehen unter ihnen. Sie hatten während ihres langen Marsches schrecklich hungern müssen und machten sich darum zunächst über die Durrhavorräte her, die in Säcken bei den Kamelen lagen. Ebenso groß war ihr Verlangen nach einem Bad, und so sahen wir bald die anderen, während mehrere die Negerhirse zwischen Steinen zu einem groben Mehl zerrieben, im Uferwasser plätschern. Schwimmen konnten sie als echte Steppenbewohner nicht. Das Mehl wurde mit Hilfe des Nilwassers in einen Teig verwandelt und dann einfach mit den Fingern wie Kleister in den Mund gestrichen.

Wie mochte es den überrumpelten Sklavenhändlern zumute sein? Der Schlag war über sie gekommen wie ein Blitz aus heiterem Himmel. Was aber erwartete sie erst später beim Reïs Effendina? Ich will offen gestehen,

[1] Schwertjäger   [2] Elefant   [3] Nashorn
[4] Herr des Schwertes = Fechtlehrer, Fechtmeister

daß mir der Gedanke kam, sie freizulassen, sie ihm nicht
auszuliefern, doch mußte ich mir sagen, daß diese Milde
nicht am Platze sei. Hatten sie doch ihre eigenen Glau-
bensgenossen nicht geschont! Und wenn ich Abu Reqiq
freiließ, so hieß das nichts anderes, als ihn in der Fortsetzung seines fluchwürdigen Gewerbes zu bestärken.
An allem Elend, das er später verursachte, trug dann ich
die Schuld. Und das wollte ich doch nicht auf mein
Gewissen laden. Er mußte unbedingt bestraft werden.
Aber mußte ich seine Habe dem Reïs Effendina ausliefern? War die Gefangennahme dieses Mannes nicht
mein Werk? Gehörte er nicht mit allem, was er besaß,
nach den hier herrschenden Gesetzen und Gebräuchen
nur mir? Mußte ich die Undankbarkeit des Reïs Effendina mit einer unangebrachten Großzügigkeit vergel-
ten? — Nein!

Ich untersuchte mit Ben Nil alle Satteltaschen der
Reitkamele, und wir fanden darin viele für die Asaker
wertvolle Gegenstände. Das beste fiel uns beim Kamel
des Anführers in die Hände, nämlich vier Säckchen
Goldstaub, die für unsere Leute geradezu ein Vermögen
ausmachten. Das waren Abu Reqiqs Betriebsgelder.
Einige leere Ledersäckchen waren auch da. Ich setzte
mich mit den Asakern und Ben Nil beiseite und verteilte den Goldstaub in sechs Beutel, von denen jeder
Askari einen, Ben Nil aber zwei bekam. Sie wollten in
lauten Jubel ausbrechen, aber ich gebot ihnen zu schweigen. Die El Homr brauchten nicht zu wissen, was für
einen guten Fang wir gemacht hatten. Wie dankbar mir
die fünf Glücklichen waren! Sie hatten nur die Sorge,
der Reïs Effendina könne ihnen den Staub wieder ab-
verlangen. Ich beruhigte sie aber mit der Versicherung,
daß davon keine Rede sei, ich würde die Verteilung, die
ich getroffen hatte, nötigenfalls mit den Waffen gegen
ihn verfechten.

Weil die Beute so über alles Erwarten reich ausgefallen war, erklärten sich meine Gefährten auf meinen Wunsch bereit, auf alles andere zu verzichten. Ich sagte also dem Schech es Sêf der El Homr, daß er die Kamele und alles, was er bei ihnen finden würde, als sein und seiner Leute Eigentum betrachten solle. Ebenso solle ihnen alles, was die jetzigen Gefangenen in ihren Taschen hatten, nur Gold ausgenommen, als Eigentum zufallen. Das erregte Freude auch bei diesen Leuten. Daß sie gern sofort in den Besitz der Beute kommen wollten, konnte ich ihnen nicht verdenken. Darum gab ich den Befehl, die Gefangenen aus ihren Decken zu wickeln und ihnen die Taschen zu leeren, sie aber an Händen und Füßen gut zu fesseln.

Das geschah. Ich war neugierig, wie sich die Takobamänner dabei verhalten würden. Wäre ich der Ansicht gewesen, daß sie sich sträuben und in Schimpfreden ergehen würden, so hätte ich mich im Irrtum befunden, denn sie ließen alles ruhig über sich ergehen. Der Schreck über ihre Gefangennahme, die für sie im Bereich der Unmöglichkeit gelegen war, wirkte noch nach. Nur Abu Reqiq, der zuletzt an die Reihe kam, verhielt sich zwar still, während er von seiner Decke befreit und dann gleich wieder gebunden wurde. Als ihm Ben Nil aber in die Taschen griff und die darin befindlichen Gegenstände herausnehmen wollte, fuhr er ihn zornig an:

„Was fällt dir ein. Bin ich etwa unter Räuber geraten, daß man mir stiehlt, was mir gehört?"

„Sei still und sprich nicht von Räubern und Diebstahl!" drohte Ben Nil. „Der größte und schlimmste Dieb und Räuber bist du doch selber! Wir haben euch ergriffen, also ist alles, was ihr bei euch habt, unser Eigentum. Das ist hier Gesetz, wie du wohl wissen wirst."

„Du würdest anders sprechen, wenn du wüßtest, wer ich bin. Meine Macht ist so groß, daß es nur eines Wortes von mir bedarf, euch zu verderben!"

„Sprich nicht so dummes Zeug! Ist jemand hier, dem

das Verderben schon zur Seite steht, so bist allein du es."

„Höhne nicht! Ich bin Tamek er Rhâni, den man Abu Reqiq nennt!"

„Das wissen wir. Aber wer du bist, und ob man dich Abu Reqiq oder Tamek el Chasîr[1] nennt, das ist uns gleichgültig. Du stehst in unseren Augen nicht höher als der ärmste Ziegenhirt. Ja, ein Ziegenhirt wird von uns tausendmal höher geachtet als du, denn er ist ein ehrlicher Mann, der nur tut, was Allah wohlgefällt, während du ein Schurke bist, der an die Stelle der Dschehenna gehört, wo die Qualen am größten sind."

„Hundesohn, wer bist du, daß du es wagst, mich einen Schurken zu nennen?"

„Ich heiße Ben Nil. Das ist ein Name, an dem kein einziger Tropfen Blut und keine einzige solche Sünde hängt, wie du sie ohne Zahl auf dem Gewissen hast. Hüte dich übrigens, mich wieder Hundesohn zu nennen! Hier neben mir steht ein Mann, der dich dafür strenger bestrafen wird, als du ahnst!"

Er meinte mit diesen Worten mich, der ich an seiner Seite stand. Tamek ließ den Blick über mich gleiten und meinte:

„Dieser Mensch mag sein, wer er will, er kann mir nichts tun. Er mag sich ja hüten, mir das geringste Leid zuzufügen! Von meiner Macht wieder zu sprechen, bin ich zu stolz. Aber ich habe so mächtige Freunde und Bekannte, daß schon jedes eurer Worte, das mir nicht gefiele, von ihnen mit euerm Tod beantwortet würde. Hütet euch also!"

Da gab ich Ben Nil einen Wink.

„Laß den Kerl doch schwatzen! Er quakt wie ein Frosch, aus dessen Maul kein anderer Ton kommen kann. Er gleicht einer Mücke, die sich brüstet, den Adler zerreißen und auffressen zu wollen. Das ist lächerlich. Leere seine Taschen und damit Schluß!"

[1] Tamek der Schuft

Als Ben Nil diesem Befehl gehorchte, brüllte der Sklavenhändler mich wütend an:

„Ich habe dich gewarnt. Wenn du trotzdem in dein Verderben rennen willst, so tu es. Ich werde es nicht hindern!"

„Du kannst allerdings nicht hindern, was ich tun will", lächelte ich, „und solltest nur an dein Verderben, nicht aber an das meinige denken. Ich warne dich vor weiteren Schimpfreden und Drohungen! Bist du noch einmal so frech, uns durch ein Wort zu beleidigen, so lasse ich dir die Bastonnade geben!"

„Die Bastonnade? Du?" höhnte er. „Sag mir doch, wer du bist!"

„Du brauchst nur die Asaker dort zu sehen, um zu wissen, in wessen Hände du gefallen bist."

„Asaker? Allah! Vier Asaker, nur vier! Das werden Diebe sein, die die Waffenröcke gestohlen haben. Oder sie sind Ausreißer, die zu feig waren, im Dienst des Khedive auszuhalten."

„Sie sind Soldaten des Reïs Effendina. Ob sie feig sind, kannst du daraus ersehen, daß wir sechs Männer euch ergriffen und eure Gefangenen befreit haben."

„Wer hat euch den Befehl dazu gegeben?"

„Niemand. Es gibt keinen Menschen, der es wagen dürfte, mir Befehle zu erteilen. Ich stehe aus eigenem Belieben an Stelle des Reïs Effendina vor dir."

Da kam ihm der richtige Gedanke, ich sah es seinem Gesicht an. Er betrachtete mich genauer als vorher und suchte nach Worten. Dann rief er in einem Ton, in dem die Angst mitklang:

„Allah, Allah! Gehörst du wirklich zum Reïs Effendina?"

„Ja."

„Bist du ein christlicher Franke?"

„Ja."

„Heißt du Kara Ben Nemsi Effendi?"

„Das ist mein Name!"

„Aber ihr seid doch weit hinauf in die Länder der Schwarzen gefahren?"

„Du siehst, daß wir wieder hier sind. Ich hoffe, daß du dich darüber freust. Und um dein Herz mit noch größerem Entzücken zu erfüllen, will ich dir mitteilen, daß wir Abd Asl und Ibn Asl, die du gewiß gekannt hast, gefangen und mit dem Tod bestraft haben."

„Allah sei uns gnädig! Ibn Asl ist tot, wirklich tot? Sagst du die Wahrheit, Effendi?"

„Kara Ben Nemsi lügt nie! Nachdem wir diesen Sklavenjäger und alle seine Leute unschädlich gemacht haben, kommen die anderen daran, und du bist der erste von ihnen. Nun wirst du wohl wissen, wer sich fürchten muß, du dich vor uns oder wir uns vor dir!"

„Maschallah! Ibn Asl wurde für unüberwindlich gehalten!"

„Lächerlich! Das Böse, die Sünde, kann niemals unüberwindlich sein, sondern das Gute, die Gerechtigkeit, gelangt stets, wenn auch zuweilen spät, zum Sieg. Das wirst du auch an dir erfahren, denn ich sage dir, daß du heute zum letztenmal in deinem Leben auf dem verbotenen Weg des Sklavenhandels gewandelt bist."

Tamek antwortete nicht gleich. Er mochte überlegen, wie er sein Verhalten gegen mich am besten einrichten könnte. Wovon konnte er Vorteile für sich erwarten? Davon, daß er sich scheinbar in sein Schicksal ergab und sich demütig zeigte, oder daß er versuchte, Eindruck auf mich zu machen? Demut zu zeigen, dazu war später ja auch noch Zeit! Er schien sich für das zweite entschieden zu haben, denn er bemühte sich, seinem Gesicht einen hochmütigen Ausdruck zu geben, und fragte mich wegwerfend:

„So? Denkst du wirklich, daß nun ich an die Reihe komme? Du willst mich dem Reïs Effendina ausliefern?"

„Ja."

„Wann?"

„Es kann mir nicht schaden, wenn du es erfährst. Wir bleiben hier liegen, bis er in einigen Tagen mit seinem Schiff kommt, um uns an Bord zu nehmen. Wir sind ihm vorausgefahren."

Ich wußte, welcher Gedanke ihm jetzt kommen würde, und nahm Tamek scharf in die Augen. Es glitt ein heimlicher Zug der Freude über sein Gesicht, und er sagte höhnisch wie vorher:

„Ich bin entzückt über deine Aufrichtigkeit und will dir daher das Vergnügen machen, ebenso offen zu sein wie du. Deine Wünsche, Hoffnungen und Absichten gleichen den leisen Wellen der Luft, die über den mächtigen Talhabaum streichen, ohne ihn beugen zu können. Wenn du uns nicht sofort freigibst, werdet ihr euch morgen in unserer Gefangenschaft befinden. Wie ihr euch heute zu uns verhaltet, so werden wir euch morgen behandeln. Das gebe ich dir zu bedenken! Sei also klug, Effendi! Diese Warnung spreche ich nicht etwa aus Angst aus, sondern weil ich mich in der gnädigen Stimmung befinde, dich retten zu wollen."

„Pah! Die Leute, auf die du rechnest, mögen nur kommen! Anstatt euch befreien zu können, werden sie gefesselt neben euch liegen."

Tamek fuhr erschrocken zusammen und fragte:

„Welche Leute meinst du?"

„Die aus dem Chor Om Karn."

„Von solchen Leuten weiß ich nichts."

„Lüge nicht! Die zwei Boten, die du zu ihnen schicktest, haben dir mitgeteilt, daß sie morgen kommen werden, um die Sklaven in Empfang zu nehmen und mit Goldstaub zu bezahlen. Auf ihre Hilfe rechnest du vergeblich."

Da trat wieder eine Pause ein. Tamek hatte sie nötig, um sich zu fassen.

„Ich weiß nicht, was du meinst", beharrte er dann.

„Du mußt im Fieber gelegen sein, daß du glaubtest, Dinge zu sehen, die sich gar nicht ereigneten, und Worte zu hören, die gar nicht gesprochen wurden. Die Hilfe, die ich erwarte, ist eine ganz andere, als du denkst. Indem du uns als Feinde behandelst, hast du dich auf Es Ssiret begeben, auf die Brücke des Todes, und es bedarf nur eines leichten Stoßes von meinem Finger, so stürzest du in den Abgrund hinab, der dir aus der schauerlichen Tiefe entgegengähnt."

„Laß ihn gähnen! Ich gähne auch, und zwar aus Langeweile über die Drohungen, mit denen du mich erschrecken willst."

„So denkst du, daß ich lüge?"

„Ja."

„Effendi, beleidige mich nicht! Ich bin ein gläubiger Muslim, du aber bist ein Christ, der tief unter mir steht!"

„Da du so hoch über mir stehst, wirst du um so tiefer fallen!"

„Du willst dich also nicht überzeugen lassen? Frag Geri, meinen Mulasim[1]! Da liegt er als der dritte zu meiner linken Seite. Er wird dir bei Allah und dem Propheten bestätigen, daß ich recht habe."

„Ich glaube ihm ebensowenig wie dir."

Da fuhr er mich an:

„Hüte dich, Giaur! Ich mag solche Worte nicht hören!"

Ich trat nahe zu ihm heran und drohte:

„Ich warne dich zum letztenmal. Wenn du wirklich denkst, so hoch über mir zu stehen, weil ich ein Christ bin, so lache ich darüber. Aber wenn du deinen albernen Hochmut so weit treibst, mich zu beschimpfen, so werde ich dich zwingen, dich bescheiden zu verhalten."

„Ich, der reiche und berühmte Abu Reqiq, bescheiden gegen dich, der du doch nur der Sklave und Speichellecker des Reïs Effendina bist? Ich möchte den Ungläu-

[1] Leutnant, Unteranführer

bigen, den ewig Verfluchten sehen, der mich dazu bringen könnte. Wisse, daß es gerade der Islam ist, der dich in meine Hände liefern wird! Der neuerwachte Islam wird seinen Rachen öffnen und dich und deinen Reïs Effendina verschlingen, dem du nachläufst und gehorchst wie ein Hund!«

„Gut, du hast es nicht anders gewollt! Du wirst sofort erfahren, daß der Giaur, der ewig Verfluchte, der Hund, es wohl versteht, dich demütig zu machen. Ben Nil, der Kerl bekommt einstweilen zehn Hiebe auf jede Fußsohle! Besorge das! Und wenn er dadurch nicht bescheidener wird, werden ihm noch zwanzig aufgezählt!«

Ben Nil war eine solche Strenge so wenig an mir gewöhnt, daß er einen fragenden, zweifelnden Blick auf mich warf. Als ich ihm aber mit einer knappen Handbewegung bedeutete, daß es mein Ernst sei, rief er erfreut:

„Oh, Effendi, welche Wonne du mir damit bereitest! Fast hätte ich es nicht geglaubt, denn deine Güte und Langmut sind unendlich. Es schmerzt mich nur, daß nicht auch seine Leute die Hiebe bekommen, die sie alle so wohlverdient haben. Aber ich werde diesen Schmerz von mir abladen und auf die Sohlen seiner Füße übertragen. Kommt, ihr Krieger vom tapferen Stamm der El Homr! Schafft euren Peiniger hier auf die Seite, legt ihn auf den Bauch, kniet auf seinem Rücken, daß er sich nicht bewegen kann, und zieht ihm die Sandalen ab! Haltet ihm dann die Füße hoch, daß die Sohlen gegen den Himmel schauen! Sie sollen die Gaben des Stockes empfangen, den ich mir jetzt abschneiden werde, eines schönen Stockes, dessen Mahnung deutlicher sein wird, als die Gesetze des Koran und aller seiner Ausleger!«

Er ging zum nahen Busch, um einige passende Ruten abzuschneiden, während zehn El Homr sich über Abu Reqiq hermachten. Wie gern sie das taten! Sie faßten ihn bei den Beinen, zogen ihn auf die Seite und gaben da seinen Gliedern die Lage, die Ben Nil ihnen bezeichnet hatte. Tamek wehrte sich dagegen, soweit die Fesseln es ihm erlaubten. Das half ihm nichts, denn es hatten ihn so viele Fäuste gepackt, daß seine Kraft gegen die ihrige gleich Null war.

Hätte er mich um Verzeihung gebeten, so wäre ich wahrscheinlich so schwach gewesen, ihm die Bastonnade zu erlassen. Aber es fiel ihm gar nicht ein, das zu tun. Er schleuderte vielmehr eine solche Flut von Schimpfworten gegen uns und besonders gegen mich, daß ich befahl, ihm nicht zehn, sondern zwanzig Hiebe auf jeden Fuß zu geben. Als das sein Mulasim hörte, rief er Tamek zu:

„Schweig doch, schweig! Du siehst ja, daß du es mit deinem Zorn nur schlimmer machst. Wenn du deine Zunge nicht zähmst, wirst du dreißig oder fünfzig Streiche erhalten."

Diese Warnung fruchtete. Abu Reqiq schwieg, aber mich um Verzeihung zu bitten, das ließ sein Stolz auch jetzt nicht zu. Mehrere der El Homr baten, die Rute führen zu dürfen, doch Ben Nil wehrte ab.

„Ihr seid halb verhungert und verdurstet und habt die Kraft verloren, die dazu gehört, alles, was im bösen Herzen dieses Menschen lebt, so deutlich auf seine Sohlen zu zeichnen, daß er es endlich selber glauben muß. Ich aber bin kräftig genug dazu und habe diese vier schönen, starken und biegsamen Stöcke nicht für euch, sondern nur für mich abgeschnitten. Haltet ihn nur fest! Es kann beginnen."

Die El Homr bildeten einen Kreis um die bei der Vollstreckung beteiligten Personen, ich aber zog es vor, nicht Zuschauer dabei zu sein. Bald hörte ich die Hiebe fallen, deren jeder durch ein tierisches Gebrüll des Empfangenden bestätigt wurde. Die einzelnen Schreie, die er ausstieß, zogen sich nach und nach in ein immerwährendes, pausenloses Heulen zusammen, das mich verhinderte, die ferneren Schläge zu hören und zu zählen.

Endlich verstummte das Gebrüll. Es gab nur noch ein tiefes, schweres Stöhnen. Der Kreis öffnete sich und Ben Nil kam zu mir.

„Wir sind fertig, Effendi, und du wirst mit mir zufrieden sein."

„Warum?"

„Weil ich Abu Reqiq fünfundzwanzig anstatt zwanzig gegeben habe."

„Warum hast du das getan?"

„Weil ich so schön im Zug war, daß ich meinen Arm nicht eher zum Stillstehen brachte, als bis es fünf zu viel waren. Nun liegt der Sklavenhändler da und kann sich nicht rühren. Was sollen wir mit ihm machen?"

„Schafft Tamek hinter das Akaziengebüsch rechts da an der Wasserlache! Wenn er dort liegt, tragt ihr seinen Mulasim zu ihm und bindet sie nebeneinander so an die Büsche oder Pflöcke, die ihr in die Erde schlagt, daß sie sich nicht bewegen und nicht sehen können, was hinter ihnen geschieht."

„Warum?"

„Kannst du dich noch erinnern, wie ich Abd Asl belauschte, als wir an dem Brunnen lagen, wo ich den Löwen schoß?"

„Ja."

„In gleicher Weise will ich diesen Abu Reqiq belauschen. Er drohte mir, daß der Islam seinen Rachen öffnen werde, um mich zu verschlingen. Das hat eine Bedeutung, die ich kennenlernen will. Er würde es mir weder gutwillig noch gezwungen sagen. Darum wende ich die List, die damals so glückte, hier wieder an. Es ist günstig, daß er seinen Mulasim bei sich hat, mit dem er jedenfalls auf einem vertraulicheren Fuß steht als mit seinen gewöhnlichen Leuten. Wenn beide glauben, allein und unbeobachtet beieinanderzuliegen, werden sie ihren Herzen Luft machen, und ich müßte mich sehr irren, wenn dabei nicht auch das zur Sprache käme, was ich erfahren will. Die Hauptsache ist, daß sie sich für unbelauscht halten, daß sie überzeugt sind, ich befinde mich in eurer Mitte."

„Das laß mich machen, Effendi! Die El Homr müssen sich in einem Kreis um dich setzen und so tun, als würde die Beute verteilt. Inzwischen schaffe ich die beiden Kerle zu dem Gebüsch und binde sie dort an, und du schleichst heimlich hinter sie. Wenn ich dann wieder bei den El Homr sitze, werde ich öfters so tun, als spräche ich mit dir. Sie werden das hören und dann gewiß nicht denken, daß du bei ihnen bist."

Dieser Vorschlag Ben Nils war gut. Ich stimmte ihm bei, und er machte sich gleich daran, ihn auszuführen. Es dauerte nicht lange, so lag ich an dem betreffenden Gesträuch hinter Abu Reqiq und seinem Vertrauten. Sie sprachen zunächst nicht miteinander. Die Schmerzen des Gezüchtigten waren so groß, daß er nicht an Unterhaltung dachte. Er wimmerte in einem fort leise vor sich hin. Wie oft hatte er wohl gefangene Neger noch ganz anders schlagen lassen, ohne daß sein Gewissen dadurch beschwert worden war!

Dieses Schweigen dauerte dem Mulasim endlich doch zu lang. Nach dem, was geschehen war, gab es so viel zu besprechen, und die Gelegenheit dazu konnte gar nicht bequemer kommen. Er begann also:

„Wer hätte gestern um diese Zeit gedacht, daß es uns heute so traurig ergehen würde! Der Scheïtan muß diese Hunde den Nil herabgeführt haben, gerade in dem Augenblick, wo wir angekommen sind! Nur einen einzigen Tag später, und unser Handel wäre gelungen. Tun dir deine Wunden sehr weh, Herr?"

„Frag nicht so dumm!" stöhnte Abu Reqiq, wie er überhaupt während des ganzen Gesprächs fortwährend ächzte und wimmerte. „Soll es denn nicht schmerzen, wenn einem die Füße derart zerschlagen worden sind, daß alle Knochen aus dem Fleisch schauen? Allah verdamme diesen Christenhund in den Teil der Hölle, wo die Teufel in alle Ewigkeit Bestonnade erteilen!"

„Du hättest nur zehn Streiche erhalten, aber weil du ihn schimpftest und beleidigtest, bist du selber schuld —"

„Schweig!" unterbrach ihn der Sklavenhändler. „Ich will deine guten Lehren nicht hören! Ich wollte ihn nur durch mein sicheres Auftreten ängstlich machen."

„Allah! Wir haben genug über diesen Christen gehört, um zu wissen, daß ihm keine Angst einzujagen ist. Er ist milde wie ein Weib, aber stolz und unerschütterlich dabei. Ich möchte wissen, weshalb er uns beide so allein hat hier-herschaffen lassen."

„Weil er sich trotz seines Stolzes vor uns fürchtet. Wir sollen nicht sehen, was sie tun, und nicht hören, was ge-sprochen wird. Er hält es für möglich, daß wir gerettet werden. In diesem Fall wäre es gefährlich für ihn, wenn wir etwas über seine Absichten gehört hätten. Darum hat er uns beiseiteschaffen lassen!"

„Oder ist er gar nicht dort, sondern hier bei uns, um uns zu belauschen!"

„Fällt ihm nicht ein! Ich sah ihn, als ich fortgeschafft wurde, inmitten der El Homr sitzen. Du hast ihn auch gesehen, und — horch! Hörst du seinen Namen nennen? Hörst du, daß dieser verfluchte Ben Nil mit ihm redet?"

„Ja. Er ist wirklich dort, und wir können miteinander sprechen, ohne befürchten zu müssen, daß wir belauscht werden. Hältst du es für möglich, daß die Männer aus dem Chor Om Karn uns befreien?"

„Ja."

„Aber sie werden ahnungslos herüberkommen und dem Franken in die Hände laufen! Er sagte doch selber, daß er sie festnehmen will!"

„Ich werde sie warnen. Sobald wir sie kommen sehen, rufe ich ihnen zu, daß wir gefangen sind, und daß sie uns befreien sollen."

„Dann wird Kara Ben Nemsi dich töten!"

„Nein, ein Mörder ist er nicht. Wir haben ja gehört, daß er nur im äußersten Notfall Blut vergießt. Er wird uns dem Reïs Effendina übergeben. Bevor das geschehen ist, haben wir wenigstens für unser Leben nichts zu fürchten. Er wird mich, wenn er hört, daß ich die Om Karn-Leute warne, nicht töten, sondern meine Warnung dadurch erfolglos zu machen suchen, daß er hier diese Furt verläßt und irgendwo ein anderes Lager bezieht. Unsere Verbündeten aber werden ihm folgen, ihn finden und uns befreien. Aber dann!"

Tamek knirschte bei diesen Worten mit den Zähnen. Der Mulasim wiederholte sie:

„Aber dann! Ja, dann wird es ihm traurig ergehen!"

„Trauriger, als es ihm in der Hölle ergehen könnte! Ich lasse ihn peitschen, daß ihm alle Knochen aus dem Leib schauen. Und dann mache ich ihn zu meinem eigenen Sklaven, den ich von früh bis abends peinige, wie noch kein Sklave gepeinigt worden ist. Ich bin überzeugt, daß wir nicht gefangen bleiben, aber wir werden einige kostbare Tage verlieren und darum später nach El Michbaja kommen, als man uns dort erwartet."

„Zumal du durch die Bastonnade so verwundet bist! Du wirst dich kaum auf dem Kamel halten können."

„Wir werden ein Boot haben."

„Ein Boot? Von wem?"

„Von diesem Christenhund. Er hat ja gesagt, daß er dem Reïs Effendina vorausgefahren sei, er ist also im Besitz eines Fahrzeugs, das hier irgendwo am Ufer liegen muß. Das nehme ich für mich und lasse mich nach El Michbaja rudern, während du mit den anderen den Weg mit den Kamelen zurücklegst. Diese Hunde haben uns alles abgenommen. Sogar mein Goldstaub wird sich in ihren Händen befinden. Das könnte mich rasend machen, wenn ich nicht wüßte, daß sie alles wieder hergeben müssen."

„Wenn aber nun der Reïs Effendina kommt, ehe wir wieder frei sind?"

„Geschähe das, so wären wir verloren, denn die Strenge dieses Abgesandten des Teufels würde unser Leben fordern. Glücklicherweise war aus den Reden des Christen zu entnehmen, daß der Reïs Effendina erst nach einigen Tagen hier eintreffen wird. Da sind wir wieder frei, weil die Leute aus Om Karn schon morgen kommen."

„Wir wären dann mit ihnen sechsundzwanzig tapfere Männer. O Allah! Wenn es möglich wäre, mit diesen Leuten das Schiff des Reïs Effendina zu ersteigen und wegzunehmen!"

„Diesen Gedanken laß nur fallen! Selbst wenn es gelänge, würden so viele von uns dabei zugrunde gehen, daß die übrigen das Schiff nicht lenken könnten, zumal sie nichts davon verstehen. Es wird mit dem Reïs Effendina und seinen Leuten auch ohnedies in unsere Hände fallen."

„Bei El Michbaja?"

„Ja."

„Steht denn der Wächter noch immer dort am Ufer?"

„Ja, bei Tag und bei Nacht. Der Heilige hat es so befohlen. Niemand weiß, weshalb er den Untergang des Reïs Effendina beschlossen hat. Er muß von diesem Mann auf eine Weise beleidigt worden sein, die selbst ein Heiliger nicht verzeihen kann, zumal dieser behauptet, Allah und der Prophet hätten den Sklavenhandel befohlen. Kennst du die Stelle des Nil, an der El Michbaja angelegt worden ist?"

„Nein."

„Der Fluß hat dort eine so schnurgerade Richtung, daß man jedes abwärts kommende Schiff schon aus weiter Ferne erblickt. Dann macht er einen raschen Bogen, indem er um eine weit vorgeschobene Landzunge oder Halbinsel fließt, die von sehr dichtem Wald bedeckt ist. In diesem Wald liegt El Michbaja, wo man mit einer großen Sklavenherde auf uns wartet. Die Bewohner von El Michbaja haben den Segen des Heiligen erhalten, und ihr letzter Bote teilte mir vertraulich mit, dieser Reqiq bestände nicht nur aus Schwarzen. Es gibt Menschen, die man beiseiteschaffen muß, ohne sie gerade töten zu wollen. Die macht man einfach zu Reqiq. Es hat sogar Fälle gegeben, daß man mir einige Schwarze dafür schenkte, daß ich einen Weißen mitnahm, um ihn als Sklaven verschwinden zu lassen. Wahrscheinlich steht mir in El Michbaja wieder ein so gutes Geschäft bevor, denn sonst hätte man mir den erwähnten Wink nicht gegeben."

„Befinden sich denn genug Leute dort, den Reïs Effendina abzufangen?"

„Ja. Und diese Leute sind alle mit dem Wasser vertraut wie Fische. Ich habe es bisher geheimgehalten, jetzt aber will ich es dir sagen, daß einer von uns zu den dort ansässigen Leuten gehört und nur deshalb zu mir geschickt wurde, um nötigenfalls mein Führer dorthin zu sein."

„Allah! Solche Geheimnisse hast du vor mir gehabt? Ich habe stets gemeint, du wüßtest, daß du mir vertrauen darfst!"

„Das wußte ich. Aber ich mußte versprechen, das alles so lange geheimzuhalten, bis ein triftiger Grund einträte, es einem anderen zu sagen. Dieser Grund ist jetzt gegeben. Also höre! Am Ufer der Landzunge, auf der El Michbaja liegt, steht Tag und Nacht ein Posten, der auf das Schiff des Reïs Effendina aufpassen muß. Es ist so gebaut, daß der Mann es sofort erkennen wird, und sobald es erscheint, muß er es melden."

„Dann wird das Schiff angegriffen?"

„Ja."

„Was soll mit der Besatzung geschehen?"

„Sie kann getötet oder gefangengenommen und als

Reqiq verkauft werden. Zwei aber sollen unbedingt geschont werden, nämlich der Reïs Effendina und dieser Kara Ben Nemsi Effendi."

„Warum?"

„Der Heilige will sie haben."

„Wozu?"

„Das weiß man nicht. Er hat sie sich auf das allerstrengste ausbedungen, und du kannst dir denken, daß man ihm gern gehorsam ist. Wir sind in die Hände dieses Giaur geraten. Das ist ein Unglück, das vorübergehen wird, und bei jedem Unglück ist auch ein Glück."

„So meinst du auch hier?"

„Ja. Es ist ein Glück für uns, daß der Reïs Effendina gerade zu der Zeit angesegelt kommt, wenn wir uns in El Michbaja befinden werden. Ich bin überzeugt, daß man uns dort die ganze gefangene Besatzung umsonst als Sklaven überlassen wird. Was man nicht tötet, muß verschwinden, und zum Verschwindenlassen bin ich der richtige Mann."

„Warst du schon einmal dort?"

„Nein, aber ich kann mich auf Hubahr verlassen wie auf mich selber."

„Ach, Hubahr ist also der Mann, den du vorhin meintest?"

„Ja."

„Ich habe ihm eigentlich nie viel zugetraut, denn er scheint ein Feigling zu sein."

„Hubahr fürchtet sich sogar im hellen Mondschein, wenn er von weitem die Stimme der Hyäne hört, die ihm gar nichts anhaben kann. Ein Krieger ist er nicht, aber zum Boten, Führer und Späher paßt er ausgezeichnet. Er ist mir von El Michbaja aus nicht nur warm empfohlen worden, sondern er steht sogar unter dem Schutz des Heiligen, den er persönlich kennt, denn er hat bei ihm auf der Insel Aba gewohnt und ist in den frommen Regeln und Satzungen der Terîka es Samania[1] einer seiner besten Schüler gewesen."

„Maschallah! Wer hätte das von diesem Hubahr gedacht, der mit uns auf den Sklavenhandel gegangen ist und doch vor Angst zusammenzuckt, wenn nur der Hahn seiner eigenen Flinte knackt!"

„Es ist nicht notwendig, daß ein Streiter Allahs auch ein kühner Krieger im irdischen Sinn ist. Der Islam braucht außer den streitbaren Schwertträgern, die seine Fahne in alle Länder tragen sollen, auch kluge, listige Bekenner, von denen ein einziger durch seine Verschlagenheit oft viel mehr leisten kann als tausend Asaker, die nur durch die Kraft ihrer Arme wirken. Das hat Mohammed Achmed selber oft gesagt und gelehrt."

„So heißt der Heilige?"

„Weißt du das noch nicht? Habe ich mit dir noch nicht von ihm gesprochen? Du widmest deine ganze Kraft und alle deine Gedanken dem Sklavenhandel, aber nebenbei solltest du dich doch auch um die Ereignisse und die Personen kümmern, die für den Islam von Wichtigkeit sind. Mohammed Achmed Ibn Abdullahi war ein Hauar[2] des berühmten Scheik Mohammed Scherif von der Samania. Er entzweite sich mit ihm und ging zur Terîka des Scheiks el Gureschi über. Dadurch wurde er berühmt. Er wurde der Fakir el Fukara genannt und wohnte auf der Insel Aba, wo er den Titel eins Schahîd[3] erhielt. Er wollte die hervorragenden Anhänger des Islam in den westlichen Gegenden kennenlernen und unternahm darum eine Reise nach Kordofân. Als er zurückkehrte, war er eine Zeitlang sehr krank. Er konnte nicht gehen, denn er hatte diese Reise als Schahîd meist zu Fuß gemacht und dabei seine Sohlen im heißen Sand so schwer verletzt, daß fast kein Mittel Heilung bringen wollte. Die Schmerzen, die er infolge seiner Entsagung auszustehen hatte, vermehrten den Ruf seiner Heilig-

1 ‚Weg zum Heil' 2 Jünger 3 Entsagender, Heiliger

keit, und es sammelten sich in wenigen Wochen so viele Schüler und Jünger um ihn, daß er jetzt eine Macht besitzt wie vor ihm noch kein Heiliger. Als ich zum letztenmal von ihm hörte, sagte man sogar, er sei der Mahdi, den wir schon seit Jahrhunderten erwarten. Er werde den reinen, geläuterten Glauben lehren und dann die Streiter des Islam siegreich in alle Gegenden der Erde führen, um überall die grüne Fahne des wahren Glaubens aufzupflanzen. Nun weißt du, wen du unter dem ‚Heiligen' zu verstehen hast, und da Hubahr einer seiner besten Schüler ist, wirst du ihm von jetzt an dein Vertrauen schenken."

„Allah, Allah!" rief Geri erstaunt. „Der Mahdi soll endlich gekommen sein! Und dieser heilige Mann lehrt, daß Sklavenhandel keine Sünde sei?"

„Mohammed Achmed lehrt sogar, daß er befohlen sei. Der Mahdi wird durch diese Lehre allein das Christentum besiegen, das die Sklaverei verbietet und darum keine Männer hat, sich gegen uns zu wehren, während wir Hunderttausende bewaffneter Sklaven gegen die Ungläubigen aussenden können. Allah verderbe sie!"

„Zunächst möge er diesen einen Christen vernichten, der es gewagt hat, sich an uns zu vergreifen und deine Füße mit den Stöcken zu berühren!"

„Das wird Allah tun! Ich bin überzeugt davon. Allah kann unmöglich wollen, daß wir das neue, große Licht des Islam nur aufgehen sehen sollen, um uns hier ruhmlos von dem Reïs Effendina abschlachten zu lassen. Jetzt aber schweig! Ich muß über unsere Lage und über unsere Rettung nachdenken, und wenn ich spreche, werden die Schmerzen meiner Füße um das Doppelte vermehrt. Wenn ich diesen Giaur in meine Hand bekomme, soll er Qualen erleiden, als hätte er hundert Füße, auf die ihm die Bastonnade gegeben worden wäre."

Sie hüllten sich nun in Schweigen, das heißt, soweit sich das auf gesprochene Worte bezog, denn still verhielt Abu

Reqiq sich keineswegs, sondern sein Stöhnen und Seufzen ertönte ebenso fort, wie es das ganze von mir belauschte Gespräch begleitet hatte. Weil ich nun schwerlich noch mehr hören und erfahren konnte, entfernte ich mich leise und kehrte zu den El Homr zurück. Als Ben Nil mich von weitem kommen sah, war er so klug, aufzuspringen und auch die anderen zum Aufstehen zu veranlassen. Die vielen aufrecht stehenden Gestalten boten mir eine willkommene Deckung, so daß ich mich in einem kleinen Bogen dem Platz nähern konnte, ohne von Abu Reqiq und Geri gesehen zu werden.

Als wir uns dann wieder gesetzt hatten, warf mir Ben Nil einen fragenden Blick zu, den ich mit einem leichten Kopfschütteln beantwortete. Nun wußte er, daß es mir gelungen war, den Sklavenhändler und seinen Mulasim zu belauschen. Der Inhalt der Taschen der Händler war inzwischen verteilt worden. Bei Abu Reqiq war die Beute besonders reichlich ausgefallen, wenn sie auch nicht aus Gold bestanden hatte.

Mich beschäftigte das Gehörte. Also Mohammed Achmed, der Fakir el Fukara, spielte sich jetzt als ‚Heiliger‘, sogar als ‚Mahdi‘ auf! Ich konnte nicht daran zweifeln, daß es sich um den Mann handelte, den wir in der Chala kennengelernt hatten. Seine Reise nach Kordofân war erwähnt worden. Er war uns auf der Rückreise von dort begegnet. Die schwere Krankheit seiner Füße, die er sich durch seine fromme Entsagung zugezogen haben sollte, war nichts als eine Folge der Bestonnade, die ihm der Reïs Effendina hatte geben lassen. Und daß er diesen und auch mich gern in seine Gewalt bekommen wollte, daß er die Rückkehr unseres Schiffs so aufmerksam erwarten ließ, das war mir leicht erklärlich. Mohammed Achmed wollte Rache nehmen, auch an mir, obgleich ich mich seiner erbarmt hatte, als er mit zerschlagenen Füßen am Sumpf lag. Wie er von dort weg und zur Insel Aba gekommen war, konnte mir gleichgültig sein. Es genügte mir zu wissen, daß er auf irgendeine Weise wieder heimgelangt war.

Um so wichtiger war mir der Ort, den der Händler El Michbaja genannt hatte. In welcher Gegend war er zu suchen? Ich kannte keinen Ort dieses Namens am Nil, und Ben Nil, den ich nachher fragte, auch nicht. Und als ich mich später bei seinem Großvater erkundigte, meinte dieser, es müsse eine ganz neu angelegte Niederlassung sein. Zwischen unserer Fahrt stromaufwärts und dem heutigen Tag lagen allerdings Monate, denn ich erzähle nur die hervorragenden Ereignisse, und die Zeit unserer Abwesenheit war so lang, daß aus dem Fakir el Fukara inzwischen hätte ein Heiliger werden und am Ufer des Nil ein Ort entstehen können, den es damals noch nicht gegeben hatte.

Dieser Ort schien aber nicht nur uns unbekannt zu sein.

Das ging aus seinem Namen hervor. El Michbaja heißt ,das Versteck'. Es handelt sich also wahrscheinlich um eine geheimgehaltene Stelle, wo verkäufliche Sklaven versteckt wurden, um bei passender Gelgenheit auf gefahrlosen Wegen weiterbefördert zu werden. Aber wo lag dieser Ort? Das mußte ich wissen, denn dort wartete man auf uns, um Rache an uns zu nehmen. Ich zweifelte zwar gar nicht daran, daß es uns gelingen würde, glücklich dort vorbeizukommen, aber doch nur dann, wenn wir wußten, an welcher Stelle uns die Gefahr drohte. Und aufrichtig gesagt, hatte ich gar keine Lust, eben nur glücklich vorüberzufahren. Es gab dort Sklaven zu retten, unter denen sich sogar Weiße befinden sollten! Da war es doch wohl unsere Pflicht, denen, die uns verderben wollten, nicht feig aus dem Weg zu gehen.

Also wir mußten unbedingt erfahren, wo El Michbaja lag. Aber von wem? Doch von Hubahr, dem bevorzugten Schüler des neuen Propheten, der lehrte, daß die Sklaverei eine von Allah befohlene Einrichtung sei. Bei dem Gedanken, daß gerade dieser Schüler uns gegen seinen Meister beistehen sollte, drängte sich mir ein Lächeln auf, denn ich war überzeugt, daß es mir nicht schwerfallen würde, ihn dazu zu bewegen, allerdings nicht auf freundschaftlichem Weg. Abu Reqiq hatte ihn als einen verschlagenen, listigen, aber feigen Menschen geschildert. Nun, die List eines Sudanesen fürchtete ich nicht, und die Feigheit war der Punkt, an dem ich ihn zu fassen gedachte.

Doch war noch Zeit. Jetzt genügte es zu wissen, welcher von den Leuten dieser Hubahr war. Ich hatte den Gefangenen nicht verboten, miteinander zu sprechen, und sie machten von dieser mittelbaren Erlaubnis reichlich Gebrauch. Indem ich verstohlen die abgerissenen Reden verfolgte, die sie einander zuwarfen, und bei denen auch Namen genannt wurden, erfuhr ich bald, wo der Betreffende lag. Er war ein kleiner schmächtiger

Mann mit drei schrägen Schnittnarben auf den Schläfen und Wangen und gehörte also dem Fundschvolk an, höchstwahrscheinlich der Abteilung der Hammedsch oder Burun. Mit seinem dunklen Gesicht glich er genau einem Fennek[1], und er wäre von mir, auch wenn ich Abu Reqiq nicht belauscht hätte, gleich beim ersten Blick für schlau und verschlagen gehalten worden. Sein ruheloses, unstetes Auge konnte diese Meinung nur bestätigen. Also das war einer jener Streiter des Islam, von denen ein einziger mehr wert war als tausend tapfere Asaker!

Ich wußte nun genug und beschäftigte mich nur noch mit den nötigen Bestimmungen für die Nacht. Die Wachen wurden so eingeteilt, daß zu je fünf El Homr ein Askari kam, weil ich mich auf meine vier Asaker mehr verlassen konnte, als auf alle sechzig El Homr. Dann legten wir uns schlafen.

Am Morgen wurde ich auf meinen Befehl sehr früh geweckt und stieg die Mischra hinauf, um eine für meine Zwecke passende Stelle zu suchen. Als ich sie gefunden hatte, kehrte ich um und gab den Befehl, die Gefangenen an diesen Ort zu schaffen. Dort wurden sie entfesselt, entkleidet und dann wieder gebunden. Die Kleider der Gefangenen mußten die heller Gefärbten unter den El Homr anziehen. Zwei Asaker und zwanzig El Homr sollten als Wachen zurückbleiben. Es hatten sich alle in diese Veranstaltung fügen müssen, Abu Reqiq auch. Als er hörte, daß er mit seinen Leuten hier bewacht werden sollte, wurde er von seiner Enttäuschung und Besorgnis zu der Frage getrieben:

„Warum sollen wir nicht unten am Fluß bleiben, Effendi?"

„Das kannst du dir nicht denken?" entgegnete ich. „Es ist doch sehr einfach. Hier oben könnt ihr die Leute vom Chor Om Karn nicht kommen sehen, und sie vermögen

[1] Kleiner Wüstenfuchs

deine Stimme nicht zu hören, wenn du sie aufforderst, euch zu befreien."

Da rief Tamek erschrocken:

„Allah kerîm! Wer hat dich auf den Gedanken gebracht, daß ich das tun will?"

„Frage doch nicht! Wir Christen besitzen die Fähigkeit, die Gedanken der Muslimin so genau zu erraten, als ständen sie auf ihren Stirnen geschrieben. Ich werde diese Mischra nicht vor den Leuten aus Om Karn verlassen. Sie werden mir nicht folgen und euch befreien, und du wirst mir nicht Qualen bereiten, als hätte ich hundert Füße, auf denen ich die Bastonnade bekomme. Ich habe dir gesagt, daß ich die Händler, die du jetzt erwartest, gefangennehmen werde, und das führe ich auch aus. Nun höre noch, was ich den Wächtern jetzt anbefehle! Jeder von den Gefangenen, der einen lauten Ruf ausstößt oder nicht still und ruhig auf seinem Platz liegenbleibt, soll augenblicklich erstochen werden! Jetzt, Tamek er Rhâni, der du dich Abu Reqiq nennst, such deine Hilfe bei dem ‚Heiligen', der seine Streiter über den ganzen Erdkreis senden wird, um die grüne Fahne des Propheten in allen Ländern aufzupflanzen. Er hat die Sklaverei als ein Gebot Allahs hingestellt und mag dir helfen, die Gefangenen, die ich aus deinen Händen befreit habe, und die dich jetzt bewachen, wieder in Fesseln zu schlagen und als Reqiq zu verkaufen!"

„Sei verflucht, in die tiefste Dschehenna hinab verflucht!" knirschte er vor Grimm darüber, daß ich ihm die Hoffnung auf die Om Karn-Leute vernichtete.

Ich kehrte mich nicht daran, sondern ging ans Ufer zurück und wies die vierzig El Homr an, wie sie sich verhalten sollten. Die Anzüge der Händler wurden von denen angelegt, die bei mir und Ben Nil blieben. Die übrigen sollten sich zurückziehen und sich verstecken, um nicht gesehen zu werden, mit ihnen der dritte und vierte

Askari, deren Waffenröcke die erwarteten Gegner leicht verscheucht hätten.

Als diese Vorbereitungen getroffen waren, sahen wir der Ankunft der Feinde mit Spannung entgegen. Wenn sie einzeln kamen und einer der ersten Verdacht schöpfte, konnten uns die anderen entgehen. Wir überzeugten uns indes sehr bald, daß diese Besorgnis überflüssig war, denn wir sahen sie alle auf einem großen Floß erscheinen, und zwar fuhren sie nicht über den geteilten Nil. Das Tragen des Floßes über die verschiedenen Inselbänke hätte doch Anstrengung gekostet, und so waren sie weiter oben, wo sich der Strom noch nicht geteilt hatte, ins Wasser gegangen und ließen sich zu uns herabtreiben. Als sie angelegt hatten, banden sie das Floß fest und sprangen alle ans Land, ohne erst einen Kundschafter abzusenden, um sich von ihrer Sicherheit zu überzeugen. Diese Leute hatten hier wohl schon oft Sklaven in Empfang genommen, ohne dabei gestört worden zu sein, und waren dadurch nachlässig und unvorsichtig geworden.

Sie sahen uns sitzen und kamen auf uns zu. Ich hatte nicht erfahren können, ob sie Abu Reqiq persönlich kannten und stand auf, sie zu begrüßen. Auch die El Homr erhoben sich. Die Gegner kamen bis ganz heran zu uns. Wir wechselten die üblichen Grüße, und dann fragte der Anführer ein wenig verwundert:

„Wo ist Abu Reqiq? Ich sehe ihn nicht! Und wo sind die Sklaven, die wir holen wollen?"

„Sie liegen auf der Höhe der Mischra", erklärte ich, „und Abu Reqiq befindet sich bei ihnen. Er hatte geglaubt, ihr brächtet als Bezahlung Waren mit, und war sehr enttäuscht, als er hörte, daß ihr nur Goldstaub hättet."

„Ist Gold nicht geradesogut wie Ware? Laß uns zu ihm gehen, damit wir die Sklaven sehen können! Wir haben keine Zeit, lange zu verweilen, denn der Reïs Effendina ist in der Nähe."

„Was? Der Reïs Effendina?" tat ich erschrocken. „Ist das möglich? Woher wißt ihr das?"

„Ein Mann, der aus Ghrab el Aisch herabgesegelt kam und nach Om Karn wollte, sagte es uns. Er hat das Jagdschiff des Khedive in Kuek liegen sehen. Wir müssen uns beeilen, denn die Hunde auf diesem Schiff beißen gern. Allah sei Dank, daß sie sich noch so weit oberhalb dieser Furt befinden und daß sie ihnen unbekannt ist!"

„Du dankst Allah vergeblich", spottete ich.

„Wieso?"

„Diese Hunde kennen die Furt und sind schon da."

Er sah mir betroffen ins Gesicht.

„Ich verstehe dich nicht. Du scherzt doch?"

„Nein, denn ich bin selber einer dieser Hunde."

Ich schlug ihn bei diesen Worten mit der Faust nieder. Das war das mit den versteckten El Homr verabredete Zeichen. Sie sprangen herbei, und die wenigen Händler wurden von über vierzig Gegnern zusammengedrängt, überwältigt, entwaffnet und gebunden, ehe sie nur auf den Gedanken kamen, Gegenwehr zu leisten. Als sie, überrumpelt und gefesselt, auf dem Boden lagen, schien es ihnen schwer zu werden, die Sache ernst zu nehmen, wenigstens drückten ihre Züge mehr Verwunderung als Schreck aus, und der Anführer herrschte mich an:

„Was ist das für ein Verhalten? Wollt ihr uns etwa eine neu erfundene Fantasia lehren?"

„O nein", lachte ich. „Es ist keine Fantasia, sondern Ernst. Ich gehöre, wie du an diesen beiden Waffenröcken sehen wirst, zu dem Schiff, in dem Hunde wohnen, und die vierzig Männer, die euch niedergeworfen und gebunden haben, sind zwei Drittel der Sklaven, die du kaufen wolltest. Ich habe sie gestern abend befreit und Abu Reqiq mit seinen Leuten gefangengenommen."

Jetzt stockte ihm der Atem. Der Ausdruck der Angst trat auf sein Gesicht, und er stammelte:

„Höre ich — richtig? — Bin ich — denn bei — Sinnen?

Solltet ihr — wirklich zum — Reïs Effendina gehören?"

„Ja, wir gehören zu ihm", betonte ich.

„Aber du bist — der Reïs — wohl — nicht selber?"

„Nein, ich bin sein Freund."

„Allah, Allah! Dann kannst du nur Kara Ben Nemsi Effendi sein!"

„Der bin ich allerdings."

Es gab nun einen ähnlichen Auftritt wie gestern bei der Festnahme Abu Reqiqs. Es waren die gleichen Grobheiten und Verwünschungen, die gleichen anmaßenden Drohungen, die ich über mich ergehen lassen mußte, und ich wunderte mich gar nicht darüber, daß Ben Nil mir schließlich den Rat gab, mir wieder durch die Bastonnade Achtung zu verschaffen. Am schlimmsten wurde das Geheul, als ich den Befehl gab, den Gefangenen die Taschen zu leeren, doch gelang es mit Hilfe kräftiger Hiebe bald, die nötige Ruhe herzustellen. Der Goldstaub wurde wie gestern unter Ben Nil und die Asaker verteilt, die übrige Beute fiel wieder den El Homr zu. Als das vorüber war, brachten wir die Händler hinauf zu den anderen Gefangenen.

Das Zusammentreffen — bei einigen Personen wohl ein Wiedersehen — der beiden Gruppen war ruhig. Niemand sprach ein Wort, aber hätten ihre Gedanken laut werden können, so wäre das wohl ein betäubender Lärm gewesen. Welcher Haß sprach aus all den Zügen, welcher Grimm aus all den Blicken! Als Mohammedaner betrachteten sie ihre Gefangennahme als ein im Buch des Lebens vorgezeichnetes Ereignis, das nicht zu umgehen gewesen war. Aber daß eigentlich nur sechs Personen das fertiggebracht hatten, und daß der Anführer der Sieger ein Giaur war, erregte in ihnen eine Wut, die sie nicht verbergen konnten. Mich ließ diese Wut gleichgültig. Die El Homr lachten und freuten sich darüber. Wenn es nach ihnen gegangen wäre, hätten wir die Gefangenen samt und sonders in den Nil geworfen.

Die Leute aus Om Karn hatten auch Kamele mit den nötigen Vorräten bei sich gehabt und sie am anderen Ufer unter Aufsicht einiger Männer zurückgelassen. Diese mußten herübergeholt werden. Ich ließ zu diesem Zweck ein großes Floß zusammensetzen, das gegen Mittag fertig wurde. Dann machte ich mich mit einer Anzahl El Homr an die Überfahrt. Ben Nil blieb zurück, um hüben an meiner Stelle den Befehl zu übernehmen.

Wir hatten trotz aller Drohungen nicht erfahren können, an welcher Stelle wir drüben anlegen mußten, doch war es für mich nicht schwer, den rechten Ort zu finden. Ein halb niedergeschnittenes Ambakgebüsch verriet uns den Platz, wo das Floß angefertigt worden war. Nicht weit davon lagen wiederkäuend die Kamele, von einem einzigen Mann bewacht, mit dem wir rasch fertig wurden. Wir mußten trotz der Größe des Floßes mehrmals überfahren, was bis zum Abend dauerte.

Ben Nil hatte inzwischen oben auf der Mischra einen passenden Lagerplatz abgesteckt und alle notwendigen Wachen so unter die El Homr verteilt, daß mir nichts zu tun übrigblieb. Mundvorrat war für mehrere Tage da. Dennoch ließ ich unser Boot holen, um abends beim Schein einiger Feuer ein Fischstechen zu veranstalten, durch das wir reichlich Fische bekamen.

Die Feuer brannten während der ganzen Nacht, um dem Reïs Effendina gegebenenfalls als Zeichen zum Ankerwerfen zu dienen, und am Morgen wurden Posten aufgestellt, um auf sein Nahen achtzuhaben. Ich war der Ansicht, daß Achmed des Nachts kommen würde, weil er uns auf der Insel Matenieh wähnte. Wie ich ihn kannte, richtete er es so ein, daß er früh dort ankam, und wenn die Berechnung richtig war, so mußte er nicht lange nach Mitternacht bei uns vorübersegeln. Die Posten besaßen genaue Weisung, wie sie sich verhalten sollten. Es war auch möglich, daß der Reïs Effendina, sobald er die Feuer sah, das Schiff weiter oben halten ließ und ein Boot

absandte, um zu erfahren, wer sich bei den Feuern befand.

Es vergingen zwei Nächte und zwei Tage, ohne daß
sich ein Fahrzeug sehen ließ. Ich war also sehr kaltge-
stellt worden, was mich aber nicht ärgern, sondern meine
heimliche Genugtuung nur vergrößern konnte. In der
dritten Nacht richtete ich es so ein, daß zwei Asaker
nach Mitternacht Wache standen. Die Vermutung, die
mich dazu bewogen hatte, erwies sich als begründet,
denn es fiel so gegen zwei Uhr unten an der Mischra ein
Schuß, das verabredete Zeichen, daß ein Schiff in Sicht
sei. Ben Nil mußte im Lager bleiben, an dessen vier
Ecken Feuer brannten. Ich stieg mit den zwei übrigen
Asakern hinab. Man sollte zunächst nur mich mit den
vier Soldaten finden, die übrigen Leute erst dann, wenn
es mir beliebte.

Als wir das Ufer erreichten, zeigten uns die Posten
das Mastlicht eines Schiffes, das eine Strecke aufwärts von
uns Anker geworfen hatte, sobald unsere Feuer bemerkt
worden waren.

„Das ist ‚Esch Schahin‘“, sagte ich. „Der Reïs Effendina
wird das Boot zu Wasser lassen und den Leutnant senden
oder selber kommen.“

„Wie wird es ablaufen, Effendi?“ erkundigte sich einer
der Asaker, dem es um seinen Goldstaub zu tun war.

„Kommt Leutnant Ali Farid, so geht alles glatt, wenigstens hier. Kommt der Reïs aber selber, so wird es zunächst
einen Auftritt geben.“

„Und dann?“

„Dann wird sich alles zu eurer Zufriedenheit gestalten,
das verspreche ich euch.“

„Wir danken dir, Effendi. Wir sind durch dich so reich
geworden, daß wir es nicht mehr nötig haben, solche
Strapazen durchzumachen. Es würde uns mit großer Wehmut erfüllen, wenn wir das schöne Gold wieder hergeben
müßten.“

„Ihr dürft es behalten, verlaßt euch darauf. Stellt euch jetzt in den Schatten, damit ihr nicht gesehen werdet! Und wenn dann Fragen oder gar Vorwürfe an euch gerichtet werden, so sagt kein Wort, sondern überlaßt das Antworten mir."

Sie zogen sich ins Dunkel zurück, und auch ich setzte mich so, daß man mich vom Wasser aus nicht gleich bemerken konnte. Es währte nur kurze Zeit, so sah ich ein Boot langsam herabgeschwommen kommen. Die sechs Ruderer gaben leichten Gegenschlag, so daß das Fahrzeug nicht die Schnelligkeit der Strömung bekam. Diese Langsamkeit wurde durch die Vorsicht geboten. Als das Boot näher kam, sah ich eine hochaufgerichtete Gestalt am Bug stehen: es war der Reïs Effendina. Als er niemand bei den Feuern erblickte, ließ er stärkeren Gegenschlag geben, so daß das Boot trotz der Strömung halten blieb, und rief herüber:

„Bana bak — heda! Wer ist da drüben am Ufer? Antwort, oder ich lasse schießen!"

„Bana bak!" antwortete ich. „Wer ist da drüben im Boot? Antwort, oder ich schieße auch!"

Er erkannte meine Stimme und fragte:

„Ist es möglich? Du bist es, Effendi?"

„Ja."

„Allein?"

„Nein."

„Wer ist bei dir?"

„Die Asaker."

„Wo ist Ben Nil?"

„Einstweilen abwesend."

„Wo? Auf Matenieh?"

„Nein, er ist auch hier."

„Warte! Ich komme gleich!"

Das Boot kam herbei und legte an. Der Reïs Effendina sprang heraus und kam zu mir, der ich jetzt aufgestanden war. Seine Augen blitzten. Er wollte mich zur

Rede stellen, da sah er die vier Asaker, die sich bei seinem Nahen nebeneinander aufgestellt hatten, und fuhr sie zornig an:

„Warum steht ihr hier, ihr Schurken? Warum seid ihr nicht auf Matenieh?"

„Weil sie mir gehorcht haben", antwortete ich an ihrer Stelle.

Da drehte er sich zu mir herum.

„Dir? Sind das meine Asaker oder die deinigen? Wem haben sie zu gehorchen?"

„Bis jetzt mir! Du hast sie mir mitgegeben und unter meinen Befehl gestellt."

„So sind sie jetzt wieder bei mir, und ich mache diesen Befehl null und nichtig. Bist du auf Matenieh gewesen?"

„Nein."

„Warum nicht?"

„Weil ich nur bis hierher kam."

„Nur bis hierher? Allah! Ich habe dir doch befohlen, bis Matenieh zu gehen!"

Achmed stellte mich in einem Ton zur Rede, als wäre ich ein gewöhnlicher Askari. Das durfte ich nicht dulden. Darum nahm ich denselben Oberton an wie er.

„Du mir befohlen? Seit wann hast du mir etwas zu befehlen?"

„Seit ich —", er hielt inne, trat einen Schritt zurück und fragte: „Wie sprichst du mit mir? Fällt es dir etwa ein, mir gegenüber den Gebieter zu spielen?"

„Welch ein Ausdruck! Einfälle habe ich nie, und noch viel weniger bin ich gewohnt zu spielen, das merke dir! Ich antworte nur in der Weise, in der man mich fragt. Mit Grobheiten und Rücksichtslosigkeiten kommt man bei mir nicht durch."

„Allah, Allah! Ist das der Dank für die Wohltaten, die ich dir doch andauernd erwiesen habe?"

„Es ist kein Dank, weil es vorher keine Wohltaten gab. Forderst du dennoch Dank von mir, so wirst du mich bereit finden! Den aber, den du mir schuldig bist, magst du behalten. Ich verzichte darauf."

„So bist du mit mir fertig?"

„Ja", erwiderte ich kurz.

„Ich mit dir auch. Ich kann gehen."

„So geh!"

Er hatte wohl erwartet, daß ich bitten würde. Bei meiner kurzen, entschlossenen Antwort trat er abermals einen Schritt zurück, sah mich erstaunt an und warnte:

„Weißt du auch, was du sagst und tust? Du befindest dich nicht in Kairo, sondern in der Halbwildnis am oberen Nil!"

„Das weiß ich!"

„Und dennoch sagst du, ich soll gehen?"

„Ja."

„Gut, so sind wir wirklich fertig! Wo ist das Boot, das ich dir geliehen habe?"

„Dort, dreißig Schritt von hier liegt es am Ufer."

„Ich nehme es mit, ich kann es dir nicht lassen."

„Ganz wie du willst!"

„Wenn du aber hier zugrunde gehst!"

„Ich? Pah! Ich versichere dir, daß ich eher in Khartum und auch eher in Kairo sein werde als du."

„Du bist wahnsinnig. Ich mag nichts mehr mit dir zu schaffen haben."

Der Reïs wandte sich zu den Asakern und befahl ihnen:

„Fort, ihr Halunken, ins Boot! Ihr rudert zum Schiff und kommt mit mir an Bord!"

Er ging zu seinem Boot. Die Soldaten blieben noch einen Augenblick stehen und sahen mich besorgt und fragend an.

„Gehorcht ihm jetzt!" mahnte ich leise. „Wir sehen uns bald wieder."

Da gingen sie. Er ließ vom Ufer abstoßen und rief mir zu:

„Ma'assalâm — gehab dich wohl! Das Ufer ist dein und das Schiff mein! Wage es nicht, es wieder zu betreten, ich würde dich niederschießen!"

„Einverstanden! Ich werde nicht kommen, bis du mich darum bittest. Dieses Ufer ist mein, aber ich werde dir nicht wehren, es zu betreten."

„Du bist sehr gnädig. Fahre zum Teufel!"

„Das tu ich nicht, aber du fährst in den Tod, du mit allen deinen Leuten!"

Ich legte ganz besonderen Nachdruck auf diese Warnung. Er beachtete sie nicht, aber ich wußte, daß sie die beabsichtigte Wirkung nicht verfehlen würde, denn er kannte mich und sagte sich gewiß sehr bald, daß ich einen triftigen Grund haben müsse, ihn zu warnen. Ich sah den beiden Booten nach, bis sie bei dem Schiff anlegten, und wendete mich dann ab, um mich allein beim Feuer niederzusetzen.

Da saß ich nun, ein Ausgestoßener in der Wildnis! Nicht einmal an meine Habseligkeiten, die noch auf dem Schiff waren, hatte Achmed gedacht. Ich fühlte mich aber nicht etwa mutlos, o nein, gar nicht! Ich hatte Ben Nil mit seinem Goldstaub, ich hatte die El Homr und ich hatte — was überhaupt mehr wert war als alles — mein felsenfestes Vertrauen zu Gott! Es gibt einen himmlischen Vater, der keines seiner Kinder verläßt, der selbst in der tiefsten Wildnis, in der schauerlichsten Wüste, in der Abgeschiedenheit des fernsten Erdenwinkels bei dem verlassenen Erdenpilger bleibt, wenn dieser die Hand der ewigen Liebe nicht von sich weist!

Nur traurig war ich, ernstlich traurig. Wo war die einstige Freundschaft dieses Reïs Effendina hin? Und was hatte ich getan, daß sie mir verlorenging? Er forderte eine unverdiente Dankbarkeit von mir, während er mir die verdiente verweigerte. Gibt es etwas Häßlicheres auf Erden als die Mißgunst und den Neid? Kann sich ein ganzer Mann wie er — und ein ganzer Mann war er doch jedenfalls! — denn nicht von Flecken freihalten, die das sittliche Schönheitsgefühl so sehr beleidigen? Aber wir sind nun einmal alle Sünder und ermangeln des Ruhms, den wir vor Gott haben sollen. Darum ging ich mit mir zu Rate und prüfte mein Inneres, inwiefern auch ich mit meinen Fehlern dazu beigetragen hätte, die nach und nach zwischen uns entstandene Kluft allmählich zu vergrößern.

Ich wußte, wie es kommen würde, und war meines endlichen Sieges gewiß. Aber viel lieber wäre es mir gewesen, wenn Achmed mir keine Veranlassung gegeben hätte, ihm diese Niederlage zu bereiten. Jetzt saß er gewiß in seiner Kajüte und ließ sich von den vier Asakern berichten. So erfuhr er, was geschehen war, dabei verschwiegen sie ihm, daß sie den Goldstaub bekommen hatten. Dann ging er wohl allein auf und ab, innerlich erregt und mit seiner Mißgunst kämpfend. Meine Warnung fiel ihm ein, die jedenfalls nicht grundlos war. Zu den edlen Gefühlen seines Herzens gesellte sich die Sorge um sich selber, die ihm meine Worte wiederholte, daß er mit allen seinen Leuten in den Tod fahren würde. Diesen Regungen mußte er Folge leisten, dieser Stimme Gehör schenken. Dann kam er wieder herbeigerudert, um mir die Hand zur Versöhnung zu reichen.

So sah ich es kommen, und so wartete ich. Aber ich wartete lange, bis der Morgen graute. Der ‚Falke‘ lag noch immer vor Anker, und ich sah, daß viel mehr Leute an Deck waren, als zur Ssabâh[1]-Wache gehörten.

Sie schienen alle abwärts zur Stelle zu blicken, wo ich jetzt, da es hell geworden war, die Feuer hatte ausgehen lassen. Da, endlich sah ich meine Erwartung erfüllt. Die kleine Jolle wurde herabgelassen, und der Reïs Effendina stieg mit nur einem Ruderer ein. Er ließ die Jolle mit der Strömung gehen, bis er sich mir gegenüber befand. Da rief er mich an:

1 Morgen

„Darf ich landen, Effendi?"

„Ja", antwortete ich.

„Du wirst nicht schießen?"

„Seit wann hältst du mich für einen Mörder?"

„Gut! Ich komme!"

Achmed legte an, stieg aus und kam auf mich zu. Ich erhob mich und sah ihm kühl und ruhig ins Gesicht.

„Effendi", sagte er, „warum erzähltest du mir vorhin nicht, was sich hier ereignet hat?"

„Hast du mir Zeit dazu gelassen?"

„Du hättest nicht grob werden sollen!"

„Mache mir immerhin Vorwürfe! Du wirst von mir keine hören. Es würde mir wehtun, meine Schuld auf andere zu wälzen."

Der Reïs Effendina wendete sich von mir ab und ging einige Male hin und her. Er hatte also den falschen Stolz in seinem Herzen immer noch nicht ganz überwunden. Dann machte er eine schnelle Schwenkung, stand wieder vor mir und fragte:

„Hast du nichts zu bitten?"

„Nein."

„Nichts zu fragen."

„Auch nicht."

„Kein gutes Wort zu geben?"

Also ich sollte tun, was eigentlich ihm zukam. Diese Aussöhnung war nicht aufrichtig gemeint. Nicht die Freundschaft, sondern die Sorge um sich hatte ihn wieder zu mir getrieben. Dennoch besiegte ich mich und hielt ihm die Hand entgegen.

„Worte habe ich nicht zu geben, aber diese hier."

Achmed schlug ein und erklärte:

„Wir Menschen können trotz aller unserer Klugheit doch die widersinnigsten Torheiten begehen. Doch, nun ist es ja wieder gut! Jetzt führe mich zu den Gefangenen. Da sie so dumm gewesen sind, mir in die Hände zu laufen, werde ich sie sofort verhören und Gericht über sie halten."

Das sagte Achmed so leichthin, als handle es sich um etwas Selbstverständliches, als hätte er einem seiner Asaker eine Rüge wegen eines beschmutzten Tarbusch zu erteilen. Dabei wendete er sich ab, um fortzugehen.

Das war mir denn doch zu stark. Wenn der Reïs Effendina nur gekommen war, um mich in dieser beleidigenden Weise beiseite zu schieben, so hätte er an Bord bleiben und weiterfahren können. Ich durchschaute ihn gar wohl. Er wollte es umgehen, mich erzählen zu lassen, denn mein ungeahnter Erfolg hatte seine Absichten zuschanden gemacht, und er fühlte sich beschämt. Der böse Neid war wieder erwacht. Ich hielt Achmed nicht zurück und setzte mich wieder nieder. Nach einigen Schritten merkte er, daß ich ihm nicht folgte. Da drehte er sich um und rief mir zu:

„Warum kommst du nicht? Hast du nicht gehört, daß ich die Gefangenen sehen will?"

„Ich habe es gehört."

„So komm!"

„Ich bleibe!"

„Warum?" brauste er auf.

„Weil ich meine Gründe habe."

„Gründe! Ach ja richtig, du handelst immer nach Gründen. Nun, so habe doch die Güte und laß mich deine Gründe hören!"

Achmed sagte das, während er langsam zu mir zurückkehrte und dann vor mir stehenblieb, in beinahe spöttischem Ton. Kalt und ruhig fragte ich:

„Hast du zwischen Kaka und Kuek jemand gefangen?"

„Nein. Warum fragst du?"

„Um zu erfahren, wer dir dort in die Hände gelaufen ist. Oder sagtest du nicht, daß jemand so dumm gewesen sei, dir in die Hände zu laufen, über den du nun sofort Gericht halten willst?"

„Ich meinte die Gefangenen hier."

„Diese? Hier? Maschallah! Die sind keinem Menschen in die Hände gelaufen, am allerwenigsten dir. Ich habe mir redlich Mühe geben und alle meine Tatkraft und List zusammennehmen müssen, um sie in meine, hörst du, in meine Hände zu bekommen. Hineingelaufen sind sie mir nicht. Wir waren sechs Mann und haben zwei Trupps Sklavenhändler ergriffen und sechzig Sklaven befreit. Das geschieht aber nicht so bequem, wie du es darzustellen beliebst."

„Laß doch das Haarespalten, Effendi! Die Gefangenen gehören mir, und ich werde bestimmen, welche Strafe sie erleiden."

„Dir gehören sie, wirklich dir?"

„Gewiß!"

„So hast du deine eigene Entscheidung von vorhin vergessen."

„Welche Entscheidung?"

„Das Schiff gehöre dir und das Ufer mir. Ich habe diese Entscheidung angenommen, und ich bin niemals ein leeres Buch gewesen, dessen Blätter man nach Belieben vor- und rückwärts wenden kann."

„Soll das heißen, daß du es wagen willst, mir zu widersprechen?" fragte der Ägypter augenrollend, wobei sich seine Stirn in drohende Falten zog.

„Wagen?" lächelte ich zu ihm auf. „Ich wage nichts, wenn ich anderer Ansicht bin als du."

„Mir das!" rief Achmed, mit dem Fuß stampfend. Dann deutete er mit der Hand auf das Schiff. „Du weißt, wie viele Männer und Gewehre sich an Bord befinden. Du weißt auch, daß ich dort einen hübschen, kleinen Raum für widerspenstige Untergebene habe. Willst du es darauf ankommen lassen, daß ich dich zwinge, mir zu gehorchen?"

Da stand ich auf und faßte seinen Arm, daß er vor Schmerz zusammenzuckte.

„Armer Teufel, du! Dein Untergebener bin ich nicht, zu gehorchen brauche ich nicht, und zwingen lasse ich mich nicht! Versuch es doch mit dem Gefängnis! Ich glaube, du stecktest eher drin als ich. Und deine Asaker? Ich sage dir: Wenn es dich gelüsten sollte, die Probe zu machen, wessen Wille ihnen höher steht, der meinige oder der deine, du würdest sofort erfahren, daß sie nicht dir, sondern mir gehorchen. Und wenn das alles nicht wäre, so würdest du immer noch kein leichtes Spiel haben. Hier stehe ich, ein einzelner Mann, vor dir. Rufe deine Asaker herbei und befiehl ihnen, mich zu packen. Es wird viel Blut fließen, ehe es einem von ihnen gelingt, das Ufer zu erreichen, und der erste, den ich fassen werde, bist du selber!“

So drohend hatte ich wohl selten einem Menschen gegenübergestanden, wie jetzt dem Reïs Effendina. Er schüttelte meine Hand von seinem Arm und schrie mich an:

„Kerl, vergreif dich nicht an mir!“

Seine Augen bohrten sich wie Dolche in die meinigen, doch hielt ich diesen Blick gelassen aus. Seine Hände ballten sich zu Fäusten, und unter dem krampfhaften Zucken seiner Lippen bewegte sich sein Vollbart auf und nieder.

„Du hast Hand an mich gelegt, du hast mir gedroht!“ stieß er heiser hervor. „Weißt du, was jetzt geschehen wird?“

„Ja. Dein Lieblingswort wird sich erfüllen: Wehe dem, der wehe tut!“

„Ja, wehe dem, der wehe tut! Du hast dich gegen mich empört! Ich besitze die Gewalt über Leben und Tod aller Leute, die auf mein Schiff gehören, und zu diesen zählst auch du. Im Namen des Khedive: Du bist mein Gefangener und wirst mir jetzt an Bord folgen!“

Achmed zitterte vor Aufregung, während ich völlig ruhig blieb.

„Der Name deines Khedive ist mir gleichgültig. Ich stehe nicht in ägyptischem Dienst."

„Aber im meinigen! Ich bin dein Vorgesetzter, dem du zu gehorchen hast. Ich verhafte dich."

„Ist das denn wirklich dein Ernst?"

„Es ist mir so ernst, daß ich dich augenblicklich niederschießen werde, wenn du nur die geringste Bewegung machst, mir zu widerstehen."

Der Offizier zog seine Doppelpistole, spannte beide Hähne und richtete die Läufe gegen meine Brust. Ja, er machte Ernst, das sah ich ihm an. Er war fest entschlossen, auf mich zu schießen, wenn ich nicht gehorchte. Achmed war ein heißblütiger Morgenländer, der sich nicht beherrschen konnte, zumal er in der selbständigen Stellung, die er bekleidete, verlernt hatte, sich irgendeinem Willen zu beugen. Was sollte ich tun? Ihm gehorchen? Das konnte mir nicht einfallen. Ich war es mir und meiner Abstammung, auf die ich stolz bin wie nur irgendeiner, schuldig, ihm zu zeigen, daß ich kein Knabe sei. Darum gebot ich ihm drohend:

„Nimm die Waffe weg!"

„Fällt mir nicht ein!" trotzte er. „Ergibst du dich mir? Sag es schnell! Denn ich werde nur bis drei zählen; hast du dich da noch nicht gefügt, so schieße ich. Also eins —"

Er kam nicht einmal bis zur Zwei, denn ich riß ihm schon bei eins die Pistole aus der Hand, warf sie weg, faßte ihn bei den Oberarmen, hob ihn auf und schmetterte ihn auf die Erde nieder.

„Hund, räudiger!" brüllte Achmed, indem er sich aufzuraffen suchte. „Das mußt du mit dem Leben bezahlen!"

„Pah!" antwortete ich. „Du bist es, der bezahlen wird. Du hast es nicht anders gewollt!"

Dabei schlug ich ihn, der im Aufstehen den Kopf schief gegen mich erhob, mit der Faust so gegen die Schläfe, daß er wieder niedersank und sich mit einem

tiefen Atemzug lang ausstreckte. Er hatte das Bewußtsein verloren. Ohne mich zunächst weiter um ihn zu
kümmern, rief ich den Askari, der noch in der Jolle
saß und alles gesehen hatte, herbei. Er gehorchte. Als
er bei mir stand, ließ er seinen Blick ängstlich zwischen
mir und seinem betäubten Vorgesetzten hin und her
schweifen.

„Was hast du getan, Effendi! Ich weiß zwar, daß du
recht hast, denn ich habe alles gehört. Aber der Reïs wird
nun nicht eher ruhen, als bis er diesen Hieb an dir gerächt hat!"

„Ich fürchte seine Rache nicht. Sag mir jetzt vor allen
Dingen aufrichtig: Wer ist dir lieber, er oder ich?"

„Meine Antwort lautet so, wie sie dir jeder von uns
geben würde: Ihm müssen wir gehorchen, dich aber haben
wir lieb."

„Gut! Ich trete jetzt an seine Stelle. Du weißt, daß ich
schon oft für ihn den Befehl über euch geführt habe. So
wird es auch jetzt sein. Ihm wird nichts geschehen, und ihr
werdet nur Vorteil davon haben. Hilf mir, ihn zu binden
und auf die Höhe der Mischra zu schaffen!"

„Werde ich später nicht dafür bestraft werden, Effendi?"

„Nein, ich verspreche es dir."

„Du hältst stets, was du versprichst, und so werde ich
dir gehorchen."

Ich nahm dem Reïs Effendina die Waffen und fesselte
ihn mit seinem eigenen Gürtel. Dann trugen wir ihn
hinauf, wo meine Rückkehr besonders von Ben Nil mit
großer Spannung erwartet worden war. Wie staunte er,
als wir den Reïs Effendina als Gefangenen brachten, und
wie staunten dann die El Homr und auch die Sklavenhändler, als sie hörten, wer der gefesselte Mann war, den
wir bei ihnen niederlegten. Ich will nicht gerade sagen,
daß ich ‚va banque' spielte, aber ein gefährliches Spiel
war es doch, das ich wagte. Wenn einer der Punkte, mit

denen ich jetzt rechnete, nicht stimmte, so konnte sehr leicht mein Tod das Ergebnis sein. Von seiten des Reïs Effendina hatte ich, wie ich ihn kannte, keine Schonung zu erwarten. Als er vorhin vom Schiffsgefängnis gesprochen und ich ihm darauf gedroht hatte, den Spieß umzukehren, war es mir nicht eingefallen anzunehmen, daß ich gezwungen sein würde, gerade diese Drohung wahrzumachen. Es gab zwar verschiedene leichtere Wege, mich aus der jetzigen Lage zu ziehen, aber sie erschienen mir alle zu unrühmlich, als daß ich einen von ihnen hätte einschlagen mögen. Sollte ich dem Reïs Gelegenheit geben, mich der Feigheit zu zeihen? Nein! Lieber wollte ich es auf eine Gefahr ankommen lassen, die vielleicht größer war, als ich sie schätzte. Sollte meine Rolle auf dem ‚Falken‘ ausgespielt sein, nun, dann nur in einer Weise, die meinem bisherigen Verhalten und der Achtung, die ich beanspruchte, würdig war.

Die Sklavenhändler wunderten sich darüber, daß ich mich so schnell aus einem Verbündeten in einen Gegner des Reïs Effendina verwandelt hatte. Sie waren neugierig, die Gründe kennenzulernen, und schlossen Hoffnungen an diesen Wechsel meiner Gesinnung gegen ihren gefürchtetsten Feind. Doch wagte es keiner von ihnen, eine diesbezügliche Frage oder Bemerkung auszusprechen. Anders der Schech es Sêf der befreiten El Homr. Er verlieh seinem Staunen Worte und erkundigte sich bei mir, wie das so schnell gekommen sei und welche Folgen es für ihn und seine Gefährten haben könne.

„Ich bin keineswegs ein Feind des Reïs Effendina geworden“, belehrte ich ihn kurz, „sondern ich habe ihm nur beweisen wollen, daß ich nicht sein Untergebener bin. Für euch wird kein Schaden, sondern nur Vorteil daraus erwachsen, falls ihr auf den Vorschlag eingeht, den ich euch mache.“

„Sprich ihn aus, Effendi! Du darfst überzeugt sein,

daß wir alles tun werden, was möglich ist, um dir zu zeigen, welch große Dankbarkeit in unseren Herzen wohnt."

„Ich verlange kein Opfer von euch. Die Erfüllung meines Wunsches wird vielmehr nur zu eurem Besten dienen. Ihr habt wahrscheinlich die Absicht, zu eurem Stamm auf dem Weg zurückzukehren, auf dem ihr von Abu Reqiq hierhergeschafft worden seid?"

„Ja, die haben wir, weil es doch keinen anderen Weg für uns gibt."

„Es gibt einen. Die Kamele, die euch hier als Beute zugefallen sind, reichen nicht aus für euch alle. Aber wenn ihr mit mir auf das Schiff des Reïs Effendina kommt, so kann ich euch nach wenigen Tagen mit so vielen Reit- und Lasttieren und dazu mit Waffen und Lebensmitteln versorgen, daß ihr eure Heimat viel bequemer und sicherer erreichen werdet. Nur wünsche ich, daß ihr euch, so lang ihr auf dem Schiff seid, durch keinen Menschen verleiten laßt, etwas Feindliches gegen mich zu unternehmen."

„Was denkst du von uns, Effendi! Du hast uns gerettet und bietest uns jetzt neue Wohltat an, und wir sollten imstande sein, dir mit Undank zu lohnen? Allah ist mein Zeuge, daß wir unser Leben für dich einsetzen würden, wenn wir Gelegenheit bekämen, dich in unseren Schutz zu nehmen."

„Ihr geht also auf meinen Vorschlag ein?"

„Gern, sehr gern! Wir werden überhaupt alles tun, was du von uns verlangst. Betrachte dich als unseren Anführer und sei überzeugt, daß wir dir gehorchen werden."

„Gut, ich nehme dieses Anerbieten an. Es wird euch größere Vorteile bringen, als ihr jetzt wissen könnt."

„Wann sollen wir das Schiff besteigen?"

„Wenn ich von dort zurückkehre. Ich gehe erst allein

an Bord, um mit den Soldaten zu sprechen, denn ich muß —"

„Was?" fiel mir Ben Nil in die Rede. „Das hieße ja, dein Leben aufs Spiel setzen. Wenn du wirklich an Bord gehen mußt, so gehe ich mit, Effendi!"

„Sei nicht so hitzig, lieber Ben Nil. Ich weiß genau, was ich tun und wagen darf. Übrigens habe ich auch für dich eine Aufgabe, die nicht wenig Mut erfordert."

„Welche?"

„Du fährst jetzt in der Jolle zum Schiff, besteigst es aber nicht, sondern richtest nur die Weisung von mir aus, der Schiffsleutnant und die beiden Steuerleute möchten an Land kommen, weil ich mit ihnen sprechen will."

„Sie werden aber vom Schiff aus gesehen haben, daß du den Reïs Effendina niedergeschlagen hast."

„Desto wißbegieriger werden sie sein. Übrigens weißt du, daß sie meine Freunde sind. Sie kommen auf jeden Fall. Du gehst aber nicht an Bord, sondern richtest nur deine Botschaft aus und kehrst dann zu mir zurück. Jetzt geh!"

Ben Nil verzichtete auf fernere Einsprache und entfernte sich. Eben waren seine Schritte verklungen, da begann der Reïs Effendina sich zu bewegen. Er schlug die Augen auf, ließ den Blick erstaunt im Kreis umherschweifen und kam, als er die Fesseln fühlte, zur Besinnung. Er erinnerte sich dessen, was sich zwischen ihm und mir ereignet hatte. Sofort strengte er seine Kräfte an, sich freizumachen. Als ihm das nicht gelang, herrschte er mich an:

„Hundesohn, du hast dich nicht nur an mir vergriffen, sondern mich sogar gebunden! Ich wollte dich nur erschießen lassen, weil du gemeutert hast. Nun aber wirst du durchgepeitscht und wie ein ehrloser Wicht am Strick gehenkt! Ich befehle dir, mich auf der Stelle loszubinden!"

„Ich sagte dir schon, daß du mir nichts zu befehlen hast", antwortete ich, „der Befehlende bin im Gegenteil jetzt ich. Du hast das Band unserer Freundschaft ohne allen Grund zerrissen und mir soeben selbst eingestanden, daß du die Absicht hattest, mich erschießen zu lassen. Es ist kaum auszusagen, welche Dummheit das von dir war, denn du hast mich gekannt und mußtest wissen, wie ich auf solche Angriffe antworte. Was ich für dich tat, wurde mir mit Mißachtung und Zurücksetzung belohnt. Der häßlichste Neid war es, der mich zur Insel Matenieh schickte, und als ich auch da geschickter und glücklicher war als du, beschlossest du gar meinen Untergang. Armer, armer Reïs Effendina! Wie konntest du nur glauben, mir gewachsen zu sein!"

Diese in mitleidigem Ton gesprochenen Worte kränkten ihn so schwer, daß er nur einen heiseren Schrei als Antwort fand. Ich aber fuhr fort:

„Wehe dem, der wehe tut! Du hast meinen Tod gewollt. Deine Feindschaft fällt auf dich zurück."

„So willst du mich ermorden?" knirschte er mich grimmig an. „Meine Asaker würden mich schrecklich rächen!"

„Pah! Ich habe dir schon gesagt, daß die Asaker nicht zu dir, sondern zu mir halten werden. Auch weißt du wohl, daß ich kein Mörder bin. Du hast mir ganz im Gegenteil oft vorgeworfen, daß ich selbst dem ärgsten Feind gern verzeihe."

„Ich verzichte auf deine Verzeihung. Der berühmte Reïs Effendina, der alle seine Gegner bloß durch seinen Namen im Furcht und Angst versetzt, hat nicht nötig, einen Christen um Vergebung anzubetteln!"

„Das sollst du auch nicht. Ich verzeihe ohne Bitte, mache dich aber darauf aufmerksam, daß ich mich weder vor dir, noch vor deinem Namen fürchte."

„So zeige doch den Mut, dein Maul zu öffnen, um mir zu sagen, was du mit mir vorhast!"

„Sprich höflicher zu mir, sonst bekommst du die Bastonnade, wie sie dort Abu Reqiq bekommen hat."

Ein abermaliger unverständlicher Wutschrei war die Antwort. Ich aber sprach lächelnd weiter:

„Du wirst dich wohl auf jedes Wort besinnen, das ich unten am Ufer zu dir sprach, also auch auf die Antwort, die ich dir gab, als du mir mit dem kleinen engen Raum drohtest, in den ich gesperrt werden sollte. Diese Antwort wird jetzt in Erfüllung gehen: Du wirst Gefangener auf deinem eigenen Schiff sein, dessen Reïs ich von jetzt an bin. Deine Freiheit erhältst du erst dann zurück, wenn wir in Khartum sind."

Das klang so ungeheuerlich, und er wurde durch mein Lächeln und durch die Ruhe meiner Ausdrucksweise in eine solche Aufregung versetzt, daß er in ein krampfhaftes Gelächter verfiel und nur stoßweise die Worte hervorbrachte:

„Ja — ja — ja und in Khartum — — würde ich dich und alle Asaker, — die dir gehorchten, — als Aufrührer — hinrichten lassen! Oh, wie klug — wie ungeheuer klug du bist."

Ich wiegte den Kopf, als wollte ich ihm zustimmen.

„Ja, meine Klugheit ist allerdings so groß, daß du sie jetzt noch gar nicht fassen kannst. Wir werden unterwegs ohne dich einen großartigen Fang machen, der uns gerade dadurch gelingen wird, daß du nichts verderben kannst. Und der hochberühmte Reïs Effendina wird in Khartum mild wie ein Lamm gegen uns ein und kein Wort davon sagen, daß er eingesperrt war, weil es sonst mit seiner Berühmtheit zu Ende sein würde. Was würde der Pascha oder gar der Khedive dazu sagen, wenn er erführe, was geschehen ist. Der Reïs Effendina verdankt seine Erfolge einem fremden Christen, weil dieser es verstand, alle Ungeschicklichkeiten des Reïs zum guten Ende zu führen. Der Reïs, anstatt ihm zu danken, wurde neidisch und faßte den Plan, ihn einzusperren und beiseitezuschaffen. Der Christ aber war klüger als er und kam ihm zuvor. Er schlug ihn nieder wie einen Knaben, steckte ihn ins Loch, übernahm den Befehl über die Asaker, die durch ihn Ehre und Beute ernteten, und führte den ‚Falken‘ schließlich nach Khartum, wo er seinen Gefangenen dem Pascha übergab und diesem bewies, daß alle Erfolge der langen Fahrt, auch die Ausrottung Ibn Asls und seiner Sklavenjäger, nicht dem Reïs Effendina, sondern dem Christen zu verdanken seien! So würde es von Mund zu Mund gehen; das würden sich die Weiber in den Gassen erzählen. Dazu kommt, daß der Christ kein angeworbener Askari ist und unter dem Schutz seines Konsuls steht, also über alle Drohungen des Reïs Effendina lachen kann.“

Neugierig auf den Erfolg meiner Worte, machte ich eine Pause. Vor einer Minute noch fast außer sich vor Wut, lag Achmed jetzt still und ruhig da. Er hielt die Augen geschlossen und sagte nichts. Er mußte ja einsehen, daß ich recht hatte, daß ihn nur Lächerlichkeit, wenn nicht gar Schande erwartete, und es mit seiner Berühmtheit vorbei sein mußte. Ich hätte ihm noch mehr sagen und ihn noch mehr warnen können; da aber kam Ben Nil und meldete:

„Sie werden kommen, Effendi. Das Boot wird schon ins Wasser gelassen.“

„Was haben sie mit dir gesprochen?“

„Nichts. Ich sollte erzählen, bin aber, als ich deinen Auftrag ausgerichtet hatte, sogleich wieder fortgerudert.“

„Gut! Ich weiß, daß du mir treu bist, und daß ich mich auf dich verlassen kann. Ich gehe für kurze Zeit fort, und du beaufsichtigst den Reïs Effendina. Er soll während meiner Abwesenheit kein Wort sprechen. Bei der ersten lauten Silbe, die er hören läßt, gibst du ihm das Messer in die Brust. Verstanden?“

„Ja, Effendi. Achmed Abd el Insaf ist der undankbarste Mensch, den ich kenne, und ich verspreche dir bei Allah, daß ich ihn, wenn er nur den Mund öffnet, nicht schonen werde!"

Ben Nil zog sein Messer und setzte sich zu ihm nieder. Ich bat den Schech es Sêf, mir mit zehn El Homr zu folgen, und sah, bevor wir das Ufer erreichten, das Boot mit den drei Erwarteten kommen. Die El Homr waren erfreut darüber, mir ihre Dankbarkeit schon jetzt beweisen zu können. Ich stellte sie an einen geeigneten, versteckten Platz, sagte ihnen kurz, wie sie sich verhalten sollten, und näherte mich dann dem Wasser so weit, wie ich es für meine Absichten rätlich fand. Die Offiziere sahen mich stehen, legten an, stiegen aus und kamen auf mich zu. Sie waren ohne Säbel und Schießwaffen und hatten nur ihre Messer bei sich.

„Du hast uns rufen lassen, Effendi", sagte Leutnant Ali Farid. „Allah hat Streit und Unglück über uns gebracht. Wir sahen, daß du den Gebieter niederwarfst. Wo ist er? Was hast du ihm getan? Wir sollten dich eigentlich als Feind behandeln, denn wir sind seine Offiziere. Aber wir haben dich lieb und wissen, daß das Unrecht nie auf deiner Seite ist. Was hast du mit uns zu sprechen?"

„Setzt euch hier nieder! Ich will euch erzählen."

Sie folgten dieser Aufforderung, und ich nahm ihnen gegenüber Platz, und zwar so, daß sie, falls ich den Revolver zog, nichts gegen mich unternehmen konnten. Das tat ich vorsichtshalber, obgleich ich glaubte, daß sie sich wenigstens innerlich zu mir und nicht zum Reïs Effendina bekennen würden. Dann leitete ich meine Erzählung mit dem Hinweis auf die Undankbarkeit ihres Anführers ein. Ich wies auf seine Strenge und Unnahbarkeit auch ihnen gegenüber hin. Ich brachte alles vor, was ich geeignet fand, sie meinem Plan geneigt zu machen, und teilte ihnen schließlich mit, was hier an dieser Stelle zwischen ihm und mir vorgefallen war. Als ich geendet hatte, befanden sie sich in größter Verlegenheit. Die Überzeugung rief sie an meine Seite, die Pflicht aber gegen mich. Keiner wollte zuerst das Wort ergreifen, und erst, als ich den Leutnant geradeheraus aufforderte, fragte er:

„Der Reïs Effendina liegt also gefesselt bei den anderen Gefangenen?“

„Ja.“

„Was gedenkst du nun zu tun?“

„Ich werde den Befehl über das Schiff übernehmen und einen Fang ausführen, von dem ich euch noch nichts gesagt habe.“

„Hast du auch bedacht, Effendi, daß wir als Soldaten auf der Seite des Reïs stehen müssen, obgleich unsere Freundschaft uns gebietet, dir zu helfen?“

„Ich habe es bedacht.“

„So sag, wie du uns von diesem Widerstreit befreien willst. Mach es uns möglich, deine Freunde zu bleiben, ohne daß wir Feinde des Reïs Effendina werden!“

„Das kann ich tun. Sagt mir aber vorher eure Ansicht über das Verhalten der Asaker! Wenn ich jetzt an Bord gehe, mitten unter sie trete und ihnen reiche Beute verheiße, sie auffordere, nicht Reïs Achmed, sondern mir zu gehorchen, für wen werden sie sich entscheiden?“

„Für dich, das ist gewiß. Ihn fürchten sie, dich aber lieben sie. Sie sind nur bis Khartum verpflichtet. Dort treten sie aus dem Dienstverhältnis, und wenn sie durch dich Beute erhalten, werden sie dem Reïs Effendina noch eher davonlaufen. Aber denke nicht nur an sie, sondern auch an uns!“

„Das werdet ihr gleich hören. Vor allen Dingen seht ihr die beiden Revolver in meinen Händen. Wer von euch zu seinem Messer greift, bekommt sofort eine Kugel in den Kopf!“

„Aber, Effendi, du wirst doch —“

„Still, kein Wort! Was ich sage und tue, geschieht zu euerm Besten. Dort hinter dem Gebüsch stehen elf El

Homr-Beduinen. Ich winke sie herbei, damit sie euch zum Schein binden. Wir schaffen euch zum Reïs Effendina, und dann seid ihr jeder Verantwortung enthoben. Ich werde euch hinter seinem Rücken als Freunde behandeln und euch sogar an der Beute teilnehmen lassen."

„Aber, Effendi, wenn wir auf diesen Vorschlag eingingen, der allerdings den besten Ausweg bietet, würde der Emir immer noch zornig darüber sein, daß wir uns haben festnehmen lassen!"

„Zornig? Ihr werdet von mir und elf El Homr überrumpelt, er aber ist von mir allein überwältigt worden. Er müßte also seinen Zorn mehr gegen sich selber als gegen euch richten."

„Das ist wahr. Du verstehst es eben stets, deine Absichten zu verteidigen. Was aber wirst du tun, wenn wir uns weigern, darauf einzugehen?"

„Dann mache ich aus dem Schein ernst. Meine Gefangenen werdet ihr auf jeden Fall. Gegen meine Revolver und die elf Mann könnt ihr nicht aufkommen. Darum hoffe ich, ihr werdet verständig sein und mich nicht zwingen, das Blut meiner Freunde zu vergießen. Entscheidet euch schnell, denn ich habe keine Zeit!"

Es bereitete mir heimlich Spaß, daß ich die guten Leute so fest hatte. Sie sprachen noch eine kleine Weile hin und her, kamen aber doch nicht darüber hinweg, daß mein Vorschlag der beste sei, und so erklärte der Leutnant endlich:

„Rufe die El Homr herbei, Effendi! Aber sie dürfen nicht verraten, daß wir uns freiwillig haben binden lassen. Der Reïs Effendina muß denken, daß wir uns gewehrt haben!"

„Dafür will ich schon sorgen. Sagt ihr nur auch ihm, daß er sich ja nicht auf die Asaker verlassen soll! Wenn es euch gelingt, ihm diese Überzeugung beizubringen, ist sogar noch eine andere und viel bessere Lösung möglich. Wenn ihr ihn auf die Schande aufmerksam macht, die ihn und euch erwartet, sobald man erfährt, wie ich ihn überwältigt und seine Macht an mich gerissen habe, wird er mir vielleicht den Befehl abtreten, ohne daß ich euch und ihn in Fesseln zu halten brauche. Aber merkt wohl auf: Den Befehl will ich haben; davon gehe ich unter keiner Bedingung ab!"

Ein Wink von mir genügte, die El Homr herbeizurufen. Die Offiziere wurden leicht gebunden und hinaufgeschafft, wo ihr Anblick den Reïs Effendina mit Schreck erfüllte. Er hatte nicht gewagt, ein Wort laut werden zu lassen. Jetzt fragte er mich:

„Effendi, darf ich wieder sprechen?"

„Ja", erwiderte ich. „Aber bemühe dich, höflich zu sein, und denke an deinen Ruf, mit dem es für immer zu Ende ist, wenn du dich nicht in die Lage findest, die du selbst verschuldet hast."

„Erlaubst du mir, mit meinen drei Untergebenen zu reden, ohne daß es jemand hört?"

Achmed sprach vom Erlauben. Er mußte also schon ziemlich tief in sich gegangen sein.

„Soll auch ich es nicht hören?" fragte ich dagegen.

„Auch du nicht. Höchstwahrscheinlich aber wirst du dann erfahren, was wir besprochen haben."

„Die Klugheit verbietet mir, dir diesen Wunsch zu erfüllen, denn ihr werdet ja doch nur Pläne schmieden, die gegen mich gerichtet sind. Doch um dir zu zeigen, daß ich euch nicht fürchte, sollst du deinen Willen haben. Ich gebe dir eine Viertelstunde Zeit, länger nicht."

Ich ließ die vier Männer so weit zur Seite tragen, daß sie ungestört, aber doch beaufsichtigt, miteinander reden konnten, und war auf das Ergebnis nicht sehr gespannt, denn ich sah es voraus. Die Viertelstunde war noch nicht vorüber, als Achmed mich zu sich rief. Er fragte mit unterdrückter Stimme, so daß es weiter niemand hörte:

„Du willst wirklich auf das Schiff, um die Asaker für dich zu gewinnen?"

„Ja."

„Sie werden sich nicht verleiten lassen!"

„Pah! Versuche doch nicht, mich zu täuschen! Du bist ebenso fest wie ich überzeugt, daß ich nicht viele Worte zu machen brauche, um meine Absicht zu erreichen. Wärst du aufrichtig und klug, so wüßtest du, was du mir zu sagen hast."

„Was sollte das wohl sein?"

Meine Gutmütigkeit veranlaßte mich, ihm den schweren Schritt zu erleichtern.

„Übergib mir den Befehl bis Khartum, den unumschränkten Befehl, so daß mir kein Mensch etwas dreinzureden hat!"

„Und was gibst du mir dafür?"

„Die Freiheit, dir und diesen drei Offizieren, die mir fortan bis Khartum gehorchen müssen."

„Allah akbar! Du willst mir schenken, was mir gehört!"

„Sieh dich an, so wirst du nicht behaupten, daß du im Besitz der Freiheit bist."

„Hältst du es denn wirklich für möglich, daß ich, der berühmte Reïs Effendina, meine ganze Macht einem anderen übergebe?"

„Es ist nicht nur möglich, sondern geradezu unvermeidlich, denn ich werde mir die Führung auf jeden Fall nehmen, und wenn ich dir erlaube, sie mir anzutragen, so ist das ein Ausfluß meiner Güte, für den du mir danken mußt!"

Sein Gesicht wollte einen zornigen Ausdruck annehmen, aber er beherrschte sich und seufzte:

„Du hast Schach mit mir gespielt und mich dabei mat[1] gemacht!"

„Vergiß nicht, daß du mir Schach geboten hast und aus eigener Schuld mat geworden bist! Mir wurde das Spiel aufgedrängt; nun setze ich es fort bis zum letzten

[1] persisch = tot, also nicht ‚matt'

Zug. Nach allem, was ich für dich tat, wolltest du mich vom Schiff entfernen; jetzt will ich Herr des Schiffs sein. Von dieser Forderung weiche ich nicht ab."

„Das ist Rache, und doch hast du stets behauptet, ein wahrer Christ würde sich niemals rächen!"

„Du irrst. Es ist etwas ganz anderes als Rache. Du hast mich mit Mißachtung und Geringschätzung behandelt, mich, der ich mir in hundert Gefahren für dich deine vollste Hochachtung erworben hatte. Darum gebietet mir nun die Ehre, dich zu zwingen, mir zu geben, was du mir verweigert hast. Ich habe gesiegt, und wenn meine Nachsicht dir jetzt Gelegenheit bietet, den Schein zu wahren, so sei so klug, sie zu ergreifen, denn wenn du dich nicht schnell entscheidest, nehme ich später keine Bitte mehr an, sondern schleppe euch jetzt als Gefangene an Bord und gebe euch erst in Khartum wieder frei. Und wolltest du mich dort anklagen, so würde ich es verstehen, mich nicht nur mündlich, sondern auch schriftlich, so daß alle Welt es lesen kann, so zu rechtfertigen, daß dein ganzer Ruhm zum Scheïtan in die Dschehenna fährt!"

Da sank ihm das Kinn ganz auf die Brust herab. Er schwieg eine Weile, dann zuckte es wie ein rettender Gedanke über sein Gesicht.

„Gut, du sollst den Befehl bis Khartum haben. Nun gib uns aber augenblicklich frei!"

„Hm! Hast du etwa eine Hintertür gefunden, durch die du mir entschlüpfen willst? Ich gehe nicht mit Netzen, die zerrissene Maschen haben, auf den Fang. Ich kenne die Tür, an die du jetzt dachtest, und werde dir zeigen, wie fest ich sie verschließen kann."

Das Eingehen auf meine Forderung war erzwungen. Innerlich suchte Achmed ein Mittel, mich schnell wieder loszuwerden, und da war ihm jedes recht, auch das verwerflichste, wenn es nur zum Ziel führte. Er war selbst jetzt noch überzeugt, klüger zu sein als ich, und hielt sich trotz seiner gegenwärtigen Lage für pfiffig genug, es mit mir aufzunehmen. Dieser Gedanke ließ, wenn auch nur für einen Augenblick, den Ausdruck des Hohns über seine Züge gleiten, und es war eine sehr unvorsichtige Hast, mit der er fragte:

„Eine Hintertür? Ich kenne keine und bin sogar bereit, dir die Abtretung des Oberbefehls schriftlich zu geben!"

Diese Schrift bot mir keine Sicherheit. Der Reïs Effendina konnte sie mir später stehlen oder mit Gewalt entreißen lassen. Dennoch ging ich darauf ein, indem ich mit scheinbar zufriedener Miene beistimmte:

„Ja, tu das! Das war es, was ich wünsche. Du trägst deine Brieftasche stets bei dir. Hast du Papier?"

„Ja, und auch einen Bleistift."

„So werde ich dir alles vorsagen, und der Leutnant und die Steuermänner sollen Zeugen deiner Unterschrift sein."

Ich band ihm die Hände los, und er schrieb mit einer Bereitwilligkeit, die man anerkennenswert hätte nennen können, wenn sie nicht auffällig gewesen wäre, die kurzen Worte nieder. Als er die Unterschrift hinzugefügt hatte, gab er mir das Papier.

„So, jetzt hast du volle Sicherheit und wirst mich freigeben!"

„Höre erst eine Frage! Hier steht, daß ich bis Khartum in allem an deine Stelle trete, und daß selbst du dich mir zu fügen hast. Das soll als dein fester Wille gelten?"

„Ja."

„Die drei Zeugen haben es gehört. Sie mögen zum Schiff zurückkehren und es dort verkünden."

„Ich nicht mit?"

„Du bist mir hier noch nötig, habe nur Geduld!"

Ich band die Genannten los und schickte sie zum ‚Falken'. Ben Nil mußte sich als Wächter zum Reïs Effendina setzen, und ich ging zu den gefangenen Sklavenhändlern. Dort gab ich Hubahr, dem Späher, die Füße frei, doch die Hände nicht, und führte ihn ein Stück fort zwischen die Büsche. Als ich dort mit ihm stehenblieb, sah er mir erwartungsvoll ins Gesicht. In welcher Absicht mochte ich ihn von den anderen abgesondert haben?

„Wenn ich nicht irre, wirst du Hubahr genannt?" fragte ich ihn.

„Ja, Effendi", bestätigte er unterwürfig.

„Weißt du, welches Schicksal euch erwartet?"

„Der Tod, Effendi, wenn Allah nicht so gnädig ist, es zu verhüten."

„Allah ist gerecht und doch barmherzig. Seine Gerechtigkeit wird alle deine Kameraden vernichten, dich aber wird seine Barmherzigkeit retten, wenn du dich ihrer würdig zeigst."

„Mich, Effendi? Allah! Was muß ich tun, mich ihrer würdig zu machen?"

„Meine Fragen genau der Wahrheit gemäß beantworten."

„Sprich sie aus, sprich sie aus! Ich werde so wahr und aufrichtig sein, als fragte mich der Richter des Jüngsten Tags."

„Versprich nicht zu viel! Ich kenne dich und weiß, daß deine Gedanken anders sind, als deine Worte klingen."

„Du irrst dich, gewiß, du irrst!"

„Nein. So weiß ich zum Beispiel, daß ihr euch nicht für verloren haltet, sondern fest auf Rettung hofft."

„Wer dem Reïs Effendina in die Hände fällt, der ist nicht mehr zu retten. Wohin sollten wir unsere Hoffnung richten?"

„Nach El Michbaja!"

Hubahr hatte sich bemüht, ein unbefangenes, aufrichtiges Gesicht zu zeigen, und das war ihm bisher auch gelungen. Jetzt aber war es ihm unmöglich, seinen Schreck zu verbergen.

„El Mich — ba — ja?" stotterte er. „Was ist das, Effendi? Das — kenne ich nicht!"

„Ganz, wie du willst! Ich habe dich von den anderen abgesondert, um dich zu retten. Wenn dir so viel daran liegt, mit ihnen zugrunde zu gehen, so fällt es mir nicht ein, dir das Leben und die Freiheit aufzuzwingen. Komm!"

Ich tat, als wollte ich mit ihm wieder umkehren. Da bat er:

„Warte noch, Effendi, warte! Vielleicht besinne ich mich; vielleicht fällt es mir noch ein, ob ich El Michbaja kenne!"

„Das hoffe ich um deinetwillen und will dir darum auf die Spur helfen. El Michbaja ist ein Versteck auf einer Halbinsel des Nil, wo man eine Menge Reqiq verborgen hält."

„Reqiq —?" sagte Hubahr zögernd.

„Ja. Dort steht Tag und Nacht ein Posten, um auf das Erscheinen unseres Schiffes, das überfallen werden soll, aufzupassen."

„Davon habe ich keine Ahnung, Effendi!"

„So! Auch nicht davon, daß die Bemannung des Schiffs getötet oder verkauft werden kann, ganz nach Belieben, daß aber zwei Personen, nämlich der Reïs Effendina und ich, geschont und ausgeliefert werden sollen?"

„An wen?"

„An den Marabût von Aba."

„Den kenne ich nicht."

„Sonderbar! Du kennst deinen eigenen Lehrer nicht?"

„Meinen Lehrer?" fragte Hubahr erbleichend.

„Ja. Du bist doch der Schüler von Mohammed Achmed Ibn Abdullahi, der dich in der Terîka des Scheiks Mohammed Scherîf unterrichtet hat?"

„Du siehst, wie ich staune. Du verwechselst mich mit einem anderen Menschen."

„Schwerlich! Es kommt noch etwas, was genau auf dich

stimmt. Nämlich der Hubahr, den ich meine, ist zu Abu Reqiq geschickt worden, um sein Führer nach El Michbaja zu sein. Das bist doch du!"

„Nein, das bin ich nicht! Wer hat dir diese Lüge gesagt?"

„Das verrate ich jetzt noch nicht. Du bist also nicht der, von dem ich spreche?"

„Nein."

„So tut es mir leid um dich. Du gefällst mir, und ich hätte dich gern gerettet. Das könnte aber nur geschehen, wenn du wirklich dieser Hubahr wärst. Leg dich nieder!"

Ich drückte ihn zu Boden und band ihm die Füße wieder zusammen. Da fragte er:

„Warum legst du mir schon jetzt die Fesseln wieder an? So kann ich doch nicht zurückgehen. Willst du mich tragen?"

„Nein. Du wirst gar nicht wieder zurückkehren. Da ich dir nicht das Leben retten kann, sollst du wenigstens die Qualen der Gefangenschaft nicht so lange erleiden wie die anderen. Ich will dich davon befreien, indem ich dich hier henke."

Ich sagte das scheinbar mit der größten Gemütlichkeit. Er riß den Mund weit auf und starrte mir entsetzt ins Gesicht. Ich hatte mich mit einem Strick versehen und schickte mich nun an, ihm die Leine um den Hals zu knüpfen. Da bekam er die Sprache wieder:

„Effendi, töte mich nicht; töte mich nicht! Ich will dir die Wahrheit sagen! Ich bin der Mann, den du meinst."

„Gut! Wo liegt El Michbaja? Beschreibe mir den Weg dorthin!"

Hubahr sammelte sich und folgte dann meiner Aufforderung, beging aber dabei die Unvorsichtigkeit, El Michbaja in die Gegend von Abu Schoka am Bahr el Asrak zu verlegen.

„Schweig lieber!" unterbrach ich ihn. „Du willst mich betrügen, weil du glaubst, der Überfall auf unser Schiff würde doch gelingen, wenn wir abwärts segeln."

„So meinst du, daß El Michbaja von hier abwärts am Bahr el Abiad liegt?"

„Ja. Und weil du mich täuschen willst, werde ich dich jetzt doch noch aufknüpfen."

Ich bückte mich mit dem Strick wieder zu ihm nieder. Da jammerte er:

„Laß mich, Effendi! Ich will nicht sterben. Ich will leben bleiben! Ich werde dich nun nicht mehr belügen, sondern dir die reine Wahrheit sagen!"

Ich sah es ihm an, daß jetzt die angeborene Feigheit die Macht über ihn bekam. Er schien im Begriff zu stehen, mir jetzt wirklich nur Wahres mitzuteilen. Um ihm das zu erleichtern, kam ich ihm zu Hilfe:

„So will auch ich aufrichtig gegen dich sein. Ich weiß genau, daß du der Mann bist, von dem ich sprach. Ich habe es von Abu Reqiq und von Geri, seinem Mulasim, erfahren."

„Von diesen beiden?" fragte er, aufhorchend. „Darf ich glauben, was du sagst?"

„Ja, du hast gehört, daß ich alles über dich weiß. Ist es da nicht klar, daß ich, der Fremde, es von ihnen erfahren haben muß? Es ist dir bekannt, daß niemand außer Abu Reqiq wußte, wer du bist, er hat es Geri mitgeteilt, und dann erfuhr ich es von beiden."

„Allah! Das sehe ich ein. Nur Abu Reqiq hat es gewußt, und da du es nun auch weißt, mußt du es von ihm erfahren haben. Effendi, weshalb hat er es dir mitgeteilt?"

„Bist du so dumm, daß du dir das nicht selber denken kannst?"

„Dumm? Das bin ich nicht, das bin ich nie gewesen. — Oh, ich ahne gar wohl, weshalb Tamek und der Mulasim geplaudert haben. Sie haben sich retten wollen.

Die Bastonnade hat ihnen Angst gemacht. Nun möchten sie frei sein, und wir anderen sollen ihre Sünden büßen. Aber das gebe ich nicht zu. Ich will auch frei sein, und mein Leben ist so kostbar wie das ihrige. Wenn du mir Gnade versprichst, will ich dir genau sagen, wo El Michbaja liegt."

„Ich habe dir für diesen Fall schon versprochen, dich zu schonen, und werde mein Wort halten. Aber wenn du mir jetzt nicht die volle Wahrheit sagst, wirst du dich später selbst durch die größte Offenheit nicht retten können. Du bleibst auf dem Schiff eingesperrt, bis wir an El Michbaja vorüber sind; dann gebe ich dich frei. Doch falls du mich wieder belügst, bist du der erste, der sterben muß. Dann werde ich dich an Händen und Füßen an die Stelle nageln lassen, die den Kugeln der Angreifer am meisten ausgesetzt ist."

„O Allah, segne mich mit deiner Hilfe! Ich soll angenagelt werden! Ist es dir ernst damit, Effendi?"

„Voller Ernst. Oder meinst du, daß wir uns in einer Lage befinden, in der man spaßt? Eure einzige Hoffnung beruht darauf, daß ihr bei El Michbaja gerettet werdet. Das könnte nur dann geschehen, wenn wir ahnungslos in diese Falle liefen. Du hörst aber, daß wir sie kennen, und wirst einsehen, daß eure Hoffnung vergeblich ist. Du kannst dir das Leben nur dadurch erhalten, daß du aufrichtig, vollständig aufrichtig mit mir bist. Nun wähle, was du willst, Wahrheit oder Lüge, Leben oder Tod!"

„Ich wähle die Wahrheit und das Leben, Effendi. Du wirst die volle Wahrheit hören, denn ich sehe ein, daß ich von Abu Reqiq nichts zu hoffen habe, und daß nur du allein mich befreien kannst. Ist dir der Lauf des Bahr el Abiad von hier bis zur Insel Aba bekannt?"

„Leidlich."

„Man kommt rechts an Gagamude und links an Om Delgal, Nasabel, Om Songur und Om Saf vorüber. So schnell, wie eine Dahabijeh abwärts fährt, dauert es hinter dem letztgenannten Ort drei Stunden, dann ist der Nil eine ganze Stunde lang so gerade wie der Schaft einer Lanze gegen Norden gerichtet. Nun biegt der Fluß plötzlich rechts und umströmt eine Halbinsel, die so dicht bewaldet zu sein scheint, daß kein Mensch hindurchdringen kann. Aber es gibt dort mehrere schmale und versteckte Pfade, die alle auf eine Lichtung stoßen, wo eine Seribah erbaut worden ist, in der jetzt außerordentlich viel Reqiq aufbewahrt wird. An einer Uferstelle, wo man die Länge des Nil weit nach Süden überschauen kann, steht eine Schildwache, die auf euch aufpassen soll."

„Also drei Stunden unterhalb Om Saf! Da muß man doch den Dschebel Ain rechts liegen sehen können?"

„Das ist richtig, Effendi. Sobald du den Dschebel Ain erblickst, bist du noch sicher, aber kurze Zeit später wird euer Schiff schon vom Posten bemerkt. Glaubst du, was ich dir gesagt habe?"

„Ja. Ich werde darum noch milder gegen dich verfahren, als du denkst. Du sollst nicht eingesperrt werden, aber ich hoffe, daß du auch meine weiteren Fragen mit der gleichen Offenheit beantwortest. Jetzt habe ich keine Zeit, sie zu stellen. Ich werde dich hier anbinden und dich in kurzer Zeit abholen, denn die Sklavenhändler sollen nicht wissen, daß ich mit dir eine Ausnahme mache. Verhalte dich still. Es wird dir nichts geschehen."

Ich band Hubahr an einen Baum, und zwar so, daß es ihm zwar keine Schmerzen machte, er sich aber auch nicht befreien konnte. Er sollte nicht wieder mit seinen Kameraden zusammenkommen. Als ich dann wieder am Lagerplatz eintraf, fuhr mich der Reïs Effendina an, so daß alle es hörten:

„Wo treibst du dich herum? Wie lange soll ich noch gefesselt bleiben? Ich habe getan, was du verlangtest.

Nun fordere ich aber auch von dir, daß ich losgebunden werde."

„Das wird geschehen, sobald ich mich überzeugt habe, daß die Asaker alle deine Schrift achten und ich den Befehl in Wirklichkeit übernommen habe. Ich werde zu diesem Zweck jetzt an Bord gehen."

„Ich will aber gleich frei sein, sofort!"

„Du willst? Oh, ich glaube gern, daß du willst, muß dir aber zu bedenken geben, daß jetzt mein Wille maßgebend ist, nicht der deinige."

„Bringe mich nicht in Wut! Du wirst es bereuen, sobald ich wieder an Bord bin!"

„Welche Unvorsichtigkeit von dir! Du sprichst jetzt den Gedanken aus, den ich dir schon vorhin, ehe du schriebst, vom Gesicht abgelesen habe. Diese Schrift sollte mich bloß kirre machen, du hättest sie beim Betreten des Schiffs sofort für null und nichtig erklärt und mich wahrscheinlich in das hübsche, kleine Zimmerchen stecken lassen, das du schon für mich bestimmtest, kurz bevor ich dich mit der Faust zu Boden schlug."

Achmed stieß einen grimmigen Fluch aus.

„So scheint es wohl, daß ich jetzt gar nicht an Bord kommen soll?"

„Es scheint, daß erst ich mich hin verfüge. Was dann geschieht, wirst du erfahren. Jetzt bleibst du unter der Aufsicht Ben Nils und der El Homr hier liegen, und diese Männer werden dafür sorgen, daß du dich ruhig und bescheiden beträgst, wie es sich für meinen Untergebenen geziemt."

„Scheïtan! Du, der Christ, der nichts, gar nichts ist gegen mich, wagst es —"

Er konnte nicht weitersprechen, denn Ben Nil legte ihm die linke Hand an die Kehle, setzte ihm mit der rechten die Messerspitze auf die Brust und drohte:

„Schweig! Beleidigst du meinen Effendi nur noch mit einem Wort, so steche ich dich durch und durch. Er hat recht: er ist jetzt der Kommandant des Schiffs, der Gewalt über Leben und Tod der Besatzung hat, und du bist sein Untergebener. Du hättest, ehe du ihn durch deinen Hochmut, deine Mißachtung und Undankbarkeit beleidigtest, bedenken sollen, daß er in einer einzigen Viertelstunde mehr Klugheit entwickelt, als du in deinem ganzen Leben gezeigt hast und noch zeigen wirst!«

Ich glaubte nicht, daß diese Beleidigung den Reïs Effendina einschüchtern würde; sie hatte aber doch Erfolg. Er warf sich auf die Seite, um mich nicht mehr sehen zu müssen, und schwieg. Ich gab Ben Nil die nötigen Weisungen für die Zeit meiner Abwesenheit und entfernte mich, indem ich zunächst wieder zu Hubahr ging. Ich band ihn los und gab ihm auch die Füße frei. Wir schritten miteinander zum Ufer hinab, wo die Jolle noch lag. Wir stiegen ein, und ich ruderte uns zum Schiff. Auf meinen Befehl wurde erst Hubahr hinaufgeholt und wieder an den Füßen gebunden; dann schwang ich mich an Deck.

17. DIE ‚FAUST DES HEILIGEN‘

Es war allen schon bekannt, daß ich den Oberbefehl erhalten hatte, und die Freude, mit der ich empfangen wurde, war wohl bei den meisten aufrichtig. Da ich alle Ursache hatte, mit der Zeit sparsam umzugehen, ließ ich mich nicht auf lange Reden und Erklärungen ein. Die Asaker mußten antreten, vom Leutnant bis zum letzten Mann herunter, und mir Treue und Gehorsam in die Hand versprechen. Von den übrigen Personen brauchte ich das nicht zu verlangen, weil ich ihrer Zuneigung noch sicherer war, als der der Soldaten.

Hierauf ließ ich den Anker lichten und den ‚Falken‘ abwärts bis zur Mischra gleiten, wo wir an einer tiefen Stelle so nahe am Ufer anlegten, daß die Verbindung zwischen Land und Bord schnell herzustellen war. Das war wegen der Kamele nötig, die wir an Bord nehmen wollten.

Obgleich ich glaubte, mich auf die Asaker verlassen zu können, ließ ich doch keinen von ihnen ans Ufer gehen, denn es galt, ein Zusammentreffen mit dem Reïs Effendina zu verhindern. Ich gab einen Schuß ab. Das war das mit Ben Nil verabredete Zeichen zum Beginn der Einschiffung. Hierauf kamen die El Homr von der Höhe herab, um zunächst eine Landungsbrücke zusammenzusetzen, wozu das große Floß der Om Karn-Leute mitverwendet wurde. Dann holten sie die gefangenen Händler, um sie in den untersten Schiffsraum zu schaffen. Nun kamen die Kamele an die Reihe, und endlich ließ ich unser Vierruderboot aus seinem Versteck holen und mit Lebensmitteln versehen, worauf ich es mit vier kräftigen und wohlbewaffneten Asakern bemannte.

Als das geschehen war, ging ich allein an Land und stieg zur Höhe, wo sich jetzt nur noch der Reïs Effendina unter der Aufsicht von Ben Nil befand.

„Es ist gut, daß du kommst!" sagte der Jüngling. „Der Reïs will nicht mehr Ruhe halten, so daß ich schon einige Male ansetzen mußte, ihn zu erstechen."

„Über das Erstechen lache ich!" höhnte der Gefangene. „Ich will jetzt unbedingt wissen, woran ich bin. Die El Homr sind fort, die Händler sind fort, was soll mit mir geschehen? Wenn ich nicht auf der Stelle von meinen Fesseln befreit werde, lasse ich euch beide erschießen, sobald ich an Bord komme."

„Woran du bist, sollst du sofort erfahren. Ich glaube, daß ich dir in jeder Beziehung gleichstehe, und unter Gleichstehenden muß gleiches Recht gelten. Darum werde ich dich genauso behandeln, wie du mich behandelt hast. Du warst Befehlshaber des ‚Falken' und hast mich mit vier Soldaten auf dem kleinen Boot zur Insel Matenieh geschickt, wo es keinen Fang zu machen gab. Ich habe trotzdem Erfolge gehabt, denen du dein volles, ungeteiltes Lob hättest zollen sollen. Jetzt bin ich der Kommandant des Schiffs und schicke dich auch mit vier Soldaten im gleichen Boot abwärts zur Insel Talak chadra, wo es auch keine Hoffnung gibt, einen Fang zu machen. Wenn du der tüchtige Mann bist, für den du dich hältst, wirst du trotzdem Erfolge haben, und ich werde dann gerechter als du sein und dir mein Lob nicht vorenthalten."

Diese Worte brachten eine unbeschreibliche Wirkung auf Achmed hervor. Zunächst starrte er mich wortlos an, als müßte er sich besinnen, ob er wache oder träume. Dann sprühten seine Augen einen Strahl von Haß auf mich, und hierauf brach eine Flut von Flüchen und Verwünschungen los, die ich über mich ergehen ließ, bis er, um Atem zu schöpfen, eine Pause machen mußte. Da fiel ich schnell ein:

„Dein Fluchen und Schmähen hilft dir nichts, ja es würde meinen Entschluß nur noch fester machen, falls ich geneigt gewesen wäre, in Anbetracht unserer früheren

Freundschaft davon abzuweichen. Was ich dir jetzt noch sagen will, möchte ich dir nur zu deinem eigenen Nutzen mitteilen. Ich segle jetzt sofort ab. Du wirst im Boot alles finden, was du brauchst, und sehr klug tun, wenn du dich bei einer Landung so versteckt wie möglich hältst. Denn es gibt von hier bis zur Insel Talek chadra Leute, die dich fangen und töten wollen. Der ‚Falke‘ wird zwar viel schneller sein als dein Boot, und ich werde mich bemühen, dir alle Gefahren aus dem Weg zu räumen, aber ich will dich dennoch ganz besonders vor der Gegend zwischen Om Saf und Abu Seir warnen. — So, jetzt bin ich fertig. Du kannst sicher sein, den ‚Falken‘ am Ufer der Insel Talek chadra zu finden. Was du dann mit mir machen willst, das geht mich nichts an. Das ist allein deine Sache!“

„Vernichten werde ich dich, du Hundesohn!“ brüllte er.

„Versuch es! Es hat mich schon mancher vernichten wollen und ist dabei nur selber zugrunde gegangen. Leb wohl! Allah gebe dir eine gute Fahrt!“

Jetzt begann der Offizier wie ein Besessener zu brüllen und mit aller Gewalt an seinen Fesseln zu zerren. Das focht mich nicht an, denn ich war mit ihm fertig. Ich forderte Ben Nil auf, mir hinunter zum Fluß zu folgen, bis wohin die Stimme des Reïs Effendina nicht zu dringen vermochte. Dort gab ich den vier Soldaten den entsprechenden Befehl:

„Wenn wir abgesegelt sind, wartet ihr eine halbe Stunde. Dann mag einer von euch da links zur Höhe steigen, wo sich der Reïs Effendina befindet. Von ihm werdet ihr erfahren, wozu ich euch bestimmt habe.“

Wir gingen an Bord, und ich ließ vom Land stoßen. Währenddessen kam der Leutnant zu mir und fragte ängstlich:

„Willst du ohne den Reïs Effendina von hier fort? Was soll aus ihm werden! Und was können wir vorbringen, wenn man Rechenschaft von uns verlangt und es —"

„Beruhige dich! Es ist alles in Ordnung!" unterbrach ich ihn. „Der Reïs Effendina hat mir den Oberbefehl übergeben, und ihr habt mir zu gehorchen und seid keinem Menschen als mir Rechenschaft schuldig. Ihr könnt das jedermann durch das Schriftstück beweisen, daß ich dir hiermit zu diesem Zweck übergebe. Um sein Wohl braucht ihr euch nicht zu sorgen, weil ich dafür gesorgt habe. Er hat triftige Gründe, nicht mit uns zu fahren, sondern hinter uns herzukommen. Man lauert ihm weiter abwärts auf und trachtet ihm nach dem Leben."

„Hm!" meinte Ali Farid nachdenklich. „Ich fühle, daß du da doppelsinnig redest. Du sagst zwar keine Lüge, aber dennoch wird die Sache ihren Haken haben. Wärst du nicht der Mann, auf den wir uns stets verlassen konnten, so würde ich mich dir widersetzen. So aber bitte ich nur um dein Wort, daß dem Reïs Effendina nichts geschieht, und daß du die Macht, die er dir übergeben hat, nicht zu unserem Schaden anwenden willst!"

„Ich gebe dir dieses Wort und füge hinzu, daß ihr alle anstatt Schaden nur Nutzen haben werdet."

„Das genügt mir, Effendi. Ich will nicht in deine Geheimnisse dringen, weil ich es für besser halte, sie nicht zu kennen. Du siehst, ich kann auch listig sein!"

Ali Farid war beruhigt, und ich war es auch, weil nur er es hätte wagen können, sich gegen meine Befehle aufzulehnen. Bald hatten wir die Nilarme hinter uns, und der Fluß bildete wieder eine ungeteilte Wasserfläche, auf der unser schneller ‚Falke' bei günstigem Wind abwärts schoß. Seit wir die Mischra hinter uns hatten, war mir das Herz wohltuend leicht, da ich mich erst jetzt als Sieger fühlen durfte. Ich hatte ein großes Wagnis bestanden, vielleicht lag ein noch viel größeres vor mir, doch konnte mich das nicht ängstlich machen, zumal ich jetzt keine Zeit hatte, mich mit Sorgen um die Zukunft zu beschäftigen. Die Gegenwart nahm mich voll in Anspruch.

Ich mußte mich davon überzeugen, daß die gefangenen Händler sicher untergebracht waren, und für die Zukunft der El Homr Sorge tragen. Die Kamele machten uns zu schaffen. Hundert Fragen wurden an mich gerichtet, auf die ich ebenso viele Auskünfte erteilen mußte, und es dauerte lange, ehe die nötige Ordnung herrschte und ich es mir in der Kajüte des Reïs Effendina bequem machen konnte.

Ben Nil wurde oben auf dem Verdeck von allen, die unser Erlebnis hören wollten, in Anspruch genommen. Ich hatte ihm untersagt, Genaueres über mein Verhalten zu dem Reïs Effendina zu berichten, und da auch der Leutnant und die beiden Steuerleute nicht darüber auszufragen waren, so blieben die Asaker in Ungewißheit darüber, daß ihr Befehlshaber gefesselt und gezwungenermaßen zurückgeblieben war. Hubahr, dem Späher, hielt ich mein Wort: ich ließ ihn nicht mit den anderen Gefangenen einsperren. Er war bei der Einschiffung versteckt worden, so daß sie ihn nicht gesehen hatten, und durfte sich jetzt frei an Deck bewegen. Nur als wir abends bis zum Aufgang des Mondes anlegen mußten, wurde er wieder gebunden. Diese Zeit wurde übrigens dazu benutzt, das nötige Futter für die Kamele vom Ufer zu holen.

Über die Fahrt bis Om Saf ist nichts Wichtiges zu sagen. Wir kamen kurz nach Mittag am jenseitigen Ufer vorüber. Das geschah aus Vorsicht, weil ich gerade dort nicht wissen lassen wollte, daß unser Schiff der ‚Falke‘ sei. Darum waren auch alle Segel beschlagen worden, und wir ließen uns von der Strömung treiben.

Aus diesem Grund dauerte es drei volle Stunden, ehe wir die letzte Krümmung des Flusses erreichten, hinter der er, wie Hubahr gesagt hatte, eine Stunde lang in gerader Richtung auf El Michbaja zufloß. Ich ließ die innerste Krümmung dieser Uferkehle ansteuern und dort anlegen. Als dies geschehen war, wurde die dem Wasser zugekehrte Seite des Schiffs und die Masten mit grünen Zweigen verkleidet, so daß wir, nahe am Wald liegend, von fern nur schwer gesehen werden konnten.

Jetzt lag El Michbaja nur noch eine Stunde abwärts von uns. Wir standen vor einer Aufgabe, deren Lösung ich mir nicht leicht vorstellen durfte. Kein Mensch außer mir wußte, warum ich hier an dieser Stelle hatte anlegen lassen. Ich hatte nur bekanntgegeben, daß unsere Fahrt uns höchstwahrscheinlich reiche Beute bringen würde, und dadurch eine allgemeine frohe Stimmung hervorgerufen. Etwas Bestimmtes aber war sogar dem Leutnant nicht mitgeteilt worden. Daß ich jetzt das Schiff verkleiden ließ, brachte ihn auf den Gedanken, das müsse mit der versprochenen Beute in Verbindung stehen, und er fragte mich, ob diese Vermutung richtig sei. Nun weihte ich Ali Farid in meine Absicht ein, das große, reiche Nest auszunehmen, das jenseits der Flußkrümmung vor uns lag, und teilte ihm mit, was ich darüber erfahren hatte. Er geriet in größte Aufregung und hätte gewiß Lärm geschlagen, wenn ich ihn nicht daran verhindert hätte. Nun sollte ich ihm El Michbaja und meinen Plan genau beschreiben. Aber ich kannte es ja selber noch nicht und hatte auch noch keinen bestimmten Plan gefaßt. Jetzt aber mußte ich daran denken, und ich bat den Leutnant, Hubahr zu holen und zu mir in die Kajüte zu bringen. Hubahr war wie immer, wenn wir angelegt hatten, angebunden worden.

Anstatt daß Ali Farid zurückkam, hörte ich kurz nach seiner Entfernung laute Stimmen schreien, und darauf fiel ein Schuß. Ich eilte an Deck und sah dort die Mannschaft über die Reling zum Ufer blicken, während Ben

Nil mit erhobenem Gewehr auf mich zugeeilt kam und mir zurief:

„Wie gut ist es, Effendi, daß ich mein Gewehr fast niemals aus den Händen lege. Hätte ich es nicht bei mir gehabt, so wäre er entkommen."

„Wer?"

„Hubahr, der Halunke. Der Leutnant knüpfte ihn los und gab ihm nicht nur die Füße, sondern auch die Hände frei. Da arbeitete sich der Schurke schnell durch die umstehenden Asaker hindurch und schwang sich auf die Brüstung, um hinüber an das nahe Ufer zu springen. Der Sprung ist ihm gelungen, aber weiter kam er nicht, denn eben als er die Erde erreichte, traf ihn meine Kugel in den Kopf. Er ist also nicht ans Ufer, sondern in die Hölle gesprungen, von wo er nicht mehr ausreißen kann!"

Es war so, wie Ben Nil sagte. Als ich an die Reling trat, sah ich Hubahr mit durchschossenem Kopf tot am Ufer liegen, so dicht am Wasser, daß es seine Füße benetzte. Er hatte die Bewohner von El Michbaja warnen wollen. Nun war nichts mehr von ihm zu erfahren. Aber ich war dennoch ganz zufrieden damit, daß ich gezögert hatte, ihn auszuforschen. Er hätte mir doch vielleicht eine Falle gestellt.

Der Leutnant verriet große Lust, sich wegen seiner Unvorsichtigkeit selber zu ohrfeigen.

„Aber wir hätten von Hubahr alles über El Michbaja erfahren", klagte er, „und nun wissen wir nichts von ihr, als daß sie eine Stunde von hier abwärts liegt. Vielleicht ist auch nicht einmal das richtig. Dieser Schurke kann dich damit belogen haben!"

„Nein, damit hat er die Wahrheit gesagt. Ich habe es ihm angesehen."

„Gut, wenn es so ist! Und da kommt mir ein Gedanke, Effendi. Wollen wir nicht die anderen Gefangenen zwingen, uns zu sagen, was sie wissen?"

„Sie wissen weniger als ich, wenigstens auch nicht mehr, und so können wir darauf verzichten, sie ins Verhör zu nehmen."

„Aber wie können wir El Michbaja überfallen, wenn sie uns unbekannt ist!"

„Ich weiß einen, der sie zwar jetzt noch nicht kennt, in kurzer Zeit aber kennengelernt haben wird."

„Wer ist das?"

„Ich bin es."

„Allah! Willst du etwa hin, um sie auszukundschaften?"

„Ja."

„Das laß bleiben, Effendi, denn es würde dein sicherer Tod sein."

„Ich habe schon größere Gefahren bestanden als diese!"

„Nein, gewiß nicht, Effendi! Denn wenn du nach El Michbaja schleichst, um sie heimlich kennenzulernen wird man dich entdecken!"

„Wer sagt denn, daß ich heimlich hin will?"

„Doch nicht etwa offen?"

„Doch, ganz offen! Heimlich könnte ich nur des Nachts hin. Wie will ich da im dichten Wald die verborgenen Pfade finden und die ganze Einrichtung der Seribah erkunden? Nein, ich muß am Tag hin und mich ganz offen zeigen, so offen wie ich jetzt vor dir stehe."

„Allah behüte mich vor dem Teufel und allen seinen Enkeln und Urenkeln! Man wird dich erkennen und auf der Stelle töten!"

„Ich habe keinen Grund anzunehmen, daß jemand da ist, der mich kennt. Er müßte einer von Abd Asls Leuten sein. Diese sind aber damals nach Khartum gebracht und dort bestraft worden. Und bedenke, wie ich mich seitdem verändert habe! Ich bin dürr wie ein Gerippe geworden und von der Sonne so verbrannt, daß meine Gesichtshaut der eines Negers gleicht. Lege ich mir noch ein Pflaster über eine Wange, so wird selbst ein früherer Bekannter schwerlich herausbringen, wer ich bin."

„Das mag möglich sein. Aber dein Vorhaben ist so gefährlich, daß ich dir abraten muß. Was sollen wir tun, wenn dir ein Unglück geschieht? Höre wenigstens erst, was die beiden Steuermänner und Ben Nil dazu sagen. Tu mir den Gefallen, Effendi, und erlaube, daß wir eine Beratung halten!"

„Diesen Gefallen will ich dir gern tun. Aber viel Zeit darf diese Besprechung nicht in Anspruch nehmen, weil ich noch vor Abend bei El Michbaja eintreffen muß."

Die Steuerleute und Ben Nil wurden geholt. Alle drei, besonders Ben Nil, baten mich, von meinem Vorhaben abzulassen, und als ich dennoch dabei blieb, flehte mich der gute ‚Sohn des Nil' an, wenigstens nicht allein zu gehen, sondern ihn mitzunehmen. Das war aber unmöglich, weil seine Gegenwart die Gefahr, in die ich mich begab, nur vergrößern konnte. Ich hatte die Beratung nur zum Schein abgehalten, und da ich auf meinem Plan beharrte, konnten sie doch nicht anders, als schließlich ja dazu sagen.

Meine Vorbereitungen machten keine Schwierigkeiten. Ich legte mir ein Pflaster, das so aussah, als sei es schon sehr alt, quer über die linke Wange und ließ mir für einstweilen den Goldstaub wiedergeben, den ich an Ben Nil und die Asaker verteilt hatte. In einem der Beutel hatte sich, wie ich erst jetzt erfuhr, der Siegelring Abu Reqiqs gefunden, ein Umstand, der mir sehr zustatten kam. Ich steckte ihn an den Finger. Meine Waffen mußte ich zurücklassen. Ich rüstete mich dafür mit einem Messer und einer arabischen Flinte aus. Zu meinem Plan gehörte auch der Befehl, die Leiche Hubahrs an Bord zu holen und recht sichtbar aufzuhängen, am Abend das Deck zu erleuchten und die gefangenen Händler heraufzuschaffen und so dort anzubinden, daß sie und besonders Abu Reqiq vom Ufer aus gesehen werden konnten. Der Leutnant hielt das für eine große Unvorsichtigkeit, doch Ben Nil mahnte:

„Tu nur alles, was der Effendi dir befiehlt! Er weiß alles zu berechnen, und oft ist gerade das, was dumm erscheint, die allergrößte Pfiffigkeit von ihm."

Ich traf noch verschiedene Anordnungen, von denen die wichtigste für den Fall berechnet war, daß ich bis Mitternacht nicht zurückgekehrt sein sollte, und ließ dann die Bohle auslegen, um ans Land zu steigen. Von da aus winkte ich einen ermunternden Gruß zurück und drang in den Uferwald ein, um ihn zu durchqueren und dann gleichlaufend mit dem Fluß abwärts zu wandern.

Es fiel mir nicht ein, mir die Gefahren zu verheimlichen, denen ich entgegenging. Aber es gibt in mir eine, ich will sagen, innere Stimme, auf die ich mich stets habe verlassen können. Wenn sie mich warnte, habe ich mich immer gehütet, meinem Wagemut zu folgen. Stimmte sie mir zu, so war der Erfolg gewiß. Heute war mir getrost und siegesfroh ums Herz, daß ich hätte darauf schwören mögen, ich würde meine schwarzgebrannte Haut heil wieder auf das Schiff zurückbringen.

Das Ufer war an dieser Stelle ziemlich flach, und der Wald so schmal, daß ich schnell seinen Saum erreichte. Ich prägte mir die Stelle, an der ich ihn verließ, genau ein, um sie am Abend nicht zu verfehlen, und wanderte dann so rasch nordwärts, wie es das allerdings nicht sehr bequeme Gelände gestattete. Nach Verlauf einer guten Stunde glaubte ich, mich in der Nähe von El Michbaja zu befinden. Der Waldstreifen, der hier zumeist aus Subakh- und Suffarahbäumen bestand, machte einen so scharfen Bogen, daß ich annehmen mußte, dahinter läge die Nilkrümmung, die die Halbinsel von El Michbaja bildete. Vor mir gab es ziemlich dichtes Nabak- und Kittrbuschwerk, auf der anderen, freien Seite kam — ah, da kam ein Reiter, wirklich ein Reiter, der nicht auf einem Kamel, sondern auf einem Pferd saß, hier eine große Seltenheit.

Ich setzte meinen Weg unbeirrt fort. Als er mich sah, blieb er halten und sah mir in einer Weise entgegen, als staunte er, hier einen fremden Menschen zu erblicken. Als ich näherkam, sah ich, daß das Pferd in ein Mückennetz gehüllt war, ein sonderbarer Anblick. Der Reiter stand zwischen Mannes- und Greisenalter, gab sich eine Ehrfurcht gebietende Haltung und musterte mich mit so mißtrauischen Blicken, daß es mir hätte bange werden mögen. Als wir zusammentrafen, blieb ich stehen, kreuzte die Arme und wollte grüßen. Er aber kam mir zuvor, indem er seine Hand auf die Brust legte und mich mit „Es ßelâm 'alejk" anredete. Er war also ein Anhänger der strengen Regel, die fordert, daß der Reiter den Fußgänger zuerst zu grüßen hat. Ich antwortete in seiner Mundart:

„Aleik 's ßelâm wa rahmatu-llahi wa barakatuh — über dir sei Friede und das Erbarmen Gottes und sein Segen!"

Er musterte mich jetzt womöglich noch schärfer als vorher, legte die Hand an den Kolben der Pistole, die in seinem Gürtel steckte, und fragte kurz:

„Du bist fremd?"

„Ja."

„Schon einmal hier gewesen?"

„Nein."

„Was willst du hier?"

„Das kann ich nur dem sagen, der hier zu gebieten hat."

„Wer ist das?"

„Ich weiß es nicht."

Diese Fragen und Antworten folgten einander schnell wie Blitz und Schlag. Ich sah ihm offen und furchtlos in das Gesicht, dessen Ausdruck immer finsterer und drohender wurde.

„Weißt du, wo du bist?"

„Wahrscheinlich in der Nähe von El Michbaja."

„Allah! Du bist fremd und kennst doch diesen Namen. Von wem hast du ihn erlauscht?"

„Ich habe ihn nicht erlauscht, sondern auf rechtmäßige Weise erfahren."

„Von wem?"

„Auch das kann ich nur deinem Gebieter sagen."

„So komm!"

Das klang mehr wie eine Drohung als wie eine Aufforderung. Er trieb sein Pferd quer durch die Büsche, die hinter ihm und mir zusammenschlugen, bis der Wald begann und wir auf einen schmalen Weg stießen. Da blieb er halten.

„Wenn du wirklich zum Gebieter von El Michbaja willst, so schreite nun voran! Wohl dir, wenn du kein Verräter bist! Im anderen Fall wirst du diesen Ort nur als Leiche im Nil oder, falls man dir das Leben läßt, als Sklave verlassen! Jetzt geh!"

Er zog die Pistole und spannte den Hahn. Ich ging voran, und er folgte mir. Es war kein angenehmes Gefühl, zu wissen, daß seine Kugel mich jeden Augenblick von hinten treffen konnte.

Der Weg schlängelte sich in vielen Windungen vorwärts, bis wir an einen Stachelzaun kamen, in dem auf den Ruf des Reiters eine Lücke entstand, durch die wir auf einen ziemlich großen, freien Platz gelangten. Die Wache, die den Zaun geöffnet hatte, schloß ihn hinter uns gleich wieder. Auf dem Platz gab es zahlreiche größere und kleinere Hütten, zwischen denen sich Gestalten bewegten, deren Anblick nicht imstande war, Vertrauen zu erwecken. Dann sah ich einige sehr lange, sehr breite und tiefe Hütten, neben deren Eingängen ganze Haufen von Ketten und Sklavengabeln lagen. Ah, das waren die Gefängnisse für den ‚außerordentlich vielen Reqiq', von denen Hubahr gesprochen hatte. Ich befand mich mitten in El Michbaja, und ihre Bewohner kamen herbei, um mich mit neugierig drohenden Blicken anzustarren. Zu meiner Beruhigung entdeckte ich kein bekanntes Gesicht unter ihnen. Sie bildeten förmlich Spalier, und zwar bis zu einer Hütte, deren sorgfältigerer Bau darauf schließen ließ, daß sie das Eigentum eines angesehenen Einwohners sei. Vor der Tür stieg der Reiter vom Pferd, das von den Stechmücken furchtbar gelitten hatte.

„El Dschallâd[1]!" sagte er; dann trat er ins Innere des Bauwerks, und ich wurde ihm nachgeschoben.

Die Wände der Hütte waren aus Ästen hergestellt und mit Lehm bestrichen. Von der Decke hingen Straußeneier als Sinnbild der Fruchtbarkeit und Unendlichkeit. Die Gebetsrichtung nach Mekka war durch eine Nische angegeben. Peitschen drohten an den Wänden, auch mehrere zweihändige Schwerter, von denen der dicke Blutrost den Schliff gefressen hatte. Eine Fesselbank zur Bastonnade und ein starker Holzblock zum Kopfabschlagen bildeten neben der Tür ein trauliches Stilleben. Es war die Wohnung eines sehr frommen und sehr grausamen Muselman.

Er setzte sich auf einen Teppich, nahm den Rosenkranz in die Hände und betete leise murmelnd, bis ein riesiger Schwarzer eintrat, eins der Schwerter in die Hand nahm und sich wortlos neben mich stellte. Das war der liebe Dschallâd, der seine Rolle so genau kannte, daß er sie oft geübt zu haben schien. Da ließ der Beter den Rosenkranz fallen, wendete sich mir zu und sagte hart, unerbittlich:

„Jetzt hängt dein Leben nur an einem Haar. Das Schwert kann wie der Blitz über dich kommen. Hast du einmal den Namen Jumruk el Marabût[2] gehört?"

„Nein", antwortete ich.

Kaum hatte ich dieses Wort gesagt, so hob der Henker

1 Henker   2 Die ‚Faust des Heiligen'

das Schwert zum Schlag. Der Frager winkte ihm aber ab und fuhr fort:

„Es ist noch niemand, der diesen Namen nicht kannte, hierhergekommen, ohne seinen Kopf zu verlieren. Du bist der erste, bei dem ich eine Ausnahme mache, weil deine Augen wie die eines unschuldigen Kindes blicken. Jumruk el Marabût werde ich genannt, der Gebieter von El Michbaja. Die erste Frage hat dir den Tod nicht gebracht, obgleich dir die Antwort fehlte, die zweite kann ihn dir um so schneller bringen. Von wem hast du die Lage von El Michbaja erfahren?"

Also meine Augen waren unschuldige Kinderaugen! Und dabei beobachtete ich den Henker heimlich aber scharf. Hätte er wirklich zugehauen, so wäre nicht ich, sondern er im nächsten Augenblick eine Leiche gewesen und dann Freund Jumruk auch. Ich war auf alles gefaßt. Mußte ich sterben, dann jedenfalls nicht so ganz allein, wie diese sanften Heinriche dachten. Ich gab meinem Gesicht einen womöglich noch harmloseren Ausdruck und antwortete:

„Von Hubahr, dem gläubigen Jünger des Marabût von Aba.

„Allah!" rief der Alte erfreut, „du hast Hubahr gesehen. Wo und bei wem befand er sich?"

„Bei Abu Reqiq, der dir durch mich diesen Ring sendet."

Ich zog den Ring vom Finger und gab ihn in seine Hand, die er mir rasch entgegengestreckt hatte. Kaum hatte er einen Blick auf den Ring geworfen, so sagte er hastig:

„Der Châtim[1], wirklich der Châtim von Abu Reqiq! Wem er diesen Ring anvertraut, der muß in hoher Achtung bei ihm stehen, und dessen Botschaft muß sehr wichtig sein. Komm her; setz dich an meine rechte Seite, und sag mir, was du zu berichten hast!"

[1] Siegelring

Wie freute ich mich über diese Aufforderung! Ich hatte mein Spiel gewonnen, wenn nicht ein unglückliches Ereignis dazwischenkam. Nachdem ich mich dreimal ehrerbietig verbeugt hatte, setzte ich mich an seine linke, nicht an seine rechte Seite, eine Bescheidenheit, die sein Wohlgefallen zu erregen schien, und begann:

„Die Botschaft, die ich dir zu bringen habe, ist halb erfreulich und halb unerfreulich. Erfreulich ist sie, denn wenn du willst, werden sich der Reïs Effendina und Kara Ben Nemsi Effendi in wenigen Stunden in deinen Händen befinden. Unerfreulich aber —"

Ich kam nur bis hierher in meiner Rede, denn die gewaltige ‚Faust des Heiligen‘ sprang auf, wie von einer Feder geschnellt, und schlug entzückt die Hände zusammen.

„Endlich, endlich, endlich! Hamdulillah! Sie kommen, sie kommen! Sie laufen geradewegs in die unerbittliche ‚Faust des Heiligen‘, die sie zermalmen wird! Wo sind sie? Sag schnell, wo sie sind!"

„Sie liegen oberhalb von hier in der letzten Krümmung des Flusses."

„So nahe, so nahe! Warum sind sie nicht weitergefahren? Warum haben sie dort angelegt?"

„Weil sie El Michbaja überfallen wollen."

Sein Entzücken verschwand sofort. Sichtlich erschrocken fragte er:

„Uns überfallen? Sie wissen ja gar nichts von El Michbaja!"

„Sie wissen es gar wohl, denn sie haben Abu Reqiq so lange geschlagen, bis er es ihnen vor Schmerzen gestanden hat. Sie haben ihm die Bastonnade gegeben, daß ihm das Fleisch der Füße von den Knochen fiel."

„So — so — so befindet — er sich — in ihrer — ihrer Gewalt?" stammelte der Gebieter.

„Tamek ist ihr Gefangener! Er mit allen seinen Leuten, auch mit denen, die vom Chor Om Karn gekommen sind."

Da stieß er einen Wehruf aus und sank langsam wieder auf den Teppich nieder.

„Erzähle! Erzähle mir alles vom Anfang bis zum Ende!"

„Ich kam dieser Aufforderung nach.

„Mein Name ist Ben Sobata. Ich wohne in Guradi bei den Katulbergen und kenne Abu Reqiq schon längere Zeit, weil ich ebenso wie er mit Reqiq handle. Nur schaffe ich meine Sklaven durch die Bajudasteppe bis in die Gegend von Berber. Dieser Weg ist aber jetzt so gefährlich geworden, daß ich nun einen Versuch in der Richtung gemacht habe, die Abu Reqiq zieht. Dieser Versuch ist gelungen, wie ich dir beweisen kann."

Ich zog die Goldstaubbeutel heraus, öffnete sie und legte sie ihm vor. Er wog sie prüfend in den Händen.

„Maschallah, mußt du ein großes Vertrauen zu mir haben. Was willst du machen, wenn ich dieses Gold behalte?"

Er mochte es immer behalten, denn es mußte mir ja mit ihm in die Hände fallen.

„Du wirst einen gläubigen Muslim, der sich auf deine Ehrlichkeit verläßt, nicht um seine Habe bringen!" erklärte ich. „Doch höre weiter! Ich lieferte meine Sklaven nach Om Delgal und kam mit der Bezahlung nach Kaka, von wo aus ich mich zur Insel Aba wenden wollte, denn ich hatte von dem Heiligen gehört, der die reine Lehre verkündet, und wollte in die Stapfen seiner Füße treten."

„Das ist ein Allah wohlgefälliger Vorsatz. Ich bin die ‚Faust des Heiligen' und werde dich ihm empfehlen. Sprich weiter!"

„Es lag in Kaka kein Schiff, und ich hörte, daß auch in langer Zeit kein abwärts fahrendes zu erwarten sei. Da kam der Reïs Effendina mit dem seinigen. Ich bat um die Erlaubnis, mit ihm fahren zu dürfen, und er gewährte mir meine Bitte."

„Allah akbar! Welch ein mutiges Herz hast du! Du gleichst einer Taube, die es wagt, unter den Fittichen des Falken Schutz zu suchen. Männer dieser Art sind sehr selten, und ich fühle, daß du meine Freundschaft schnell gewinnen wirst. Also du fuhrst wirklich mit ihm?"

„Ja. Ich schien dem Reïs zu gefallen, denn er sprach gern mit mir. Da ließ Allah es geschehen, daß unterhalb Kuek Abu Reqiq ihm mit sechzig Sklaven in die Hände fiel. Ich konnte das nicht verhindern. Meinen Schreck aber kannst du dir denken. Doch ich beherrschte mich. Auch Abu Reqiq hatte, als er mich erblickte, Besonnenheit genug, zu verbergen, daß er mich kannte. Es kam ihm sogleich der Gedanke, daß ich ihn retten könne. Ich weiß nicht, wie der Reïs Effendina eine Ahnung von El Michbaja erhalten hat, kurz, er wollte von Abu Reqiq das Nähere über diesen Ort wissen, und als dieser sich weigerte, es zu verraten, wurde er so lange gepeitscht, bis er aussagte, daß El Michbaja hier liegt. Mehr könne er nicht gestehen, weil er selber von Hubahr nicht mehr erfahren habe. Nun wurde Hubahr vorgenommen. Dieser legte das Siegel der Verschwiegenheit an seine Lippen und gestand kein Wort, bis er erschossen wurde."

„Hubahr erschossen? O Allah! Ist das wahr?"

„Ja. Er wurde erst erschossen und dann gehenkt."

„Wo und wann?"

„Vor einigen Stunden, da, wo das Schiff vor Anker liegt."

„Dieser treue, fromme, Allah ergebene Mann, in dem nicht eine Spur von Falschheit war! Mögen doch alle Teufel der Hölle heraufkommen, um seine Mörder stückweise hinabzuziehen, dahin, wo in Ewigkeit kein Entrinnen ist! Sagtest du nicht, daß ich diese Hunde ergreifen könnte?"

426

„Ja. Wenn du meine Botschaft erhören wolltest, würde sich meine Seele ebenso freuen wie die deinige."

„Ich bin sofort bereit, über diese Hunde herzufallen. Sag nur, wie es geschehen kann. Vorerst aber noch eins: Wie hast du es ermöglicht, mich aufzusuchen?"

„Durch das Vertrauen, das mir besonders Kara Ben Nemsi schenkt. Sie haben weiter nichts erfahren können, als daß El Michbaja hier in dieser Gegend liegt, denn Hubahr hat das Geheimnis mit in den Tod genommen. Da sie euch überfallen und bestrafen wollen, mußten sie nach El Michbaja suchen. Da machte ich eine Lüge, die Allah mir verzeihen wird. Ich sagte nämlich, ich sei früher einmal längere Zeit als Dschellâb[1] in dieser Gegend gewesen. Sie waren mit Blindheit geschlagen und erteilten mir den Auftrag, nach El Michbaja zu suchen. Ich ging darauf mit Freuden ein und schlich unbemerkt zu Abu Reqiq, es ihm zu sagen. Ich konnte nur eine Minute mit ihm sprechen. Er gab mir seinen Siegelring, ihn dir zu zeigen und dich bei Mohammed und allen Kalifen anzuflehen, ihn und sein Leben zu retten, und zwar noch in dieser Nacht, weil es morgen zu spät sein würde."

„Warum zu spät?"

„Weil morgen früh El Michbaja überfallen werden soll."

„Das gelingt ihnen nicht, denn du kehrst ja nicht zu ihnen zurück, um ihnen zu verraten, wo wir sind."

„Wär es doch so, wie du sagst! Aber es geht nicht. Wenn ich nicht zurückkomme, nimmt der Reïs Effendina an, ich sei in deine Hände gefallen und läßt aus Rache dafür beim Morgengrauen alle Gefangenen töten."

„Dieser Hund und Hundesohn eines zehnfachen Hundes! Da ist es freilich unumgänglich notwendig, daß du dich wieder zu ihm begibst, schon um Abu Reqiqs willen, der sich freuen wird, daß du mich gefunden hast. Dein

[1] Handelsmann

Gold aber darfst du nicht wieder bei diesen Räubern gefährden. Ich werde es bei mir für dich aufheben, bis wir gesiegt haben."

„Tu das! Ich bitte dich darum. Bei dir ist es mir sicherer als in meiner Tasche."

„Diese Einsicht ist ebenso groß wie der Mut, den du bewiesen hast. Wenn die Gefangenen morgen früh getötet werden sollen, müssen wir sie noch in dieser Nacht befreien. Dazu genügt aber keine Beschreibung des Schiffs und seiner Lage, sondern ich muß es selber sehen. Wirst du es in der Dunkelheit finden? Der Tag hat sich geneigt und das Gebet der Dämmerung ist schon nahe."

„Ich werde es nicht verfehlen."

„So suchen wir es nach dem Gebet auf, damit ich bestimmen kann, wie es überrumpelt werden soll. Wir kehren hierher zurück und holen so viele Krieger, als wir brauchen."

„Ich mit?"

„Gewiß! Da die Gefangenen, falls du nicht wiederkommst, erst morgen früh getötet werden sollen, brauchst du ja nicht eher an Bord zu erscheinen. Darum kannst du getrost bei uns bleiben."

Diese Bestimmung machte mir einen dicken Strich durch die Rechnung, doch hütete ich mich, etwas dagegen zu sagen. Ich hätte mir dadurch das große Vertrauen, das mir die ‚Faust des Heiligen' entgegenbrachte, augenblicklich verscherzen können und hoffte, schon noch einen Grund zu finden, rechtzeitig an Bord gehen zu dürfen. Als er mich nach der Ursache des Pflasters in meinem Gesicht fragte, war es ein tiefer Messerschnitt, den ich bei der letzten Sklavenjagd bekommen hatte. Das schien sein Vertrauen zu verdoppeln.

Darüber wurde es dunkel, und das Moghreb mußte gebetet werden. Es geschah nach den Regeln der Terîka el Gureschi, die ich nicht kennen konnte. Ich gehörte einer anderen Terîka an, und das enthob mich der Verpflichtung, das Gebet laut nachzusprechen. Die Nachsicht, die man mir dadurch erwies, wurde einem anderen verweigert, dessen Anwesenheit hier in El Michbaja ich für rein unmöglich gehalten hätte. Wäre mir von jemand mitgeteilt worden, daß dieser Mann hier zu finden sei, so hätte ich ihm ins Gesicht gelacht. Und doch war es so.

Kurz nach dem Gebet kam nämlich einer der Sklavenwächter herein und machte die Meldung:

„Herr, der verfluchte Starrkopf, den der Heilige vorgestern sandte, hat sich wieder geweigert, das Gebet nach unserer Terîka zu sprechen. Was befiehlst du, daß mit ihm geschehen soll?"

„Hole den Aussätzigen! Ich will ihn niederschmettern!"

Es brannten jetzt zwei Öllampen, bei deren Schein ich das Gesicht des Betreffenden zur Genüge erkennen konnte, als er nach einigen Minuten hereingebracht wurde. Die langen wirren Haare hingen ihm wie ausgefranste Schnüre um die hohlen Wangen, und aus den tiefliegenden Augen grinste der nahe Hungertod. Seine Blöße war nur mit einigen armseligen Fetzen bedeckt, und die einst so stolze Gestalt hatte ein matte, weit vorgebeugte Haltung angenommen. Dennoch erkannte ich ihn auf der Stelle, denn diese schönen, strengen Züge eines Büßers waren mir unvergeßlich geblieben. Man denke sich mein Erstaunen: dieser Mann war Ssali Ben Aqil, der kurdische Reiseprediger, der den Mahdi suchte.

Er konnte mich nicht so erkennen, wie ich ihn, denn die ihm zugekehrte Seite meines Gesichtes lag im Schatten, und das Pflaster, ebenso wie auch meine dunkle Hautfarbe, machten mich ihm vollends unkenntlich. Wie war er auf der Suche nach dem Mahdi an den Weißen Nil gekommen?

Er, der Hochtrachtende, stand jetzt gebückt vor der ‚Faust des Heiligen‘ und mußte sich schwer beleidigende Worte gefallen lassen:

„Hund, du Sohn eines Hundes und Abkömmling einer

Hündin, du bist abermals ungehorsam gewesen! Hat dir der Hunger die Eingeweide noch nicht genug zerfressen? So werde ich dich auch noch dürsten lassen, bis du den Willen des Marabût erfüllst und dich in seine Satzungen fügst. Du hast ihn beleidigt mit deinen Lehren und ergrimmt mit deinen Zweifeln. Darum hat er die Trübsal über dich ausgegossen, in deren Flut du untergehen wirst, wenn du dich nicht zu unserer heiligen Terîka bekehrst. Wenn du es aber tust, so wird er dich erhöhen, denn Allah hat dir die Gabe der überwältigenden Rede verliehen. Er ist der Mahdi, nach dem du so lange vergeblich suchtest!"

„Ich suche nicht mehr den Mahdi, sondern nur noch die Liebe", klang es matt und hohl zwischen den farblosen Lippen hervor.

„Liebe! Das ist der Wahnsinn, mit dem du auch den Heiligen so oft geärgert hast. Du hast ihm sogar von jenem ungläubigen Wurm erzählt, dem du den Ansteckungskeim deiner Geisteskrankheit verdankst. Du sollst erfahren, daß wir ihn kennen. Der Teufel hat ihm den Weg in den Sudan gewiesen, wo er den Eingang zur ewigen Verdammnis finden wird."

„Chodeh — o Gott!" rief da Ssali kurdisch aus, indem er sich mit einem schnellen Ruck hoch aufrichtete. Hastig fragte er dann arabisch: „Kara Ben Nemsi Effendi befindet sich am Bahr al Abiad?"

„Ja. Er wird in einigen Stunden von der ‚Faust des Heiligen' zerschmettert werden!"

Da flog es wie ein Schimmer der einstigen Begeisterung über das Gesicht des Gefangenen. Er hob abwehrend die Rechte.

„Es gibt hier keine Faust, die ihn zerschmettern wird, sondern die seinige wird alle Feinde treffen! Die Liebe Gottes ist mit ihm, und keines Menschen Haß kann ihn besiegen!"

„Schweig, Unseliger! Willst du den verfluchten Giaur

verteidigen, der ein Feind aller wahren Gläubigen ist? Bedenke, daß du als Sklave verkauft werden sollst, wenn du dein Herz nicht der einzig wahren Lehre öffnest. Dieser Anhänger des Gekreuzigten ist der Todfeind des Marabût und muß zur Hölle fahren. Willst du mit ihm untergehen?"

„Lieber mit ihm in die Hölle, als mit dem Marabût in den seligsten eurer Himmel! Sein Glaube führt aus der Hölle in den Himmel. Eure haßsprühende Lehre aber macht die sieben Himmel zu Höhlen der Verdammnis. Schau mich nur an! Ist der Schlund des Hasses, in den ihr mich geworfen habt, der wahre, der richtige Weg zu den versprochenen Seligkeiten des Propheten? Sind die Krallen der unverdienten Rache, die ihr mir in den Leib und in die Seele schlagt, etwa die weichen Arme, die den Muslim im Jenseits empfangen sollen? Indem du diesen Christen erwähntest, hast du all eure Absichten auf mich zerstört. Du nennst ihn einen Hund, einen Wurm, einen Giaur. Aber er allein ist der wahrhaft Gläubige, während eure Seelen häßliche Säcke der Verderbnis sind. Kara Ben Nemsi ist da, er ist in der Nähe! Nun weiß ich, was und für wen ich beten soll!"

„Etwa für ihn, du Zweifler mit dem faulenden Gehirn?" donnerte ihn Jumruk an.

„Ja, für ihn", erklärte der Gefragte ruhig.

Da sprang der Gebieter von El Michbaja auf, trat zu ihm und zischte ihn an:

„So sei dir ein allerletztes Wort gesagt. Ich gebe dir Zeit bis zur nächsten Morgenröte. Dann wird sich dieser Verfluchte in meinen Fäusten winden. Bekennst du dich dann zu uns, so sollst du ein berühmter Anführer von viel tausend Gläubigen sein. Fährst du aber fort, zu reden wie in diesem Augenblick, so wird dir das große Glück werden, das Schicksal deines vergötterten Giaur zu teilen."

„Um meine Entscheidung zu hören, mußt du nicht bis

zur Morgenröte warten: ich verzichte auf den Ruhm, den ihr mir bietet, und wähle den Giaur!"

Welche Freude mir dieser Ausspruch verursachte, brauche ich nicht zu sagen. Wie gern hätte ich Ssali einen Wink gegeben, daß ich hier so nahe bei ihm sei. Aber die Vorsicht gebot mir, zu schweigen. Wenn er sich nicht beherrschen konnte, waren die Folgen unberechenbar. Es war mir aber nicht bestimmt, diesen Vorsatz des Schweigens auszuführen. Jumruk selbst machte es mir unmöglich. Er trat einen Schritt von Ssali zurück und erklärte:

„Nun wohl, du sollst deinen Willen haben! Dein Schicksal ist besiegelt!" Und sich zu mir wendend, fuhr er fort: „Ich habe den Giaur noch nicht gesehen. Du aber, Ben Sobata, bist mit ihm von Kaka bis hierher gefahren und hast ihn kennengelernt. Sag, ist dieser Hund denn wirklich imstande, jedem Menschen, den er anbellt, den Kopf zu verdrehen?"

Jetzt konnte ich den beabsichtigten Wink geben, aber vorsichtig mußte ich dabei sein. Zunächst durfte Ssali mich nur an der Sprache erkennen. Darum antwortete ich, ohne sie zu verstellen:

„Er ist weder ein schöner Mann, noch kann man ihm sonst etwas Außerordentliches ansehen. Ich glaube, wenn du ihn erblicktest, würdest du enttäuscht sein."

„Vielleicht verstellt er sich?"

„Das ist möglich."

Ich bemerkte, daß Ssali beim Klang meiner Worte aufhorchte, mich erst scharf ansah und dann die Augen schloß. Wollte er etwa ihr frohes Strahlen verbergen? Das gab mir den Mut zu der Bemerkung:

„Richtig ist, daß er ein eifriger Jäger ist. Ehe er den Reïs Effendina traf, ist er am Blauen Nil in der Oase Khoi gewesen und dann hinauf zur Musallah el Amwât geritten, wo er die Bärin der Unsterblichkeit getötet hat."

„Eine Bärin der Unsterblichkeit? Davon hat man mir noch nichts erzählt!"

„Es ist aber trotzdem wahr. Dann hat er mit dem großen Araberstamm der Bebbeh Freundschaft geschlossen und einen von ihnen, den er im Han zu Khoi traf, und den man zum Sklaven machen wollte, aus der Gefangenschaft befreit, was nur dadurch möglich wurde, daß die beiden sich so verhielten, als hätten sie einander noch nie gesehen."

„Das muß sehr unterhaltend zu hören sein, und ich bitte dich, es mir morgen zu erzählen, wenn ich mehr Zeit habe als jetzt."

Nach diesen Worten wandte sich der ahnungslose Mann wieder an Ssali Ben Aqil:

„Du wirst auch heute abend nichts zu essen bekommen und morgen mit dem Christen zusammengekettet werden. Da könnt ihr miteinander von der Liebe sprechen, die du suchst, ohne sie zu finden!"

„Ich habe sie gefunden", antwortete Ssali ganz anders als bisher. „Ich bin überzeugt, daß ich morgen bei ihm sein werde, und freue mich darauf, wie sich die Blume nach langem Winter auf die Sonne des Frühlings freut. Allah gebe dir in dieser Nacht einen ruhigen Schlaf und am Morgen ein fröhliches Erwachen, o Jumruk el Marabût!"

Ssali hatte mich erkannt und verstanden und war, als er jetzt fortgeführt wurde, überzeugt, daß ihn nun die ‚Faust des Heiligen' nicht mehr festhalten und martern könne. Die Wünsche, die er in bezug auf den ruhigen Schlaf und das fröhliche Erwachen seines Peinigers aussprach, waren spöttisch gemeint, und wenn ein Mann in seiner Lage spöttisch werden kann, dann muß er überzeugt sein, daß es nicht ganz schlimm um ihn steht.

Bald wurde das Aschia gesprochen, das Gebet nach der Dämmerung, wenn es ganz dunkel geworden ist, und dann schickte Jumruk um fünf Männer, die uns begleiten sollten. Als der Bote fort war, fragte er mich:

„Verstehst du die Sprache der Schilluk, Ben Sobata?"

„Ja", erklärte ich, meiner Rolle getreu.

„Und die der Nuehr?"

„Auch."

„Ist dir auch die der Dinka bekannt?"

„Nein."

Es wäre, weil ich jetzt zum erstenmal jenseits des Weißen Nil gewesen sein wollte, vielleicht aufgefallen, wenn ich auch hier bejahend geantwortet hätte, und doch war mir gerade diese Sprache recht geläufig geworden, weil ich während unseres Aufenthalts südlich dieses Flusses täglich Gelegenheit gehabt hatte, mich in ihrem Gebrauch zu üben. Seine drei Fragen hätten unter anderen Verhältnissen mein Mißtrauen nicht erregt, unter diesen Umständen aber fielen sie mir auf, zumal sie so unvermittelt gestellt wurden. Als ich die dritte verneinte, wiegte er befriedigt sein Haupt und sprach dann von etwas anderem. Was für einen Grund hatte er gehabt, sich nach meiner Sprachfertigkeit zu erkundigen? Ich brauchte nicht lange zu warten, um diesen Grund kennenzulernen. Es trat nämlich ein schwerbewaffneter Kerl ein, der wahrscheinlich keine untergeordnete Stelle bekleidete, denn er war ungewöhnlich gut gekleidet und grüßte mit einem vertraulichen Kopfnicken anstatt mit einer Verbeugung, die ein gewöhnlicher Mann hier nicht hätte unterlassen dürfen. Schon öffnete er den Mund, um zu sprechen, aber Jumruk gab ihm einen hastigen Wink, zu schweigen, und sagte entschuldigend zu mir:

„Du mußt verzeihen, wenn ich gegen dich, der du mein Gast bist, die Unhöflichkeit begehe, mit diesem Mann in einer Sprache zu reden, die du nicht verstehst. Arabisch ist ihm unbekannt."

Als der Bewaffnete das hörte, machte er ein erstauntes Gesicht, war aber so klug, seinen Zügen dann schnell einen unbefangenen Ausdruck zu geben. Dieser Mensch sollte das Arabische nicht kennen? Unsinn! Ich hätte darauf schwören mögen, daß er ein Schukurieh-Araber sei. Weshalb diese Verstellung, diese Täuschung? War das Wohlwollen, mit dem Jumruk mich bisher behandelt hatte, etwa nur eine Kriegslist gewesen? Nun, das konnte mir viel lieber sein, als wenn es aus aufrichtigem Herzen gekommen wäre, denn einen Menschen, und wenn er noch so schlecht ist, ins Verderben zu führen, nachdem er sich freundlich verhalten hat, ist eine heikle Sache. Ich hatte mir auch schon vorgenommen, die Strafe, die mein Gegner verdiente, nach Kräften zu mildern. Jetzt schrieb mir mein Gewissen den Wunsch vor, seine Freundlichkeit möge sich als Trug erweisen. Dieses heimliche Verlangen blieb nicht unerfüllt, denn Jumruk wendete sich, indem er sich der Dinkasprache bediente, an den Betreffenden:

„Sprich kein arabisches Wort! Ich darf keinen Augenblick von diesem Fremden fort und muß dir doch etwas sagen, was er nicht verstehen soll."

Er erklärte ihm nun, weshalb ich gekommen sei, und daß ich ihr Führer zu der Stelle sein würde, an der das Schiff des Reïs Effendina läge. Dann fügte er hinzu:

„Er muß sterben, denn er würde ein stets gefährlicher Zeuge dafür sein, daß wir den Reïs und seine Leute vernichtet haben. Außerdem ist er mir als Sklavenjäger im Weg. Nun Ibn Asl tot ist, will ich die ganze Strecke des Bahr el Abiad für mich allein haben, und dieser Mensch hegt die Absicht, uns hier in den Handel zu pfuschen. Ich habe ihn mit Freundlichkeit geködert, und er schenkt mir sein Vertrauen; aber sobald er uns das Schiff gezeigt hat und wir ihn nicht mehr brauchen, werde ich dir als Zeichen nur das kurze Wort ‚Wtole!'[1] sagen. Dann stichst du ihm das Messer von hinten ins Herz, daß er zusammenbricht. In dieser Art des Stechens bist du ja Meister."

[1] Dinkasprache: „Mach ein Ende!"

Ich verstand jedes Wort und muß sagen, daß mir dabei das Herz leicht wurde, denn nun gab es für mich keine Verpflichtung mehr, den Gegner zu schonen. Ich machte ein harmloses Gesicht und tat so, als schenkte ich der für mich unverständlichen Rede Jumruks nicht die geringste Aufmerksamkeit. Bald kamen noch vier Untergebene von ihm, denen er in arabischer Sprache sagte, weshalb sie gerufen worden seien. Er flocht dabei einige Bemerkungen an mich ein, die den Zweck hatten, mich in meiner guten Ansicht über ihn zu bestärken. Ich reichte ihm, scheinbar dankerfüllt, die Hand.

„Deine Huld, o Jumruk el Marabût, ist mir wie eine Gabe des Himmels, und es wird mich glücklich machen, mir sagen zu können, daß ich die gefährlichsten Feinde der Sklavenhändler in deine Gewalt gebracht habe. Hoffentlich hast du genug Krieger, den Reïs Effendina und alle seine Leute zu ergreifen."

Diesen Wunsch sprach ich aus, weil er bis jetzt beharrlich darüber geschwiegen hatte, wie viele Leute ihm zur Verfügung standen. Jetzt, da mein Tod beschlossen war, hielt er diese Heimlichkeit nicht mehr für notwendig und antwortete unbedenklich:

„Wenn ich nur so viele Männer hier in El Michbaja zurücklasse, wie zur Bewachung des Reqiq notwendig sind, habe ich genug Leute, das Schiff mit allem, was darauf lebt, zu erobern."

„Aber können die Sklaven bei so spärlicher Bewachung nicht ausbrechen?"

Da lachte der Alte laut:

„Du handelst mit Reqiq und scheinst doch nicht zu wissen, auf welche Weise man diese Ware so festlegt, daß ein einziger Wächter genügt, um hundert Gefangenen die Flucht unmöglich zu machen. Komm, ich will dir zeigen, wie wir das hier bei uns handhaben!"

Das hatte ich gewollt. Es kam mir darauf an, zwar nicht die Fesselung der Sklaven, aber doch die Örtlichkeit von El Michbaja kennenzulernen. Er befahl den anderen, zu warten, und führte mich hinaus. Ich sah fünf oder sechs Feuer brennen, die den Platz genügend erhellten. Er ging mit mir in die größeren Bauten, in denen sich der Reqiq befand. Über das, was ich sah, hörte und — roch, will ich lieber schweigen. Es mag die Bemerkung genügen, daß ich auch an Ssali Ben Aqil vorüberkam, dem ich einen heimlichen Wink geben konnte. Es war viel mehr als Quälerei, es war die reine Unmenschlichkeit! Und diese Unglücklichen gehörten nicht alle der Negerrasse an. Es kostete mich die größte Überwindung, meinen Abscheu zu verbergen und Jumruk so zu schmeicheln, daß er sich der vortrefflichen Anlage rühmte und sich zu einigen kurzen, für mich höchst wichtigen Mitteilungen verleiten ließ. Auf diese Weise erfuhr ich folgendes:

Die Seribah lag mitten im dichten Wald, durch den es nur drei Wege gab. Der eine, nämlich der, auf dem ich gekommen war, führte auf der Landseite ins Freie, während man auf dem zweiten an das südliche und auf dem dritten an das nördliche Ufer der Halbinsel gelangte. Die Mündungen der beiden letztgenannten Pfade waren so verdeckt, daß man sie vom Fluß aus nicht sehen konnte. An dem stromabwärts gerichteten Ufer lag jetzt eine Schâchtura[1], die Jumruk gehörte. Er hatte sie sich eigens zu dem Zweck bauen lassen, um schneller als mit einem gewöhnlichen Nilschiff von einem Ort zum anderen zu gelangen. Die genaue Zahl der Untergebenen Jumruks konnte ich nicht erfahren. Aber ich hörte, sie seien händelsüchtige und schwer zu bändigende Leute, so daß ihre Schußwaffen in einem besonderen Lager aufbewahrt werden mußten, dem sie vor jedem Gebrauch entnommen, und in das sie dann wieder abgeliefert wurden. Das war es, was ich in Erfahrung brachte, zwar wenig,

[1] Schnellsegelboot

aber, wie sich später herausstellte, für meine Zwecke doch genug.

Nach diesem kurzen Besuch der Niederlage ‚lebender Ware‘ brachen wir auf, Jumruk, fünf seiner Leute und ich. Der Mond stand noch nicht am Himmel, aber die Sterne leuchteten so, daß wir zur Genüge sehen konnten, als wir den Wald hinter uns hatten. Jumruk schritt voran, und die anderen folgten so, daß ich stets der Vordermann des lieben Freundes war, der mich erstechen sollte. Glücklicherweise brauchte ich seine Fertigkeit im Totstechen einstweilen noch nicht zu fürchten, und für später war mir auch nicht bang.

Erst war es mein Plan gewesen, Jumruk, sobald wir das Schiff erreichten, festzunehmen und dann mit unseren Asakern nach El Michbaja zu marschieren. Wenn dort der Anführer fehlte, war ein Überfall aussichtsreicher als bei seiner Anwesenheit. Aber er hatte fünf Männer mitgenommen, die ich allein nicht unschädlich machen konnte. Wenn auch nur einer von ihnen entkam, hatten wir das Nachsehen. Darum mußte ich versuchen, meinen Zweck auf andere Weise zu erreichen. Für den Augenblick war die Hauptsache, daß ich nicht mit nach El Michbaja zurückzukehren brauchte, sondern heiler Haut an Bord gehen konnte. Ein Mittel dazu hatte ich mir schon ausgesonnen: es mußte eine Flinte losgehen.

Wir brauchten der Dunkelheit wegen anderthalb Stunden, ehe wir an den Baum kamen, der mir als Marke diente. Hier ging es sehr langsam und in völliger Finsternis rechts in den Wald hinein. Er war hier, wie schon erwähnt, nicht breit. Aber bei dieser Stockdunkelheit dauerte es doch fast eine halbe Stunde, ehe wir die Lichter des Schiffs durch die Bäume leuchten sahen. Am Ufer kauerten wir uns nieder, und ich war dabei so vorsichtig, nicht vor, sondern neben meinem Henker Platz zu nehmen, obgleich er es zu vereiteln suchte. Das Schiff lag so nahe vor uns, daß wir das Deck überblicken konnten. Wir sahen die Leiche Hubahrs hängen, und wir sahen auch Abu Reqiq mit seinen Leuten.

Während meine Begleiter ihre Aufmerksamkeit auf das Schiff richteten, ließ ich meine Hand an der Flinte meines Nachbars, deren Kolben er aufgestemmt hatte, niedergleiten und zog den Hahn auf: sie sollte es sein, die im geeigneten Augenblick losgehen mußte.

„Du hast uns die Wahrheit erzählt, Ben Sobata", flüsterte mir Jumruk zu. „Ich sehe es. Abu Reqiq ist gefangen, und dort hängt Hubahr. Das Schiff liegt so nahe am Ufer, daß es gar nicht schwer ist, hinaufzukommen. Wir müssen Abu Reqiq befreien und werden damit nicht bis zum Morgengrauen warten. Jetzt haben wir genug gesehen. — Wto —!"

„Wtole!" wollte er sagen, das gefährliche Wort. Aber er kam nicht dazu, es ganz auszusprechen, denn ich bewegte in diesem Augenblick den Drücker der erwähnten Flinte. Der Schuß krachte, und meine sechs Busenfreunde fuhren erschrocken in die Höhe.

„Was hast du gemacht, Unvorsichtiger!" raunte ich dem Nachbar zu. „Deine Flinte ist losgegangen!"

„Ich kann nichts dafür", entschuldigte er sich, indem er ganz vergaß, daß er nicht Arabisch konnte.

„Schweig!" grollte Jumruk. „Deine Unvorsichtigkeit hat alles verdorben! Nun ist es unmöglich —"

„Still!" unterbrach ich ihn. „Wenn ihr klug seid, ist noch nichts verdorben. Kommt nur schnell ein Stück vom Ufer fort!"

Ich faßte Jumruk beim Arm und zog ihn in den Wald hinein, die anderen folgten. Das tat ich, damit sie nicht sehen und hören sollten, welche Folgen der Schuß auf dem Schiff hervorgebracht hatte. Es war gewiß, daß man dort nach mir rufen, also meinen Namen nennen würde, und den durften die Sklavenhändler nicht auffangen. Als wir so weit gelaufen waren, daß die Rufe nur undeutlich zu uns drangen, blieb ich stehen.

„Sprecht kein unnützes Wort, denn es ist kein Augenblick zu verlieren. Wenn ich jetzt schnell an Bord gehe, wird alles ein gutes Ende nehmen."

„Wieso?" fragte Jumruk.

„Der Schuß hat die ganze Besatzung auf die Beine gebracht und mißtrauisch gemacht. Euer Überfall kann nur dann gelingen, wenn ich jetzt zurückkehre und sage, ich sei es gewesen, der geschossen hat."

„Maschallah! Das ist richtig, da hast du recht!"

„Aber der Schuß fiel nahe beim Schiff. Darum darf ich nicht zögern. Ich muß fort. Ihr werdet Abu Reqiq doch nicht im Stich lassen?!"

„Nein, bei Allah, nein! Ihn müssen wir retten, und den Reïs Effendina und Kara Ben Nemsi Effendi müssen wir fangen! Hältst du es für möglich, sie zu beruhigen und ihren Verdacht zu beseitigen?"

„Ja! Aber ihr müßt sehr bald kommen!"

„Gib mir drei Stunden Zeit!"

„Gut! Drei Stunden, aber nicht länger!"

„So geh! Geh schnell, sonst wird ihr Mißtrauen so groß, daß du es nicht zerstreuen kannst! Sag also Abu Reqiq, daß wir in drei Stunden, höchstens eine halbe später, hier sein werden, um ihn zu befreien! Geh! Wir müssen auch schnell fort. Kommt, ihr Leute, kommt!"

Sie entfernten sich. Ich blieb stehen, bis ich ihre Schritte nicht mehr hörte, und kehrte dann ans Ufer zurück. Infolge des Schusses hatte man auf dem Schiff die Gefangenen rasch unter Deck geschafft, die Lichter waren ausgelöscht worden, und alle verhielten sich still außer Ben Nil, der an der Reling lehnte und von da herabrief:

„Effendi, Effendi, gib doch Antwort, sonst komme ich ans Ufer! Ist dir etwas geschehen?"

„Sei doch still, Unvorsichtiger!" warnte ich. „Wirf mir ein Tau zu!"

Er tat es, und gleich darauf stand ich an Deck. Zehn Minuten später kannte jeder meinen Plan, der allseits gebilligt wurde, und wieder zehn Minuten später standen alle waffenfähigen Männer, die ich für zuverlässig hielt, am Ufer, um von mir nach El Michbaja geführt zu werden. Das Schiff aber stieß vom Land, um in der Mitte des Stroms Anker zu werfen. Dort, wo es vor einem Überfall sicher war, sollte der Steuermann, um von Jumruk gesehen zu werden, alle Lichter hissen und dann früh abwärts steuern, um auf ein Zeichen von uns bei El Michbaja anzulegen.

18. SSALI BEN AQIL

Es war nicht leicht, mit einer solchen Schar durch den Wald zu kommen, in dem man die Hand vor dem Auge nicht sehen konnte. Draußen im Freien ging es besser. Da war es jetzt sogar heller als vorher. Jumruk kam mit seinen Leuten, die den Weg ebenso kannten wie er, schneller vorwärts. Dennoch konnte ich mir den Punkt ungefähr berechnen, wo wir ihm bei seiner Rückkehr begegnen mußten. Ich nahm dabei an, daß er nicht länger als eine halbe Stunde brauchen würde, um seine Leute zum nächtlichen Zug bereit zu haben. Als wir diesen Punkt beinahe erreicht hatten, ließ ich halten und gab den Befehl, jedes, selbst das geringste Geräusch zu vermeiden. Dann versteckten wir uns im Gebüsch.

Die wichtigste Frage war jetzt, ob die ‚Faust des Heiligen' überhaupt bei dem Vorsatz geblieben war, den Überfall noch auszuführen. Wenn nicht, so konnte unser Unternehmen fehlschlagen.

Darum war ich froh, als wir nach einiger Zeit das Klirren von Waffen und laute Stimmen hörten. Die Sklavenjäger kamen und marschierten mit eiligen Schritten an uns vorbei. Wir warteten etwaiger Nachzügler wegen eine kleine Weile und setzten dann unseren Weg fort. Er brachte uns glücklich bis an den Waldpfad, der zur Michbaja führte.

Hier ging ich voran, und jeder folgende wurde durch seinen Vordermann geführt. Das geschah so vorsichtig und leise, daß ich kaum die Schritte des Leutnants hörte, der hinter mir ging. So erreichten wir die verschlossene Dornenwand. Ich rief. Was, war gleichgültig, wenn nur geöffnet wurde. Es stand jetzt auch ein Posten innerhalb. Er hörte meinen Ruf und schob die Stacheltür zur Seite. Kaum hatte er das getan, so bekam er einen Kolbenhieb und wurde gebunden und geknebelt. Wir standen im Innern von El Michbaja.

Zunächst wurde die Tür wieder vorgelegt, und dann bildete ich aus meinen Leuten Abteilungen, deren jede ihre Aufgabe erhielt. Was wir zu tun bekamen, war viel leichter, als ich gedacht hatte. Es brannten jetzt nur zwei Feuer. Die Bauwerke wurden im Nu besetzt, und dann stellte sich heraus, daß Jumruk nur neun Mann, die nicht einmal mit Gewehren bewaffnet waren, in der Seribah gelassen hatte. Sie waren bald überwältigt. Einer von ihnen mußte uns den Weg zum südlichen Ufer zeigen, wo der vielbesprochene Posten stand, der nach dem ,Falken‘ ausschauen sollte. Er wurde auch unschädlich gemacht.

Jetzt gingen wir daran, die Sklaven zu befreien, wobei ich zuerst Ssali Ben Aqil aufsuchte. Das Pflaster hatte ich entfernt. Als er mich erblickte, rief er mir entgegen:

„Hamdulillah! Also hab' ich mich doch nicht geirrt! Du bist es! Du bist es wirklich, Effendi! Wie recht hattest du, als du damals sagtest, daß Gott noch Wunder tue! Und nun rettest du den, der dich töten wollte, zum zweitenmal! Du bist doch immer der —"

„Still jetzt!" unterbrach ich ihn. „Du bist damals mein Freund und Bruder geworden und sollst Gott danken, aber nicht mir. Du wirst mir später alles erzählen. Jetzt habe ich keine Zeit, denn ehe eure Peiniger wiederkehren, müssen wir hier fertig und zu ihrem Empfang bereit sein."

Ssali wurde von den Fesseln befreit und wollte sich im Übermaß seines Glücks mir zu Füßen werfen. Ich eilte fort, denn es gab noch viel zu tun. Der Leutnant hatte mit seinen Abteilungen die Gefangenen freizumachen. Ich durchsuchte die Gebäude nach Waffen und allen anderen Gegenständen, die als solche dienen konnten. Endlich fand ich das Waffenlager. Es war nicht mehr viel da, weil die Leute von El Michbaja das meiste mitgenommen hatten. Aber es wurden aus allen möglichen Dingen Waffen zum Hauen, Stoßen und Stechen geformt, und so dauerte es nicht lange, bis jeder der befreiten Sklaven mit irgendeiner brauchbaren Wehr versehen war.

Das Entzücken dieser Leute ist nicht zu beschreiben. Unter diesen Verhältnissen hätte der kühlste Nordländer nicht ruhig bleiben können. Und nur gar diese heißblütigen Afrikaner! Welch ein Springen und Tanzen, welch ein Jubeln und Schreien das war! Es dauerte lange, bis wir sie nur so weit brachten, daß sie auf uns hörten. Und welche Zeit verging erst, bis sie begriffen, was sie zu tun hatten, und uns versprachen, unsere Aufgabe nicht durch die Gier nach Rache zu gefährden. Dann wurde es endlich, endlich still, und Jumruk konnte mit seinen Leuten kommen.

Ich war nämlich der Ansicht, er würde schleunigst umkehren, sobald er merkte, daß sich der ,Falke' in die Mitte des Flusses in Sicherheit gebracht habe. Wenn das zutraf, so konnten wir ihn jeden Augenblick erwarten. Wir ließen nur ein Feuer brennen, und zwar so, daß der Schein nicht weit reichte und besonders der Eingang im Dunkel lag. Dort stand ich mit Ben Nil. Die beiden Wege zu den Ufern waren so besetzt, daß es dort kein Entrinnen gab, und rund um den Platz, am Waldrand versteckt, zog sich eine ununterbrochene Kette von Männern, die bereit waren, auf meinen Wink auf die Sklavenhändler einzudringen. Wir hatten die Fesseln von gegen zweihundert Sklaven gelöst, also gab es, die Leute des ,Falken' dazugezählt, Arme und Fäuste genug, dem bevorstehenden Kampf schnell ein Ende zu machen, denn was den eingekerkerten Gefangenen an körperlicher Kraft abging, das wurde reichlich durch ihren Grimm ersetzt.

Wir lauschten lange vergebens, bis wir schließlich durch das Dornenwerk doch die Schritte der Nahenden vernahmen. Der längst erwartete Ruf erscholl. Ich öffnete, und nun quollen die Gegner still herein. Keiner sagte ein Wort. Das war die Folge der Enttäuschung. Wie lärmend wäre dagegen ihr Einzug gewesen, wenn sie hätten als Sieger kommen können. Jumruk stand draußen und ließ alle an sich vorüber. Als er dann als letzter auch hereinkam und da statt des einzelnen Postens trotz der Dunkelheit zwei Gestalten stehen sah, schrie er uns zornig an:

„Was gibt es zu zweien hier zu tun? Muß denn immer geplaudert sein, ihr Hunde!"

Er holte aus, um mich ins Gesicht zu schlagen. Ich fing den Hieb auf und nahm ihn dann mit beiden Händen so fest beim Hals, daß er matt und widerstandslos wie Watte in meinem Arm hing. Er wurde mit den von Ben Nil bereitgehaltenen Stricken schnell gebunden. Seine Leute waren inzwischen ahnungslos weitergegangen. Als sie die Mitte des Platzes erreicht hatten, ließ ich den verabredeten Ruf erschallen. Aus mehreren hundert Kehlen ertönte die heulende Antwort. Die Angreifer schnellten von allen Seiten herbei. Die nichts ahnenden Menschenhändler wurden eingeschlossen, ehe sie zur Erkenntnis ihrer Lage kommen konnten, und als sie daran dachten, sich zu wehren, war es schon zu spät.

Ich war mit Ben Nil am Eingang stehengeblieben, denn ich hielt es nicht für nötig, mich am Kampf zu beteiligen, dessen Ausgang keinem Zweifel unterliegen konnte. Erst als das ärgste Toben und Schreien vorüber war und ich den Leutnant nach mir rufen hörte, schritten wir dem Platz zu, wo wir Herren von El Michbaja geworden waren. Kein einziger Feind war entkommen. Es gab leider Tote. Die Verwundeten und Unverletzten lagen gebunden auf der Erde. Werkzeuge zum Fesseln waren mehr als genug vorhanden gewesen. Die entzückten Schwarzen tanzten, obgleich mehrere von ihnen auch verwundet waren, wie wahnsinnig um den Platz. Andere schlugen auf die Besiegten ein, spuckten sie an und traten sie mit Füßen. Ich bekam vollauf zu tun, diesem Verhalten zu steuern. Jetzt ließ ich Jumruk in seine Wohnung schaffen und bedang mir aus, daß er nur mir gehöre und niemand sich an ihm vergreifen dürfe. Ben Nil mußte ihn bewachen, erhielt aber den Befehl, ihm nichts zu sagen. Wie ich vorausgesehen hatte, sollte es nun an eine regellose Plünderung der Seribah gehen, und es kostete mich Anstrengung, das zu verhindern. Ich war sogar gezwungen, meine Fäuste zu gebrauchen, und erreichte meinen Zweck schließlich nur dadurch, daß ich den ausgehungerten Sklaven ein großes Essen versprach, das sich freilich schon mehr zu einem Fressen gestaltete. Als der Tag anbrach, lagen dann die Schwarzen von der übermäßig genossenen Merissah[1] sinnlos betrunken auf dem ganzen Platz herum. Das war immer noch besser, als wenn sie andere Ausschreitungen begangen hätten.

Während dieser Zeit, also noch während der Nacht, besichtigte ich die Beute. Sie war so groß, daß sie das Entzücken der Asaker hervorrief. Einen solchen Erfolg hatte der Reïs Effendina niemals gehabt, und ich wurde mit Lob fast überschüttet, zumal die Soldaten zu diesen reichen Anteilen kamen, ohne daß ein einziger von ihnen verwundet oder gar getötet worden wäre.

Dann, als ich meine Obliegenheiten erfüllt hatte und nun ausruhen konnte, kam Ssali zu mir und bat mich, mir doch endlich seinen Dank sagen zu dürfen. Wenn ich ihm nicht weh tun wollte, mußte ich ihm diese Bitte erfüllen, und so setzte er sich zu mir, floß von Danksagungen über, denen ich kaum Einhalt tun konnte, und erzählte mir dann, was er seit unserer Trennung in der Gegend von Khoi erlebt hatte. Es war viel und doch wenig, wenig an äußeren Ereignissen, viel aber an inneren Wandlungen.

Er hatte sich noch immer eingebildet, daß er den

[1] Gegorenes Getränk aus Durra

Mahdi suche. So war er wieder nach Ägypten gekommen und hatte sich in die ‚heilige Kadirine' aufnehmen lassen. Vielleicht fand er da den Führer zu der rechten Lehre. Schon bald war er zu der Erkenntnis gelangt, daß ihm nur leerer Formelkram, totes Wortgeklingel und gar noch Schlimmeres geboten wurde. Nun wollte er wieder austreten, bekam aber zu hören, daß der Austritt sein Verderben sein würde, denn er könne gehen, wohin er wolle, der Rächer würde ihm folgen. Diese Angelegenheit brachte ihn vor einen Mann, der einen hohen Grad in der Kadirine bekleidete und ihn wegen des beabsichtigten Austritts verwarnen sollte. Er war Offizier und auch in anderer Beziehung ein einflußreicher Mann, der sich außerordentliche Ziele gesteckt zu haben schien. Ssali Ben Aqil verriet mir den Namen nicht. Einige Andeutungen aber, die ihm unwillkürlich entschlüpften, ließen mich vermuten, daß Arabi Pascha gemeint sei, der ja bekanntlich auf die Kadirine die überschwenglichsten Hoffnungen gesetzt hat. Dieser hohe Herr nahm Ssali anfänglich streng ins Gebet, zeigte sich aber bald milder, als er die Begabung Ssalis erkannte. Er verweigerte ihm nicht nur die Erlaubnis zum Austritt, sondern machte ihn darauf aufmerksam, daß er gerade durch die Kadirine zum Ziel gelangen könne, denn nur unter ihren Anhängern, in einer ihrer Unterabteilungen oder einer ihr ähnlichen Bruderschaft, könne der ersehnte Mahdi erstehen. Es gebe einen Anhänger der Kadirine, der darüber mehr sagen könne, ja, vielleicht den Namen des Mahdi schon wisse. Dieser von Allah begnadete Mann bekenne sich gegenwärtig zur Teríka Samania, heiße Mohammed Achmed Ibn Abdullahi und wohne auf der Insel Aba im Weißen Nil. Ssali Ben Aqil solle zur Strafe für seine Zweifel und seine Unbeständigkeit zu ihm pilgern, um bei ihm Verzeihung zu erflehen und seinen Unterricht zu erbitten. Er gehorchte dieser Aufforderung und bekam einen verschlossenen Brief des Offiziers an Mohammed Achmed mit.

Er kam nach langen, beschwerlichen Fahrten, Ritten und Wanderungen nach Khartum und von da nach Aba, wo er Mohammed Achmed fand. Dieser las den Brief, zeigte sich außerordentlich streng gegen ihn und legte ihm Bußübungen auf, die die Gesundheit des Körpers zu untergraben drohten und den Rest seiner Glaubenszuversicht vernichteten. Ssali, mit einem ungewöhnlichen Scharfblick begabt, durchschaute bald das innere Wesen des Mannes, der sich bisher Fakir el Fukara genannt hatte, nun den Titel eines Sahed, eines Entsagenden, führte, sich bald darauf als el Marabût, als den Heiligen, verehren ließ und dem Schüler schließlich die stolze Mitteilung machte, daß er mit Allah in unmittelbarem Verkehr stehe und von ihm den Befehl bekommen habe, als der längst erwartete Mahdi den Erdkreis zu erobern und allen Gläubigen das Glück der wahren Erkenntnis zu bringen. Ssali hatte sich mit Schmerzen nach dem Mahdi gesehnt und war überzeugt gewesen, daß, wenn er das Glück hätte, ihn zu finden, seine Seele in himmlischem Entzücken aufjauchzen würde. Wo aber blieb dieses Jauchzen jetzt. Er erschrak, anstatt daß er sich freute, denn es graute ihm vor dem Mann, der sich vermaß, der Menschheit die Seligkeiten aller Paradiese zu bringen. Der sollte der Mahdi sein? Eine größere Lüge oder wenigstens Selbsttäuschung konnte es nicht geben.

Ssali hielt es für seine Pflicht, mit seiner Meinung nicht zurückzuhalten, und wurde von diesem Augenblick an als Gefangener behandelt. Was er zu seiner Verteidigung vorbrachte, hatte nur den Erfolg, daß es seine Lage verschlimmerte, weil es bewies, was für eine außerordentliche Rednergabe er besaß. Diese wollte Mohammed Achmed sich um jeden Preis, selbst durch den äußersten Zwang, dienstbar machen. Der Marabût erkannte, daß er von Ssali durchschaut worden sei, und so gab es nach

seinen Gesinnungen und Plänen hier nur zweierlei Wege
für ihn: entweder nahm Ssali die Terîka Samania an und
trat zu den Anhängern des neuerstandenen Mahdi über,
oder er mußte verschwinden. Auf keinen Fall durfte
man diesen Schüler zurückkehren lassen, ohne ihn be-
kehrt zu haben. Ssali aber war nicht der Mann, sich
zwingen zu lassen. Die außerordentliche Strenge, mit
der er behandelt wurde, hatte nur den entgegengesetzten Erfolg: sie brachte die Saat, die ich damals bei der
Musallah el Amwât in sein Herz gestreut hatte, zur schnellen Reife. Seine Zweifel an der Wahrheit des Islam
wuchsen von Stunde zu Stunde, und die geistliche
Zwangsherrschaft, unter der er litt, ließ in ihm die heiße
Sehnsucht nach der Liebe erwachen, von der ich durch
Wort und Tat gepredigt hatte. So war es kein Wunder,
daß er gegen Mohammed Achmed, der zuweilen bei ihm
erschien, um Bekehrungsversuche anzustellen, von dieser
Liebe sprach und dabei meinen Namen fallen ließ. Die
Wirkung war überraschend. Ssali hatte angenommen, daß
ich dem Mahdi völlig unbekannt sei, und erschrak nun
über die Wut, in die jener geriet, als er den Namen Kara
Ben Nemsi hörte.

„Den kennst du? Den kennst du also auch?" schrie
ihn Mohammed Achmed an. „Du bist wohl gar ein Anhänger, ein Freund dieses tausendmal verfluchten Hunde-
sohns?"

„Ja, ich kenne ihn und habe ihn liebgewonnen, denn
er ist es, durch den ich die Liebe und Barmherzigkeit Gottes
erkannt habe, von der es bei euch keine Spur gibt", antwortete Ssali.

„So brauche ich mich nicht mehr über den verrückten
Widerstand zu wundern, den du mir zu bieten wagst.
Jede Seele, die mit diesem Giaur in Berührung kommt,
ist dem Teufel verfallen. Ich werde dich dennoch zu retten
suchen, was allerdings nur durch verdoppelte Strenge geschehen kann. Läßt du dich auch dann nicht zur Wahr-

heit leiten, so habe ich meine Pflicht getan, und du magst hier und dort verloren sein."

Von jetzt an erging es Ssali noch viel schlimmer als vorher. Sein starrer Widerstand wurde dadurch nur fester, und so kam es, daß man ihn vorgestern mit anderen Gefangenen auf das Schnellsegelboot schaffte, das zur Abbeförderung von Leuten diente, die dem ,Heiligen' unbequem geworden und darum nun seiner ,Faust' verfallen waren. Mit einem unendlich dankbaren und liebestrahlenden Blick seiner dunklen Augen schloß Ssali seinen Bericht:

„Mir war die Sklaverei oder der Tod gewiß. Da erbarmte Gott sich meiner in der größten Not und sandte dich, gerade dich wieder zu mir. Gibt es einen deutlicheren und unumstößlicheren Beweis dafür, daß die Liebe, die ihr verkündet, die größte Macht des Himmels und der Erde ist? Du, der du sie mehr durch deine Taten als durch deine Worte predigst, befindest dich in diesem fernen, dunklen Erdenwinkel ganz allein unter den Jüngern der Grausamkeit, des Hasses und der Gottlosigkeit und bezwingst doch alle diese Menschen, die sich einbilden, mit der Schärfe des Hasses und des Schwertes euch vernichten und den Kreis der Erde erobern zu können. Muß ich da nicht die finstere Pforte des Islam hinter mir zuwerfen und in die Arme dessen sinken, der der einzige und rechte Mahdi ist, indem er lehrt, daß nur die Liebe der Weg zum himmlischen Vater sei?"

Da ergriff ich hocherfreut seine Hand und fragte:

„Erinnerst du dich meiner Worte, die ich dir bei der Musallah sagte? Sie lauteten: Du wandertest bisher in der Irre, weil du dir vornahmst, ein Führer zu sein. Sobald du zu der Erkenntnis kommst, daß du selber noch sehr der Führung bedarfst, wird dir der Stern von Bait Lahm[1] erscheinen, um dich zu dem zu leiten, dessen Stimme noch heute durch alle Lande schallt: ,Ich bin der

[1] Betlehem

Weg, die Wahrheit und das Leben, und niemand kommt zum Vater, denn durch mich!' Ssali Ben Aqil, erinnerst du dich?"

„Ja, Effendi! Aber denkst du auch noch an meine Worte damals beim Scheiden? Ich sagte: ‚Wenn Allah meinen Wunsch erfüllt, so treffe ich dich einst wieder, und dann wirst du erfahren, ob ich noch auf der Spur des Mahdi wandle, oder ob mir der andere Stern erschienen ist, von dem du mir gesprochen hast.' Er ist mir erschienen, schon damals. Du hast ihn mir gezeigt. Er war zwar noch klein und fern, als ich ihn da zum erstenmal sah, aber er kam mir näher und immer näher. Er ward immer größer, und heute steht er dicht über mir und strahlt in einem Glanz, in dem ich hier bis zu meinem Tod und dann im Jenseits wandeln will. O Effendi, wie recht hattest du: ‚Gott ist die Liebe, und wer nicht in der Liebe wohnt, der lebt im Elend, denn er wohnt in Finsternis!'"

Ich gestehe aufrichtig, daß ich mich über die Rettung dieser Seele mehr freute als über alle anderen Erfolge, die ich heute erreicht hatte. Darum saßen wir, in die heiligen Lehren Christi vertieft, noch lange beieinander, bis es heller Tag geworden war und ich von anderen Pflichten in Anspruch genommen wurde. Als ich aufstand, um fortzugehen, hielt Ssali mich noch für einen Augenblick zurück.

„Da fällt mir noch etwas ein, Effendi, was ich dir sagen muß, denn ich weiß, daß es dich freuen wird. Du hast damals den Wirt von Khoi ermahnt, vom Trunk abzulassen. Ali ist dir gehorsam gewesen, und der Geist des Raki hat niemals wieder Einzug in seine Seele gehalten. So sind Schmutz und Armut von ihm gewichen. Er hat die Liebe seines Weibes und seiner Kinder wiedergewonnen und ist abermals der geachtete Mann geworden, der er früher war. Nun geh! Ich darf dich nicht länger für mich allein behalten."

Ssali hatte recht. Es gab für mich noch viel zu tun. Zunächst mußte Ben Nil mir Jumruk el Marabût herausbringen, der noch gar nicht wußte, wie es mit El Michbaja stand, und wessen Gefangener er eigentlich war. Als er ins Freie trat und mich vor sich sah, erkannte er mich sofort, obgleich ich das Pflaster nicht mehr im Gesicht hatte.

„Du bist es, Ben Sobata aus Guradi?" rief er. „Also habe ich recht geahnt: Der Reïs Effendina hat El Michbaja überfallen, als ich mit meinen Kriegern fortgegangen war? Da ich dich sehe, der mein Freund geworden ist, bin ich überzeugt, daß du mich in deinen Schutz nehmen wirst."

„Du befindest dich in einem vielfachen Irrtum", antwortete ich ernst. „Nicht der Reïs Effendina hat die Michbaja überfallen, sondern Kara Ben Nemsi ist es gelungen. Zweitens bin ich nicht dein Freund geworden, und drittens heiße ich nicht Ben Sobata, der dich übrigens niemals in seinen Schutz nehmen würde, weil du ihn ermorden lassen wolltest."

„Ermorden?" fragte er erstaunt und erschrocken. „Wer hat diese Lüge —"

„Es ist keine Lüge!" unterbrach ich ihn. „Sobald du das Wort ‚Wtole‘ aussprachst, sollte Ben Sobata von hinten erstochen werden."

Ich sah trotz seiner dunklen Gesichtsfarbe, daß ihm das Blut aus den Wangen wich.

„Wer — wer hat — das verraten?" stammelte er. „Und wie — wie kannst du sagen — daß du nicht — nicht Ben Sobata —"

„Du hast dich in deinem Hochmut vermessen, Kara Ben Nemsi zu fangen und mit Ssali Ben Aqil zusammenzubinden", erklärte ich. „Wie kann ein solcher Ausbund der allergrößten Dummheit, wie du bist, sich einbilden, mich zu überlisten!"

„Dich — dich —?" fragte er.

„Ja, mich! Ahnst du denn immer noch nicht, daß ich dieser Kara Ben Nemsi bin, dieser räudige Christenhund, den du dem Marabût ausliefern wolltest?"

„Du — du — bist dieser —", stotterte er, ohne seine Frage zu Ende zu bringen.

„Ja, der bin ich! Nun wirst du wohl erkennen, was dir bevorsteht. Als du mich für Ben Sobata hieltest, heucheltest du mir Wohlwollen, um auf diese Weise einen Zeugen eurer Missetaten leicht aus dem Weg zu schaffen. Alberner Kerl! Ich hörte deinen Anschlag gegen mich, denn die Dinkasprache ist mir viel geläufiger als dir, und als du mich überlisten wolltest, warst du selber schon vollständig von mir überlistet! Du nennst dich die ,Faust des Heiligen'. Keinem Ding aber steht dieser Marabût ferner als der Heiligkeit, und deine verbrecherischen Hände werden sich niemals wieder zur Faust ballen, sie sind schwächer geworden als die kleinen Finger eines Neugeborenen und können nicht einmal das bißchen Goldstaub festhalten, das du mir vermeintlich so schlau abgenommen hast. Du hast viel zu wenig Hirn, um ahnen zu können, daß ich diese Beutel nur mitgebracht hatte, um dich kirre zu machen!"

Ich bediente mich dieser verächtlichen Ausdrucksweise, um ihn noch mehr zu demütigen, als es schon durch die Tatsachen geschehen war. Der Unterschied zwischen seiner gestrigen, hochmütigen Sicherheit und seiner jetzigen Erniedrigung wirkte denn auch so niederdrückend auf ihn, daß er sich schwach an die Knüppelwand des Hauses lehnte und mit matter Stimme seufzte:

„So, also so ist es gekommen! Du bist Kara Ben Nemsi, der Christ! Ia Husn, ia Mußîba, ia Schakwa — o Traurigkeit, o Unglück, o Elend! Wie konnte das in so kurzer Zeit geschehen!"

„Wie das geschehen konnte?" fragte Ssali Ben Aqil, indem er nahe an ihn herantrat und ihn aus seinen dunklen Augen anblitzte. „Es mußte so kommen. Ja, es mußte! Denn das Verbrechen muß seine Strafe finden, hier und dort. Wer Liebe gibt, wird Liebe empfangen. Wer aber die Saat des Hasses ausstreut, der kann nichts als nur Rache, die Strafe Gottes, ernten! Ich wünschte dir gestern eine ruhige Nacht und ein fröhliches Erwachen. Du hast mich nicht verstanden. Ich erkannte in Ben Sobata meinen Freund Kara Ben Nemsi, den von euch Verfluchten, und war, sobald ich ihn sah, überzeugt, daß mein Elend noch während dieser Nacht zu Ende gehen würde. Nun jammerst du über dein Unglück. Wie wirst du erst jammern und klagen, wenn die Strafe, die du jetzt erst von weitem siehst, an dich herangetreten ist, um dich mit der Gewalt von Löwentatzen zu Boden zu schlagen!"

Daß Ssali, sein Gefangener, es war, der in dieser Weise zu ihm reden konnte, empörte seinen Stolz und rief seine Tatkraft wieder wach. Er richtete sich hoch auf, ballte die gefesselten Hände und hob sie drohend empor.

„Schweig, du Wurm! Denn du bist auch jetzt nur ein armseliger Wurm, obgleich die Nähe dieses Christen dir die Verwegenheit gibt, mich zu beleidigen! Noch habt ihr nicht gesiegt! Ich sehe zwar hier alle meine Leute gebunden und alle meine Sklaven befreit. Es ist euch nur durch niederträchtige Heimtücke gelungen, El Michbaja für wenige Stunden in eure Gewalt zu bekommen, aber eure Freude wird sich in Trübsal und euer Jubel in Jammer verwandeln, denn der Heilige von Aba wird seine mächtige Hand erheben, um mich zu befreien und euch zu verderben!"

„Der Heilige? Seine Hand erheben? Ich denke, du bist seine ‚Hand'? Du nennst dich doch Jumruk el Marabût! Wenn wir diese ‚Faust' in so ohnmächtiger Schwäche vor uns sehen, wie können wir da den fürchten, dem sie gehört! Hat sich euer Marabût nicht einst vor Kara Ben Nemsi gefürchtet? Ist er nicht sein Gefangener gewesen? Verdankt er nicht ihm sein Leben, ihm, der sich seiner erbarmte, als er, von der Bastonnade niedergeworfen, einst fast sterbend am Sumpf lag? Einen solchen Menschen nennt ihr Marabût? Ein Mann, dessen Sohlen auf Befehl des Reïs Effendina zerschlagen wurden, soll der Mahdi sein, den Allah sendet, um der Menschheit Frömmigkeit und Gerechtigkeit zu bringen und ihr die Pforten des Paradieses zu öffnen? O Jumruk el Marabût, wie müßte ich dich verlachen, wenn es nicht so traurig wäre, einen Menschen, dem Allah doch Verstand gegeben hat, so sinnlose Torheiten aussprechen zu hören!"

„Schweig, oder du wirst an deinen eigenen Worten ersticken!" schrie ihn Jumruk an. „Ich weiß genau, was ich gesagt habe und auch, warum ich es sagte. Auf euren Sieg braucht ihr euch nichts einzubilden, denn es wird —"

„Still!" unterbrach ich ihn. „Wenn du glaubst, zu wissen, was du sagst, so wissen wir noch viel besser, was wir tun. Ich ziehe nämlich das Tun dem Sagen vor, und du wirst nicht lange zu warten brauchen, um durch die Tat die Antwort auf deine Drohungen zu bekommen. Schafft ihn wieder hinein und bindet ihm die Füße!"

Er wollte sich sträuben, doch kamen auf meinen Wink einige Asaker herbei, die Ben Nil halfen, den Widerstrebenden zum Gehorsam zu zwingen. Ich brach so schnell mit ihm ab, weil ich den Askari kommen sah, den ich an das südliche Ufer der Halbinsel gestellt hatte, wo erst die feindliche Wache stand, um auf die Annäherung des ‚Falken' achtzugeben. Dieser Mann meldete mir jetzt, daß das Schiff zu sehen sei.

Ich hatte mit dem Steuermann verabredet, falls auf der Halbinsel alles in Ordnung sei, zwei Schüsse aus meinem weithin schallenden Bärentöter abzugeben. Auf dieses Zeichen hin sollte er am Nordufer der Halbinsel anlegen, weil es da ruhigeres Wasser gab als auf der anderen Seite. Ich sah den ‚Falken' kommen, und zwar schnell, denn der günstige Wind erlaubte ihm, sich der Segel zu bedienen. Als er nahe genug war, schoß ich die beiden Läufe ab, worauf von Bord ein dreimaliger lauter Ruf als Antwort ertönte. Dann glitt der ‚Falke' westwärts hinüber, um die Halbinsel zu umsteuern. Während er diesen Bogen schlug, ging ich von der südlichen zur nördlichen Seite und kam gerade dort an, als er in die stille Bucht einfuhr, wo auch die schnellsegelnde Schachtûra vor Anker lag, die Jumruk sich hatte bauen lassen, und die ich, weil sie meinen Absichten vortrefflich zustatten kam, als das willkommenste Beutestück betrachtete.

Noch ehe der ‚Falke' den Anker fallen ließ, rief der Steuermann mir die Frage zu, ob mein Streich gelungen sei.

„Ja, besser noch, als ich dachte", antwortete ich. „Schicke mir zunächst Abu Reqiq unter guter Bedeckung ans Land!"

Es dauerte nur einige Minuten, so wurde der Sklavenhändler gebracht. Als die Asaker, die ihn führten, mit ihm aus dem Boot stiegen, trat ich zu ihm.

„Du hattest so große Sehnsucht, El Michbaja kennenzulernen, und Hubahr sollte dein Führer sein. Er war nicht geeignet dazu, und so bin ich an seine Stelle getreten. Unter meiner Leitung wirst du nicht bloß sie, sondern auch Jumruk el Marabût sehen, der dich mit so großer Ungeduld erwartet hat."

„Allah jil'anak — Gott verfluche dich!" murmelte er halblaut zwischen den Zähnen.

Ich tat, als hätte ich es nicht gehört, und ließ Tamek zum Platz schaffen. Dort mußte er Jumruks Haus betreten. Dieser saß mit Ben Nil allein im Innenraum und blickte uns beiden mit finsteren Augen entgegen.

„Hier bringe ich dir einen Freund, o Jumruk el Marabût", sagte ich. „Er wird Abu Reqiq genannt und ist entzückt darüber, daß er das außerordentliche Glück hat, dich gerade unter meinem freundlichen Schutz begrüßen zu können."

Die Fesseln hinderten ihn, von seinem Sitz aufzuspringen. Er machte einen vergeblichen Versuch dazu, fiel aber wieder zurück.

„Du bist ein Hund, der nichts gelernt hat, als nur die Zähne zu zeigen!" knirschte er. „Allah gebe, daß wir sie dir noch ausbrechen können!"

Er erhielt für diese Beleidigung von Ben Nil eine schallende Ohrfeige, die ihn so klug machte, von jetzt an kein Wort mehr zu sagen. Ich aber fuhr so ruhig, als hätte ich nichts gehört, fort:

„Ich ließ euch zusammenbringen, um euch zu sagen, was ich mit euch beabsichtige. Ihr seid meine Todfeinde, und ich könnte euch nach den unter euch herrschenden Gesetzen das Leben nehmen. Die Menschheit würde mir dadurch zum größten Dank verpflichtet sein. Aber als Christ muß ich euch alles verzeihen, was ich persönlich gegen euch habe, wenn ihr auch nicht glauben dürft, euch dem Richter zu entziehen. Ich bin vielmehr gezwungen, euch diesem zur Bestrafung zu übergeben. Der Reïs Effendina ist der Vertreter der weltlichen Gerechtigkeit, der ihr verfallen seid, und so mögt ihr wissen, daß ich euch ihm ausliefern werde."

Da fiel Abu Reqiq schnell ein:

„Tu das nicht, Effendi! Er würde uns sofort töten. Richte lieber du nach den Gesetzen des Christentums über uns!"

„Ah! Wenn es sich um dein Wohl, ja um dein Leben handelt, ziehst du das Christentum dem Islam vor? Wolltest du dich meiner Gnade erfreuen, so durftest du vorhin nicht wünschen, daß Allah mich verfluchen möge. Was kann die Barmherzigkeit eines Verfluchten nützen? Wenn du einen Christen, der im Abgrund des Fluchs untergegangen ist, um Gnade anflehst, wie tief, wie viel tiefer mußt da erst du gesunken sein!"

Da schrie er mich an:

„Deine Seele ist so schwarz, daß sie gar nicht schwärzer werden kann! Lieferst du uns dem Reïs Effendina aus und tötet er uns, so wird Allah einst am letzten Tag unsere Seelen von dir fordern!"

„Ich werde ruhig zur Dschehenna zeigen, wo er sie von den Schejatin fordern müßte, deren Eigentum ihr infolge eurer Missetaten geworden seid. Der Reïs Effendina wird euch nach seinem Spruch richten: Wehe dem, der wehe tut! Leider kann er euch das Weh, das ihr verbreitet habt, nicht zum tausendsten Teil antun. Aber eins kann er, und das wird er gewiß nicht unterlassen, nämlich euch unschädlich machen, wie man giftige Schlangen zertritt."

„Bedenke, was du tust, Effendi! Du bist ein Mensch, und auch wir sind Menschen."

„Waren das keine Menschen, die ihr getötet oder in die Sklaverei verkauft habt?"

„Schwarze sind nur halbe Menschen. Sie fühlen nichts!"

„Damit entschuldigt ihr euch, obwohl ihr recht gut wißt, daß es nichts als Lüge ist. Aber selbst angenommen, daß es wahr ist, sind die El Homr, die du verkaufen wolltest, auch Schwarze? Gibt es unter den Sklaven, die wir hier befreiten, nicht über dreißig Personen, die keine Neger, sondern sogar Bekenner des Islam sind? Ich mache da keinen Unterschied, denn mir gilt ein Mensch soviel wie der andere, welchen Glaubens und welcher Abstammung er auch sein mag. Aber beim Reïs Effendina wird es gewaltig schwer auf die Waagschale drücken, daß ihr diese Mitbekenner eures Glaubens wie heidnische Neger behandelt habt. Des Menschen Schicksal liegt in seiner Hand. Ihr habt die eurige in Blut getaucht, darum wird euer Ende blutig sein!"

„Ist das die letzte Entscheidung, die du fällst?"

„Ja."

„So sollst du noch eher sterben als ich und wir alle, du Sohn des Aussatzes und der Verworfenheit!"

Er sprang auf mich ein, was ihm dadurch möglich wurde, daß seine Füße nicht gefesselt waren, und krallte die Finger seiner zusammengebundenen Hände um meinen Hals. Er wollte mich erwürgen. Ben Nil fuhr schnell in die Höhe, um mir beizustehen, aber das war überflüssig, denn ich stieß dem wütenden Menschen die Faust unters Kinn, daß er seine Finger von meinem Hals löste und mit hintenüberknickendem Kopf zu Boden stürzte. Die Füße wurden ihm nun auch zusammengebunden. Hierauf beorderte ich einige Asaker zur Bewachung der beiden Sklavenhändler, denn Ben Nil, der sie bisher beaufsichtigt hatte, war bei der Verteilung der Beute nötig, die nun beginnen sollte.

Beute! Welch angenehmes Wort für alle, die das Recht besaßen, daran teilzunehmen, doppelt angenehm, weil nicht der Reïs Effendina, sondern ich für alle Fälle den entscheidenden Spruch zu fällen hatte! Dieses Wort brachte einen solchen Jubel und eine so fieberhafte Bewegung hervor, daß ich Mühe hatte, die nötige Ruhe und Ordnung herzustellen. Man hatte sich zwar schon während der Nacht damit beschäftigt, die eigentliche Arbeit aber konnte erst jetzt beginnen.

Ich bestimmte, daß nicht nur alle, die unseren nächtlichen Zug mitgemacht hatten, sondern auch alle, die zum Schiff gehörten, Anteil an der Beute haben sollten. Das waren also unsere ursprünglichen Asaker, dann die in Faschodah gedungenen Takaleh, ferner die Soldaten von der Seribah Aliab und endlich die El Homr. Die Mannschaften, die außer den Genannten auf dem Schiff gewesen waren, hatten es in Faschodah verlassen. Außerdem gab es noch einzelne Personen, die auch nicht übergangen werden durften, nämlich Abu en Nil, Ben Nil und der lange Selim, der als der ‚größte Held des Weltalls‘ am meisten haben wollte, obgleich er keinen Finger zum Gelingen unseres Streichs in Bewegung gesetzt hatte und mir überhaupt, seit ich ihn kannte, mehr hinderlich als

förderlich gewesen war. Hatte ich doch die meisten Ver-
legenheiten, in die wir geraten waren, nur ihm zu verdanken gehabt.

Zu meiner besonderen Freude hatte ich von einigen
der befreiten Gefangenen erfahren, daß zu El Michbaja
einige Dutzend Reit- und Lastkamele gehörten, die in
einer Einzäunung am Rand des Waldes gehalten wurden. Diese Tiere bestimmte ich für die El Homr und die
Takaleh, die dadurch eine vortreffliche Beförderungs-
gelegenheit in ihre Heimat fanden. Ich sorgte auch dafür, daß diese Leute hinreichend mit Anzügen, Waffen
und Schießbedarf versehen wurden, es war genug davon
vorhanden.

Die Teilung unter die vielen, leicht erregbaren Menschen ging nicht ohne Auftritte ab, bei denen sogar die
Fäuste zu Hilfe genommen wurden. Ich sah mich gezwungen, dieses Beweismittel auch in Anwendung zu
bringen, und wenn ein kräftiges Wort von mir nicht
den beabsichtigten Eindruck hervorbringen wollte, so half
ich mit einem tüchtigen Hieb nach, der seine Wirkung nie
verfehlte.

Die drei Offiziere kamen selbstverständlich zuerst daran.
Sie erhielten ‚unter acht Augen' von der persönlichen
Habe Jumruks so viel, daß sie sich gern zufrieden erklärten. Auch Abu en Nil, Ben Nil und Selim wurden
ohne Zeugen von mir abgefertigt. Ich betrachtete sie als
zu mir gehörig und gönnte ihnen darum den Vorzug vor
den Soldaten, wovon diese nichts zu wissen brauchten.
Auch Jumruk hatte, wie die Om Karn-Leute, aber viel
mehr als diese, Thibr besessen, dessen größter Teil den
Offizieren zugefallen war. Den Rest verteilte ich unter
die drei Genannten.

Die Unteroffiziere wurden mit dem fünffachen Anteil dessen bedacht, der auf einen Askari entfiel, und doch
erklärten am Schluß alle Asaker, daß sie noch nie, so
lange sie dienten, so reich wie heute bedacht worden seien.

Und die Sklaven? Nun, es versteht sich von selbst, daß ich auch für diese armen Teufel so viel als möglich sorgte. Die Soldaten waren nicht einverstanden damit, mußten sich aber fügen. Und der Mann, der wenigstens den dritten Teil der Beute für sich bestimmt hätte, wenn er hier gewesen wäre, nämlich der Reïs Effendina? Den erwähnte ich nicht, und seine Untergebenen hüteten sich wohl, ihn in Erinnerung zu bringen. Er hatte meiner Ansicht nach nichts zu fordern, und wenn er, sobald ich fort war, Ansprüche erheben wollte, so konnte mir das gleichgültig sein. Ich war mit ihm fertig.

Als jeder das Seinige erhalten hatte, schwieg aller Zwist, und Jubel herrschte überall. Man lobte und pries mich in allen Tonarten. Leider aber war ich gezwungen, der Freude einen Dämpfer aufzusetzen, indem ich erklärte, die Stunde des Scheidens sei gekommen. Niemand wollte daran glauben, und ich mußte einige lange Reden halten, um den guten Leuten erklärlich zu machen, daß es mir nicht einfallen könne, an Bord des ‚Falken‘ wieder mit dem Reïs Effendina zusammenzutreffen. Ich fürchtete mich zwar nicht vor seiner Rache, doch war nach dem heutigen Erfolg ein Zusammenleben mit diesem neidischen Offizier für mich eine Unmöglichkeit.

Ich hatte die Schachtûra Jumruks für mich zur Fahrt nach Khartum bestimmt und ging mit denen, die mich begleiten sollten, an den Fluß, um das Fahrzeug instandzusetzen. Das waren Ssali Ben Aqil, Abu en Nil, Ben Nil, Hafid Sichar und Selim, der ‚Held aller Helden‘. Als wir dort mit dem Schnellsegler beschäftigt waren, kam einer zu mir, der auch mit vom ‚Falken‘ ausgestiegen war, um El Michbaja zu sehen, an der Beute aber keinen Anteil gehabt hatte, nämlich Murad Nassyr, der Türke. Er hatte uns bis Wagunda und dann zurück begleitet, war erst von dem Reïs Effendina mit offenem Mißtrauen behandelt worden und hatte es dann fertiggebracht, ihm nach und nach eine vorteilhaftere Meinung einzuflößen.

Sonderbarerweise war der Reïs Effendina gerade um so freundlicher mit ihm gewesen, je mehr er sich von mir zurückgezogen hatte. Das und noch andere Beobachtungen gaben mir Grund, anzunehmen, daß mir das Vertrauen des Reïs nicht nur infolge seiner Eifersucht, sondern auch durch heimliches Wühlen von seiten Murad Nassyrs verlorengegangen sei. Der Türke hatte seit langer Zeit nur das Allernotwendigste mit mir gesprochen. Jedenfalls hegte er ein tiefes Rachegefühl gegen mich, denn nach seiner Ansicht war ich allein es, der ihm seine schönen Pläne zuschanden gemacht hatte, so daß er nun mit Kumru, der lieblichen Turteltaube, unverrichteter Dinge heimkehren mußte.

Jetzt kam er zu mir und bat mich, ihn und seine Frauen mit auf die Schachtûra zu nehmen.

„Wie kommst du zu dieser Bitte?" fragte ich ihn. „Der Reïs Effendina würde unglücklich darüber sein, wenn du ihn verlassen wolltest."

„Glaube das nicht, Effendi! Du bist mir viel lieber als er!"

„Seit wann?"

„Schon immer!" beteuerte der Dicke.

„Lüge nicht! Ich kenne dich und weiß genau, was ich dir zu verdanken habe. Ich errate auch jetzt deine Gründe, ohne daß du sie mir zu nennen brauchst."

„Ich habe keinen anderen Grund zu meiner Bitte als die Freundschaft, die ich für dich empfinde, Effendi."

„Das machst du mir nicht weis. Ich will dir sagen, warum du mit mir fahren möchtest. Erstens hat dich Kumru, deine Schwester, darum gebeten. Sie würde sich bei mir sicherer und wohler fühlen als auf dem ‚Falken', wo die vielen Asaker sie zu einem förmlichen Gefängnisleben zwingen. Der Hauptgrund aber liegt in deiner Angst vor dem Reïs Effendina."

„Angst? Er ist doch stets so freundlich mit mir gewesen.

Warum sollte ich mich gerade jetzt vor ihm fürchten? Ich hab ihm nichts getan!"

„Du nicht, aber ich! Doch daran trägst auch du die Schuld, wie du wohl wissen wirst. Wenn er an der Insel Talek chadra wieder an Bord kommt, wird er sich in einer so grimmigen Stimmung befinden, daß es für jedermann geraten ist, ihm aus dem Weg zu gehen. Das ist es, was dich zu dem Wunsch treibt, mit mir fahren zu dürfen."

„Nein! Nur aus reiner Freundschaft möchte ich gern bei dir bleiben!"

„Wirklich? Ist diese Freundschaft so groß, daß sie auch Gefahren mit mir teilen würde?"

„Ja."

„Murad Nassyr, dein Wunsch sei dir erfüllt. Hole deinen Harem! In höchstens einer Stunde segeln wir von hier ab."

Ich lächelte ihm bei diesen Worten spöttisch ins Gesicht. Er wurde verlegen, drückte und drückte und fragte dann:

„Welche Gefahren sind es, die du meinst?"

„Keine gewöhnlichen, denn wir werden hart am Rand des Todes vorübersegeln. Der Heilige auf der Insel Aba will mich fangen, und dieses Boot gehört der ‚Faust des Heiligen'. Er kennt es also und wird mich nicht vorüberlassen wollen. In dieser Gegend ist der Nil mit Wächtern besetzt, die auf uns aufpassen sollen. Das ergibt für uns Gefahren, die der große, wohlbemannte ‚Falke' nicht zu beachten braucht, denen aber so ein kleines Boot, wie diese Schachtûra, wohl kaum entgehen kann. Deine Freundschaft zu mir wird sich freilich nicht daran kehren!"

„Nein, ganz gewiß nicht, Effendi! Ich bin gern bereit, alles mit dir zu wagen, und bitte dich nur um die Erlaubnis, mit Kumru, meiner Schwester, vorher darüber sprechen zu dürfen!"

Er eilte fort und soll heute noch wiederkommen!

O Murad Nassyr, Bruder zweier Schwestern, von denen eine mich beglücken sollte, wie tut mir dein schnelles Scheiden weh!

Daß ich schon in einer Stunde abfahren würde, war nur eine Redensart von mir gewesen. So rasch konnte ich nicht fort, denn ich wollte El Michbaja nicht eher verlassen, als bis ich die El Homr und die Takaleh vor dem Reïs Effendina in Sicherheit wußte. Sie mußten mit den Kamelen an das jenseitige Ufer, wozu der ‚Falke‘ zu unbequem war, weil das Ein- und Ausschiffen der Tiere beschwerlich gewesen wäre. Es wurden dazu mehrere Flöße gebaut, die bei den vielen Händen schnell zusammengesetzt waren. Die Kamele wurden darauf geschafft, auch die, die sich auf dem Schiff befunden hatten, und dann gings ans Abschiednehmen, das nicht wenig Zeit in Anspruch nahm. Ich kürzte den meiner Person gewidmeten Teil dadurch ab, daß ich vor der Flut der Danksagungen die Flucht ergriff und erst dann ans Ufer zurückkehrte, als die Flöße schon weit von El Michbaja in der Mitte des Stroms schwammen. Am jenseitigen Ufer brauchten die Geretteten nur nach Westen zu reiten, um auf den Karawanenweg von Abu Hable zu kommen.

Nun hinderte mich nichts mehr, die Halbinsel zu verlassen. Ich versammelte die Offiziere und Asaker, um zum letztenmal zu ihnen zu sprechen und ihnen meine letzten Weisungen zu geben. Sie sollten die gefangenen Händler und die befreiten Sklaven an Bord nehmen und die kurze Strecke bis zur Insel Talak chadra fahren, wo sie auf den Reïs Effendina warten mußten. Was dieser dann tun, und wann und wie er nach Khartum kommen würde, konnte mir gleichgültig sein.

Den Abschied übergehe ich. Er wurde beiderseits nicht leicht, denn wir waren, sozusagen, während der langen Fahrt und den vielen, gemeinsam bestandenen Gefahren zusammengewachsen.

„Mit dir, Effendi, geht unsere Freude am Leben fort", sagte der alte Onbaschi Mustafa, der sich mir stets ergeben gezeigt hatte. „Ohne dich gibt's keine Lust an diesen Fahrten. Wenn wir nach Khartum kommen, schnalle ich den Säbel ab. Allah sei mit dir so oft und lange, wie wir an dich denken werden!"

Er fuhr sich mit beiden Händen über die Augen und machte sich auf die Seite. Es gab unter allen diesen Leuten nur einen, der mir nicht die Hand drücken wollte. Das war Asis, der ‚Liebling' des Reïs Effendina, der auf Befehl seines Herrn die unerbittliche Peitsche schwang. Als ich ihm meine Hand zum Abschied hinhielt, trat er einen Schritt zurück und sah mir finster ins Gesicht.

„Erwarte von mir keinen Händedruck! Ich liebe meinen Herrn und bin ihm treu. Du hast ihn beleidigt und gekränkt. Ich mag von dir nichts wissen!"

„Ich freue mich über deine Treue, die dir aber nicht das Recht gibt, mich zu hassen", antwortete ich. „Fühlt sich dein Herr beleidigt, so trägt nur er die Schuld, nicht ich. Bringe ihm meinen letzten Gruß und sage ihm, daß ich nicht als sein Feind von ihm geschieden bin!"

Wir wurden zum Ufer geleitet, stiegen ein und stießen ab. Es war uns allen, und zumal mir, weh ums Herz. Mein Abschied vom ‚Falken' hätte anders sein können. Ich habe den Reïs Effendina aufrichtig liebgehabt.

Wir saßen lange schweigend im Boot, die notwendigen Handgriffe wurden stumm getan. Da hinter uns im Süden war ein kurzer, aber ereignisreicher Abschnitt unseres Lebens zurückgeblieben! Wir ruderten an der Mandschara vorüber und legten dann am Ufer an, um nicht am Tag an der Insel Aba vorüberzukommen. Wie gern wäre ich dort gelandet, des ‚großen und heiligen Fakir el Fukara' wegen! Aber das hätte uns einer bloßen Neugierde wegen nutzlos in Gefahr gebracht, und so ließen wir uns, als es Abend geworden war, beim Schein der Sterne an ihr vorbeitreiben und zogen, als der Mond aufging und der Wind von Süden wehte, die beiden Segel auf, um die Schnelligkeit der Schachtûra zu erproben.

Wir konnten mit ihr zufrieden sein, denn wir überzeugten uns, daß der Reïs Effendina, selbst wenn es ihm möglich gewesen wäre, heute noch an Bord des ‚Falken‘ zu kommen, uns bis Khartum nicht einholen würde. Von unserer Talfahrt ist nichts Wichtiges zu sagen, sie machte die erste Hälfte meiner Vorhersage an den Reïs wahr: „Ich werde eher in Khartum und auch in Kairo sein als du!“

Es war am frühen Vormittag, als wir uns zwischen den vielen Barken hindurchwanden und an das Ufer legten. Ich eilte sogleich in die Missionskirche, die ständig offenstand, um dem Ehre zu geben, dem die Ehre für die Rettung aus so vielen Gefahren gebührte. Ssali — ich sage es mit Freuden — begleitete mich und kniete an meiner Seite nieder. Als wir das Gotteshaus verlassen hatten, sagte er:

„In dieser Viertelstunde habe ich auch äußerlich mit dem Islam abgeschlossen, Effendi. In der Heimat werde ich eine christliche Medresse[1] besuchen, um ein Prediger der Lehre von der Liebe zu werden, wie ich ein Lehrer der Irrtümer Mohammeds gewesen bin.“

Eine Beschreibung dieser außerordentlich sehenswerten Stadt sei mir an dieser Stelle erlassen; sie würde zuviel Raum erfordern. Das Wichtigste, was wir zu tun hatten, war, Barjad el Amin aufzusuchen, der im Verein mit Ibn Asl jenen Hafid Sichar seines Goldes beraubt und in die Sklaverei verkauft hatte. Sein Haus stand in der Nähe der Hakmudirieh[2]. Wir fanden es bewohnt, aber nicht mehr von dem Gesuchten. Auf unsere Erkundigungen erfuhren wir, daß er von Allah schwer heimgesucht worden sei. El Asfar, die Cholera, hatte seine Familie vernichtet, er allein war übriggeblieben, Trauer und Tiefsinn

1 Hochschule   2 Amtssitz des General-Gouverneurs in Khartum

hatten ihn ergriffen. Die Einsamkeit aufsuchend, war er immer seltener gesehen worden und endlich ganz verschwunden. Man glaubte, daß er seinem Leben ein Ende gemacht habe. Wohin sein Vermögen gekommen sei, wußte niemand zu sagen.

Hafid Sichar machte eine Bewegung mit den Händen, als wollte er etwas von sich werfen, und sagte:

„Weg mit dem Gold! Allah hat nicht gewollt, daß ich es zurückerhalte. Ich habe meine Freiheit wieder, und sie ist mir mehr wert als alle Schätze der Erde. Allah sei hochgepriesen dafür, daß ich nach so langer Arbeit im Innern der Erde das Licht der Sonne wieder genießen darf!"

Seine Zufriedenheit rührte mich. Ich gab mir den Anschein, als dächte ich geradeso wie er, sann aber im stillen eifrig hin und her, wo dieser Barjad el Amin wohl zu suchen sei. Das Geld hatte nicht mir gehört, aber eine Summe von 150 000 Piastern samt Zinsen und Zinseszinsen hätte ich nicht so leicht aufgegeben. Wo war das Vermögen des Verschwundenen hin? Er war weder bestohlen worden, noch hatte man jemals von einem Iflâs[1] etwas gehört. Er mußte es mitgenommen haben, denn es gab in ganz Khartum keinen Geschäftsmann, bei dem es hinterlegt worden war.

Unter diesen vergeblichen Nachforschungen meinerseits verging eine Woche. Dann wollten meine Begleiter, die sich nach ihrer Heimat sehnten, nicht länger bleiben, und so beschlossen wir, abzureisen.

Es fiel uns nicht ein, den Weg durch die Bajudasteppe zu nehmen. Wir hatten unsere Schachtûra, die uns kein Mensch bisher streitig gemacht hatte, und wollten auf ihr den Nil hinab. Was mich sehr wunderte, war, daß sich der Reïs Effendina noch nicht hatte sehen lassen. Er hätte nach meiner Berechnung höchstens zwei Tage nach unserer Ankunft auch eintreffen können. Ich war oft an

1 Bankrott

den Fluß gegangen, um nach dem ‚Falken‘ auszuschauen, hatte ihn aber nicht erblickt.

Da, nur einen Tag vor unserer Abfahrt, hatte ich wegen der Versorgung unseres Bootes mit Mundvorrat im Getreideschuppen zu tun gehabt und ging an dem danebenliegenden Sarâje[1] vorüber, einem der wenigen Ziegelhäuser der Stadt, die sonst meist nur aus Lehmwohnungen bestand, als jemand so eiligen Schrittes aus dem Tor trat, daß er mit mir zusammenstieß. Es war — der Reïs Effendina!

Er trat zurück, um sich zu entschuldigen. Da sah er, daß ich es war, und fuhr sofort mit der Hand an den Säbel. Wir standen uns einige Augenblicke gegenüber. Da zog er die Hand zurück, machte eine verachtungsvolle Armbewegung und spuckte aus.

„Du bist für mich Hawa, ganz el Hawa er râïk[2]!“

Das klang so unendlich geringschätzig, daß es mir schwer wurde, Achmed nur mit einem ruhigen Lächeln zu antworten. Er gab damit seine Niederlage zu. Hätte er nur die geringste Aussicht auf Erfolg gehabt, so wäre ich von ihm sicher zur Rechenschaft gezogen worden. Er spuckte noch einmal aus, drehte sich um und ging stolzen Schrittes von dannen.

Ich schaute nun nach dem ‚Falken‘ aus, konnte ihn aber nicht zu Gesicht bekommen. Erst am anderen Morgen erfuhr ich kurz vor unserer Abfahrt, daß das Schiff des Reïs Effendina schon seit zwei Tagen jenseits des Ras[3], dem späteren Omdurman gegenüber, am sogenannten Schedrah Mahobe vor Anker liege, und daß der Reïs keinem seiner Leute erlaubt habe, von Bord zu gehen. Da seien sie alle, nur die Offiziere ausgenommen, während der letzten Nacht mit Sack und Pack davongelaufen. Leider kam mir keiner der Asaker zu Gesicht, und ein Wiedersehen mit Murad Nassyr und seiner Tur-

---

1 Palast des General-Gouverneurs 2 Luft, ganz durchsichtige Luft
3 Vorgebirge, Landzunge

teltaube konnte ich auch nicht feiern, wir mußten fort. Des Zusammenhanges wegen will ich gleich bemerken, daß ich den Reïs Effendina einige Male wiedergesehen habe. Er heißt jetzt nicht mehr Achmed Abd el Insaf, sondern trägt einen anderen Namen. Er ist längst nicht mehr Reïs Effendina, sondern ein hoher, oft genannter Beamter geworden, was mich aber nicht im geringsten berühren kann.

Doch weiter!

Nach einer langen, glücklichen Fahrt legte unsere Schachtûra am Ufer von Maabdeh an. Wir fragten nach Ben Wasak, dem Führer. Er wohne noch da, wurde uns gesagt, mache aber nicht mehr den Führer, denn er sei reich geworden. Er wäre daher längst nach Kairo gezogen, wenn er nicht auf die Rückkehr eines deutschen Effendi warten müsse, den er nach Khartum gesandt habe, nach seinem verschollenen Bruder zu forschen. Reich, dachte ich, sei er durch den verbotenen Mumienschmuggel geworden.

Die Vorsicht verbot, ihn gleich mit seinem Bruder zusammenzuführen. Ich ging also zunächst allein zu ihm, um ihn vorzubereiten. Er wäre mir vor Freude beinahe um den Hals gefallen. Ich sollte zunächst festlich bewirtet werden und dann erzählen. Die Bewirtung lehnte ich ab, auf das Erzählen ging ich ein. Ehe ich aber meinen Bericht begann, sagte ich ihm, was ich soeben über ihn gehört hatte.

„Ja, ich bin jetzt reich, Effendi", bestätigte er. „Und weißt du, durch wen? Wie wirst du dich wundern, wenn du es erfährst!"

„Nun, wer ist der Mann?"

„Barjad el Amin."

„Maschallah! Der ist es?"

„Ja. Ich brenne darauf, zu erfahren, was du über meinen Bruder ausgekundschaftet hast. Darum will ich dir nur sagen, daß er von Barjad el Amin dem berüchtigten Ibn Asl übergeben worden ist. Sie haben ihm mein Geld abgenommen und damit einen Sklavenhandel eingerichtet, der ihnen große Summen eingetragen hat. Dafür aber hat Allahs strafende Hand Barjad el Amin getroffen, denn sein Weib und alle seine Kinder sind von der Cholera hinweggerafft worden. Der Schmerz darüber ist ihm so tief ins Gewissen gedrungen, daß er den Entschluß gefaßt hat, sein Verbrechen zu sühnen. Er hat sein Vermögen und alles, was er von Ibn Asl zur Verwaltung noch in Händen hatte, flüssiggemacht und mir hierhergebracht. Wir saßen unten am Fluß, als er mir alles erzählte und mir das viele Geld übergab. Dann ging er fort, ich konnte ihn nicht halten. Am anderen Tag lag er tot im Wasser, er hatte sich ertränkt. Allah sei seiner Seele gnädig! Hätte er doch lieber das Geld behalten und mir dafür sagen können, wo mein Bruder hingeschafft worden ist!"

„Konnte er das nicht?"

„Nein. Ibn Asl hat ihm den Ort nie mitgeteilt."

„Das darf dich nicht betrüben, denn ich habe nachgeforscht und ihn gefunden."

„Den Ort oder meinen Bruder?"

„Beide!"

Da sprang Ben Wasak auf und stürmte so mit Fragen und Bitten auf mich ein, daß es kein Hinauszögern mehr gab. Ich mußte sagen, wo Hafid Sichar auf ihn wartete. Dann rannte er zum Haus hinaus. Ich aber blieb ruhig sitzen, denn geteilte Freude ist oft nur halbe Freude.

Wir verlebten in Maabdeh zwei wunderschöne, glückliche Tage. Als wir von den Brüdern Abschied nahmen, hatte ich ein ganzes Paket mit ägyptischen Altertümern in Händen. Abu en Nil, Ben Nil und Selim bekamen die Summe, die Ben Wasak mir damals auf Khartum angewiesen hatte, zur Verteilung unter sich, und auch Ssali Ben Aqil wurde wie ein lieber Freund beschenkt.

Wenn Abu en Nil und sein Enkel geradewegs nach

Gubatar zu ihren Verwandten wollten, mußten sie sich schon nach kurzer Fahrt von uns trennen. Sie entschlossen sich aber, mit nach Kairo zu gehen, wo wir, meinen Worten gemäß, in der Tat eher als der Reïs Effendina ankamen. Dort trennte sich zuerst Selim von uns. Er errichtete von seinem Geld ein Mahlaka[1] mit Fingernägel-, Ohren- und Nasenreinigung. Da konnte er seinen Kunden hunderttausend Abenteuer erzählen, die er ganz allein bestanden hatte, während wir dabei nur die Zuschauer gewesen waren. Solange ich in Kairo blieb, bin ich sein erster und einziger Kunde gewesen, das heißt, ich habe mich bei ihm selbst rasiert. Zuhörer aber hatte er genug, niemand aber hatte den Heldenmut, sich der Gefahr auszusetzen, unter seinem tapferen Messer zu verbluten.

Dann verkaufte ich die Schachtûra. Den dafür erzielten Preis gab ich Ssali. Nach einem zweiwöchigen Aufenthalt nahmen Ben Nil und sein Großvater Abschied von mir. Was soll ich darüber sagen! Gefühle sind nicht aufs Papier zu bringen. Wenn Freunde auseinandergehen, so sagen sie: Auf Wiedersehen! Und ich habe sie wiedergesehen, beide, Abu en Nil kurz vor seinem Tod — er gab mir seinen Segen mit — und Ben Nil auf dem Wasser.

Unter meinen Lesern, die das Land der Pharaonen besuchen und hinauf nach Oberägypten wollen, gibt es wohl dann und wann einen, der nicht zu jagen und zu hetzen braucht, und Zeit genug besitzt, auf Eisenbahn und Dampfer zu verzichten, um diese Reise in aller Muße mit dem Segelschiff zu machen. Wenn dieser sich in Bulaq, dem Hafen von Kairo, nach der Dahabijeh ‚Baraka el Fadl‘[2] erkundigte, so wird man ihm ein schmuckes, sauberes Fahrzeug zeigen, dessen Reïs besonders gern und billig deutsche Fahrgäste nimmt. Und sagt der Reisende, daß er Kara Ben Nemsis Bücher gelesen habe, so erfährt er von

[1] Barbierstube   [2] ‚Segen der Güte‘

dem Reïs, daß er sich Ben Nil nenne und seinem Schiff den Namen ‚Baraka el Fadl‘ gegeben habe, weil er die Mittel, es zu erwerben, der Güte seiner Freunde verdanke. Er ist ein guter Erzähler, und die Fahrt bis zum ersten Schellâl[1] hinauf wird dem Zuhörer sicher wie im Flug vergehen, obgleich die Dahabijeh kein schneller Dampfer ist.

Und Ssali Ben Aqil? Ich ging mit ihm von Alexandrien nach Jerusalem, um ihm die Heiligtümer des Christentums zu zeigen. Dann schieden wir, er, um über Damaskus in seine Heimat, und ich, um über Konstantinopel und durch die Donauländer in die meinige zu reisen. Von da an sind wir ununterbrochen in Briefwechsel gestanden und haben uns sogar wiedergesehen. Und fragt man mich, ob er sein Wort gehalten habe und ein Prediger der Liebe geworden sei, so antworte ich: Ja, er hat es gehalten. Aber das ist ihm schwer, sehr schwer geworden, denn es hat lange Kämpfe mit seinen Verwandten und dem ganzen Stamm gekostet. Ich bin dabei an seiner Seite gestanden und habe nicht nur mit dem Mund für ihn gekämpft, sondern auch mit den Waffen für ihn einstehen müssen. Es ist einer der merkwürdigsten Abschnitte meines vielbewegten Wanderlebens. Er zeigt so recht die Wahrheit des Pauluswortes: „Wenn ich mit Menschen- und Engelzungen redete und hätte die Liebe nicht, so wäre ich ein tönendes Erz oder eine klingende Schelle.“ Ich werde davon in meinem Buch ‚Marah Durimeh‘ erzählen.

---

[1] Stromschnelle, Katarakt

KARL MAY

GESAMMELTE WERKE

KARL - MAY - VERLAG BAMBERG